失われた文明の鍵は
アメリカ大陸にあった

人類前史 上

グラハム・ハンコック
大地舜／榊原美奈子 訳

AMERICA BEFORE
GRAHAM HANCOCK

双葉社

AMERICA BEFORE
by Graham Hancock

偉大なマニトウ（精霊）であるサーペント・マウンド。全体像を見ることができるのは、空からだけだ。

大蛇の頭は地平線に沈む太陽を探しているかのようだ。これが起きるのは夏至の日だけ。
写真：サンサ・ファイーア

天と地の融合:夏至のサーペント・マウンドの日沈。／写真:サンサ・ファイーア

カルナック神殿の冬至の日の出。主軸をなす１キロメートルの参道を通して見ている。上エジプト。
写真：サンサ・ファイーア

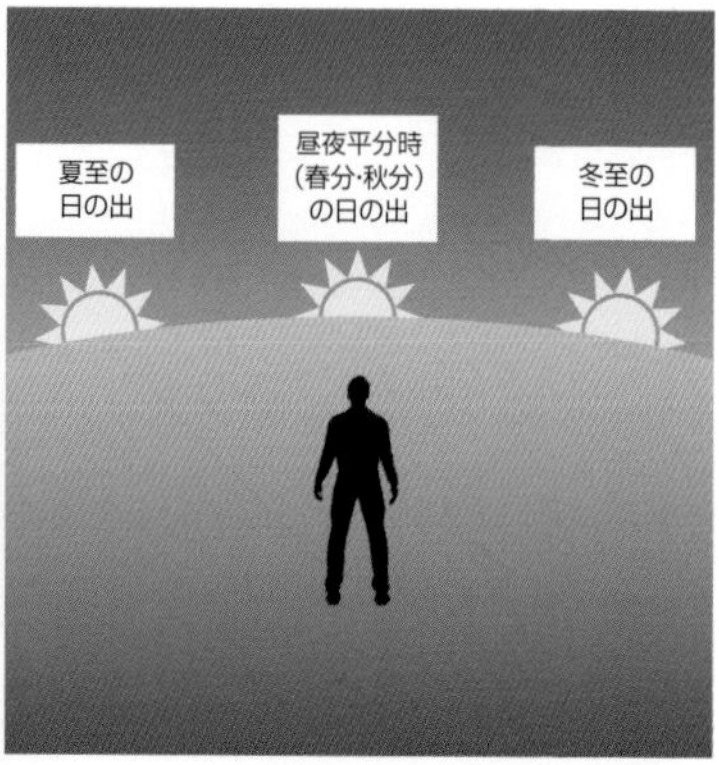

エジプトのギザの大スフィンクスは、
至点マーカーだ。
夏至に、太陽は真東のはるか北側から昇り、
冬至には真東のはるか南側から昇る。
春分·秋分の時に、太陽は真東から昇る。
写真:サンサ・ファイーア

カンボジアのアンコール·ワット寺院では、主要方位が正確に合わされており、
春分·秋分の朝、太陽は正確に真東から昇る。太陽は上昇と共にアンコール寺院の中央塔で一瞬停止する。
そして神秘的に寺院全体を明るくするが、まるでおとぎの国に見える。／写真:サンサ・ファイーア

シベリアのデニソワ洞窟の入口。ここでの発見で、人類の先史時代が書き直されることになった。

デニソワ洞窟の入口から見た景色。アヌイ川に向かって傾斜している。／写真：サンサ・ファイーア

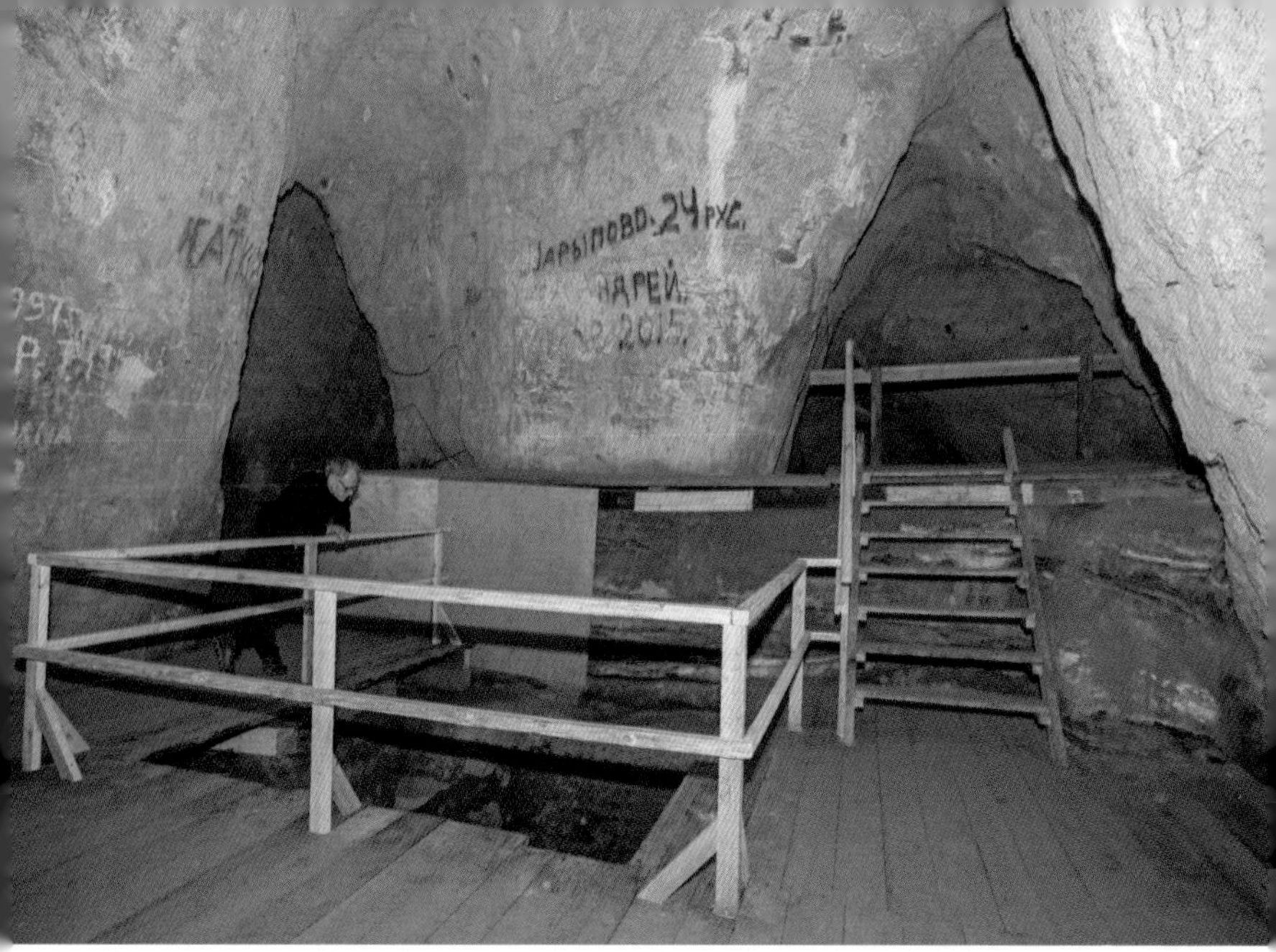

デニソワ洞窟の主回廊にある発掘用トレンチ（溝）。

ここは特別なものを作る作業場であったようだ。
デニソワ洞窟の天井と天然の狭い窓は大聖堂の雰囲気を醸しだしている。／写真：サンサ・ファイーア

緑泥石で作られた腕輪の一部。光を捕えて色が変換するように設計されているようだ。
これが示唆するのは、「解剖学的に原始的だ」と思われていたデニソワ人が、
同時代の現生人類よりも洗練された芸術性をもっていたことだ。
ドリル跡を矢印で示したが、氷河期真っ只中の技術力の高さを証明している。
このような技術レベルに達したのは、数千年後だと考えられていた。
写真：ロシア科学アカデミー・考古学民族史研究所シベリア支部

グラハム・ハンコックとサンディエゴ自然史博物館の主任・古生物学者トム・デメレ（左）。
セルッティ・マストドン遺跡を発掘したデメレとその同僚たちは、様々な証拠を見つけたが、
その1つは垂直に立てられ、目印とされた牙だ（右）。これが示すのは、
13万年前の北米に人類がいたことだ。これまで考えられていた時代よりも10倍古い。
写真：サンサ・ファイーア

サンディエゴ自然史博物館の資料保管所で、13万年前に人類がアメリカ大陸にいた証拠を検証している。
写真：サンサ・ファイーア

サウスカロライナ州のトッパー遺跡における、考古学者アル・グッドイヤー（左）と著者。
アルはクローヴィス層の下まで発掘し、クローヴィス以前の人間が5万年前から住んでいた証拠を見つけた。
写真：サンサ・ファイーア

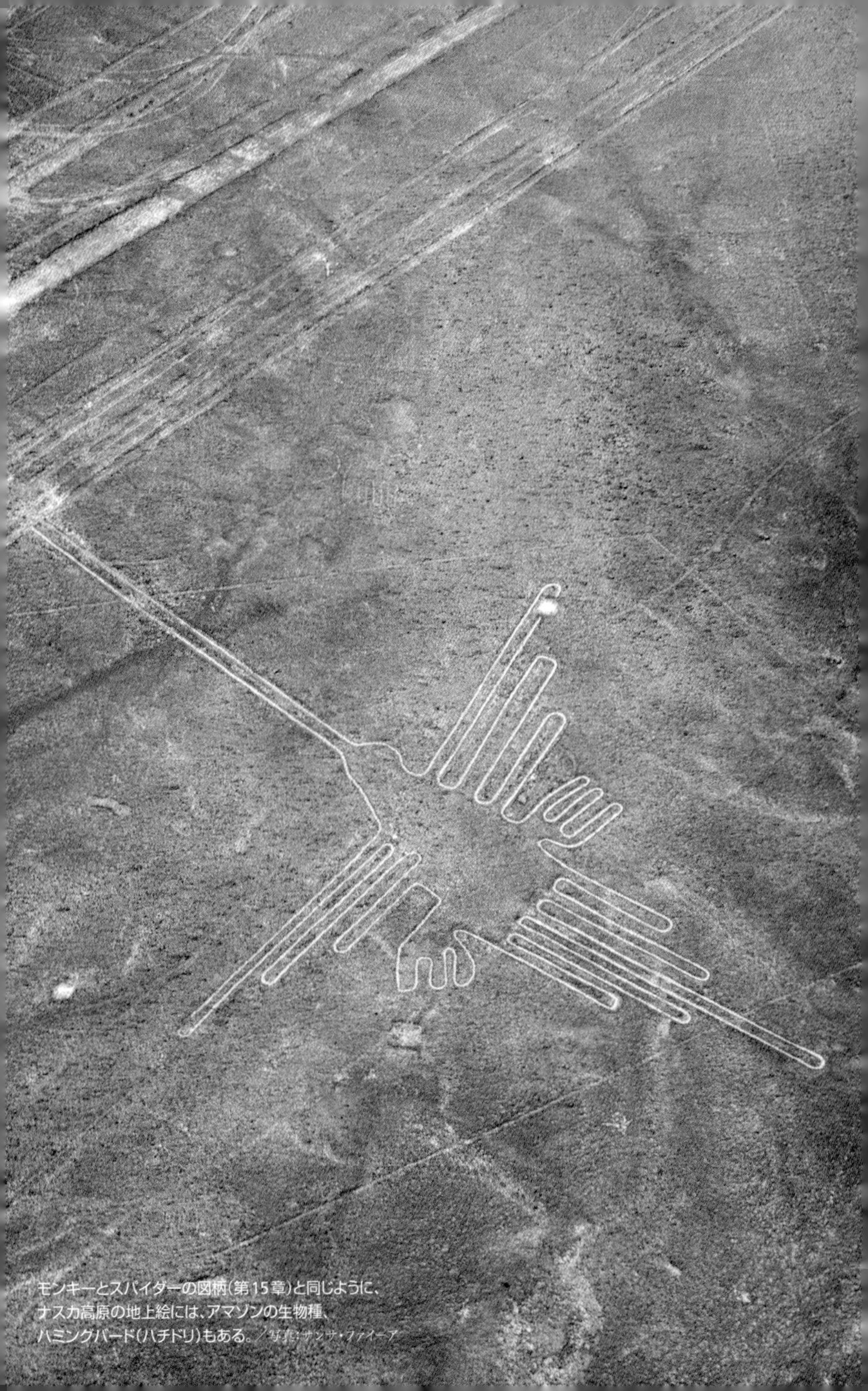

モンキーとスパイダーの図柄(第15章)と同じように、
ナスカ高原の地上絵には、アマゾンの生物種、
ハミングバード(ハチドリ)もある。／写真：サンサ・ファイーア

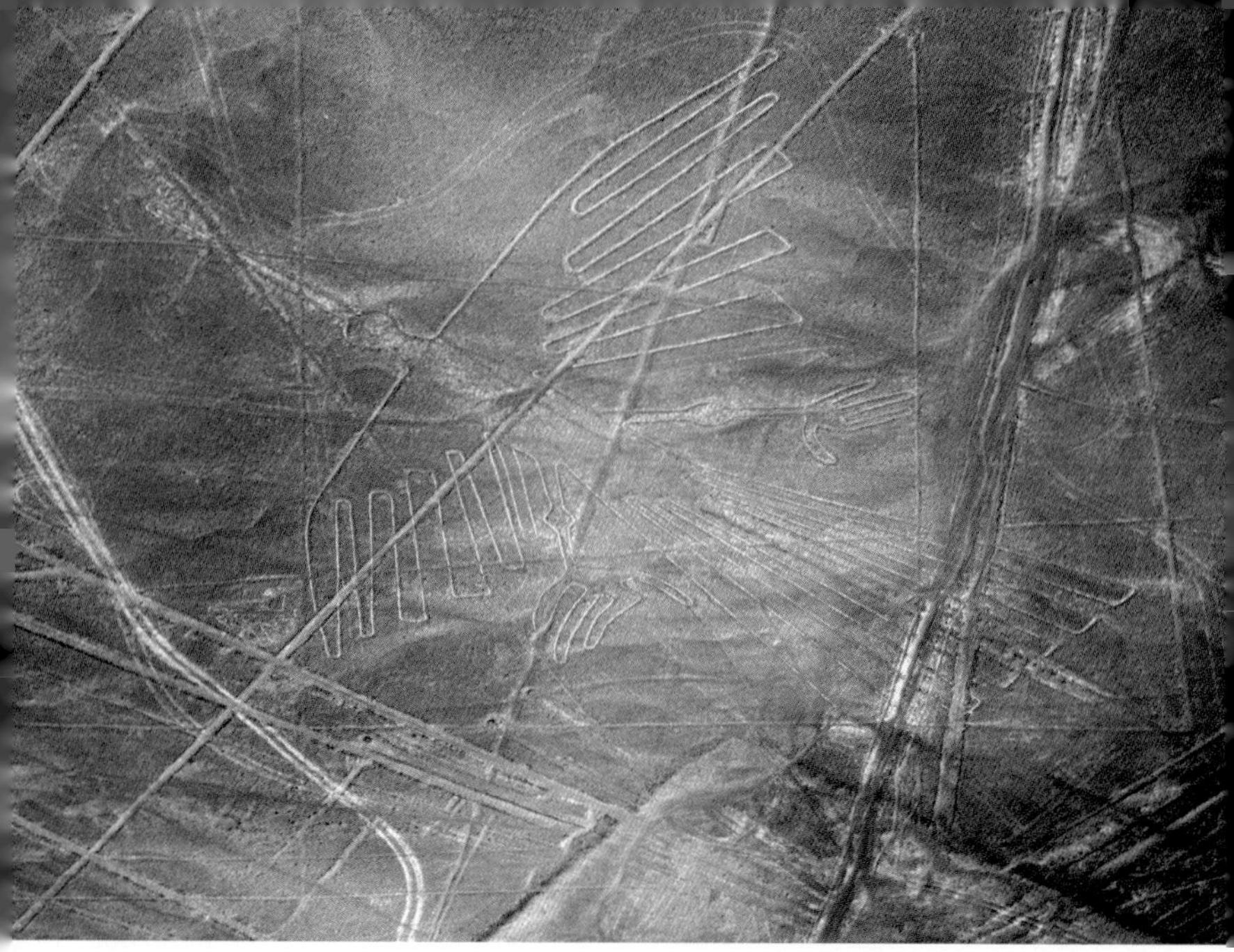

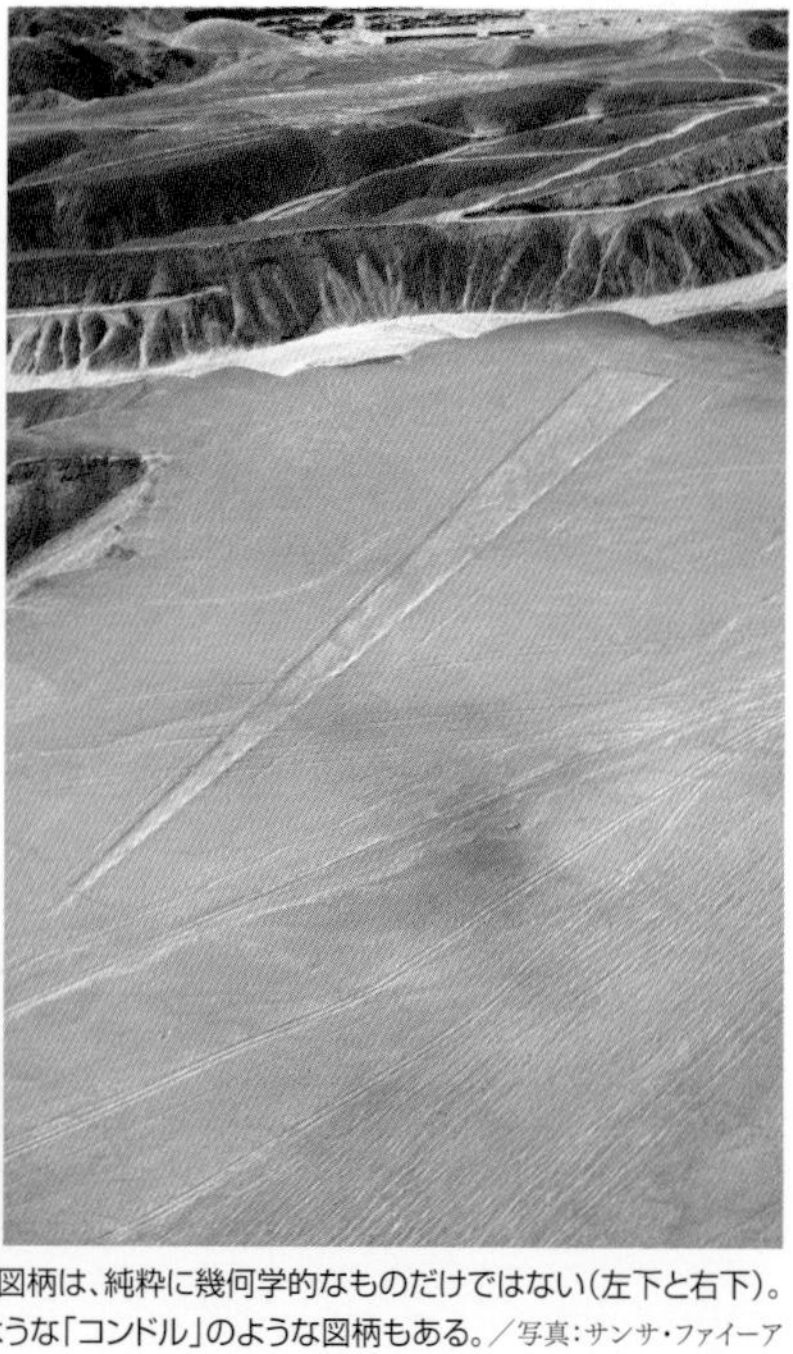

ナスカの地上絵の幾何学的テーマの図柄は、純粋に幾何学的なものだけではない(左下と右下)。
上のような「コンドル」のような図柄もある。／写真：サンサ・ファイーア

イギリスの巨石遺跡ストーンヘンジ(上)とエイブリー(下)。
両者ともに、聖なる幾何学、アースワーク、ストーンサークルが組み合わされている。
写真:サンサ・ファイーア

大ピラミッドとカフラー王のピラミッド（左）。
両ピラミッド共に主要な方位に完璧に合わされている。／写真：サンサ・ファイーア

アマゾンのアースワーク遺跡、ファゼンダ・パラナ。
この正方形も主要な方位に完璧に合わされている。／写真：マルティ・パルシネン

ファゼンダ・アトランティカ遺跡。ここの主要なジオグリフは正方形で、辺の長さはそれぞれ250メートルになる。
遺跡の主軸の方向は、6月の夏至の日没や、12月の冬至の日の出と一直線になりそうだが、
アマゾンのジオグリフに関しては、まだ天文考古学的な調査が行なわれていない。

アマゾンのジオグリフには、2つ以上の幾何学的形を持つものが多い。
ファゼンダ・シポアル遺跡の場合、正方形の周りを丸いコーナーを持つ八角形が囲んでいる。
写真：マルティ・パルシネン

アマゾンの巨大なジオグリフ、テキーニョ遺跡。

この遺跡の大きさは、かつて15ヘクタール（37エーカー）だった。今日まで残存しているのは、2つの正方形だ。

大きなほうは辺がそれぞれ210メートルある（正方形の内側に、2つの正方形が築かれている）。

小さなほうの正方形は損傷が激しいが、一辺の長さはそれぞれ130メートル。

この内側にも正方形が1つ築かれている。この遺跡の主要な北西方向の軸を決めているのは、
主要な入口から、大きな正方形までの土手道であり、幅40メートルで長さ1500メートル。

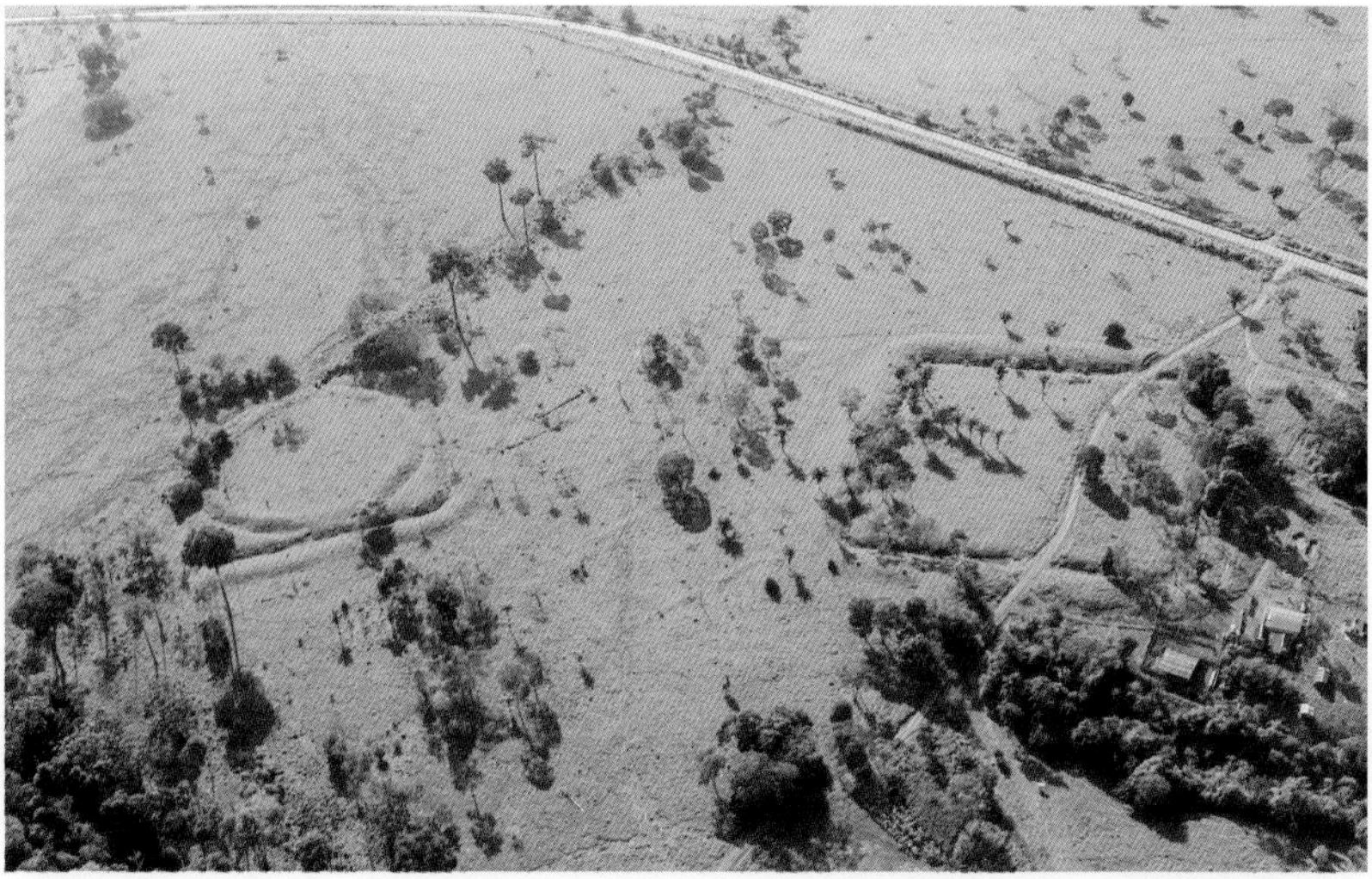

ジャコ・サ遺跡アースワークの主要なジオグリフ。
第15章で述べたが、興味深いことに円を正方形で囲んでる。／写真：マルティ・パルシネン

壮大で幾何学的なアースワークだけでなく、アマゾンには無数の巨石遺跡が存在する。
これは巨大なヘゴ・グランジ遺跡のストーンサークル。第16章で検証している。
写真：マリアナ・カブラル

ペアになった円形のジオグリフ。アマゾン西部のラマルド・ド・カパタラ遺跡。
写真：リカルド・アゾウリ／pulsar imagens.

ファゼンダ・コロラダ遺跡における複雑なジオグリフの配置には、三辺しかない大きな正方形も含まれる。
この正方形はアマゾンの死後の魂の旅に関する信仰と関係があるのかもしれない。
第17章で検討しているので参照してほしい。／写真：マルティ・パルシネン

人類前史　失われた文明の鍵はアメリカ大陸にあった　上

サンサへ
過去と現在と未来の人生における、いつも変わらぬソウルメイト。
これからも共に素晴らしい冒険を！

人類前史　失われた文明の鍵はアメリカ大陸にあった　上　目次

第1部 精霊：サーペントマウンドの謎

第4部 ミーム：アマゾンの謎

日本の読者の皆さんへ

次に失われる文明?

私たちは、世界のもっとも技術的に発展した文明は信頼でき、堅牢《けんろう》で安定しており、壊すことなどできない、と思っています。もちろん多くの「発展途上国」は深刻な問題を抱えています。しかし、巨大な経済をもつ米国、中国、日本、ドイツ、イギリスなどを見ると、これらの国が完全に破綻し、混乱のうちに崩壊して工業化以前の生活様式に戻ることなどは想像もできません。

この安全という幻想は、二〇一九年から二〇二〇年におけるコロナウイルス禍で、風の中の塵のように吹き飛ばされています。二〇二〇年四月にこの文章を書いていますが、まだ感染症の世界的な蔓延《まんえん》はピークに達していませんし、最終的にどのような結果になるかを予測することも不可能です。はっきりしているのは、遅ればせながら日本も参加する世界規模のロックダウン（封鎖）が行なわれ、生産性や経済生産量や雇用に壊滅的な影響が出ることです。今年の初めにはお金を稼いでいた何百万人という人々が、いまでは職を失い、生き残るために政府補助金に依存しています。何千という大小の企業が二〇一九年には繁栄していましたが、いまは閉鎖して、個人と同じように政府の補助金に頼っています。それも、危機が去った後に経済活動へ戻ることへの微かな希望を保つためです。

政府の補助金がどこから来るかについては誰でも知っています。究極的には納税者である私たちが払うことになります。しかし、私たちの多くが、突然、収入を得る手段を失うと、税収が枯渇して補助金も出せなくなります。インターネットやマスメディアから判断すると（私たちは「自己隔離中」なので他からの情報はわずかです）、一般的な感覚では、この災害は巨大ではありますが、いずれ終わるものです。現在、信じるように奨められているのは、三ヶ月から六ヶ月後には、「普段の生活」に戻れることです。私は心からこの予測が正しいことを望んでいます（読者がこの本を手に取る頃には、事実が判明していることでしょう）。しかしいまや、別のシナリオを想像することも難しくありません。このウイルス、または変異していくウイルスが蔓延して、グローバル経済を三ヶ月から六ヶ月をはるかに超えて停止させるシナリオです。そうなると、二〇二〇年初めの短期間に目撃したコロナウイルスの蔓延によって引き起こされた荒廃からみて、さらに大規模な閉鎖が起こることは確実です。三ヶ月から六ヶ月ではなく、三年から六年になるかもしれません。それは、これまで経験したことのない規模の大激変になるでしょう。その結果、世界の発展した技術文明が完全に破綻して、混乱状態に陥るかもしれません

言い換えれば、私たちが知っている「文明」の終わりを想像することも難しくはなくなります。あるいは別の可能性も考えられます。数千年後になったら、この大災害を生き残った子孫にとっては、二一世紀に「高度な」文明が存在したことを信じる強い理由がないかもしれません。今日の私たちが「アトランティス大陸」に対して感じるのと同じように、彼らにとっては「空想」としか思えないかもしれません。私たちを崩壊させた大災害そのものも、遠い未来の科学者たちによって「神話」と見なされるかもしれません。人類に襲いかかった悲惨な大災害は、原始的な祖先がでっちあげた「神話」であり、信頼できる目撃証言ではないとされるかもしれません。

この本の主要なテーマは、一万二八〇〇年前頃に自然の力が世界規模の大激変を引き起こしたことです。この激変の規模が大きく、期間も長かったため、氷河期に発展していた文明は完全に破壊されてしまい、存在していた証拠もほぼ跡形もなく消し去られています。この時の大激変はウイルスによるものではなく、一回でもなく、連続する大事件でした。長く続いたこの出来事は、次から次へと発生する破局で、一万一六〇〇年前頃まで続いています。地質学者たちにヤンガードリアス期として知られる一万二八〇〇年前から一万一六〇〇年前については、本書で詳しく述べましたが、極端に重大な気候変動が起こり、海面が急激に上昇しました。その原因については、

巨大な彗星《すいせい》が崩壊して、その破片である流星群が地球と何度も遭遇したという、圧倒的な証拠が今ではあります。彗星の破片のいくつかは山のような大きさで、地球と衝突した速度は、時速数万キロメートルでした。同じ時期に、氷河期の有名な大型動物であるマンモスやケブカサイやサーベルタイガーの絶滅が起こっていますが、これも偶然ではありません。

読者の皆さまもお分かりでしょう。ここで私が提唱しているのは、悠久の先史時代に技術的に発展していた文明が、氷河期の大型動物を絶滅させた世界規模の持続的大激変によって、消滅させられたことです。私の考えではアメリカ大陸が失われた文明の秘密を解く鍵を握っています。しかし、失われた文明が興隆していた地域はアメリカ大陸にかぎられるとはいっていません。それどころかこの文明が、世界中に拡がり、世界各地に到達していた強力な証拠があります。この文明は同時代に存在していた、技術的にまだ未熟な人間集団とも交流していました。

氷河期の海面が低かった頃の日本列島は、現在よりももっと大きな領域を占めており、本州と四国と九州はひと続きの陸地でした。私の以前の本の読者ならば思い出していただけるでしょうが、氷河期に海面よりも上にあった日本の大陸棚は、現在では四〇メートルほどの海面下に没しています。この大陸棚には数多くの謎を秘めた人工的な構造物がありますが、これらは一万二八〇〇年前から一万一六〇〇年前のヤンガードリアス期の海面上昇期よりも前に造られたに違いありません。それらの構造物の中でも与那国島《よなぐにじま》の巨大なテラス状一枚岩と、慶良間諸島《けらましょとう》のストーンサークルを特に指摘したいと思います。この二つの遺跡についてはスキューバダイバーとして、徹底的に探究できるという栄誉を得ました。二〇〇二年に出版された『神々の世界』（小学館）で詳しく分析しているので、ここでは繰り返しませんが、この二つの遺跡に見られるのは、同時期のアメリカ大陸に見られるのと同じ失われた文明の〝指紋〟です。

日本の先史時代というと、最終氷期の終わり頃で、縄文時代が始まった時期ですが、深い謎に包まれています。縄文人は採集狩猟民ですが、なぜか時代離れした技能や技術や生活方式をもっていました（たとえば、大規模な定住地や、驚異的な装飾を施された土器）。この面でアメリカ大陸の採集狩猟民の集団と共通していることを、この本の読者の皆さんも発見されることでしょう。アメリカ大陸の先住民たちと同じように、縄文人もヤンガードリアス期が訪れる前に、先進的な技能や思想の流入という恩恵を受けていたようです。

このような明らかなパターンが示唆することを解きほぐすには、さらなる研究が必要なことは間違いありません。しかし、縄文文化と失われた文明には結びつきがあったことは確実です。この結びつきを通じて知識が伝えられ、その一部は有史時代まで保存されています。

アメリカ大陸でも事情は同じです。世界の多くの地域についても同じことがいえます。私たちが相手にしているのは、世界中に隠された遺産を残す「失われた世界文明」です。もしかすると二一世紀における私たちの文明のもろさが赤裸々に暴露されているいまこそ、その遺産の封印が解かれる時なのかもしれません。

はじめに

私の書棚に、世界的に有名で敬意を払われている『歴史はシュメールに始まる』（新潮社／タイトルは『歴史はスメールに始まる』）という本がある[1]。内容はもちろん、高度なことでよく知られたシュメール文明についてだ。この文明は六〇〇〇年ほど前にメソポタミアの地、つまり現代のイラク辺り、ティグリス川とユーフラテス川の間で誕生し、形づくられた。また、数世紀後には、エジプトの地が統一され、古代エジプト文明という優雅で洗練された古代文明の典型が誕生している。一方、エジプトとシュメールの文明が満開となる前には、謎に満ちた長い先史時代があり、歴史時代の思想《アイディア》の多くは先史時代にすでに存在していた。

シュメール人とエジプト人の後はアッカド人、バビロン人、ペルシャ人、ギリシャ人、ローマ人と続く。さらには、古代インドと古代中国の信じがたい偉業もある。そのため文明といわれると「旧世界」と思うのが当たり前になっており、「新世界」のことを思い浮かべる人はまったくいない。

特に一九世紀や二〇世紀の一般的な教育において、人類が最後に到達した広大な陸地はアメリカ大陸（北米・中米・南米）だと教えられてきた。しかもアメリカ大陸に到達した人間たちは一ヶ所に定住しない狩猟採集民で、その後もほとんどは狩猟採集民であり続けたとされてきた。したがって、文化的に意義あることは比較的最近まで始まっていなかったとされていた。

この教えが大間違いだったことに、二一世紀も二〇年を過ぎたいま、学者たち全員が賛同している。しかもこの教えを捨て去るだけでなく、アメリカ大陸の先史時代については、まったく新しいパラダイム（支配的な考え方）が必要だという。科学におけるこのような重大な変化は、正当な理由なしには起こりえない。このケースの場合、理由は単純で、これまでのパラダイムに対するあまりにも多くの強力な反証が明るみに出てしまったことにある。

誰にでもやりたい「こと」があり、それを行なっているものだが、私のやりたい「こと」は、太古の先史時代に存在していたと思われる失われた文明の探求だ。その探求で過去二五年以上にわたり旅をしながら、調査を続けている。失われた文明は「高度な文明」で、最終氷期の終わりに徹底的に破壊されており、それは寓話《ぐうわ》となったアトランティスと似たところがある。

プラトンは、アトランティスの伝承について記された現存する最古の文献で、この島は「リビアとアジアを合わせたよりも大きく」[2]、大西洋のかなた、ヨーロッパのはるか西にあると述べている[3]。私はこれまでこの明らかなヒントに抵抗してきた。過去一〇〇年間、多くの研究者がこの問題を追求してきたが、思わしい結果が出ていないからだ[4]。だが、アメリカ大陸の最終氷期の先史時代について、考古学者たちがとんでもない間違いをしている確かな証拠が、私のパソコンのフォルダーに山積みとなってきた。その後もさらに新しい調査報告が増えてきて、プラトンが示唆する場所の重要性について熟考するほかなくなった。私の著書の読者ならばご存知だろうが、これまでは別の場所の可能性を追求してきた。だが、大西洋の反対側遠く離れた巨大な陸地というと、アメリカ大陸が思い浮かぶことは否定しがたい。

そこで、この「未解決事件」についての考察を再開する決意をした。まずはアメリカ大陸に関する新しい重要な証拠を集めはじめた。次にその証拠を整理して、何千という広範な学術論文の細部に、より大きな謎が隠されていないかを徹底的に考察したのだ。論文の分野は考古学、遺伝学、天文学、気候学、耕種学〔作物の栽培技術について研究する学問〕、民族学、地理学、古生物学と多岐にわたる。

アメリカ大陸の先史時代については、書き直しが必要なことが明らかだった。学界の主流派の科学者たちも、このことについては基本的に同意している。だが、ほかにも何かあるのではないだろうか？

本書は、私が何を発見したかを語っている。

[1] Samuel Noah Kramer, *History Begins at Sumer: Thirty-Nine Firsts in Man' s Recorded History* (University of Pennsylvania Press, 1991).（サミュエル・ノア・クレーマー『歴史はシュメールに始まる』）

[2] Plato, *Timaeus and Critias* (Penguin Books, 1977), 一三一ページ。（プラトン『ティマイオス、クリティアス』）

[3] 同右、三七ページ。

[4] たとえば以下を参照：Lewis Spence, *Atlantis in America* (Ernest Benn, 1925); *Frank Joseph*, *Atlantis in Wisconsin: New Revelations about the Sunken City* (Galde Press, 1995); Ivor Zapp and George Erikson, *Atlantis in America: Navigators of the Ancient World* (Adventures Unlimited Press, 1998).

第1部

精霊：サーペントマウンドの謎

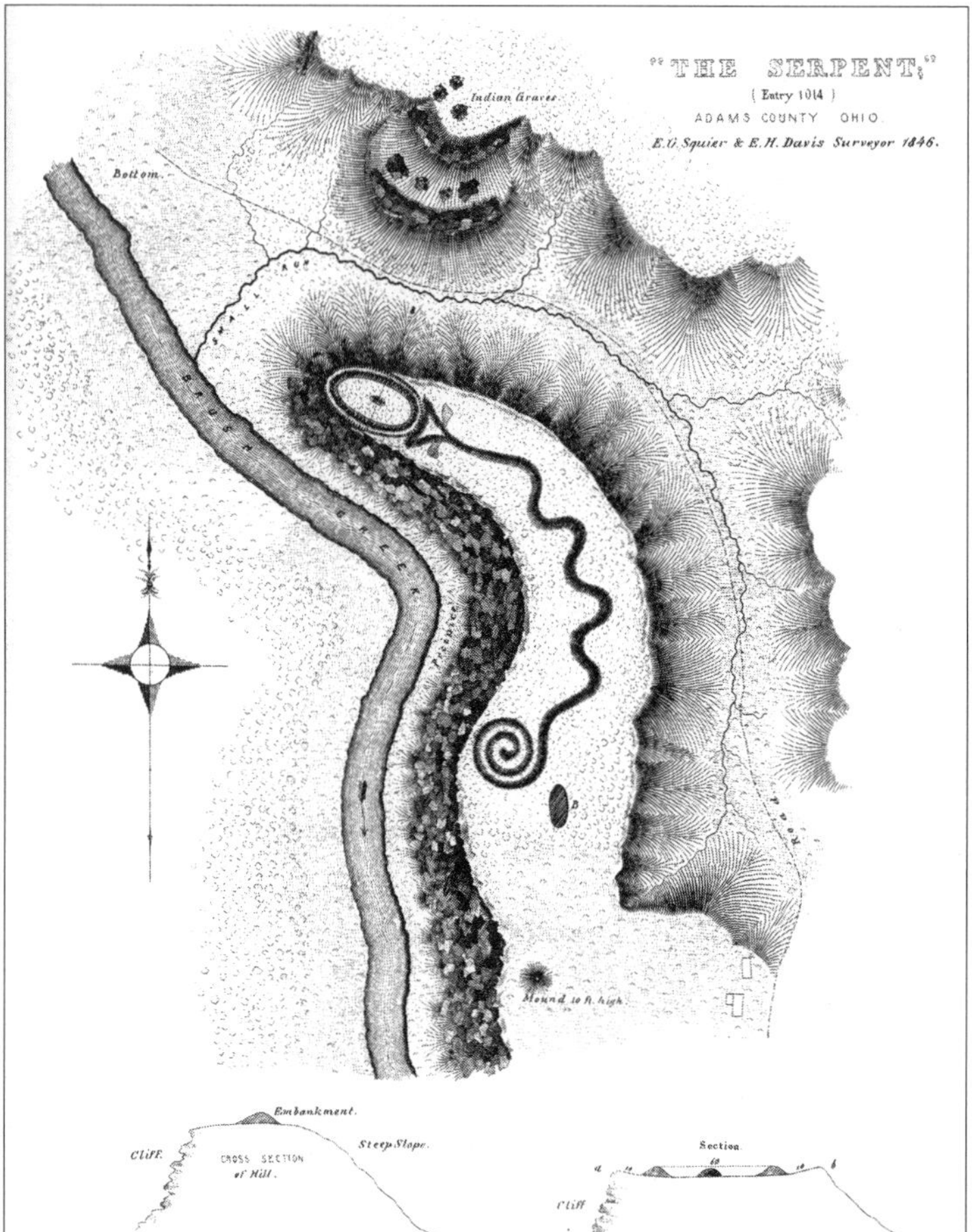

1846年に作られたサーペント・マウンドの最初の測量図。
作成者はイフレム・スクワイアとエドウィン・デーヴィス。
スミソニアン協会が出版。このマウンド(墳丘)は
「西洋で発見されたもっとも奇妙なアースワーク」と説明されている。

第1章 魔法にかけられた領域

考古学者たちは、広大で魅力あふれる資源豊かな南北アメリカ大陸に人類が住みはじめたのは、ごく最近のことだと教えている。それより遅く地球上で人類が移住したのは、いくつかの遠く離れた島々だけだという。

これが一般的な学説だった。だがこの説は、新技術が生み出した抵抗しがたい新証拠によって猛攻撃され、崩壊してしまった。特に目立つのは、古代のDNAを解読する技術だ。その結果、一九世紀から二〇世紀の優秀な学者たちが築いてきた理論と経歴の基礎となるアメリカ考古学の、もっとも根本的な「事実」や、多くの「検証された真実」が、いまや明らかな誤りとされている。アメリカ大陸に人類が住んだのは、ごく最近どころか、かなり古いと考えられるようになっている。これまで考えられていたよりも、一〇万年以上も古くなるだろう。

　このように長い年月だと、氷河期をだいぶ深くさかのぼった時期になる。このことは先コロンブス期〔アメリカ大陸の歴史のうちコロンブス到来以前を指す〕のアメリカに建造されていたすべての構造物をどう見るべきか、どう解釈し、建造時期をいつと考えたらよいのかについて、重大な意味をもつ。可能性に過ぎないが、先史時代に隠されたストーリーがあることも無視できなくなった。新世界は約一万二〇〇〇年前に旧世界から物理的、遺伝学的、文化的に分離されている。この時にシベリアとアラスカを結んでいた陸橋が、海面上昇により水没したからだ[1]。この完全な分離は五〇〇〇年前まで続き、遺伝学的、文化的な交流が再開されたのはヨーロッパ人による征服が始まってからだ。そうなると、近代ヨーロッパ人の影響ではないアメリカ大陸と旧世界にある深いつながりは、偶然の一致でもないかぎり、一万二〇〇〇年前よりももっと前に起こっていたことになる。

　このことを念頭においてサーペント・マウンド（大蛇の墳丘）を初訪問したのは、二〇一七年六月一七日のことだ。サーペント・マウンドはオハイオ州南部にある国定歴史建造物で、「北米に現存するもっとも素晴らしい、先史時代に造られた動物の姿をした墳丘である。世界最高傑作かもしれない」とされている[2]。

　アダムズ郡にあるサーペント・マウンドは、シンシナティ市の東一二〇キロメートルで、ピーブルズという町からは北方一一キロメートルの場所にある。州道四一号線を北に走り、七三号線を西に行く。ここはうねる丘陵と緑の草原の多い農村地帯で、オハイオ川の北側になり、州の中でも森林が多い。私たちが訪れた明るく輝く夏の日、木々の緑は濃く、葉は生い茂り、満開の花々で野辺は光に満ち、道は曲がりくねり、まるで夢の田園の一部のようだった。

だが、この牧歌的な地域全体は、遠い昔に壊滅的な大変動に襲われている。そのもっとも際立った痕跡は典型的な衝突クレーター（円形の盆地）だ。このクレーターは直径一四キロメートルほどで、中央によく目立つ丘がある。さらに陥没した輪状の地溝や、洞窟や陥没穴のあるエリアと外縁部がある[3]。何百万年にもわたる浸食によって輪郭はぼやけているが、グーグルアースで見ても、上空を飛行しても、クレーターの形は確認できる。ほとんどの地質学者が何か巨大な爆発によってクレーターが生まれたという意見で一致しているが、爆発がどのような性質のものかについては、長い間意見が分かれていた。火山の爆発だと考える学者と、隕石または彗星が衝突した結果だと考える学者の間で激論が交わされていたのだ[4]。この激論が収まらないため、周辺でもっとも有名な建造物がサーペント・マウンドであることから、公式には「サーペント・マウンド潜爆発性構造」と呼ばれていた[5]。一九九〇年代後半になって、多くの証拠が積み重なり、ようやく意見がほぼ一致することになった。結論は、多くの人が長いこと考えていたとおり、超高速の天体衝突によって形成されたというものだった[6]。

隕石または彗星が衝突した時期は「初期ミシシッピ紀の後……なぜならミシシッピ紀（約三億四五〇〇年前）の岩石が地殻攪乱《かくらん》に巻きこまれているからだ。また、イリノイ氷期（一二万五〇〇〇年前）よりも前」とされている[7]。

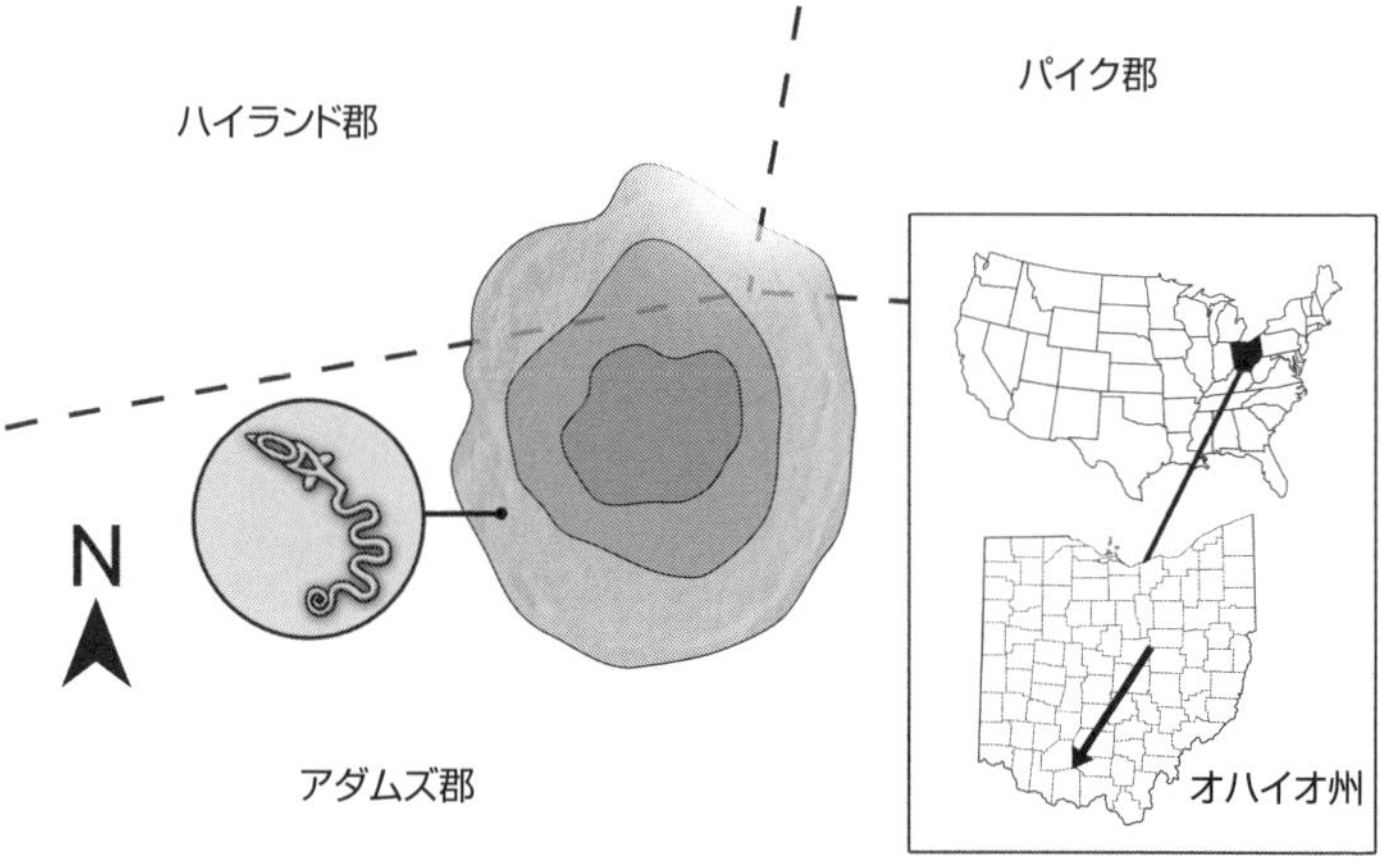

この辺りは「サーペント・マウンド潜爆発性構造」や「サーペント・マウンド地殻撹乱《かくらん》」などと、呼ばれている。現在、ほとんどの科学者はこの奇妙な地質学的形状を、太古の天体衝突によるクレーター跡であると考えている。このクレーター跡の上にサーペント・マウンドが造られている。クレーターの直径は14キロメートル程度。

これはかなり幅の広い期間だ！　それはともかく、ほとんどの専門家は、クレーターが誕生したのは数億年前であり数十万年前ではないと、確信している[8]。だとすれば、サーペント・マウンドを建造したアメリカ先住民は、天体衝突については何も知らなかっただろう。だが多くの学者は、鋭い自然観察者だったアメリカ先住民が、この辺りの入り乱れた、激変を示す、興味深いリング状の構造に感銘を受けたに違いないと推測している[9]。

「彼らはこの場所に重要性を感じたに違いない」と、オハイオ州の地質学者マーク・バラノスキは言う。「彼らは母なる古き大地に深い崇拝の念をもっていた。ここは神秘的な場所だ。だから彼らはここにスピリチュアルなマウンドを造ったのだ」[10]。同様に、アイオワ大学の地球科学者レイモンド・アンダーソンは、サーペント・マウンド衝突跡について「北米のもっとも謎めいた場所の一つだ。アメリカ先住民たちは、ここに神秘性を感じたが、彼らは正しかった」という[11]。

天体衝突が起きて以来、衝突地点の中央で強烈な磁気異常が起こり、コンパス（方位磁針）が大きく狂うようになってしまった[12]。さらには、衝撃による重力異常も起こり、複数の地下洞窟や水流や陥没穴ができた。オハイオの考古学者ウィリアム・ロメインによると、このような場所は、古代人によって冥界への入口として見られたのではないかという。

「多くの人々によって、このような奇妙な洞窟や陥没穴のある地域は、聖なる場所とされた。このような場所は、上にある天界と冥界を結ぶ超自然的な関門、あるいは入口と見なされることが多い……サーペント・マウンドを建造した人々が、この地域の異常な特徴のいくつかに気づいていたことは間違いない。だからこの特異な領域に大蛇の姿を造ったが、それには非常に明確な理由があったのだ」[13]

オハイオ州道七三号線の最後の数キロメートルを西に走ると、大蛇のねぐらに入ろうとしていることに思いをはせた。古くに地の勢力と天の勢力が巨大なエネルギーを伴って衝突した聖なる領域だ。オハイオの地質学者マイケル・ハンセンの計算によると「二七立方キロメートルを超える岩石を乱し、中央部分の円形台地を通常の位置から少なくとも三〇〇メートルもちあげた」という[14]。

巨大なサーペントマウンドは中央の円形台地の上にあるだろうと思われるかもしれない。だが実際は、クレーターを四等分した南西部の曲がりくねった尾根に沿って、うねるように横たわっており、それは輪状になった地溝の端近くになる。さらに、大蛇の頭は、尾根の北端が北西に曲がったところに位置している。

私はこれまで、図面や地図でサーペント・マウンドを何度も見ている。だが、実物を見るのは初めてだ。今回の旅には妻の写真家サンサ・ファイーアと共に、現地の幾何学者で天文考古学者のロス・ハミルトンも同行している。彼は人生の大半をサーペント・マウンドの研究に捧げている。ハミルトンによるこのマウンドに関する本は、示唆に富む参考図書となっている[15]。

ここだけではなく、世界中の太古の特別な場所は、人間の愚かさから自らを守る仕組みを発動させていることに、私は気づいていた。サーペント・マウンドもその一つだ。その仕組みでは、遺跡に誘発された情熱的で献身的な個人が、遺跡の保護者となる。ナスカの地上絵にはマリア・ライヒェが、ギョベックリ・テペ遺跡にはクラウス・シュミットがいた。彼らは遺跡の保存だけでなく、鍵となる知識の普及にも尽力した。

痩せて灰色のあごひげをもつ、苦行僧のような風貌《ふうぼう》のロス・ハミルトンは、過去数十年間、ここを守るために身を捧げてきており、サーペント・マウンドにおけるそんな存在だ。

地上と空

ブラッシュクリークの手前で西七三号線から別れて、手入れの行き届いた公園に入る。ここはオハイオ・ヒストリー・コネクションによって維持されている。車から降りて歩道を歩き、まばらな木立を抜け、案内所を通り抜けるとすぐ、草で覆われた高さ一メートルほどの土手が現れる。

「大蛇の尾だ」とロス。

私は顔をしかめた。いささか期待外れだ！　これまでの図面研究で期待していた、神秘的なスパイラル（らせん構造）も見えない。だが、近代になって曲線の外側に沿って造られた階段を登ると、その見晴らしの利く場所からは、とぐろを巻くアースワーク〔土を盛ったり自然の地形を生かして造った土手状の構造物。土塁〕が見えてきた[16]。

それでも、やはり迫力が欠けていた。その大きな原因は現在の遺跡の管理方法にある。木々の茂みが密集していて、視界をさえぎっているのだ。本来ならば北側が開けていて、大蛇の頭から尾までが一望にできるはずだ。

したがって、この巨大な大蛇の一部ではなく全体を見るには、空から観察するしかない。ありがたいことにサンサはこういう状況に備えていた。つい最近、マービック・プロというドローンを購入していたのだ。これには高画質のカメラが搭載されている。サンサはすぐさま小さなドローンを空に放ち、私たちは突然、一二〇メートルの高度からアースワークをモニターで見ることになった。大蛇はドローンの真下にあり、渦巻く尾から頭に向かって見えはじめた。

この場所に人はほとんどいなかったが、映像には数名が映っており、アースワークの大きさの目安になった。もちろん大きさについては予備調査ですでに知っていたが、実際にわが目で見ると印象はまったく違う。このうねる大蛇は、大きく開いたあごまで長さが四一〇メートルもある[17]。大蛇の胴体を形づくるアースワークの高さはおおよそ一メートル二〇センチ。幅は七つの主要な曲がりくねった部分で、七メートルから八メートルある。その先の尾の渦巻きではもっと狭くなる[18]。マウンドのそばにいる人間は、まるでドラゴンの陰にいる小人か小妖精のようだ。この時初めて、背筋が震えた。知性ではなく、心と魂で気がついた……ここには強大で異様な力が眠っている。

ロスは私の心のうちを見透かしたようだ。「人によってはマニトウ〔超自然の力をもつ精霊〕と呼ぶ」とロス。「だが私ならもっと踏み込む。私に言わせれば大蛇はギチェ・マニトウ、つまり古代人の偉大な精霊で祖先の守り神だ」。

西洋科学の物質的還元主義〔生命現象はすべて物理学的・化学的に説明できるという考え〕で育った人々にとって、アメリカ先住民の概念であるマニトウは把握しにくく、曖昧《あいまい》だ。マニトウは具体的な姿をとることもあるが、物質だけの存在ではない。重さを量ることも、寸法を測ることも、数えることもできない。マニトウは数字で表せないし、形もないが、感じることのできる力であり「超自然的で、いつどこにでも

120メートルの高度から見る偉大なマニトウ（超自然の力を持つ精霊）であるサーペント・マウンドの全貌。
写真:サンサ・ファイーア

存在する、すべてを知っている」[19]。ある意味で独立したスピリチュアルな存在だ。

別の言い方をすると神秘的な目に見えない力で、すべてに生命を吹き込んで生かしており、自然現象にも、人が造った物や構造物にも現れる。だが、それらは正しい意図をもって造られていなければならない。「マニトウの精霊的存在と、それを通しての超自然への認識は奥深い」と、ある専門家は語る。「それは、はっきりと知覚できる存在であり、アメリカ・インディアンたちは何百世代にわたってそれを見て、感じてきた……つまり先住民たちはスピリチュアルな風景に自然の風景を重ねて認識していた。両者は一つであり同じなのだ。この自然世界の二重性は、いまでも先住民の人々に霊感を与えている。だから彼らは様々な場所や岩などを、マニトウが宿る聖所として崇拝しているのだ」[20]。

大蛇と卵

私たちはドローンを地上に降ろし、バッテリーを交換して、再び空に放った。

一二〇メートルの高度からだと、曲がりくねる自然の尾根に、どのようにサーペント・マウンドの「頭」と「尾」が造られているかがよく分かる。大蛇の頭は尾根の端の「頭」にあたる場所に造られている。一方、うねうね曲がる胴体は尾まで、正確に尾根の輪郭に沿っている。だが、この遺跡の近代における管理方法の影響で[21]、木立が生い茂ってしまい、南北に走る主軸の観察ができなくなっている。同じく、胴体部分の東側と西側も見えにくい。まるで偉大な精霊を閉じ込めているようだ。緑の繁茂が、崖西側の急斜面をブラッシュクリーク川まで埋め尽くしている。同時に気づいたのは北西部分の木々が特に高くそびえ、密集していることだ。そこは大蛇の頭があるところで、まるで木々を繁茂させて頭を隠そうとする意図があるかのようだ。

サンサにカメラを大蛇の頭の方向に向けるよう頼んだ。大蛇の頭は芸術的な写実主義で造られているわけではない。それは大蛇の首の先に大きく口を開けた上下のあごをもつ、三角形の幾何学的構造物だ。そして、この上下のあごが湾曲したアースワークで結ばれている。

このマウンドの一部として、大きく開けた上下のあごの間に、どっしりとしてきれいに形づくられた楕円形の構造物がある。この形状に関しては、このマウンドを最初に科学的に調査したイフレム・スクワイアとエドウィン・デーヴィスが興味を惹かれている。できたばかりのスミソニアン協会によって一八四八年に発行された出版物で、二人はこの興味深い楕円形について以下のように述べている。

楕円形の構造物は土を盛りあげて造られている。それと分かる開口部はない。高さは一・二メートルほどだ……外観は完璧に整っており、縦横の直径はそれぞれ四八メートルと二四メートルだ。楕円形内の地面はわずかに高くなっている。その中心には陽に焼けた大きな石が円形に積まれていたが、いまは失われている。無知な訪問者が、大岩の下に黄金が隠されているのではないかと思い込んで放り投げたのだろう。卵を思わせる楕円形がある丘の先端は、人工的に卵形の輪郭に沿って造られたようで、平らな台地になっている[22]。

スクワイアとデーヴィスはさらに、「大蛇は、多くの原始的民族における支配的なシンボルだ。大蛇だけの時もあり、円や卵や地球と関連づけられていることもある」[23]と思い出させて、特にイングランド南西部に注目しろと言う。そこにはストーンヘンジが立っており、この偉大なへ

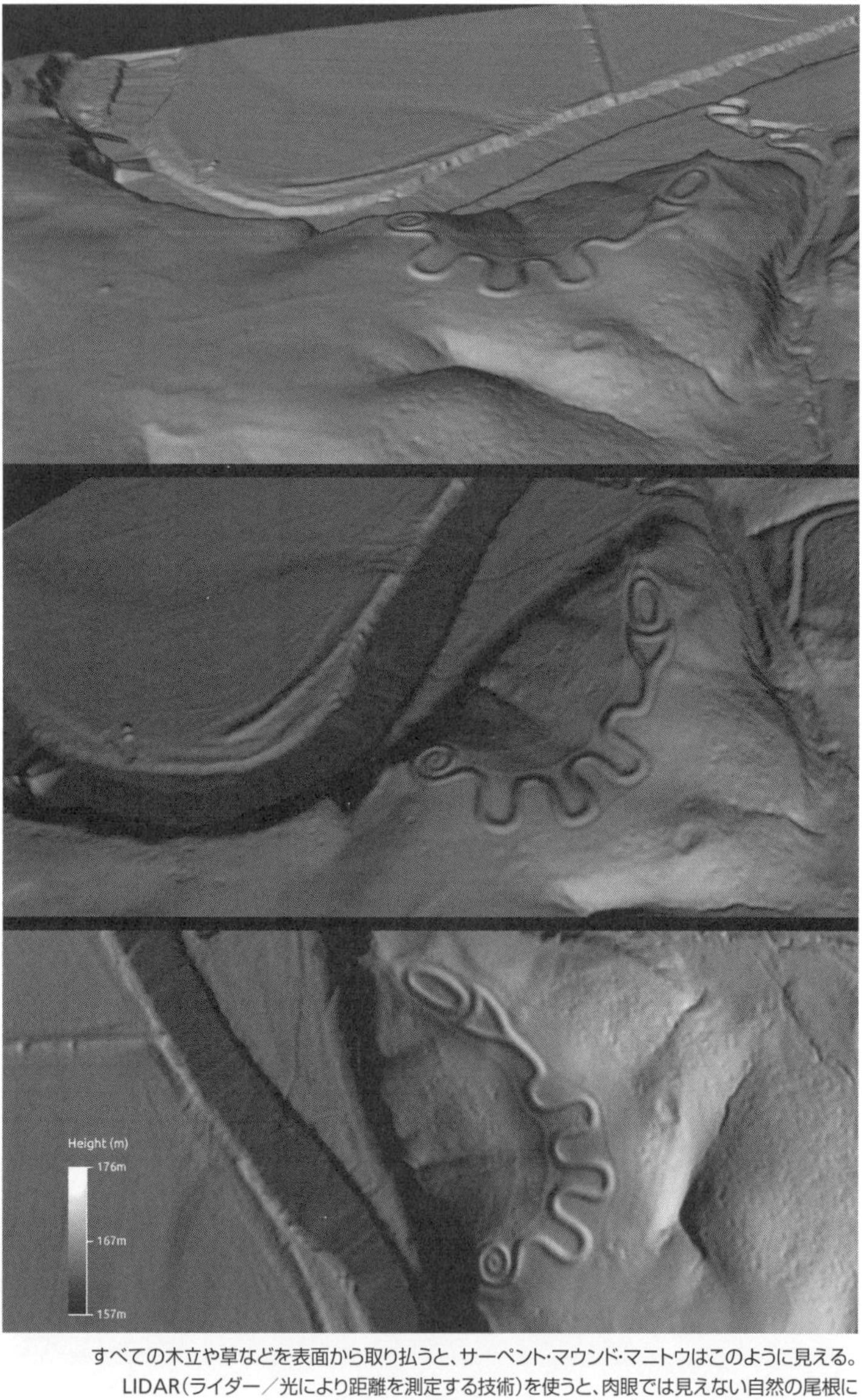

すべての木立や草などを表面から取り払うと、サーペント・マウンド・マニトウはこのように見える。
LIDAR（ライダー／光により距離を測定する技術）を使うと、肉眼では見えない自然の尾根に
マウンドがあるのが分かる／ジェフリー・ウィルソンによるライダー画像

ンジのそばにはストーン・サークルが複数あり、エイブリーの蛇行する土手道があるのだ。
だがそれにもかかわらず、「オハイオの構造物がイングランドの大蛇神殿群に似ている」ことを詮索したり、「アメリカでこのシンボルがどの程度採用されていたか」を調べることはやめておくと言う[24]。その一方で、彼らはこのような調査について「興味あふれる研究ではある。遠く離れた人々の原始的な迷信がどのように反映されているかだけでなく、アメリカ先住民の起源にも光明をもたらすかもしれない」[25]とも述べている。

一九世紀の学者だけでなく、二〇世紀に入っても多くの学者たちは、私たちの先祖の作品に対して、当然のように「原始的」だとか「野蛮」などという言葉を使ってきた。だがサーペント・マウンドに関してロス・ハミルトンは、迷信深い原始人とされる人々は、非常に精密な科学技術の専門家であったと指摘する。彼は射ぬくような眼で私を見てこう語った。

「精度を考えてみよう。彼らは真北を知っており、大蛇を南北のラインに添ってバランスよく配置している。近代の測量士がこの能力に達するだいぶ前のことだ。実のところ、一九八七年にウィリアム・ロメインがマウンドの正確な測量をするまでは、誰もが間違っていた。この時初めて地図が作られ、正しい方位が確認されたのだ」

大蛇のあごの付け根と、とぐろを巻いた尾の先端とを結ぶと、サーペント・マウンドの子午線軸〔真北と真南を結ぶ線〕となるが、これは美的にも洗練されており、天文学的にも測地学的にも高いレベルの精密さが必要だ。スクワイアとデーヴィスはそれ以上のことを述べていないが、二人によるス

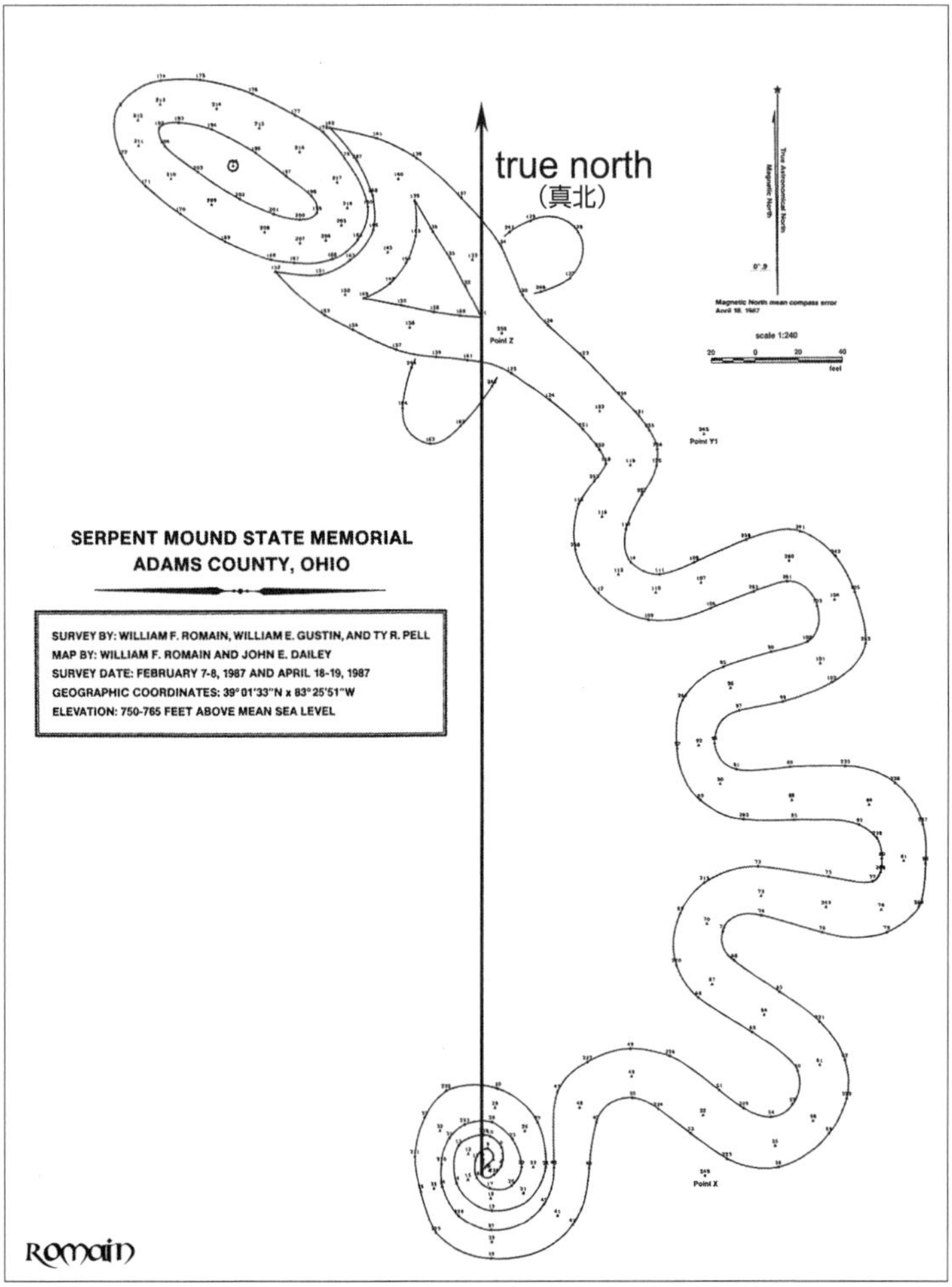

ウィリアム・ロメインが1987年に作成した地図。
サーペント・マウンドの南北の軸の精度を示している。

トーンヘンジやエイブリーとサーペント・マウンドの比較は正しい。なぜなら、イギリスの偉大なアースワークにはまったく同じ「芸術的な科学」が刻印されているからだ。このことは次の章で検討する。

[1] 「約一万二〇〇〇年前」はもちろん大まかな数字だが、本書では一貫して使う。これは誤差を含み、また、研究・調査が進むにつれて、絶えず修正されている。私の主張に関するかぎり、年代が一〇〇〇年やそこら前後したところで影響はない。肝心なのは、アメリカ大陸が世界の他の部分から非常に長い間、隔離されていたことであって、その期間が一万三〇〇〇年であろうが一万二〇〇〇年であろうが一万一〇〇〇年であろうが、私の立場は変わらない。最近の研究によれば、ベーリング陸橋は約一万一〇〇〇年前まで、完全には水没しなかった可能性がある。M. Jakobsson et al. , “Post-Glacial Flooding of the Bering Land Bridge Dated to 11 cal ka BP Based on New Geophysical and Sediment Records, ” *Climate of the Past 13*, no. 8 (2017), 九九一ページや B. M. Pelto et al, “Oceanographic and Climatic Change in the Bering Sea, Last Glacial Maximum to Holocene, ” *Paleoceanography and Paleoclimatology 33,* no. 1 (2018), 93–111 の一五〇ページを参照。

[2] Robert V. Fletcher et al, “Serpent Mound: A Fort Ancient Icon? ” *Midcontinental Journal of Archaeology 21* (Spring 1996), 105.

[3] Keith A. Milam, “A Revised Diameter for Serpent Mound Impact Crater in Southern Ohio, ” Ohio Journal of Science (Ohio Academy of Science) 110, no. 3 (June 2010), 三一〜四三ページ。William F. Romain, “LiDAR Views of the Serpent Mound Impact Crater, ” Current Research in Ohio Archaeology (2011), http://www.ohioarchaeology.org/ も参照。

[4] たとえばC. Bull, C. E. Corbato, and J. C. Zahn, "Gravity Survey of the Serpent Mound Area, Southern Ohio," *Ohio Journal of Science 67, no.* 6 (1967), 三五九ページを参照。

[5] Mark C. Hansen, "Return to Sunken Mountain: The Serpent Mound Cryptoexplosion Structure," Ohio Geology (Winter 1994), 一〜七ページ。

[6] Richard W. Carlton et al. , "Discovery of Microscopic Evidence for Shock Metamorphism at the Serpent Mound Structure, Southcentral Ohio: Confirmation of an Origin by Impact," *Earth and Planetary Sciences Letters 162,* issues 1–4 (October 1998), 一八四ページ。たとえばAndrew Schedl, "Applications of Twin Analysis to Studying Meteorite Impact Structures," *Earth and Planetary Science Letters* 244 (2006), 五三〇〜五四〇ページやBill Meyer, "Unearthing Clues at Serpent Mound: Geologists Find Evidence of a Meteor Crash Near Prehistoric Monument in Adams County," *Plain Dealer,* April 12, 2009中に引用された地質学者Mark Baranoskiの発言(http://blog. cleveland. com/pdextra/2009/04/unearthing_clues_at_serpent_mo.html)も参照。

[7] Hansen, "Return to Sunken Mountain," 4. 一ページも参照。

[8] たとえばSchedl, "Applications of Twin Analysis to Studying Meteorite Impact Structures," 530を参照。

[9] たとえばRomain, "LiDAR Views of the Serpent Mound Impact Crater," 4を参照

[10] Mark Baranoski cited in Bill Meyer, "Unearthing Clues at Serpent Mound: Geologists Find Evidence of a Meteor Crash Near Prehistoric Monument in Adams County," Plain Dealer, April 12, 2009, http://blog.cleveland.com/pdextra/2009/04/unearthing_clues_at_serpent_mo.html.

[11] Raymond Anderson, 同右に引用。

[12] たとえばD. R. Watts et al., "The Serpent Mound Magnetic Anomaly: Fingerprint of a Meteorite Impact?" *Online Journal for E&P Geoscientists 90930* (1998), http://www.searchanddiscovery.com/abstracts/html/1998/eastern/abstracts/1776a.htm を参照

[13] William Romain, "Terrestrial Observations of the Serpent Mound," *Ohio Archaeologist 38, no. 2* (Spring 1988), 一五〜一六ページ。

[14] Hansen, "Return to Sunken Mountain," 2.

[15] Ross Hamilton, *The Mystery of the Serpent Mound* (North Atlantic Books, 2001).

[16] この階段はその後、撤去された。ロス・ハミルトンからの私信、August 24, 2018.

[17] Robert C. Glotzhober and Bradley T. Lepper, Serpent Mound: Ohio's Enigmatic Effigy Mound (Ohio Historical Society, Columbus, Ohio, 1994), 三ページ。

[18] Charles C. Willoughby, "The Serpent Mound of Adams County, Ohio," *American Anthropologist*, New Series 21, no. 2 (April–June 1919), 一五七〜一五八ページ。

[19] Herman Bender, "The Spirit of Manitou Across America," *Archaeology Experiences Spirituality? ed.* Dragos Gheorghiu (Cambridge Scholars Publishing, 2011), 一四三ページ。

[20] 同右、一四三〜一四四ページ。

[21] サーペント・マウンド遺跡の管理はもともとハーバードのピーボディ博物館が行なっていたが、一九〇〇年にオハイオ考古歴史協会に移管した。http://worldheritageohio.org/serpent-mound/. 同協会はその後オハイオ歴史協会と改称し、現在はオハイオ・ヒストリー・コネクションとなっている。オハイオ・ヒストリー・コネクションは二〇一五年のHistoric Site Management Plan for Serpent Mound（サーペント・マウンド史跡管理計画）四一〜四二ページで、次のように述べた。「サーペント・マウンドを建築した者たちが意図した太陽、月、惑星との整列がいくつあったのか、その数については議論がある。こうした、他の整列の可能性について調査が進み、合意が形成されるまで、見やすいように木を移動したり剪定したりはしない。木陰は訪問者が遺跡を楽しむために不可欠だ」。

[22] Ephraim G. Squier and Edwin H. Davis, *Ancient Monuments of the Mississippi Valley* (Smithsonian Institution, Washington, DC, 1848, reprinted and republished by the Smithsonian, with an introduction by David J. Meltzer, in 1998), 97.

[23] 同右、九七ページ。

[24] 同右、九七〜九八ページ。

[25] 同右、九八ページ。

第2章 時空への旅

私と一緒にタイムマシンに乗ってほしい。お連れするのは二万一〇〇〇年前、最終氷期最盛期のミッドサマー（夏至）だ。行き先は、現在グレート・サーペント・マウンド国定歴史建造物がある、素晴らしく神秘的で雰囲気のある場所だ。

もちろん、二万一〇〇〇年前の別世界には「国定歴史建造物」もアメリカ合衆国もアダムズ郡も存在しない。当時は、大まかにいって、オハイオ州とミズーリ川から北のアメリカ大陸の幅広い一帯と、北極海までのカナダ全域は巨大な氷に覆われていた。

だが、最終氷期の最盛期であった二万一〇〇〇年前においても、サーペント・マウンドが存在するうねった尾根を埋めるほど南まで、氷が来ることはなかった。

いつ巨大なマウンドが大蛇の姿に造られたかという疑問には、後ほどとりかかる。だがいまは、タイムマシンから出て曲がりくねった尾根に降り、ミッドサマーの青空の下で、汚染されていない世界の爽やかで新鮮な空気を吸ってみよう。

北米氷期の巨大な野獣を目にするかもしれない。有名な「メガファウナ（巨大動物）」だ。それにはマンモス、マストドン、オオナマケモノ、ショートフェイス・ベア、サーベルタイガー（剣歯虎）などが含まれる。彼らは最終氷期極大期に繁栄しており、そのまま数千年、その状態が続いたが、ほぼ一万二八〇〇年前から一万一六〇〇年前の間に、地上から姿を消してしまった。これは「後期更新世の大量絶滅」として知られている[1]。

犠牲になったのは、ここで名前を挙げた動物だけではない[2]。全部で三二属の北米に棲息していたメガファウナ（それぞれの「属」にはいくつかの「種」が含まれる）が、謎の大変動によって消滅している。この大変動が最終氷期に終わりをもたらしたが、それから八〇〇〇年以上さかのぼった二万一〇〇〇年前においては、それははるか未来の出来事だ。

それに私たちは、メガファウナを見にサーペント・マウンドに来ているのではない。そうではなく、まずは手を眼の上にかざして、ほぼ二〇キロメートル先の地平線を眺めてもらいたい。そこには光きらめく、反射光で眩しい壮観が待っている。今日《こんにち》の世界においてこのような絶景は、南極以外では見ることができない。目に入るのは、ほぼ垂直にそびえ立った、延々と続く氷の絶壁で、高さは二キロメートルほどもある。この氷の壁は北米大陸の東海岸から西海岸までほぼ完全に横断して、この辺りが氷冠の南端となっている。他の場所における氷冠は、その先端をさらに数十キロメートルほど南まで突出させている。だがここでは、サーペント・マウンドのあるクレーターの端のわずか手前で、氷の進出が決定的に止まっている。

もし人間が二万一〇〇〇年前のアダムズ郡にいてこの現象を見たら、どう思っただろう？　氷の壁が突然、前進を停止したことに意味はないと思っただろうか？　無目的に起こったことの一つだと思っただろうか？

あるいは偉大なマニトウがこの土地を守ったように見えただろうか？

ここで、タイムマシンに戻ろう。

今度も同じ場所だが、八〇〇〇年先までジャンプする。一万三〇〇〇年前のミッドサマーだ。後期更新世の大量絶滅が起こる数百年前になる。

尾根に出て最初に気づくのは、世界が暖かくなったことだ。一万八〇〇〇年前から安定した温暖化が始まっているが、一万四五〇〇年前から劇的に変化している。その結果、まだ巨大な自然の力は内に秘めているものの、氷冠はスペリオル湖の緯度まで一〇〇〇キロも後退した。サーペント・マウンドの北二〇キロメートルにそびえ立ち広大な地平線を形成していた氷の絶壁も、完全に消滅している。したがって、目の前の一万三〇〇〇年前のミッドサマーの風景は、道路や電送線こそないが、現在の光景とあまり変わらない。今日のサーペント・マウンドを取り囲む自然の地平線は、起伏のある浸食の進んだ低い丘陵地帯だ。これは古代に起こった超高速天体衝突の痕跡であり、ユニークな風景を生み出している。
さて、タイムトラベラーの年表は次のようになる……。

●三億年前頃に巨大な大災害が起こって、サーペント・マウンド・クレーターが形成された。
●二万一〇〇〇年前に北米の氷冠がもっとも南方まで進出した。それが浸食されたクレーター外輪部北側の数キロメートル手前で停止した。
●一万三〇〇〇年前になると、氷の絶壁は消滅し、サーペント・マウンドの自然な地平線が戻った。

二〇一七年六月一七日に、私たちはサーペント・マウンドの初調査を行なったが、そのことについては第1章で報告した。次に六月二〇日のミッドサマーの夕方、サンサとロス・ハミルトンと私は、ドローンを飛ばすため再びこのマウンド遺跡に戻った。神々の視点から、サーペント・マウンド越しに日没を観察するためだ。

視点の問題

ミッドサマーつまり夏至の日は、一年で昼間が一番長い日だ。現在の北半球では六月二〇日か二一日にあたる。この日、太陽は一年の旅の中で、東のもっとも北寄りから上昇し、西のもっとも北寄りに沈む。サーペント・マウンドにとっても特別な日だ。なぜなら夏至の日には、サーペント・マウンドの大きく開いたあごが、沈む夕陽と正面から向き合い、太陽を呑み込みそうになるからだ。

スクワイアとデーヴィスの考えでは、これは尾根の北端が人の手で整えられているからだという（人為的に整えられていることについては前章で触れた）。尾根の北端は、向きを西に急激に変えて終わっており、サーペント・マウンドの頭の方向もそれで定まっている。誰がいつマウンドを造ろうと思いついたかは不明（後ほど検討するがまだ未解決）だが、古代の建造者たちは、尾根の先端部分が自然に西方向に曲がって、夏至の日没地点に向いていることに気づいていたのだろうか。

私は、彼らが気づいたに違いないと思う。

大蛇がこの場所にあることからも、頭の方向が夏至の日没方向を向いていることからも、このマウンドを造るのに高度な知性が使われていたことが分かる。マウンドを孤立させず、太陽との並びを注意深く考え抜いて設計されている。自然がもともと備えている天と地の聖なる交わりで

夏至の日没

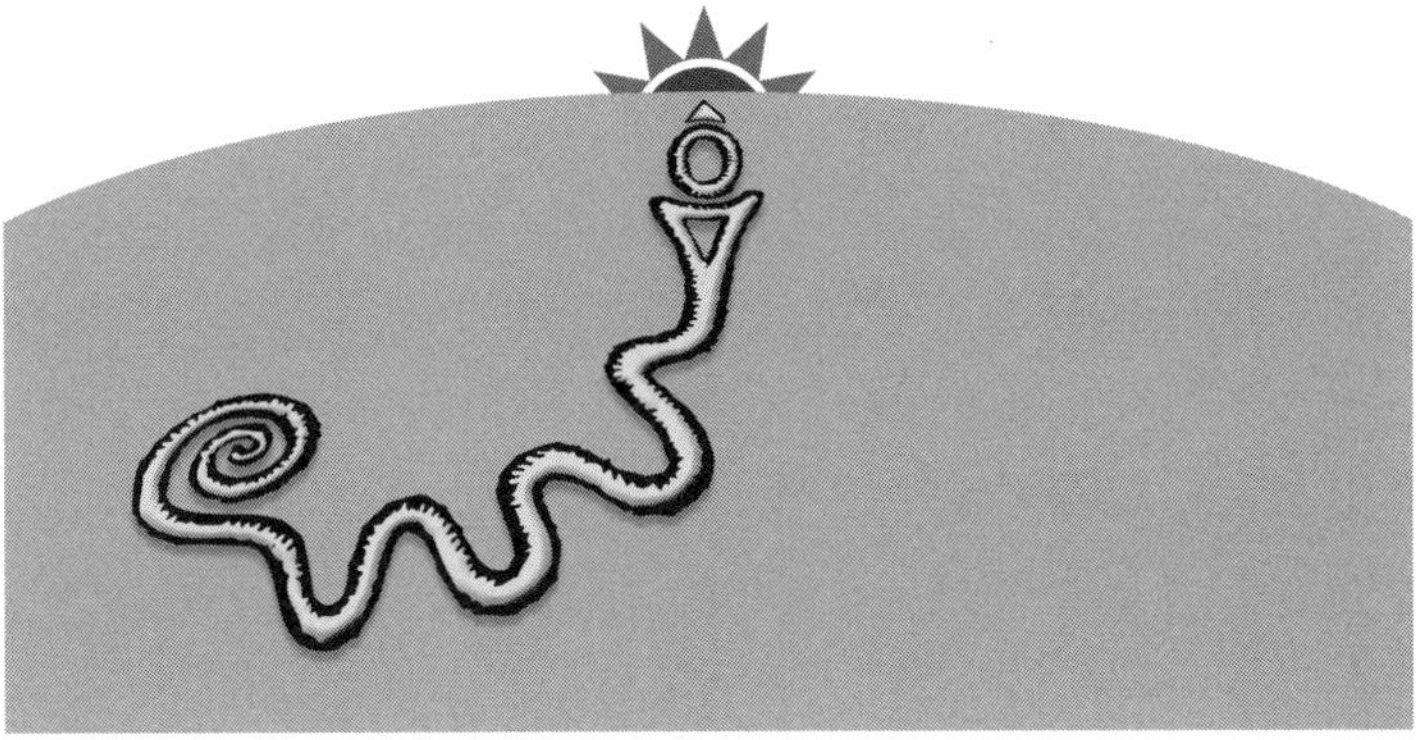

サーペント・マウンドは夏至の日没方向を向いている。

ある太陽の至点（太陽が赤道から北または南にもっとも離れた時）を、マウンドが強調し明瞭化しているのだ。

二一世紀の科学の視点で見れば、尾根の端の自然な方向が夏至の日没を向いているのは、偶然に過ぎない。そこに大きな意義を見いだすのは愚かだとされる。尾根の端が夏至の日没を向いていることが、巨大な土木工事を行なう動機となり、成功裡に完成されたと考えるなど、もってのほかだ。

だが、心に留めておくべきことがある。古代人から見るとこれらのことはまったく異なって見えることだ。彼らは天と地が共に生きた精霊であり、お互いに交わると理解していたのだ。

二一世紀の私たちにとっては技術が王様で、人々の多くは都市で生き、都市で亡くなる。私たちは多雨林を伐採し、土地を汚染し、冒涜《ぼうとく》する。天界を遠ざけ、無視する。密集した刃のようにそびえる巨大な高層ビル群は地平線を歪ませ、ギザギザで、ギラギラ輝いた、わけの分からない折り紙のようにする。光の汚染はあまりにも深刻で星を見ることもできない。だが皮肉なことに、多くの天文プログラムによって、それらの星はコンピュータ画面上でバーチャル・リアリティとして輝きを見せる。さらに皮肉なことに、私たちの文化は宇宙科学研究を、驚くほど高度なレベルまで発展させた。

どうやら私たちはすべてを見たいが、遠くから見ることを好むらしい。技術というフィルターを通してだ。

したがって、私たちの多くにとって、空から神秘的な雰囲気が完全に消えてしまったのも不思議ではない。空はいまや、ぼんやりと焦点が外れた、私たちの暮らしとほぼ無関係の存在になりさがってしまった。もはや、より重要視されている物質中心の日常生活の、美しい背景ですらなくなった。私たちは、すべてのエネルギーを商品とサービスの生産や消費にそそぐ文化の中で育っている。そういう私たちにとっては、莫大《ばくだい》な労力と知力をつぎ込んで、夏至の日の出や日没に照準を合わせた巨大な建造物を造ることが、ムダな仕事に思える。それが春分や秋分や冬至に照準を合わせたとしても同じことだ。

だが、まさに何千年にもわたって世界中でこのようなことが行なわれていたのだ。

天と地が出会うところ

上エジプトのルクソールの町に行ってみよう。場所は巨大なカルナック神殿の西入口で、時は一二月の二〇日か二一日（冬至。北半球における一年で昼間が一番短い日）の夜明け前だ。そこで太陽が姿を現すのを辛抱強く待つ。すると、最初の陽光が一キロメートルの長さの神殿の軸を貫くのをあなたは目にするだろう。この軸は、この特別な日に太陽の昇る地点である真東の南側に角度が正確に合わされている。

あるいは六月二〇日か二一日の夏至の夜明けに、ストーンヘンジに行ってみよう。大きなストーンサークルの中に入り、主軸に沿って真東の北側を向く。ストーンサークルの外になるが、そこにはよく目立つ人の手が加えられていない巨石、ヒールストーンがある。天空が光で満たされると、ヒールストーンがいかに注意深く、意図的に置かれているかが分かる。この特別な日に、ライフルの照準のように昇る太陽に狙いを定めているのだ。

またはカンボジアのアンコール・ワット寺院に行って、西側にある参道入口の真ん中に立ってみよう。時は春分である三月二一日か二二日か、あるいは秋分の九月二〇日か二一日の夜明けがよい。この時、昼と夜の長さは同じになり、太陽は正確に真東から昇る。この特別な機会に訪れると、参道と寺院が精密に方向づけられていることが分かる。昇る太陽はアンコール寺院の中央塔の上で一瞬停止する。そして寺院全体を神秘的に明るく照らし、まるでおとぎの国のように見える。

これらすべての場所は、人によって造られた聖域だが、いずれも一年の鍵となる日における天と地の合体を物語っている。これを神聖顕現《ヒエロファニー》〔姿なき神や聖なるものがこの世に現れて予兆や痕跡を残すこと〕と述べても正しいだろう。なぜなら、その根本的な目的は大宇宙と小宇宙の間の聖なる結びつきを、目に見えるようにすることだからだ。つまり天と地であり「上」と「下」の結びつきだ。

だが、私たちが地球と呼ぶこの荘厳な庭園には、他にもさらに力強い神聖顕現がある。そのような場所は人ではなく自然によって造られており、天と地がお互いに並外れた親密さで、ささやき合っている。賢い古代人たちはこの庭園についてよく知っており、そのような場所を探し出して、聖なる地とした。彼らはそのような場所を見つけると、時にはその場所を整えて、そこで目撃される天と地の交わりの霊性を高め、かつ、それに敬意を表した。

二〇一八年に発表された研究によると（さらに確認の必要はあるが）、ストーンヘンジもそのような場所の一つだという。考古学者たちのこれまでの見解では、背が高く重い柱状の石灰岩「サルセン石」は、ストーンヘンジがあるソールズベリー平原で産出されたものではなく、三〇キロメートルも離れたマールバラ・ダウンズから運ばれたとされてきた[3]。そこで未解決の謎が生まれる。なぜ、重さが最高で五〇トンもあるような巨石を苦労してソールズベリー平原まで運搬する必要があったのか？　ストーンヘンジをマールバラ・ダウンズに建てればよかったのではな

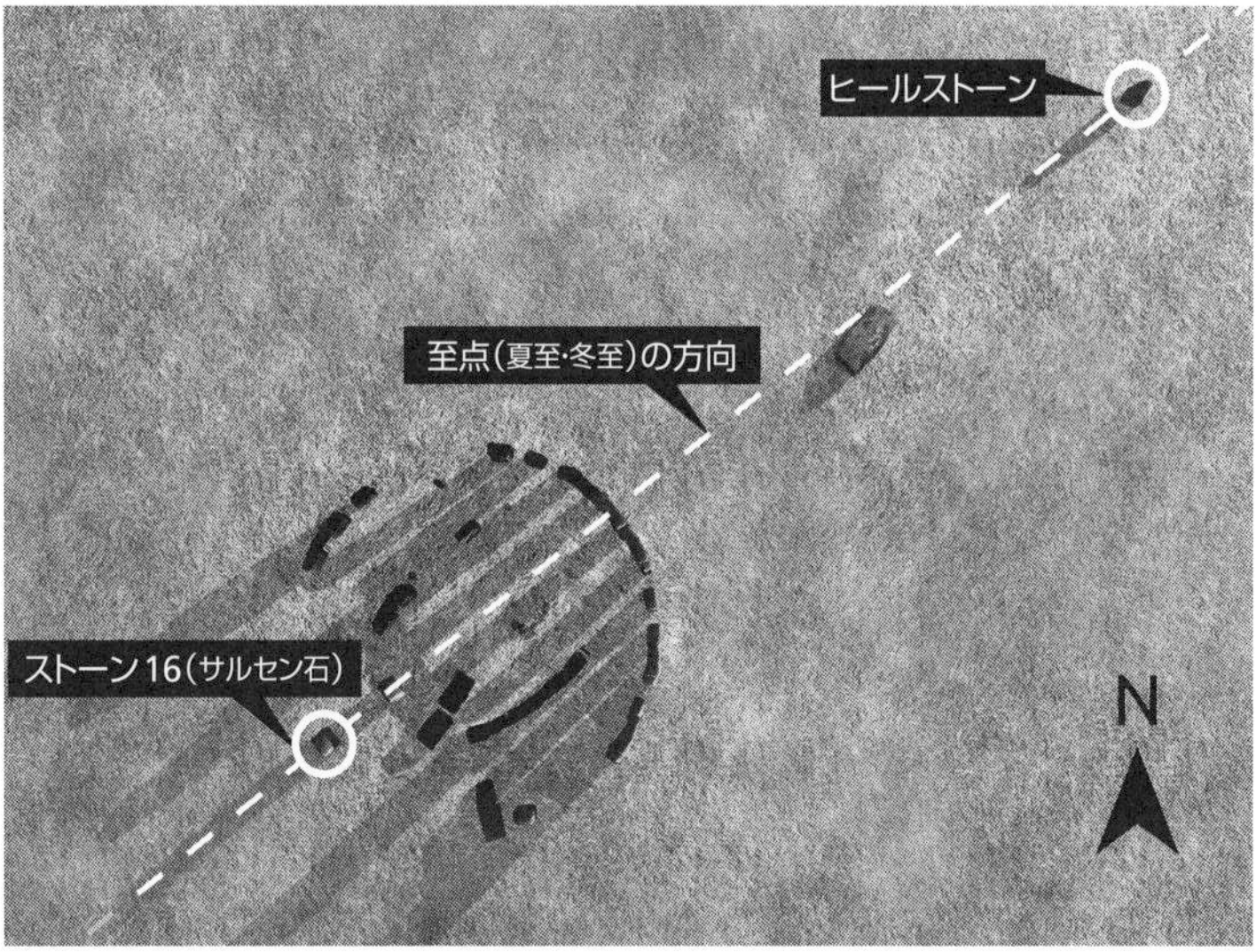

新たな研究によると、ソールズベリー平原にあるストーン16とヒールストーンは、
ストーンヘンジが建てられる前から、偶然、夏至･冬至に合うよう配置されていたという。
図：derivative of “stonehenge” by ruslans3d, cc by 4.0.

いか？

新たな研究は意外な答えを出している。どうやらサルセン石のうちの二つは、数百万年前からソールズベリー平原に自然に立っていたもので、マールバラ・ダウンズから運ばれたのではないらしい[4]。二つの岩とは、巨大なサークルの南西部分にあるストーン16と、サークルの外側、北東部にあるヒールストーンだ。何が神秘的なのかというと、それは配列だ。夏至の夜明けに、観察者がストーン16の背後に立って、**北東**方向のヒールストーンを望むと、太陽がヒールストーンの背後から**昇る**のだ。一方、六ヶ月後の冬至に、ヒールストーンの背後に立つ観察者が**南西**を望むと、ストーン16の背後に太陽が沈むのが見える。

この研究を主導した考古学者マイク・ピッツは、古代ブリトン人が夏至と冬至を示す二つのサルセン石の配列に気づかなかったはずがないと示唆する。古代人はストーンヘンジの形状を計画するはるか前から、この場所に特別な意味を見出していたというわけだ。そこですでに存在する軸の周りに、見事な巨石複合体を立ちあげたことになる。ピッツが正しければ、自然が生み出した夏至・冬至の軸があったからこそ、ストーンヘンジが造られたことになる[5]。

地が天に語りかける場所として人間が聖地化したもう一つの例は、エジプトのギザの大スフィンクスだ。大スフィンクスは、まずヤルダン（風の浸食作用によってできた地形）によって、生命を得たとされている。岩盤の端が、数千年にわたる砂漠の風で形づくられ、自然の力でライオンを想わせる姿になったのだ[6]。一八世紀から一九世紀におけるヨーロッパの探検家たちは、エジプトの西砂漠には、多くの「スフィンクスのような」あるいは「ライオンを想わせる」岩盤の露頭《ろとう》が存在すると述べている[7]。だが、ギザの露頭が特別なのは、ナイル渓谷を見下ろす場所にあり、真東を向いていることだ。奇妙なことに自然の力はこの露頭を、昼夜平分時（春分・秋分）に太陽が昇る真東に正確に向かせている。ストーンヘンジで示唆されたように、この場所に人間が惹きつけられたきっかけは、天体に照準が合わされていたことにあったようだ。それで人々は露頭を巨大な岩の彫像にする気になった。最初は自然なライオンの彫像だったが、だいぶ後のファラオの時代になり、風による浸食が激しくなっていたライオンの頭を、人間に似た頭に彫り直したのだ。

冬至の夜明けにギザに行くとよい。太陽は真東よりずっと南寄りの位置から昇る。したがって大スフィンクスの目線からは、大きく右となる。夏至の夜明けに同じ場所に来ると、太陽は真東よりずっと北寄りの位置から昇る。大スフィンクスの視線からは大きく左に外れる。だが、春分・秋分の夜明けにギザを訪問すると、天と地の聖なる合体を目撃することになる。大スフィンクスの目線は、上昇する太陽と完璧に一致するのだ。

この魔法にかけられたような、つかの間の天と地の結合は、旧世界だけにあるわけではない。新世界のアメリカ先住民たちも、同じように巨大な構造物を造って敬意を示し、同じ瞬間とエネルギーを伝えている。彼らも特別に目立つ地形を探して聖なる地とした。それは天界と地上の精霊たちが、すでに親密に結びつけられている場所だ。エジプトに大スフィンクスがあるように、北米には偉大なサーペント・マウンドがある。大スフィンクスは自然の産物だが、人間により春分・秋分の日の出に、天と地を結合するよう修正され改良された。同じように自然による夏至・冬至の軸があるストーンヘンジは、人間によって神秘的で美しい印象を与えるものに修正され改良された。一方、サーペント・マウンドも、天然の尾根が人間の手で修正・改良され、天と地が夏至の日没に結ばれるようにされた。

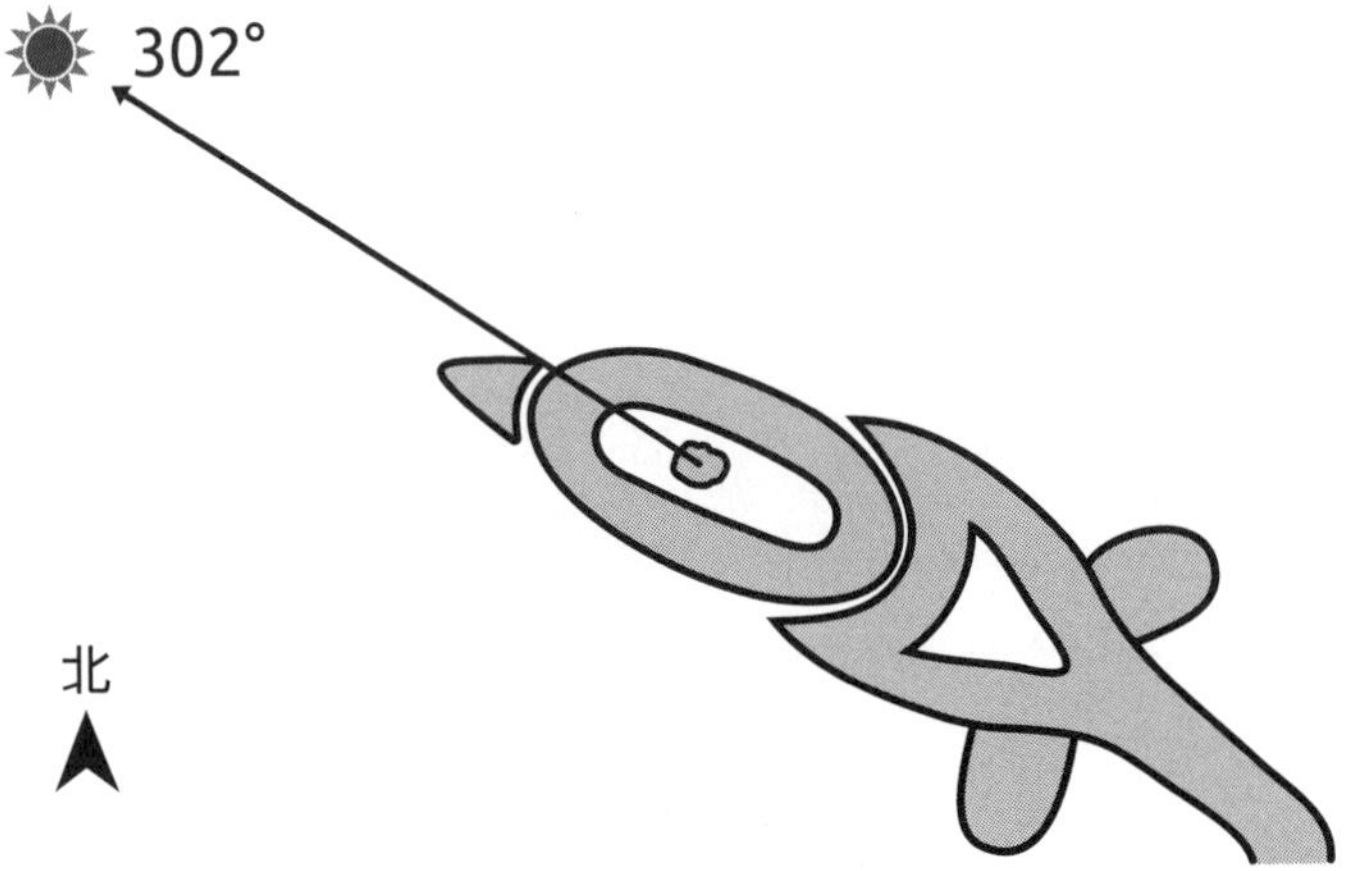

1987年の論文でハードマン夫妻は、
大蛇の頭の前にある楕円形の中心部近くに観察地点があったと考えている。
そこには巨石の祭壇があったと報告されているが、その祭壇は19世紀に破壊されている。
ここから見ると、夏至における日没の方向は、方位角302度になる。

太陽が顔を出す

サーペント・マウンドが夏至に強く結びついていることは、私たちの時代である一九八七年まで、誰にも気づかれず観察も研究もされなかった。この年に『オハイオ・アーケオロジスト』誌の秋季号が画期的な論文を掲載した、著者はクラーク&マージョリー・ハードマンで、タイトルは「偉大な大蛇と太陽」だ。

　この論文で著者たちは、尾根に「至点尾根〔夏至と冬至に太陽が位置する地点や瞬間を至点という〕」という大胆な名前を付けた。サーペント・マウンドから観察すると、六月二〇日や二一日の夏至に、尾根の背後に太陽が沈むからだ。これで大蛇の開いたあごが、夏至の太陽の沈む方向に向いていることが初めて認識され、明らかになった[8]。

一度見えてしまったものが、見えなくなることはない。私たちの時代のように宇宙とのつながりが極端に希薄になっても同じだ。ハードマン夫妻のおかげで、いまや真面目にサーペント・マウンドを取り上げる人が、夏至の日没において大蛇のあごと太陽が一列になっていることを見逃すことはなくなった。あごが大きく開いているので、照準が定められていることは一万三〇〇〇年前だろうと今日《こんにち》だろうと明らかだが、ハードマン夫妻は、その照準の精度を上げようと試みた。

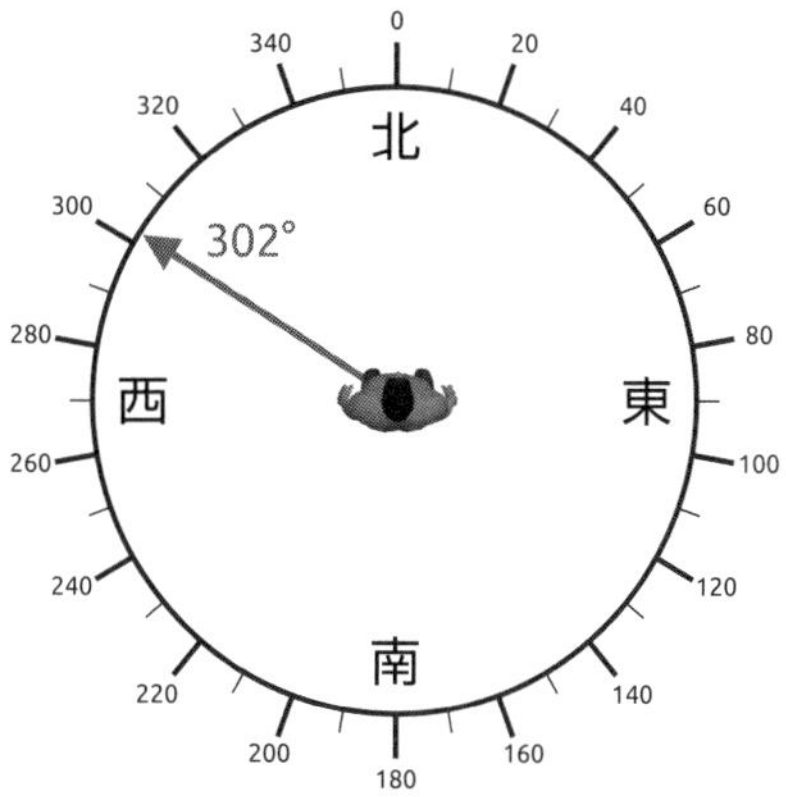

「方位角」は真北から始まり、時計回りに数える。
真北は0度で、方位角90度は真東。真南は180度、
方位角302度は真西の32度北になる。

右ページの図を見ていただければ分かるが、彼らが観察地点に定めたのは、大蛇の頭の前にある楕円形の中央部分だ。ここには巨石が置かれていたが一九世紀半ばに訪問した時には壊されていたと、前出のスクワイアとデーヴィスは述べている[9]。

ハードマン夫妻によると、夏至の夕方にこの観察地点に立った観測者は、方位角三〇二度に太陽が沈むのを見るという。沈むのは「至点尾根」の特別に目立つ地形の背後だという。この地形はまるでライフルの照星（狙いを定める装置）のよう

なので、彼らは「至点のこぶ」と名づけている[10]。

ハードマン夫妻への厳しい批判

考古学の分野だけでなく、優れた科学ではよくあることだが、大胆で珍しい新論文が発表されると、それを否定しようとする試みが行なわれる。したがって『オハイオ・アーケオロジスト』の一九八七年冬季号を見たら、ハードマン夫妻の研究への反論が掲載されていたのも、驚くことでもなかった。題名は「サーペント・マウンド再訪」だ。論文はこの分野における、非常に興味深く重要な研究者であるウィリアム・F・ロメインが書いている。

サーペント・マウンドは二〇〇〇年前頃に造られたというのが、一九八〇年代当時の考古学界の定説だった。ロメインはハードマン夫妻が提唱する配列には、天文考古学上のよく知られる事実に対する考慮が欠けていると指摘した。それは、地平線上における日の出や日没の位置は固定されておらず、時代と共にゆっくりと変わっていくことだ[11]。

つまり、日の出と日没の位置は、観察地点の緯度で変わるだけでなく、地球の自転軸の傾斜角度が、水平軌道上で変化することに影響されるのだ。現在の傾斜角度は二三度四四分程度[12]。この角度は固定されておらず、四万一〇〇〇年の「傾斜周期」の間に、ゆっくりと増減する。角度は最小で二二度一分、最大で二四度五分だ[13]。この結果、地平線上で長期にわたって起こる日の出・日没の位置の変化は、著名な考古天文学者アンソニー・F・アヴェニによると「かなり大きい」[14]。

一九八七年の論文でロメインは、アヴェニの計算を使っているが、ハードマン夫妻の見解には決定的な欠陥があるとしている。彼らはサーペント・マウンドが造られたのはほぼ二〇〇〇年前であるとしているが、夫妻が提案する方位角三〇二度は、まったく意味をなさないという。二〇〇〇年前にサーペント・マウンドから観測したら、「夏至の太陽が沈む方位角は三〇〇度四分だったはず……言い換えると、夏至の太陽が沈むのは、〝至点のこぶ〟の南一度六分。太陽の直径でいえば三個分ほど南になる」という[15]。このロメインの指摘は正しい。サーペント・マウンドが建造されたとされる二〇〇〇年前の方位角から、これほどの誤差が生じる原因としては、論理的には次の四つが考えられる。

(一) 建造者たちがお粗末な天文学者だった。
(二) 彼らはこの構造物を夏至の日没方向に向ける意志がなかった。
(三) ハードマン夫妻の仮定は基本的に正しいのだが、提案した観測地点と照準線のラインを間違えた。
(四) この配列は二〇〇〇年前ではなく、まったく別の時代に造られた。

ロメインの論文が発表された一年後、『オハイオ・アーケオロジスト』に別の論文が掲載された。ロバート・フレッチャーとテリー・キャメロンが、ロメインを引き継ぎ、ハードマン夫妻に新たな厳しい批判を加えたのだ。まず彼らは、現在のサーペント・マウンドから見た夏至の太陽が没する方位角は三〇〇度〇五分だと指摘した。さらに、傾斜角の周期による影響に触れ、サーペント・マウンドが方位角三〇二度に向けられているとするハードマン夫妻の提案を、次のように皮肉った。

「もし、地平線の目印が三〇二度に設定されていたとすると、当時、そこが夏至の日没の位置だったことになる。そうなるとサーペント・マウンドが建造されたのは、紀元前一万一〇〇〇年頃だと示唆される。この年代では問題を感じる人も、数人はいるだろう」[16]

最後の言葉には、軽蔑が込められている。

賭けてもいいが、一九八八年当時、この年代に問題を感じるのは「数人」ではなかった！　数人どころかすべての考古学者が、サーペント・マウンドが紀元前一万一〇〇〇年に建造されたなどと示唆する人々を、アタマのおかしい異端分子と見なしたはずだ。何しろいまからほぼ一万三〇〇〇年前に建造されたことになるからだ。

第2部で検討するが、一九八〇年代において一般的に認められていた考え方によると、アメリカ大陸に人類が到達したのは一万二〇〇〇年前か一万三〇〇〇年前だ。それらの最初の移民たちは、考古学者たちによると、バラバラの狩猟採集民のグループだったという。彼らはその日暮らしをしており、サーペント・マウンドほどの規模の構造物を創るのに必要な、想像力も知的素養も高度な組織もなかったとされていた。

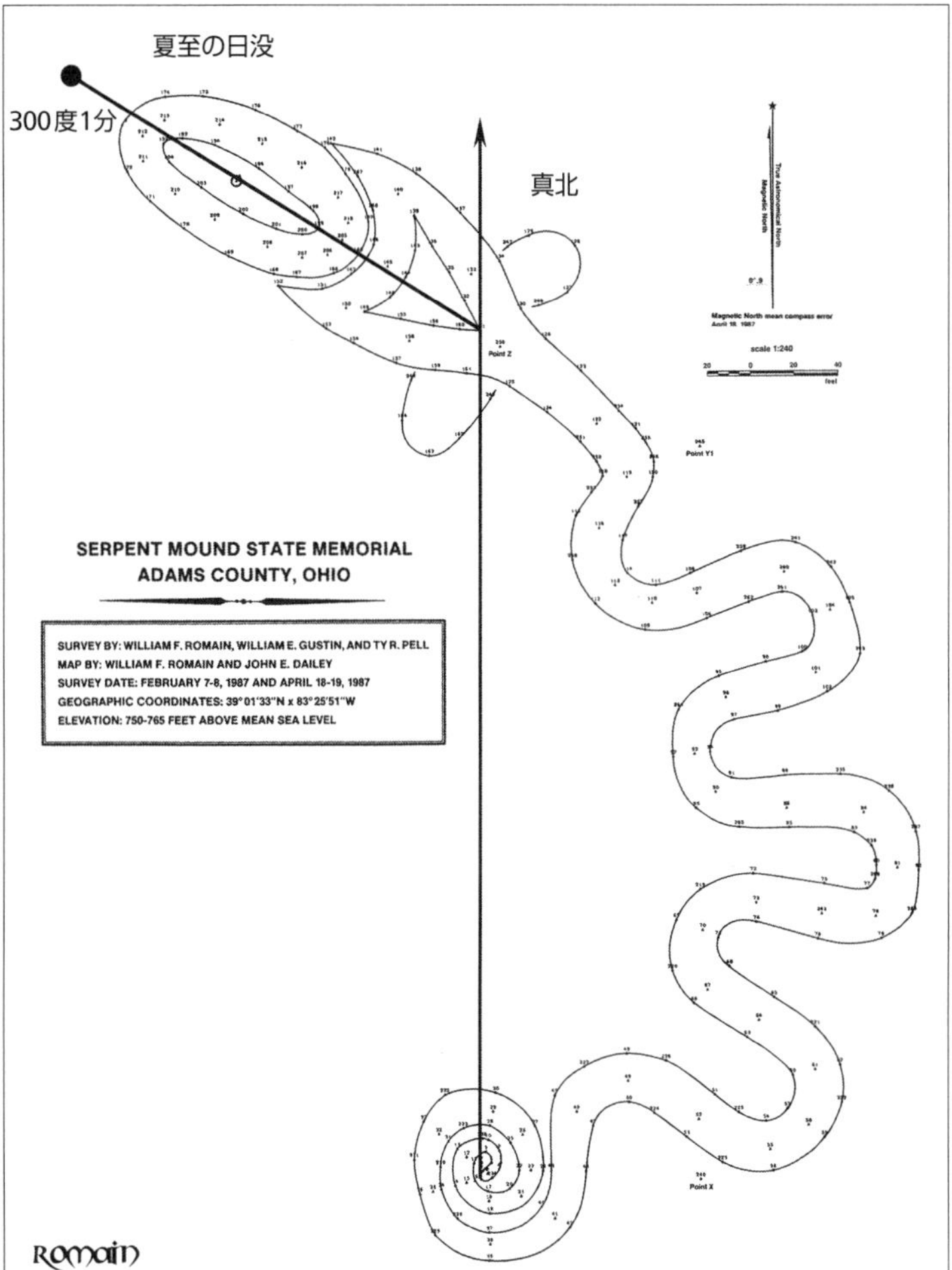

ウィリアム・ロメインによる夏至の日没における
サーペント・マウンドの方位角は300度1分となっている。
この配列は2000年前の夏至の日没に照準線を定めており、
ハードマン夫妻が提案した配列からは1度9分ほどずれている。

ハードマン夫妻の「誤り」が真に示唆したことは何か。彼らが思いがけず出くわしたヒントは、このマウンド遺跡の建造年代はもっと古いかもしれないということだ。だがその後、この疑問は追求されることがなかった。なぜなら、アメリカ大陸への人類移住には定説があり、この年代が認められるはずがなかったからだ。

一方、時間の経過と共に、ウィリアム・ロメインの考えは変わった。一九八七年の、ハードマン夫妻を批判した論文では、サーペント・マウンドの配置について、「夏至と関係ない事実で説明したほうがよい」と書いている[17]。だが二〇〇〇年になると、大蛇の頭から「楕円形のアースワークの中を通り、夏至の日没に向かう」配列を「疑う余地がない」と納得している[18]。さらに作図をして配列が三〇〇度四分に照準を定めていることを示している。だがその後、方位角を三〇〇度一分に訂正している（個人的な通信。二〇一八年一〇月三一日）。そうなると、二〇〇〇年前の夏至の日没に設定されていることになる[19]。さらに一九八七年に鑑定した南北線の存在を、再び強調している。南北線は構造物の尾のスパイラルから、あごの付け根を通り抜けている[20]。

だが、大蛇は本当に二〇〇〇歳だろうか？

一九八〇年代にロメインがハードマン夫妻を非難した時、両者とも同意していたのはサーペント・マウンドが、「アデナ文化」末期のアメリカ先住民の作品であり、二〇〇〇年の古さをもつことだった。この文化は紀元前八〇〇年から西暦一〇〇年頃まで繁栄したと考えられている[21]。まだ炭素年代測定はされていなかったが、これは当時の専門家ほぼ全員の一致した見解だった。ロメインもハードマン夫妻も、疑問なくこの見方を受け入れていただけでなく、大蛇のあごと太陽が一列に並ぶのを計算する際に基礎としている。

したがって、ピッツバーグ大学のロバート・フレッチャー（当初からのハードマン夫妻の批判者）、オハイオ州立大学のウィリアム・ピカード、オハイオ・ヒストリー・コネクションのブラッドリー・T・レパーが、サーペント・マウンド初の炭素年代測定をした時の結果には、大いに驚いたことだろう。マウンドは誰が思っていたよりもはるかに**若かった**。二〇〇〇年ほども古くなく、一〇〇〇歳以下という若さだったのだ[22]。正確にいうと、建造された年代は現在から九二〇年前（誤差は前後七〇年）程度という結論だった[23]。この頃に繁栄したフォート・エンシェント文化の作品だというのだ[24]。

一九九六年春に権威ある専門誌に発表された、サーペント・マウンドは若いという考えは、アメリカの考古学者たちの間で幅広く支持された。もし年代が古いという話だったら、このように受け入れられることはなかっただろう。その後この見方は批判を受けることもなくすぐに定説となった[25]。それだけでなく、その後二〇年にわたって、疑問の余地のない歴史的事実として大衆に喧伝された[26]。

この過程の一環として二〇〇三年には、ジョージ・オーウェルがディストピア小説『一九八四年』で描いたような光景が、サーペント・マウンドに見られるようになった。これまで公式の「オハイオ歴史掲示板」には、この構造物はアデナ文化によって造られたと書かれていたが、それは「なかったこと」にされたのだ。代わりに訪問者は「一〇〇〇年前頃のフォート・エンシェント文化」がアースワークを構築したと教えられることになった[27]。

一九九六年にサーペント・マウンドを実質的に再定義した、フレッチャー、ピカード、レパーたちが根拠とする証拠を検証してみよう。

証拠の一つは、典型的なアデナ文化の遺物が**見つからなかった**ことだ。というよりも一九九〇年代よりも前のサーペント・マウンド発掘では、遺物は一切見つかっていない[28]。ただし、フレッチャーとその仲間たちが指摘するとおり、「アデナ文化のものだと確定できる墳墓」がサーペント・マウンド近辺でたくさん発掘されている。そこで最初からサーペント・マウンドもアデナ文化に属すると判断されていたのだが、この判断が「いささか甘かった」ことになる[29]。

自分たちの主張を裏づける証拠としてフレッチャーたちは、サーペント・マウンドを発掘した際に発見した石の破片や道具が特に重要だとしている。その中には、「典型的なフォート・エンシェントのマディソン尖頭器」がある[30]。彼らは二九個の陶器の破片も見つけている。それらは「三五〇年から九五〇年の間のものと特定できる」という[31]。最後の決定打と彼らが考えているのは炭素年代測定の数字で、発掘の際に回収された三個の炭の年代だ。

その一つの測定結果は、二九二〇年前（誤差は前後六五年）の炭というものだったが、すぐにこの年代は否定された。なぜなら炭は、「サーペント・マウンドが造られたと思われる時代の地表よりも、かなり下層から出土した」からだ[32]。

残りの二つを彼らは好んだ。二つとも「サーペント・マウンドを造った時に使われた堆積物そのもの」から採取されたからだ。さらに二つとも一〇七〇年という年代を示していた[33]。

この二つの炭が示す年代から、フレッチャー、ピカード、レパーは「これはサーペント・マウンド建造年代を推測する妥当な証拠であり、遺跡はプレヒストリック後期〔ヨーロッパ人がアメリカ大陸に来る前、西暦六〇〇年から一六五〇年〕からフォート・エンシェント初期のものである」と結論づけている[34]。

レパーは大蛇が造られたのは、一〇六六年のハレー彗星に反応したためではないかとの憶測までしている（本人も憶測だと認めている）[35]。この時のハレー彗星については、遠くヨーロッパから中国までで記録されている。「華やかで幻想的な見ものだった。私はアメリカ先住民たちがハレー彗星を、空を横切る大蛇だと思った可能性が高いと思う。彼らは空を眺め、なんらかの前触れとして記録し、大蛇を建造した可能性がある」というわけだ[36]。

これだけだ！　考古学者が魔法の杖を振るだけで、おとぎの国の城がパッと現れるように、憶測が実体化される。土台となっているのは、たった二つの炭の破片だ。その過程で、現代文化における専門家と呼ばれる人々によって、一つの文化から取り上げられ、別の文化に渡される。サーペント・マウンドは、古くもなくなり、尊さも薄れ、神秘性も減り、荘厳な芸術性や天文学や幾何学や、想像力も奪われてしまう！

脱皮

北米考古学には、アメリカ先住民遺跡の歴史を、若いと見なしたがる長い実績があり、それについては第2部で触れるが、サーペント・マウンドの場合、フレッチャー、ピカード、レパーによる「いささか曖昧」な証拠に、ウィリアム・ロメインを含む数名の考古学者が不満を示した。二〇一一年にロメインは「年代測定された炭は土台などの重要な部分から採取されていない。したがって一〇七〇年という年は、実際に大蛇が建造された時代を反映していないかもしれない」と指摘している[37]。

そのすぐ後にロメインは、他分野の研究者と協力して、彼の直感の検証を始めた。「いつどのようにサーペント・マウンドが建造されたのかを再評価する」ためだ[38]。これは綿密に、専門的なプロジェクトとして行なわれたもので、最新の技術を利用し、新たに発掘してサンプルを集め、複数の炭素年代測定によって年代を割り出した。その結果は、二〇一四年一〇月の『ジャーナル・オブ・アーケオロジカル・サイエンス』誌に掲載されている。これによって、「サーペント・マウンドは九〇〇〇年前から一〇〇〇年前に、フォート・エンシェント文化が建造した」という、一八年もの間、座り心地のよかった「合意という名のじゅうたん」は、もぎ取られてしまった。

ロメインと共同研究者たちは次のように報告している。「総体的に見ると、私たちのデータが強力に支持するのは、サーペント・マウンドが最初に建造されたのは約二三〇〇年前であり、その一四〇〇年後ということはない。調査結果は、サーペント・マウンドの下に、建造前の古土壌があることを示している。一方、表面近くのいろいろな場所で炭を採取したが、年代はいずれも紀元前三〇〇年以降を示す。もっとも若い年代は、九五パーセントの確率で紀元前一一六年だ。この遺跡に後期フォート・エンシェント文化が関与したことを示す年代は見つからなかった」[39]。だがロメインのチームは寛大なことに、フレッチャー、レパー、ピカードを侮蔑するような勝利の歓声をあげなかった。それよりも彼らは妥協に答えを求めた。

炭素年代測定によってフレッチャーたちが収集した証拠は、大体において説得力がある。炭が九〇〇年前のフォート・エンシェントによる（再）建造に関係するというのは妥当だ。だが、そうなると二つの建造年代の矛盾が解消されない。この矛盾を解消するため、私たちは次のような考えを提唱する。サーペント・マウンドはいったん建造された後に修復されていることだ。つまり二三〇〇年前のアデナ文化の時代にマウンドが初めて建造され、一四〇〇年後のフォート・エンシェント文化によって改造か修復が行なわれているのだ[40]。

ロメインたちの仕事は優れていた。証拠は堅固で、議論にも説得力があった。さらに「時期の修正」は、一九九六年以前に合意されていた時代に戻るものだった。危険なほど新しい考えでも、過激でもなかった。そこでロメインとその同僚たちが提案したモデルは、結果的にフレッチャーたちの主張を引っ込めさせた。サーペント・マウンドはアデナ文化に返還されたのだ。ブラッドリー・レパーは抵抗したが、説得力が不足していた[41]。だが、いまでも遺跡には不完全な情報が訪問者のために掲示されている。一方、サーペント・マウンドが二三〇〇年前よりも新しいと主張する試みはほぼなくなった。

だがまだ引っかかる疑問がある。もっと古いのではないだろうか？

もしかすると、非常に古いものではないのか？

そもそも大蛇の特性は、時を経るにつれ脱皮することではないか？　だからこそ古代文化の多くが、蛇を再生のシンボルとしたのではないか？[42] ならばサーペント・マウンドがこれまで何度、古い皮を脱いで復活してきたかを考えることも、理屈にかなっているのではないか？

一九九六年と二〇一四年の二つの研究をまとめると、九〇〇年前に脱皮して「更新」プロジェクトが行なわれた確固たる証拠がある。だが、マウンドの土台となっているのは「建造前の古土壌」（建造時より古い時代の地層）だ[43]。そこで、このプロジェクトが**誕生**したのは、その前の出来事があった二三〇〇年前だと当然のように考えられている。一九九六年の研究では二九二〇年

OHIO
HISTORICAL
MARKER
SERPENT MOUND
One of North America's most spectacular effigy mounds. Serpent Mound is a gigantic earthen sculpture representative of a snake. Built on a spur of rock overlooking Ohio Brush Creek around 1000 A.D. by the Fort Ancient culture, the earthwork was likely a place of ceremonies dedicated to a powerful serpent spirit. The site is located on the edge of a massive crater, possibly formed by the impact of a small asteroid around 300 million years ago. Frederic Ward Putman studied Serpent Mound between 1886 and 1889. Due largely to his efforts, Serpent Mound became the first privately funded archaeological preserve in the United States.
THE OHIO BICENTENNIAL COMMISSION
THE OHIO HISTORICAL SOCIETY
2003
15-1

この掲示板は2018年現在も遺跡に残っており、訪問者たちに不十分な情報を伝えている。
サーペント・マウンドが造られたのは、精度の高い炭素年代測定が示す数値よりも
1000年も後だということになっている／写真:ロス・ハミルトン

前を示すフレッチャーたちの仮説と矛盾する炭の破片があり、別の二つの破片は、フォート・エンシェント文化による修繕を立証している。一方、二〇一四年の研究による年代が測定できる資料は、古土壌より**上**で見つかっており、すべて紀元前三〇〇年頃を示している。したがって「マウンドの下にある古土壌に変化はないまま」だから「サーペント・マウンドの建造は……二三〇〇年前の初期ウッドランド期（アデナ）に始まる」と考古学者たちは結論づけている[44]。

　これは筋が通っているようだが、ほかの可能性を考慮していない。それは二三〇〇年前、サーペント・マ

ウンドはすでに、はるか太古の時代に造られた構造物だった可能性だ。おそらく浸食も損傷も激しかったことだろう。そこで古土壌のところまで解体され、アデナ文化の時代に再建されたのかもしれない。

この場合だと、二〇一四年に研究した考古学者たちは、大蛇の誕生ではなく、**再生**あるいは生まれ変わりを記録したことになる。

違うだろうか？

二〇一四年の研究は、二三〇〇年前のアデナ期からその一四〇〇年後のフォート・エンシェント時代の改修まで、マウンドが常時使用されていたかどうかの確認に必要なデータを集めていない。

「だが、大蛇の頭近くの渦巻きは削除されているようであり、これは別の時期にも修復があったことを示している。それはフォート・エンシェント期の修復よりも数百年前の可能性がある。これが示唆するのは、サーペント・マウンドの歴史がこれまで知られていたよりも、深く、豊かでもっと複雑であることだ」[45]

そうなると、この深く、豊かでもっと複雑な歴史は、なぜ近年にかぎられるのだ。ロメインと共著者たちは、サーペント・マウンドは「常時使われ、修復されていた。たぶん二〇〇〇年以上にわたって地元の集団が改造してきた」可能性を考慮する用意がある[46]。そうならば、それがもっと長期であってもよいのではないか？

フレッチャーたちですら、二九二〇年前を指し示す彼らの仮説と矛盾する炭の破片と、近くのアデナ墳墓から見て、「この辺りが初期ウッドランド期から使われていた」と認めている[47]。そうならばなぜマウンドの使用は、彼らが主張するように「一時的」なのか？[48]初期ウッドランドの人々が、その後の文化と同じように、偉大なマニトウに手を入れて維持し、修復しなかったといえるのか？　時には新たに再建や方向変えもしたのではないだろうか？

もしそうなら、彼らの前にいた人々も、同じ仕事をしていたかもしれない。もっと前の文化から、聖なる責務を継承したかもしれない。彼らは数千年にわたって不定期ではあるが、修復と改装をしていたかもしれない。そうならば、最初に大蛇が姿を得たのが一万三〇〇〇年前の氷河期である可能性も除外できない。このことが確認されたら、これまで教えられてきた初期アメリカ先住民文明の状態も、先史時代の年表も、再考されなければならなくなる。

[1] J. T. Faith and T. A. Surovell, "Synchronous Extinction of North America's Pleistocene Mammals," *Proceedings of the National Academy of Sciences 106*, no. 49 (2009), 二〇六四一〜二〇六四五ページ。二〇六四一ページを参照。「結果を見ると、地質学的には一瞬といっていい短期間に、最大三五属の生物を消滅させる絶滅メカニズムが働いたと考えられる」。Faith と Surovell が提示するデータは、年代較正されていない放射性炭素年代（暦年とは異なる）でいまから約一万二〇〇〇年前から一万年前までと、より広い範囲になっている。「放射性炭素年代」と暦年のズレは、時代が古いほど大きくなることに注意して

ほしい。較正という技術が導入されたのは、そのためだ。

[2] 同右。R. B. Firestone et al., "Evidence for an Extraterrestrial Impact 12, 900 Years Ago That Contributed to the Megafaunal Extinctions and the Younger Dryas Cooling," *Proceedings of the National Academy of Sciences 104*, no. 41 (October 9, 2007), 一六〇一六ページも参照。

[3] M. P. Pearson, "The Sarsen Stones of Stonehenge," *Proceedings of the Geologists' Association 127*, no. 3 (2016), 三六二〜三六四ページ、特に三六四ページ。

[4] M. Pitts. "Stonehenge Special," in *British Archaeology* (Council for British Archaeology)(2018), 10–12, https://reader.exacteditions.com/issues/62211/spread/1.

[5] 同右。

[6] スフィンクス・ヤルダン説を最初に唱えたのはボストン大学リモートセンシング・センター所長の Farouk El-Baz 研究教授で、以下の論文中だった："Gifts of the Nile," Archaeology 54, no. 2 (March/April 2001), 42–45. Ted A. Maxwell of the Smithsonian Institution, "Inspired by Nature," *Archaeology* (November/December 2001), 6 も参照。

[7] El-Baz, "Gifts of the Nile," 四五ページ。

[8] Clarke Hardman Jr. and Marjorie H. Hardman, "The Great Serpent and the Sun," *Ohio Archaeologist 37*, no. 3 (Fall 1987), 三四〜三九ページ。

[9] Ephraim G. Squier and Edwin H. Davis, *Ancient Monuments of the Mississippi Valley* (Smithsonian Institution, Washington, DC, 1848, reprinted and republished by the Smithsonian, with an introduction by David J. Meltzer, in 1998), 九七ページ。

[10] Hardman and Hardman, "The Great Serpent and the Sun," 三五ページ。

[11] William F. Romain, "Serpent Mound Revisited," *Ohio Archaeologist* 37, no. 4 (Winter 1987), 五ページ。

[12] *The Astronomical Almanac* (2018), "Glossary: Obliquity": http://asa.usno.navy.mil/SecM/Glossary.html#_O.

[13] J. D. Hays, John Imbrie, and N. J. Shackleton, "Variations in the Earth's Orbit: Pacemaker of the Ice Ages," Science 194, no. 4270 (December 10, 1976), 一一二五ページ。

[14] Anthony F. Aveni, *Skywatchers of Ancient Mexico* (University of Texas Press, 1980), 一〇三ページ。

[15] Romain, "Serpent Mound Revisited," 5. Anthony F. Aveni, "Astronomical Tables Intended for Use in Astro-archaeological Studies, " *American Antiquity* 37 (4), (1972), 五三一～五四〇ページに基づき、地平線一度の仰角で太陽の中心を観測したという前提。

[16] Robert Fletcher and Terry Cameron, "Serpent Mound: A New Look at an Old Snake-in-the-Grass," *Ohio Archaeologist* 38, no. 1 (Winter 1988).

[17] Romain, "Serpent Mound Revisited," 5.

[18] William F. Romain, *Mysteries of the Hopewell: Astronomers, Geometers and Magicians of the Eastern Woodlands* (University of Akron Press, 2000), 247.

[19] 同右、二四八ページ。

[20] 同右。

[21] Robert V. Fletcher et al., "Serpent Mound: A Fort Ancient Icon? " *Midcontinental Journal of Archaeology 21* (Spring 1996), 一〇五ページ。

[22] 同右、一〇五～一四八ページ。

[23] 同右。

[24] 同右。

[25] このプロセスは、新しい年代が考古学関係の出版物で無批判に取り上げられたことに反映されている。たとえばJessica E. Saraceni, "Redating Serpent Mound," Archaeology 49, no. 5 (November/ December 1996), https://archive.archaeology.org/9611/newsbriefs/serpentmound.html を参照。

[26] たとえばBill Meyer, "Unearthing Clues at Serpent Mound: Geologists Find Evidence of a Meteor Crash Near Prehistoric Monument in Adams County, " *Plain Dealer,* April 12, 2009 を参照。「レパーは現在、マウンドの年代について新しい証拠を持っている。当初は紀元前八〇〇年から紀元後一〇〇年までに造られたと考えられていた。それがくつがえり、もっと新しいとされたのは、最近になって炭のかけらが二つ発見され、放射性炭素法で年代測定されたためだ。『紀元後一〇七〇年頃との結果が出た』とレパーは言った」http://blog.cleveland.com/pdextra/2009/04/unearthing_clues_at_serpent_mo.html.

[27] "Stetshep"による、サーペント・マウンド訪問者向け銘板の写真を参照。ウィキメディア・コモンズで見

ることができる：https://commons.wikimedia.org/wiki/File:Serpent_Mound_Plaque.jp.

[28] Fletcher et al., “Serpent Mound: A Fort Ancient Icon?” 一〇五ページ。

[29] 同右、一一五ページ。

[30] 同右、一二二ページ。

[31] 同右、一二四～一二五ページ。

[32] 同右、一三二ページ。

[33] 同右、一三三ページ。

[34] 同右。

[35] Saraceni, “Redating Serpent Mound” に引用。

[36] Meyer, “Unearthing Clues at Serpent Mound” に引用。

[37] William F. Romain, “LiDAR Views of the Serpent Mound Impact Crater,” *Current Research in Ohio Archaeology* 2011(www.ohioarchaeology.org), 1.

[38] Edward W. Herrmann et al., “A New Multistage Construction Chronology for the Great Serpent Mound, USA,” *Journal of Archaeological Science* 50 (October 2014), 一一九ページ。

[39] 同右、一二一ページ。

[40] 同右、一二二ページ。

[41] Bradley T. Lepper, “On the Age of Serpent Mound: A Reply to Romain and Colleagues,”*Midcontinental Journal of Archaeology* 43, no. 1 (February 2018), 六二～七五ページ。同号七六～八八ページの William F. Romain and Edward W. Herrmann, “Rejoinder to Lepper Concerning Serpent Mound” も参照。

[42] たとえば R. H. Hall, *An Archaeology of the Soul: North American Indian Belief and Ritual* (University of Illinois Press, 1997), 九二ページの、古代アメリカにおける蛇の象徴性を参照。「ウィネベーゴ族の呪術で使われる儀式言語では、生まれ変わりを〝脱皮〟と称したことが分かっている。これは容易に理解できる。蛇は定期的に皮を脱ぎ捨てて、象徴的に生まれ変わるものだからだ。そこからシペ・トテック（アステカの穀物の神）の祭りのように、生贄の犠牲者の皮を剥ぐまでは、ほんの一歩だ」。S. Linda and D. Freidel, *A Forest of Kings: The Untold Story of the Ancient Maya* (William Morrow, 1990), 三五九ページも参照。

マヤでも同様に、蛇は誕生と再生の象徴だった。

[43] Herrmann et al., "A New Multistage Construction Chronology for the Great Serpent Mound, USA," 一二一、一二四ページ。

[44] 同右、一二四ページ。

[45] 同右。

[46] 同右。

[47] Fletcher et al., "Serpent Mound: A Fort Ancient Icon?" 一三二〜一三三ページ。

[48] 同右、一三三ページ。

第3章　ドラゴンと太陽

二〇一七年の場合、天文学的に正確な夏至の日没は六月二〇日の夕方に起こる。そこでサンサとロス・ハミルトンと私は、一般的に夏至がお祝いされる二一日ではなく、二〇日にサーペント・マウンドに戻った。角度の計算や天文ソフトウエアは、すべて役に立つ。だが、直接現場で観測することにはかなわない。一七日にサーペント・マウンドを初訪問しており、遺跡とその周辺にはなじみがある。そこで二〇日にやるべきことは、サンサが巨大な大蛇の上空一二〇メートルにドローンを飛ばし、日没を撮影することだった。撮影する位置からは、大蛇の頭と地平線の両方が見える視野が必要だ。そうすれば、配列がどうなっているのかを、自らの眼で見ることができる。

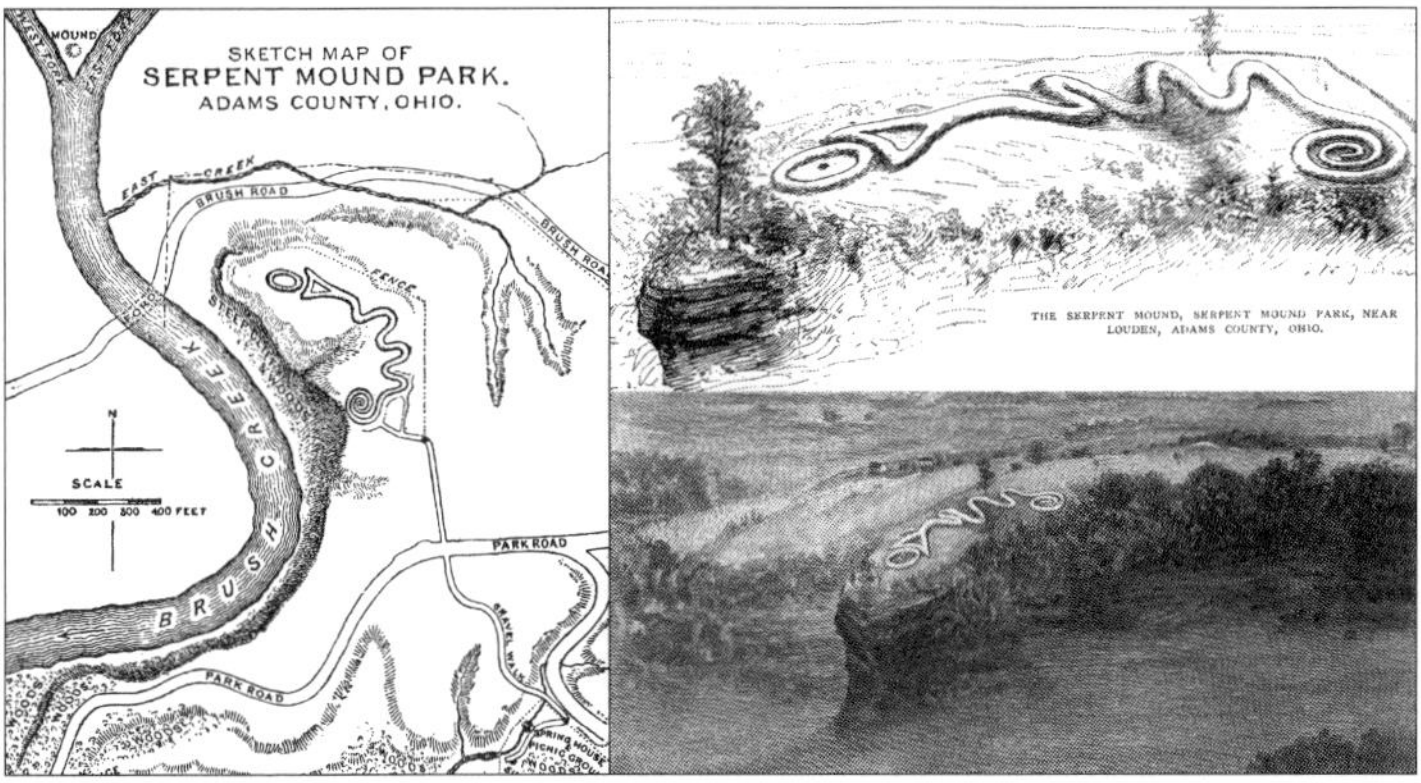

サーペント・マウンドパーク

午後三時頃だった。空には雲がない。夕方には地平線がくっきりと見えそうだ。まだ時間は十分にある。何しろ一年で昼間が一番長い日なのだ。ロスは、付いてこいと手まねきして、大蛇の渦巻く尾のところから曲がりくねる急斜面の小道を下りはじめた。偉大な大蛇が横たわる尾根の麓は木が鬱蒼《うっそう》と茂っている。穏やかで澄みきった静かな午後だった。甘く響き渡る鳥のさえずりが満ち、陽光と木の葉による光と影が激しく踊る。私たち三人は沈黙の世界に入り込み、それらすべてを肺に取り込みながら、ゆっくりと下り続けた。小道はブラッシュクリークの川岸と同じ高さになり、私たちは北東に向かって進んでいた。小川は左にあり、右手には高さ三〇メートルの尾根がそびえている。斜面のすべてが樹木で覆われているわけではなく、一部は切り立った崖だ。そこには草木も生えることができず、石灰岩の岩盤がむき出しになっている。

歩きながらロスは、独自の研究に基づくサーペント・

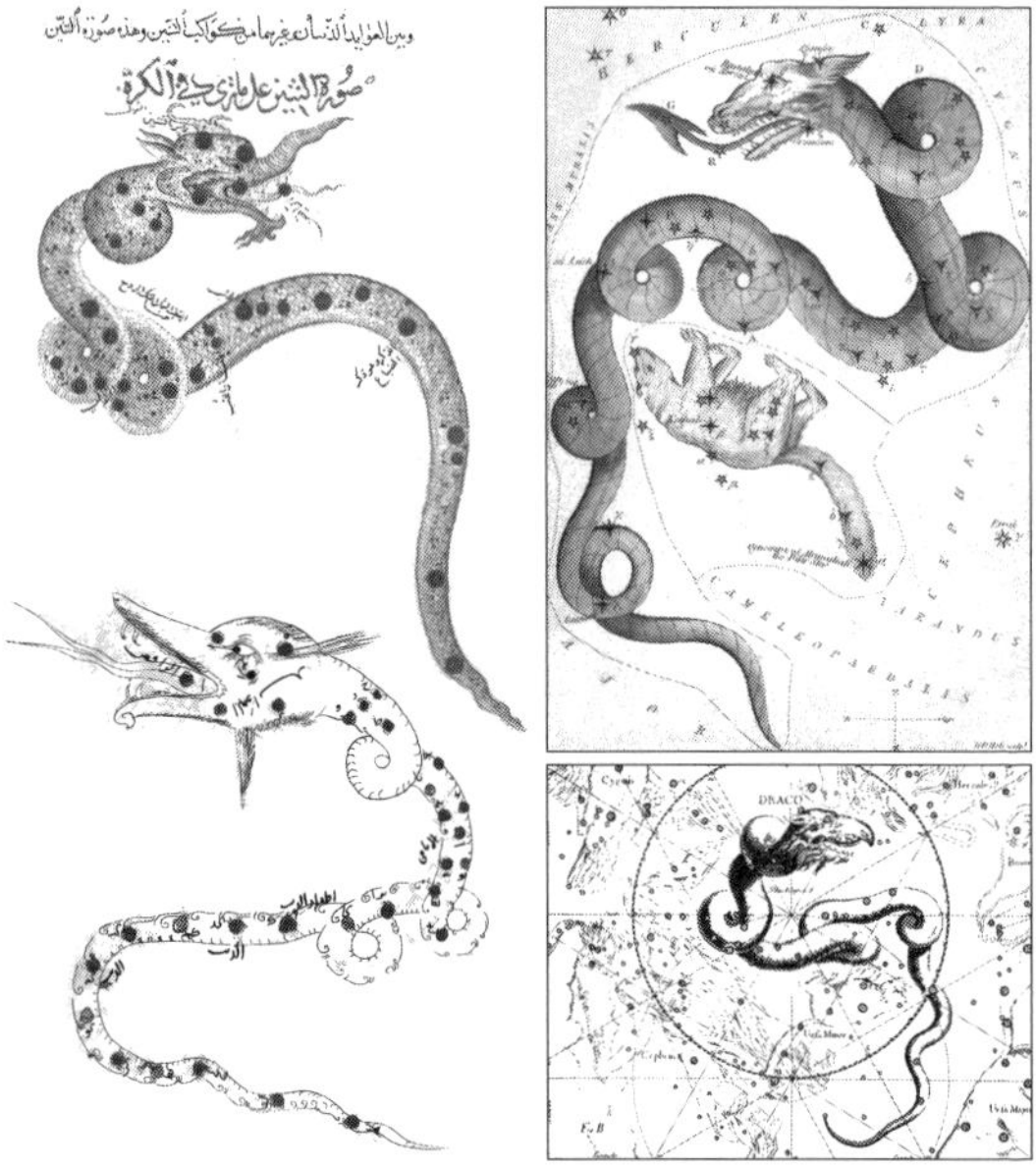

多くの文化のイメージ。竜座が蛇として描かれている。

マウンドの真の年齢について説明をしてくれた。彼の傑作『サーペント・マウンドの謎（原題）』の詳細については読んでいただくとして[1]、簡単にいっておくと、大蛇が最初に造られた年代についての彼の見方は、炭素年代分析や夏至の日没の方位角などからは導かれていない。彼は大蛇の姿に注目している。これは竜座《りゅうざ》の地上における姿だと、ロスは考えている。

竜座に関しては、私にも物語がある。私の長年の仕事に馴染んでいる方々ならご存知のとおり、多くの古代文化は竜座を蛇として描いている[2]。一九九八年に出版した『天の鏡：失われた文明を求めて』（翔泳社）では、巨大な星座である竜座が、カンボジアのアンコールワット寺院群の天空における設計図だという証拠を提示した。アンコールの寺院群は、この設計図に基づいて地上に配置されている。つまり「下」のそれぞれの寺院は、「上」の星に合致しているのだ。

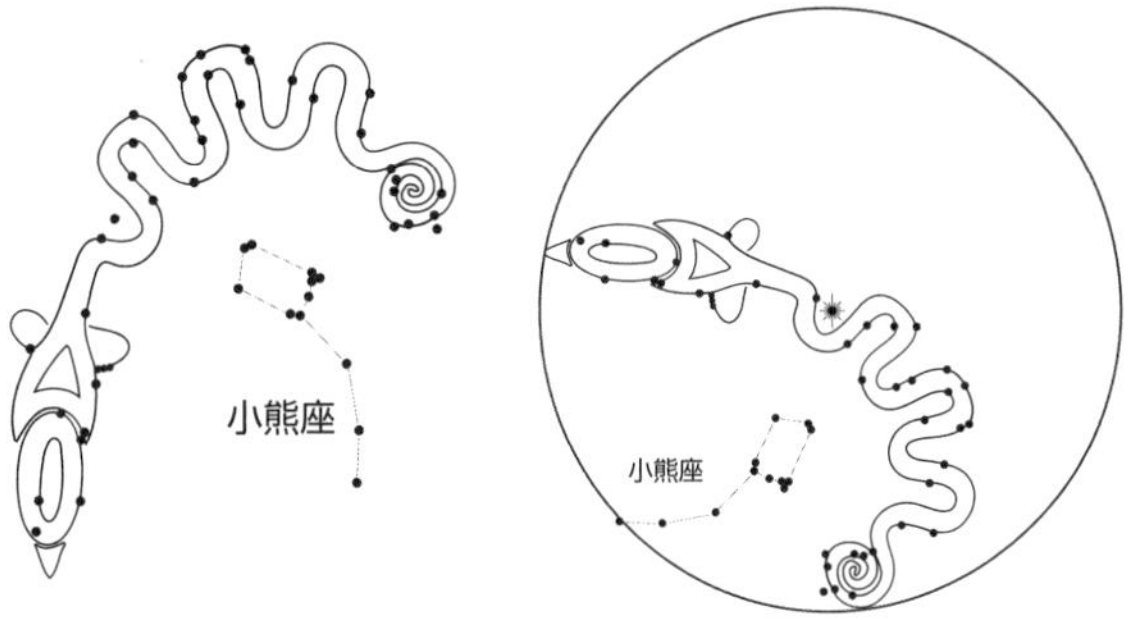

竜座をサーペント・マウンドと重ねて見た図。隣にある星座は小熊座。

小熊座の中には現代の北極星ポラリスがある。左図:1987年のロメインによる測量の精度が、
竜座の多くの星によって示されている。光の点は同じ大きさにしてある。

それはもともとの設計者の仕事の精度を示すためだ
(ケンブリッジとロメインを参照、ハミルトンが1997年に作成)。

右図:古代の北極星トゥバンを作図の中心に置いている。

トゥバンはポラリスの前の北極星であり、円弧に接している。

円弧にあるトゥバンから見て、大蛇の頭と尾は等距離にある(ロメインを参照、ハミルトンが作成)。


私の主張の本質は「上のごとく下にも」という考え方だ。この考えはアンコールの建造物でも表現されているが、古代世界全体に拡がっている教義あるいは「システム」の一部だ。そこで地上に建造物を建てる時、世界中で意識的に、天空の印象的な星座のパターンを模倣している。さらに地球から見るすべての恒星の位置は、ゆっくりとだが定期的に変化している。「歳《さい》差《さ》」という現象のためだ。それゆえ、天体の配置を地上に描く建造物は、造られた時代を示すことになる。星座が天空において地上の建造物が示す位置にあった時代が、その建造物が造られた年代なのだ。

歳差という絶え間ない変化は、二万五九二〇年という極めて長い周期で繰り広げられる。だがこれは、星の動きや自転軸の傾きの周期的変化とは一切関係がない。原因は地球のまったく

別の動きだ。この変化は太陽と月の引力が相反して地球を引っ張ることから生じている。その結果、地球の軸はゆっくりとぐらつき、円を描いて回転する。円周三六〇度のうち、一度を移動するのに七二年間かかる。これは垂直を保てなくなったコマの首振り運動とよく似ている。地球は観測台であり星を観察できる。そのため、このぐらつきで方向が変わると、地球から見たすべての星の位置が変わることになる。

この変遷を目に浮かべるには、地球の軸が地理的な北極と南極を貫き、宇宙に延びていることを想像するとよい。いつの時代にも、この延長された軸が指し示す二点にある星が北極星と南極星になる。

サーペント・マウンドは北半球にあり、現在、天の北極にあるのは、私たちの「北極星」ポラリス（小熊座α星）だ。歳差運動によって軸の先端は、二万五九二〇年の周期で、天界に巨大な円周を描く。紀元前三〇〇〇年頃というと、古代エジプトのピラミッド建設時代の直前になるが、北極星は竜座のトゥバン（竜座のα星）だった[3]。古代ギリシャの北極星は小熊座β星だ。紀元一万四〇〇〇年には、琴座のベガが北極星になる[4]。この長く循環する旅の間は、地球の北極の延長が、何もない空間を指すこともある。この時は、役に立つ北極星はないことになる。

竜座は天の北極近くの目立つ星座の一つで、よく知られており、文献に記録が残るもっとも古い星座の一つだ[5]。竜座がとりわけ重要で注目すべき星座であることは、一七九一年の詩の二行に、よく示されている。作者はチャールズ・ダーウィンの祖父で、物理学者・自然哲学者のエラズマス・ダーウィンだ。

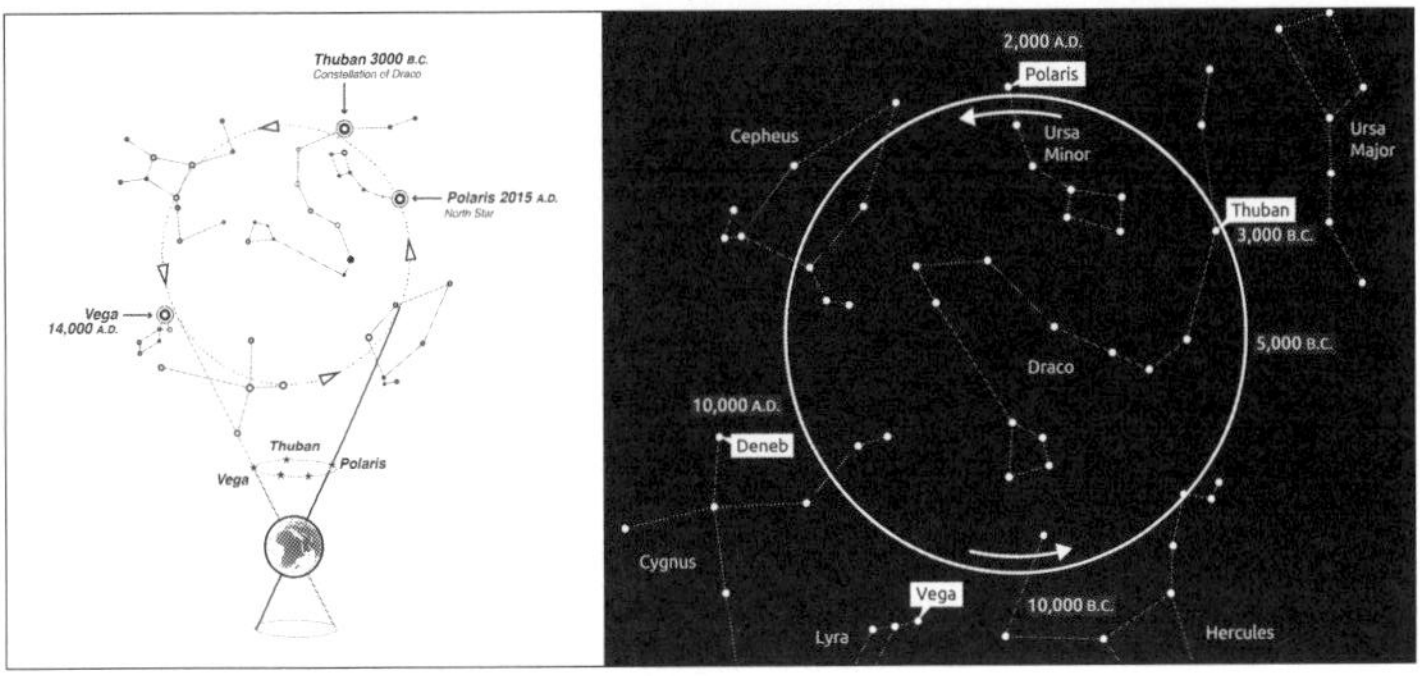

星座としての竜座は、常に黄道の中心でとぐろを巻いている。
竜座の尾にあるトゥバンは紀元前3000年に北極星だった。

竜座は大きなとぐろを巻き
重なるうろこに黄道軸を挟む[6]

ここで「黄道軸」といわれているのは、今日《こんにち》の天文学者が言う「黄道の極」のことだ。それは天蓋《てんがい》に固定された点で、その周りを天の北極が巨大な円を描き、二万五九二〇年の長旅を繰り返している。この固定された点だけは天界において**決して**動くことも変わることもない。他のすべてはその周りでおどり、位置を変える。ここが天界の中心であることを認識すると、大蛇の星座である竜座が、その領域を守るようにとぐろを巻いていることに衝撃を受ける。

アンコール・ワットを造った人々はこの星座を崇拝して、その姿を寺院群として地上に配置したのかもしれない。そうだとすれば、原則的には、似たようなプロジェクトが北米で実施されていても不思議ではない。アンコール・ワットの場合は、使用されたのは石で、寺院を造り、春分・秋分の日の出に照準を合わせた。北米の場合は、巨大なアースワークで、夏至の日没を照準にした。

どちらにおいても、結果は象徴的な力強い天と地の合体だ。その合体が起きたのは、ロス・ハミルトンによると、一〇〇〇年前ではなく、二三〇〇年前ですらなく、およそ四八〇〇年前から五〇〇〇年前だという。その時代の北極星は竜座のトゥバンだった。同じ頃、私たちがいまいるサーペント・マウンドから南へ一五〇〇キロメートルのルイジアナで、ワトソン・ブレークとして知られる遺跡が建造されている。ワトソン・ブレークについては第5部でより詳しく語るが、この遺跡は議論の余地なく、五〇〇〇年前に現在の形に造られている。ロスは、ワトソン・ブレークを建造した、謎に満ちた未確認のアメリカ先住民の幾何学者と天文学者が、サーペント・マウンドの偉大なマニトウ（精霊）も造ったのだと推測している。

だが、このようなことには、見出しの背後に複雑なニュアンスがあるものだ。確かにロスは、サーペント・マウンドにおける主要なプロジェクトは五〇〇〇年前に行なわれたと考えている。だが、会話をしていたら、彼にとって非常に重要な点をはっきりさせておきたいと言う。「私はいつも人々に、この場所に最初のマウンドが造られたのは、五〇〇〇年前だという印象を**与えないように**努めている」とロスは強調する。

ここは神聖な場所であり、構造物がのっている。この場所が「至点（夏至・冬至）」

と結びついていることは古くから知られていたはずだ。改造、修繕により復活したのは五〇〇〇年前だ。荒れ果てていた土台の跡を修復したのだが、その土台の古さは現在の年代測定法では判定できないのだ。

ここには何かがすでにあった。もっと古い時代からの遺産だ。だが五〇〇〇年前頃、現在の大蛇の姿が、活きて完全に機能するマニトウとして創られたのだ。アメリカ先住民の伝説や神話によれば、ここの構造物には天と地が触れ合う現象を示すのに必要な装備が整えられていた。大ピラミッドと二つの兄弟ピラミッドもかつて、これと似た機能をもっていたと考える人もいるが、それとよく似ている。

チェロキー族によると、かつて大蛇の頭には強い力をもつ水晶がはめ込まれていた。この水晶は一九世紀にムーニーが収集したチェロキー族の〝神話〟に登場する。水晶はまばゆい光を発し、その明るさは「正午の太陽光線を上回った」という。その物語によると、その後、水晶が盗まれ、暗闇に暮らすことになった人々は、崇拝していた神のごとき祖先たちの昔の住居を再訪し、徐々に大蛇の残された部分を取り去ったという。残されたのは土だけだったが、その土まで取り去った。それは考古学者がアデナと呼ぶ文化になるまで継続された。アデナ文化の人々はこの習慣をやめて、すべての遺跡を新しい土と石で改修することにした。そうすれば遺跡は生き残ることが保証され、祖先たちが栄光に包まれていたという明らかな証《あかし》を持つことができるからだ。

過去の聖なる遺跡を再生させる動きは、精霊マウンドが造られてから二五〇〇年ほど経ったいまから二五〇〇年前から二三〇〇年前頃に始まった。それは西暦五〇〇年頃まで続けられたが、この頃人々は不思議なことに姿を消している。あるいは別れ別れになって、ミシシッピ川流域の別の遺跡を改修したのかもしれない。古代のマニトウの領域は広大だったので、他の遺跡がたくさんあり、修復して再び聖地にすることができた。歴史時代に近づくにつれて、広大な南部やミシシッピで、驚くほど熟練した建造物の最高傑作が爆発的に造られ、その動きは一巡してオハイオまで戻っている。この考え方だと、聖なる遺跡を再生させるという同じ発想で、マニトウが二回ほど改修されていることになる。改修の時期は最古と最新で一四〇〇年も離れている。オハイオ川流域の古代遺跡の始めと終わりだ。

頭の中で計算をしてみた。

「ということは、サーペント・マウンドにおける一〇〇〇年前のフォート・エンシェント文化の仕事は、修復プロジェクトの二回目になる？」

「そのとおりだ」とロス。「一九九六年には、マウンドはフォート・エンシェント文化が造ったとされていたが、間違いだった。いまでは間違っていた考古学者を含め、誰もが修復であったことをはっきりと認識しはじめていると思う」

マニトウと巨石

会話に耽《ふけ》りながら、サーペント・マウンドの尾根の麓、ブラッシュクリークの川岸を歩き、最北西部に達した。そこは尾根の先端であり、自然の力で夏至の日没方向を向いている。この辺り一面は木立とやぶで覆われているが、例外は尾根の突起部だ。風化した石灰岩の崖が緑の覆いの中からこぶのように前に出ており、露出した突出部には空洞がありそうだ。

ロスは立ち止まり、手を上げた。「見えるか？」。

私は辺りを見回した。テストは苦手なのだ！　その時、ずんぐりしたコケだらけの石灰質の巨石が、やぶの中から川岸に突き出ているのが目に入った。

この巨石は、精巧に切り出されたものではないが、かなりまっすぐな側面と角をもつ。一方の端の角は切り取られているから人間の手が加わっている可能性が高い。巨石の長さは三メートルほどで、幅は六〇センチほど、厚みは三〇センチ以上ある。この大きさなら、エイブリーやストーンヘンジの小さめな巨石の代用物として使えそうだ。

「この巨石のこと？」

「その石については後で話すが、巨石を通り過ぎて、その上を見てくれ」とロス。

「崖がある」

上右:修正していない大蛇の頭の写真(撮影:サンサ・ファイーア)。
サーペント・マウンドの頭の真下の崖にある。
上左:見やすいよう修正した写真。これで、多くの旅行者や古代人が、
なぜ自然の岩の露頭を大蛇の頭だと思ったかが理解できる。
下:並列するサーペント・マウンドと尾根。自然の力が造った「大蛇のような頭」がある。

「だが、崖の中に**顔**が見えないかい?」

ロスが「顔」と言った瞬間に、すべての焦点が合ってきた。それは人の顔ではなく、大蛇の顔だった。張り出しているのは上あごで、その下には口の線がある。右側の口角の上は、顔の他の部分よりも暗くなっており、はっきりとした眼が私たちを上から凝視している。

その後の調査によって、多くの訪問者が、この自然の露頭を大蛇の頭と似ていると感じていることが分かった。たとえば一九一九年にハーバード大学ピーボディ博物館のチャールズ・ウイロビーは、サーペント・マウンドを訪問して、以下の

ように結論づけている。

巨大な大蛇のためにこの場所が選ばれたのは、主として超自然的な存在に対する恐れからだろう。その迷信はマウンドが造られている尾根の突端に関係があると思われる。尾根の突端の高さは約三〇メートルで、だんだんと狭くなり崖で終わっており、爬虫類《はちゅうるい》の頭を思わせる特徴……頭の輪郭、鼻、眼、口がはっきり見える。アメリカ・インディアンたちは、頭からブラッシュクリークの川岸を後方へ延びる崖に、聖なる大蛇の胴体を見たかもしれない。自然の地形、奇妙な形の石やコンクリーション〔球状の凝固岩〕など、人間や動物の姿やその一部に似たものは、概して、超自然的な力をもつと思われていた。この場合も、少し想像力を働かせるだけで、インディアンたちの視点が理解できる[7]。

これに先立つ一八八六年にも、考古学者W・H・ホームズは、サーペント・マウンドを訪問して似たような印象を受け、『サイエンス』誌に次のように書いている。

心には巨大な大蛇を思い浮かべていたが、すぐ驚かされた。断崖の輪郭として出現したのは、際立って露頭する岩で、小川の底から上半身を乗り出す巨大な爬虫類の姿をしている。頭は岩の先端部分で、唇のような黒っぽい端が鼻面だ。白っぽい下側が首。洞穴が眼だ。そして右側の突き出ている塊がとぐろを巻く胴体だ。光が様々に変化すると、その効果でこの真に迫った印象を強めている。森の預言者が、似ていることに気づき、即座に、突出する岩を偉大なマニトウと見なしたのは、ごく自然なことだ。彼の仲間の人々もそれに従い、この突起を祝う祝典が行なわれるようになったのだろう。

その結果、マウンド建造者たちは、囲い地を造り、より実物に近い爬虫類の姿を精巧に造りあげることになったのだろう。自然物と人工的な構造物のすべては、同じ一つの概念を共有している。突起している露頭岩は、最初から常に、自然の体と、改変された体の頭として認識されていたことだろう。インディアンにとっては、この露頭岩こそ、偉大な大蛇・マニトウの本物の頭だった[8]。

私たちはまだ、巨石のそばに立っていた。私が最初に注意を引かれた巨石だ。「で、これは？」と私。「これもサーペント・マウンドの物語の一部だろうか？　それとも、ただの石ころか？」

ロスは肩をすくめた。「誰にも確かなことは分からない」と一瞬、躊躇《ちゅうちょ》し、先を続けた。「だが、私自身の仮説はもっているよ」。

「というと?」

「私の考えでは、それはスクワイアとデーヴィスが報告している巨石の一つだ。一九世紀には、大蛇の頭の前にある楕円形のアースワークの中に複数の大きな石が置かれていた。この石は、その一つだと思う」

グラハム・ハンコック(左)とロス・ハミルトン(右)。
サーペント・マウンドの巨石にて。
写真:サンサ・ファイーア

「宝探しの連中に散乱させられたという石？」

「そのとおり」とロス。「私の記憶が正しければ、それらの石は、散乱させられる前、円形に配置されていたと、彼らは言っている」

ロスが言おうとしていることを、私は知っていた。ストーンヘンジの幾何学と、サーペント・マウンドの幾何学には関係があると、ロスはすでに著述しているのだ。ロスによると「両者の幾何学が一つの大きな絵を構成している。それが示すのは、高度に発達した天文建築学の一派の存在だ。だが、その起源については知られていない」[9]。

ロスは、サーペント・マウンドがアメリカ先住民の幾何学者と天文学者の作品であることに異論はない。だが、彼らはもっと古い天文建築学のメンバーであり、太古のプロジェクトを実行に移したと信じている。この構想は、多くの異なった時代に、多くの異なった表現方法で、世界各地で遂行されている。

この根源的で、際限なく強調され、繰り返し再生されるプロジェクトは「本拠地をもたないようだ」とロスは言う。「この現象の元となった国も文化も見当たらない」[10]

もし、この「本拠地」が「失われた文明」ならば、これは当然、予想されることだ。失われた文明は完全に破壊され、時の流れに埋葬され、いまや神話や伝説として残るだけなのだから。

大蛇が見ているもの

日没一時間前、大気が爽やかに冷たくなった頃、私たちはサーペント・マウンドの高台に戻った。バッテリーはフル充電され、ドローンを飛ばす用意はできている。

今朝の太陽は真東の北側から上昇したが、すでに円弧の下のほう、日没位置である真西の北側の地平線上に近づいている。そこで改めて大蛇が、密集する木立で、事実上「覆い隠されて」いることに気づいた。視線に沿って木々が繁茂しているのだ。これはオハイオ・ヒストリー・コネクションによる意図的な画策だろう。私たちがドローンをもっていなければ、大蛇と太陽の位置関係について、せいぜいおぼろげな印象とヒントしか得られない。それも拡散されたわずかな太陽光線が、茂みを通り抜けることができた場合だけだ。

「これは、あるべき姿ではない！」と私はロスに言った。「これでは、ほとんど冒涜《ぼうとく》だ」。

「でもいいニュースもある。ここだけでなく様々な場所で人々が再び目覚めはじめていることだ。オハイオ・ヒストリー・コネクションが何を欲しようと行なおうと、考古学者たちが何を信じると言おうが、私たちは大きなサイクルの中で岐路に立っている。知識と叡智《えいち》の源泉として、マニトウが再起動されたのだ」

軽い回転音と共に、サンサの小さなドローンが空に舞いあがった。私たちはモニターを囲み、空からの眺めを見た。午後七時五五分だ。樹木に邪魔されずに高度一二〇メートルから見ると、太陽はまだ地平線からだいぶ距離があった。沈むのはこの地方の地平線をつくっている北西の丘陵地だ。夏の日の終わりの、暖かくて柔らかい光線は、涼しい深い木陰をつくり、巨大なアースワーク全体をまだら模様にしている。木立が頭部の周りに密集しているが、大蛇はまるで魔法にかかった王国の主《ぬし》のようだった。

サンサはドローンを大蛇の首の後ろ辺りに空中停止《ホバリング》させている。そこからは開いたあご、巨大な楕円形、木立が見え、そのはるか遠くに地平線が望める。完璧な構図だが、午後八時一二分になると、あまりにも眩しくなり、太陽と地平線の位置関係が分からなくなった。地平線には大きな銀色に光る穴がぽっかり開き、太陽はその真ん中辺りのどこかにあるはずだった。だが、ドローンの位置を変えると、日没まではまだ間があることが判明した。

午後八時一三分にドローンを降下させ、バッテリーを交換して、再び空に放った。だが一一分後の八時二四分にはコントロールパネルが点灯し、バッテリーの残量が不足していると告げる。地球は重々しく東に回っている。太陽の荘重な日没は西方向だ。この動きがスローモーションの夢のように展開する。宇宙の動きの計算違いをしていないことを願いながら、ドローンを地上に戻した。他に選択肢はない。

ドローンには深刻な異常が起こっていた。バッテリーの問題ではない。それはすぐに解決した。コントロール装置と機体との間で通信に異常が発生していた。修理には二八分かかった。空から光が失われていくのを感じる。夕暮れの空気が冷たくなり、樹木が投げかける影も長くなってきた。太陽はまだ空にあるが……位置は不明だ！　丘陵の背後に落ちているのかまだなのか、まったく分からない。肝心な瞬間に間に合うかどうかも不明だ。ようやくドローンが指令に従うようになって空に放つことができたのは八時五二分だった。

サンサは一二〇メートルの高さまで急上昇させた。先ほど見つけた見晴らしの利く位置だ。モニターに見入る私たちは歓声をあげた。まるで奇跡のように太陽はまだそこにあり、ちょうど丘陵の縁《へり》に留まっていた。それはハードマン夫妻が「至点尾根」と命名した場所だ。

次の三分間は魅惑的だった。地球の生命の源泉である偉大な光の天体が、最後の下降を始め、夜が始まったのだ。それは変容であり転移であり、単なる状態の急変化ではない。

先ほどカメラの眼を眩《くら》ませたまばゆい光は、いまは弱くなった。そして空は徐々に、魅惑的で柔らかな輝きに満たされた。太陽の円盤が地平線にくぼみを掘っているかのようだ。巻頭グラビアの写真を見ていただければ分かるとおり、沈む太陽は大蛇の開いたあごと、見事に一列になっている。

太陽が地平線に寄りかかり停止しているかのようだ。金色に染まる豊かな野原や森林全域に、輝きと恩恵を降らせており、まるで地球と深い霊的な交わりをしているかのようだ。私は古代エジプトの『死者の書』の一節を思い出した。太陽神ラーに捧げた賛歌だ。

人々はあなたの名前「ラー」を讃え、あなたに誓う。なぜならあなたは彼らの主なのだから。あなたはあなたの耳で聞き、あなたの眼で見る。世界はすでに何百万年も過ぎ去った。私にはあなたの過ごした年月をいうことはできない……あなたは何百万年、何千万年という歳月をかけて、広さの分からない空間を旅している。そこを平和のうちに通りすぎ、水色の深淵を渡り、あなたの愛する場所に行く。あなたはこれを一瞬のうちに行なう。そしてあなたは深く沈み、時の終わりを告げる[11]。

サーペント・マウンドの上では、惑星と星、天と地、上と下の恋愛劇が続いていた。大蛇のあごと太陽を結ぶ線が示す、この美しい感動的な配列は、太陽が降下する長い間、名残り惜しそうに続いた。

太陽の半分が視界から消え、やがて四分の三が消え、微かな光のみとなる。チラチラとまばたく銀色の光が、地平線で持続する。やがてついに太陽が完全に姿を消し、薄闇の中に、すべてを包み込む暖かい余韻だけが、ほんのりと残った。

昔の確信

偉大な蛇を崇拝し、繰り返し修復してきた文化が、サーペント・マウンドの周辺の木立を取り除いていたら、どうなっていただろう。もしそうなっていたら、太陽と大蛇の大きく開いたあごが形づくる配列は、氷床が後退を始めた一万三〇〇〇年前から、常に印象的な特徴だっただろう。だが、地球の軸の傾斜角度が変わるため、地平線に夏至の太陽が沈む正確な位置は、四万一〇〇〇年周期で現在の位置より南北に数度の範囲で変化する。

すでに見たとおり、ハードマン夫妻は一九八〇年代に、サーペント・マウンドから観測した夏至の太陽の沈む位置の方位を間違えて提唱したと非難された。ハードマン夫妻を批判したフレッチャーとキャメロンの計算によると、その方位は紀元前一万一〇〇〇年頃と一致する。当時の考古学者たちは、それではあまりにも歴史をさかのぼりすぎるとした。サーペント・マウンドのような複雑で巨大な構造物を造れる文明が、その当時の北米にあったはずがない、というわけだ。そこで当然ながら、この興味深い年代についての調査が行なわれることはなかった。

だが、一九八〇年代はとっくに過ぎ去った。第2部で見ていくが、二一世紀になって数々の新しい証拠が明らかになり、昔の確信に疑問がもたれるようになってきている。

［1］ Ross Hamilton, *The Mystery of the Serpent Mound* (North Atlantic Books, 2001).

［2］ D. W. Mathisen, "How to Find the Four Important Heavenly Serpents," on The Mathisen Corollary (blog) (05/18/17),「天の重要な大蛇その四は……竜座のドラゴンだ」: https://mathisencorollary.blogspot.com/2017/05/. 竜座を蛇やドラゴンとして描いた古代文化については、D. Ogden, *Drakon: Dragon Myth and*

Serpent Cult in the Greek and Roman Worlds (Oxford University Press, 2013) の、古代ギリシャやローマにおける宇宙的シンボリズムの解釈を参照。たとえば一六四ページ：「竜座は様々なドラコーンの戦いを想起させるとされた。紀元前6世紀のエピメニデスによれば、ゼウスはクロノスに襲われた際、自らはドラコーン、乳母たちは熊に姿を変えて隠れたという。そして後にこれを記念して、天に竜座、大熊座、小熊座をかためて置いたという」。

[3] Giorgio de Santillana and Hertha von Dechend, *Hamlet's Mill: An Essay Investigating the Origins of Human Knowledge and Its Transmission Through Myth* (Nonpareil Books, 1977, reprinted 1999), 五九ページ。

[4] 同右。

[5] たとえば E. N. Kaurov, "The Draco Constellation: The Ancient Chinese Astronomical Practice of Observations," *Astronomical and Astrophysical Transactions 15*, nos. 1–4, (1998), 三二五～三四一ページ、特に三二五ページを参照。「竜座はもっとも古い星座の一つであり、どうやら非常に古い観察の習慣や、古代中国で非常に古い時代に行なわれていた天体観測と結びついている」。

[6] 引用はエラズマス・ダーウィンの *The Botanic Garden*, 1791 より。
竜座は大きなとぐろを巻き
重なるうろこに黄道軸を収む
もたげた巨大な首は空の半分にわたり
くねる巨体が熊らを分かつ

[7] Charles C. Willoughby, "The Serpent Mound of Adams County, Ohio," *American Anthropologist*, New Series 21, no. 2 (April–June 1919), 153.

[8] W. H. *Holmes*, *Science* 8, no. 204 (December 31, 1886), 六二七～六二八ページ。

[9] Hamilton, *The Mystery of the Serpent Mound*, 三三ページ。

[10] 同右。

[11] The Ancient Egyptian Book of the Dead, trans. E. A. Wallis Budge (first published in Great Britain in 1889, reprinted by Arkana, London and New York, 1985), 一四ページ。

第2部

新世界？ 最初のアメリカ人の謎

第4章　過去は隠されてはいないが否定されている

サンディエゴ自然史博物館の古生物学主任であるトム・デメレは考古学者ではないが、考古学者と仕事をする機会がある。だから、私がインタビューだけでなく、博物館に保管してある化石や骨を見せてほしいと申し込んだ時、断られたが驚くことではなかった。私が最初に申し込んだのは二〇一七年九月一八日だ。九月二〇日には丁重な断りが来たのだが、それはデメレ博士本人からではなく、博物館の広報部長レベッカ・ハンデルスマンからだった。「面会の要望にはお応えできませんが、オンラインの報道資料をお送りします。この中にプロジェクトと何を発見したかについての豊富な情報があります」[1]との返事だった。

報道資料にも価値はあるが、私の執筆のための調査においては優先順位が低い。それにレベッカが言う「プロジェクトと発見」には極めて重要な特徴がある。そこで、私も簡単に引き下がるわけにはいかなかった。デメレは論争の的になっているサンディエゴ近郊の遺跡発掘に最初からかかわっており、二〇一七年には論文も書いている。それによると、サンディエゴに人類がいたのは一三万年前からだという[2]。論文には重みがあった。何しろ格式の高い科学雑誌『ネイチャー』に掲載されたからだ。これはたちまち考古学者たちの怒りを買った。彼らはアメリカに人類が到達したのは、もっと後だという立場をとっているからだ。

その中の一人にワシントン大学のドナルド・グレイソン教授がいる[3]。「論文を読んで衝撃を受けた。優れた内容だからではない。あまりにもお粗末だからだ」[4]

典型的な反応のうちの一つは、ダラスにあるサザンメソジスト大学の先史学教授、デヴィッド・J・メルツァーのもので、やはり論文を否定している。「新世界における人類の古さを、一挙に一〇万年も古くしたいなら、これよりもっと確かな考古学的証拠が必要だ。この考えを私は受け入れない」[5]

ネバダ大学の人類学名誉教授ギャリー・ヘインズは、そもそもこのような論文を掲載したのが「編集の判断ミスだ」と、『ネイチャー』誌まで非難している[6]。

オレゴン大学自然文化歴史博物館のジョン・M・アーランドソン理事は「この遺跡は信頼に値しない」という[7]。

ロサンゼルスのペイジ博物館の元副館長ジョージ・ジェファーソンは以前からこのような反応

を予想して、デメレに警告していた。考古学界は長らく、人類がアメリカに到達したのはごく最近だという見解をもっている。誰もはるか一三万年前だという主張を受け入れる準備がまったくできていないから、「秘密にしておけ。誰も信用してくれないさ」と、ジェファーソンは助言した[8]。

だがデメレは証拠に自信があり、発表することにした。二〇一七年四月、『ネイチャー』に論文は掲載されたが、私もすぐに関心をもった。

失われた文明の話はするな

デメレの主張は正しいだろうか? 考古学者たちが、最近、無理やり認めることを求められているように、私たちの祖先は三万年以内ではなく、一三万年前あるいはそれ以上前に、アメリカ大陸に移住していたのではないだろうか?

もしデメレが正しいなら、私たちの先史時代の理解について、深刻な疑問符がつけられることになる。一部の学者たちは敵意を示しているが、『ネイチャー』が徹底的な査読抜きで論文を掲載することはないことを、心に留めておかなければいけない。

特に本質的な問題は、それら太古のアメリカ人たちとその末裔《まつえい》たちが、その後の数万年間、**何をしていたか**だ。一方、考古学者たちはそのような太古のアメリカ大陸に人々は住んでいなかったと主張している。私のすべての関心は、一九九五年に『神々の指紋』(小学館文庫)を出版するかなり前から、はるか太古に高度な文明があったという事実の探求にあった。この文明には「失われた」という言葉がふさわしい。なぜなら考古学者たちは、それが存在した事実を完全に見落としてきたからだ。したがって私は、アメリカ大陸の失われた一〇万年間に、その文明の痕跡があるのではないか、と考えずにはいられなかった。

そこで私は、手ごわいレベッカ・ハンデルスマンを通じて何度もメールを送り、なぜインタビューしたいのかだけでなく、私の仕事の背景も説明した。

「文明の起源にかかわる物語の失われたページが、北米で発見を待っている可能性があります。北米はこれまで、この件で考古学者が見向きもしなかった最後の場所です」[9]

さらに一三万年前の世界には現在は絶滅している他の人類が存在し、彼らは現生人類（解剖学的現代人）とも混血していたことも指摘した。彼が調べた遺跡には、どの人類が関わっていたと思うかを訊いた。「彼らは現生人類でしょうか？　ネアンデルタール人でしょうか？　デニソワ人でしょうか？　あるいは別のヒト属で、今後のさらなる調査で特定されるのでしょうか？」[10]

何日も音沙汰がなかったが、二〇一七年一〇月二日にレベッカから連絡があった。デメレ博士は「短い時間なら会ってもよい」そうだ。喜んで遺跡と初期の人類が存在した証拠について語り合いたいという。ただし、彼は「どのヒト属であったとか、古代文明についての一般的な話や仮説については、憶測を避けたい」という[11]。

私はその制約を受け入れ、インタビューは翌日の一〇月三日火曜日に行なうことになった。彼が何を話してくれても、博物館の報道資料への追加情報となることは間違いない。それにデメレの躊躇は、当然のことだと思った。自分の研究が攻撃にさらされているさなかに、考古学者たちが「エセ学者」によって広められている「常軌を逸した説」と呼ぶ、「失われた文明」説を唱える私のような者と会うのは一番したくないことだろう。私だって、もし彼の立場なら、正直なところ、慎重になったと思う。本当のところ、彼が私との会話に同意したことに、とても驚いた。

忘れ去られたアメリカ

二〇世紀初頭には、多くの学者たちが、アメリカ大陸に人が住みはじめてから**まだ四〇〇〇年も経っていない**と考えていた[12]。

四〇〇〇年前というと、エジプト文明はすでに古かった。クレタ島のミノア文明は繁栄していた。またヨーロッパ全域でストーンヘンジのような巨石遺跡が造られていた。同じように四〇〇〇年前というと、私たちの祖先はオーストラリアにすでに六万五〇〇〇年も住んでいた。アジアの最果てにも、人類ははるか太古の時代に到達していた[13]。

では、なぜアメリカ大陸はこのような世界規模の人類移動に巻き込まれず、止めることができないと思える高度な文明への行進が、これほど遅くまで起こらなかったのだろう？

その答えはたぶん、威圧的で恐ろしげな人類学者アレシュ・フルドリチカにある。彼は新世界に人類が到達したのは、ごく最近だという見方を強く主張し普及させる上で、もっとも影響力があった。フルドリチカは一九〇三年には首都ワシントンにあるスミソニアン協会の国立自然史博物館に新設された自然人類学部門の部長に選ばれている。一九四三年に亡くなるまで、「当時のもっとも偉大な自然人類学者」として、また「人類は最近になって新世界に到達したという見解の門番」として権勢をふるい、周囲を震えあがらせた。そしてアメリカ大陸には古くから人類が住んでいたという提言をしようとするすべての試みを抑え込んだ[14]。スミソニアンでフルドリチカの同僚だったフランク・H・H・ロバーツが後年、この時代について証言している。「アメリカに古くから人が住んでいたという考えをもつことは、実質的にタブーとなった。人類学者として成功を望む者は、インディアンがかなり古くから居住していたことを示す発見からは距離を置いていた。追放される運命が待っているからだ」[15]

だが、権威による事実の抑圧は長続きしない。一九二〇年代から一九三〇年代にかけて、フルドリチカの主張する時代よりも、ずっと前からアメリカ大陸に人が住んでいたことを示す、確たる証拠が出はじめた。偉大な人類学者の権威は次第に失われていったが、その中でも特に重要だったのがブラックウォーター・ドロー遺跡だった。ニューメキシコ州クローヴィスの近郊にあるこの遺跡では、一九二九年に、氷河期に絶滅したほ乳類の骨が発見されている。これは非常に古い骨だと正しく推定された。しかし、遺跡を検証するためにスミソニアン協会が派遣したチャールズ・ギルモアの結論は、これ以上の調査は必要ないというものだった[16]。当時のアレシュ・フルドリチカの影響下にあっては驚くことでもないだろう。

だが、ペンシルベニア大学の人類学者エドガー・B・ハワードは同意しなかった[17]。一九三三年にハワードは、ブラックウォーター・ドロー遺跡の発掘を始めた。そしてすぐに美しく加工された投げ槍用の石器(尖頭器)を大量に見つけた。鋭い先端と「フルーテッド・ポイント」と呼ばれる縁模様が特徴で、縦溝《フルート》が基部にある。これらの尖頭器は、氷河期に絶滅した動物と同じ層で、時には肋骨の間で発見されている。コロンビア・マンモス、ラクダ、馬、バイソン(野牛)、サーベルタイガー、ダイアウルフなどだ[18]。

一九三五年にそれらの発見に基づいて、ハワードは本を出したが、その中で人類が北米に一万年以上前から住んでいた可能性があると結論づけている[19]。ハワードはその後も何年にもわたって緻密な実地調査を行ない、その結果を一九三七年三月一八日から二〇日に行なわれたフォーラムで発表した。場所はフィラデルフィアで「古代人と人類の起源」という権威ある国際フォーラムだ[20]。この時のハワードの発表は、圧倒的な称賛と承認を受けている。

フルドリチカもその場にいた。彼は苦い顔をしてブラックウォーター・ドロー遺跡における発見が示唆することを無視した。それどころか、壇上での時間を使って彼の持論を繰り返し強調した。それはアメリカ・インディアンの「遺骨から見るかぎり、彼らが地質学における太古からいた証拠はいまのところ存在しない」という立場だ[21]。

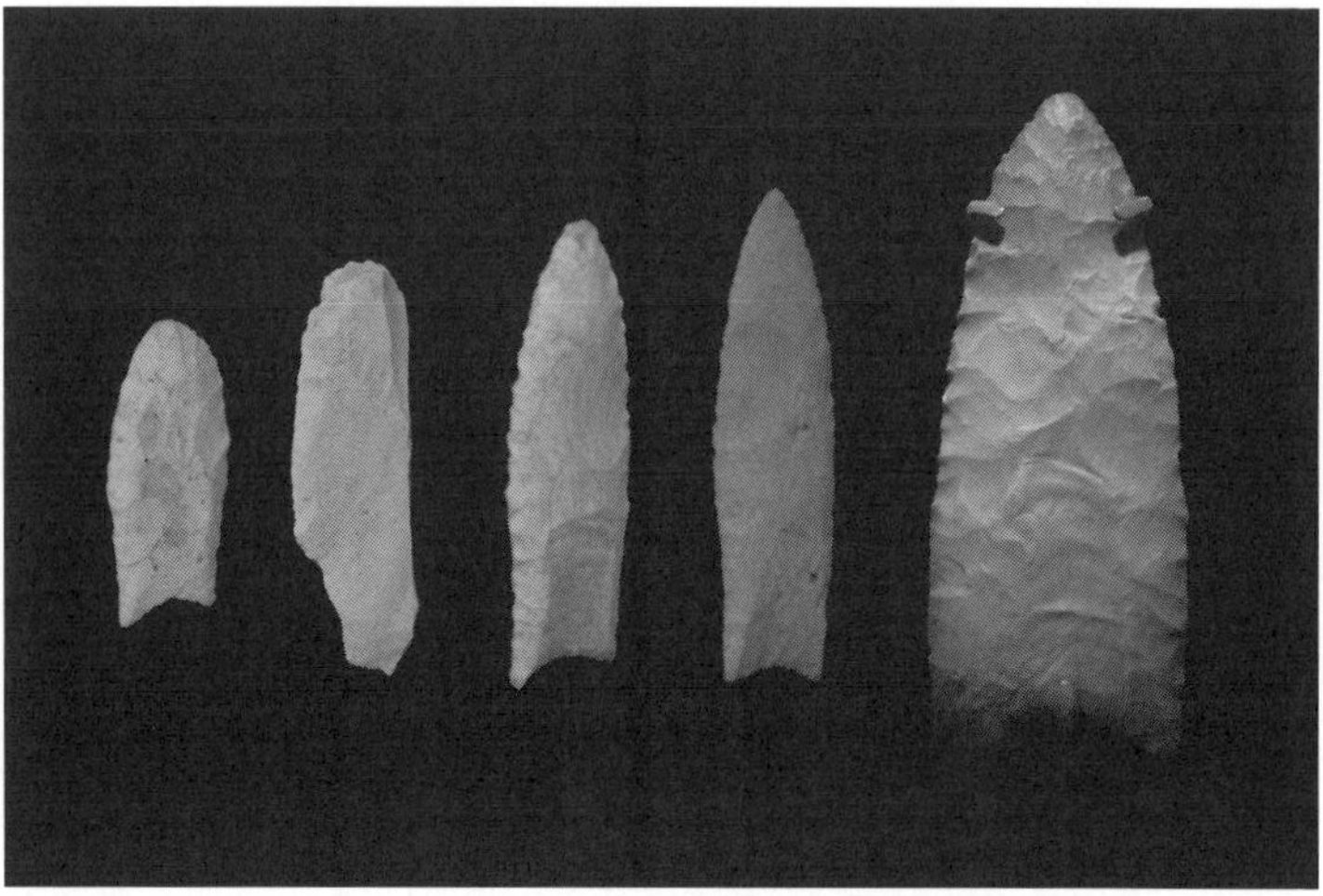

クローヴィス尖頭器が勢揃い。左から2つ目はナイフだ。
右端はユタ自然史博物館所蔵。／写真：サンサ・ファイーア

だがそれでも時計は進む。一九四三年にハワードもフルドリチカも亡くなったが、その前にも後にも、ブラックウォーター・ドロー型の尖頭器がたくさん出土した。やがてこれらの尖頭器は近くの町クローヴィスにちなんで「クローヴィス尖頭器」と呼ばれるようになった。膨大な新しい証拠が蓄積され、疑いの余地がなくなった。頑固な保守派も、フルドリチカを除けば、氷河期の終わりにクローヴィス文化の人々が、いまは絶滅している動物たちを狩っていたことに同意した。だとすれば、少なくとも一万二〇〇〇年前からアメリカ大陸には人類が住んでいたことになる。

これらの発見は調査を大きく後押しした。数十年でさらに一五〇〇ヶ所のクローヴィス文化の遺跡が見つかり、一万個を超えるクローヴィス尖頭器が北米全土で発掘された[22]。

だが、調査の網が大きくなるにつれ、この文化には数多くの特異な点があることが分かってきた。その結果、文化の古さと存続期間に関して、二つの学派が生まれ、混乱のもととなっている。一般的に「長期存続」学派と呼ばれる一派は、クローヴィスが現れたのは一万三四〇〇年前で、考古学的な記録から消え失せるという謎の消滅をしたのは、一万二八〇〇年前頃だという。つまり存続期間は六〇〇年だ[23]。

一方、「短期存続」学派もクローヴィス文化の終わりの時期は同じで、一万二八〇〇年前だが、文化が始まったのは一万三〇〇〇年前だとする。つまり二〇〇年しか存続しなかったことになる[24]。どちらの学派も同意するのは、このユニークで異彩を放つ文化が、どこか**別の場所で**発達したことだ。なぜなら、クローヴィス文化は最初期から、すでに洗練されて完成度が高い武器と狩猟技術を使用していたからだ[25]。特に不可解なことがある。考古学界の合意ではアメリカ大陸への人類の移住は北東アジアから行なわれている。だが、アジアのどこにもクローヴィス文化初期の痕跡が見つからないのだ。独特な道具や武器や生活様式などの進化の形跡が見つからないわけだ[26]。確実にいえることは、北米で存在感を示したクローヴィス文化が、急速に広大な大陸全域に拡がったことだ[27]。遺跡はアラスカ州、メキシコ北部、ニューメキシコ州、サウスカロライナ州、フロリダ州、モンタナ州、ペンシルベニア州、ワシントン州と、遠く離れた場所まで拡がっている[28]。このような拡大が六〇〇年間に起こったとすると、極端に速いし、まして二〇〇年間で達成されたならば、ほとんど奇跡的な速さだ[29]。

ベーリング陸橋と無氷回廊

一九四〇年代から一九五〇年代にかけて、クローヴィスの知名度はますます高まった。だが、アメリカ大陸に人類が移住したのは初期クローヴィスの年代である一万三四〇〇年前よりも古い、という証拠は出てこなかった。もっと正確にいうと、考古学界で一般的に受け入れられ、認められ、確認された証拠は現れなかった。

一般的に認められるという面では、一部に異議を唱える声があったが[30]、これより古い文化は**今後も決して**見つからないだろう、という合意が形成されはじめた。今日では「クローヴィス・ファースト」として知られるパラダイム（支配的な考え方）だ。もっとも、このパラダイムが公式に「生まれた」のは一九六四年だともいえる。考古学者C・ヴァンス・ヘインズが記念碑的な論文を『サイエンス』誌に掲載したのだ。ヘインズは現在、アリゾナ大学人類学部の名誉教授であり、米国科学アカデミーの古参メンバーだ。威勢のいい論文タイトルは「縁模様付き尖頭器《フルーテッド・ポイント》：その年代と拡散」[31]だ。この論文は数多くの鍵となる主張を提示し、説得力豊かに立証している。

まずヘインズが指摘したのは、氷河期における海面の低さだ。そのため今日のベーリング海で占められているエリアのほとんどは海面より上にあった。現在のベーリング海峡も凍土に覆われ

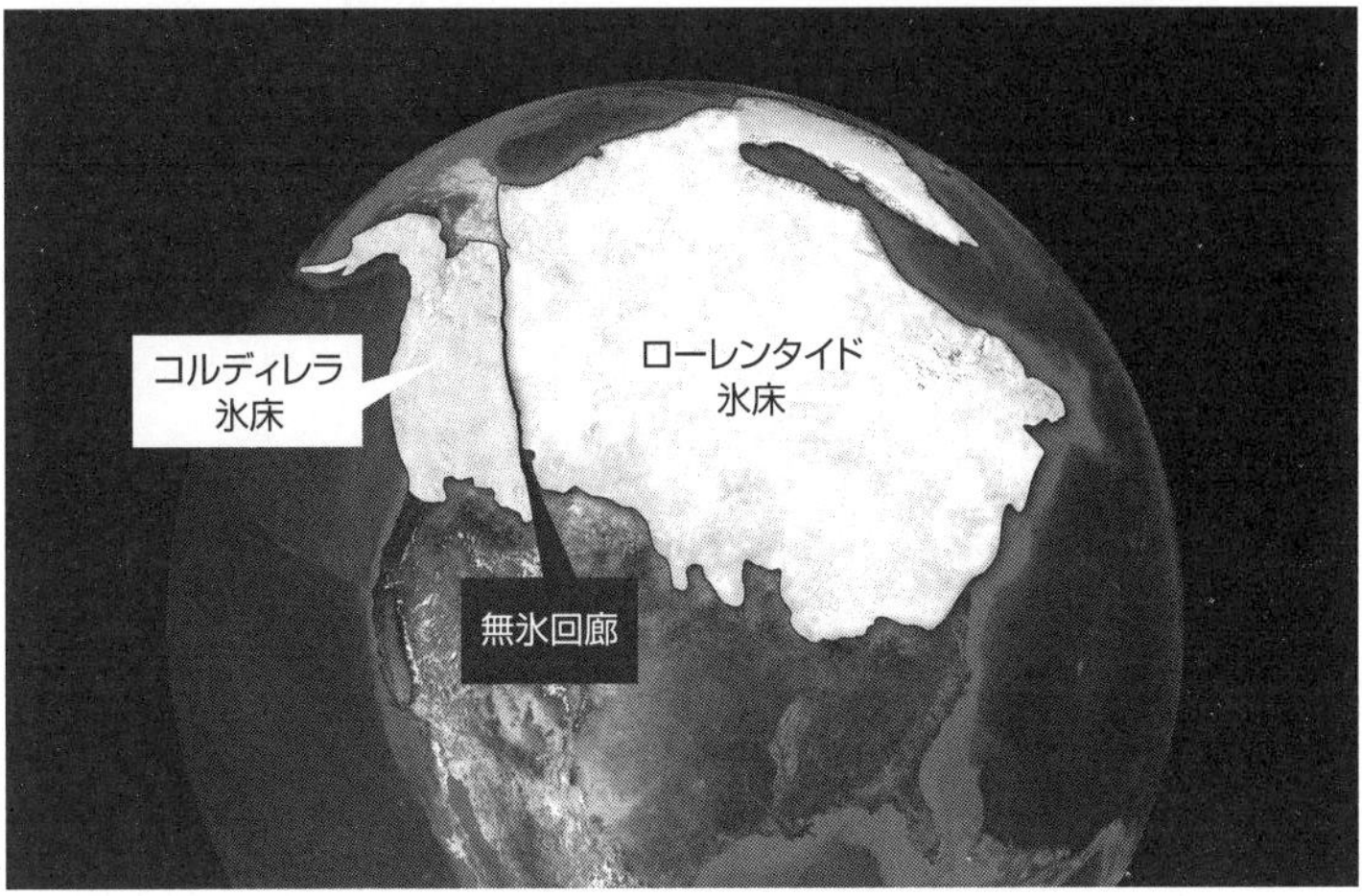

た陸地で、シベリア東部とアラスカ西部をつないでいた。暮らしやすい環境だったとは言えないが、移動生活を送る狩猟民にとっては「障害ではなかった」とヘインズはいう。彼らはすでにシベリア凍土の支配者であり、当然、陸橋を渡るバイソン、鹿、マンモスなどを追っていったという[32]。

だがヘインズ説によれば、陸橋を渡った狩猟民たちは、その先遠くまでは行けなかったという。コルディレラ氷床とローレンタイド氷床という気の重くなるような障壁が立ちはだかっていたからだ。当時、この二つの氷床は合体して、まるで一つの巨大な山脈のように北米大陸北部をほとんど覆っていた。

したがって狩猟民たちは、その先にある土地まで行くことができなかった。その結果、最終氷期のこの時代の北米大陸の南半分は「人間の狩りの対象となる大型の草食動物が棲むには最適の場所となった。クローヴィスの人々が住んでいた時と同じ条件だ。しかし、

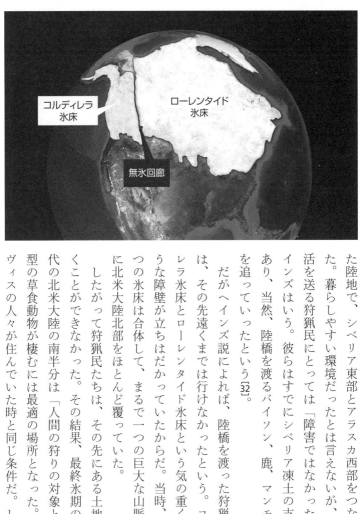

当時、人間がいた証拠は一つもない」という[33]。

ヘインズの主張では、一万四一〇〇年前に事態が変わったという。世界が温暖化して、コルディレラ氷床とローレンタイド氷床の間に、無氷回廊ができたのだ。そこで数千年ぶりに南に横たわる、豊穣《ほうじょう》で獲物であふれかえる氷に覆われていない平原に入ることができるようになった[34]。約七〇〇年後の一万三四〇〇年前になると、この平原の地層にはクローヴィスの遺物が含まれるようになる。彼らの「突然の出現」は「クローヴィス人の祖先はカナダを通り抜けてきた」ことを示唆し、「クローヴィス尖頭器が急速に広範囲に拡がったようなので……彼らはフルーティング（縦溝を刻むこと）の技法を持ち込んだように思える」とヘインズは主張する[35]。

すでに述べたように、クローヴィス尖頭器はアジアでは見つかっていない[36]。だがヘインズが一九六四年に『サイエンス』で発表した論文では、四つの尖頭器がアラスカとカナダ北西部のユーコンの「地面の上」で見つかったと報告している。これは正しいが、この尖頭器の年代はすべて不明だ。一番古いと思われている尖頭器は、昔の氷床の端のわずか南で見つかっているが、それでも一万三四〇〇年前よりはさかのぼらない[37]。ヘインズによると、

「これが、論理的な一連の出来事をつなぐ最後のピースであり、これですべての部分がうまく収まりはじめる。もしクローヴィス人の祖先が回廊を通ってカナダに抜けたなら……そしてその後の七〇〇年間に、氷床より南の米国全体に拡散したのなら……おそらく、アラスカには、その五〇〇年ほど前に入っていただろう……アラスカのフルーテッド・ポイントは……その移住を示

すかもしれない。だとすれば、クローヴィス尖頭器やナイフを制作した先祖は、彼らだった**可能性がある**」[38]

この論文は考古学者たちに歓迎された[39]。彼らの多くはクローヴィスが「最初」であることをすでに確信していたからだ。そして、一見よくできていて、そこそこ説得力があるに過ぎない仮説が、一夜にして新たな正統派として支配的な位置に立ったのだ。さらに悪いことにこの仮説は、アレシュ・フルドリチカ時代の正統派と同じくらい、厳格で不寛容になってしまった。新たな正統派は、その後、何十年も考古学者の経歴や調査の重点を決めるのにも、フルドリチカの鉄拳と同じぐらい強固な支配力を維持した。

同じことの繰り返しだが、「クローヴィス・ファースト」に同意しない学者や、クローヴィスよりも古い可能性のある遺跡を報告する無謀な学者は誰でも、「学者として、大きな危険を覚悟しなければならなかった」[40]。二〇一二年になると、クローヴィス・ファースト圧力団体の「いじめ」が不愉快なほどまで増長しており、『ネイチャー』誌の編集者までが関心をもち、誌面で次のように意見を述べた。

「最初のアメリカ人を巡る論争は、すべての科学の中でもっとも険悪で、不毛でもある……これまで激しい論争の多い別の分野で長い間研究をしてきて、新たにこの分野に入ったある研究者は、『ネイチャー』にこう語った……誰が最初にアメリカ大陸に到達したかという問題周辺に渦巻く攻撃性は、これまで見たことがないレベルです……」[41]

クローヴィス・ファーストへの挑戦

トム・ディルヘイは、テネシー州にあるヴァンダービルト大学の人類学教授だ。一九七七年からチリ南部のモンテベルデ遺跡を発掘し、一万八五〇〇年前から人間が住んでいたことを示す証拠を発見した[42]。その後の科学の発展により、彼の正しさは証明されているが、そのことについては後ほど触れる。だがその前に、ディルヘイは二〇年以上にわたって、クローヴィス・ファースト論者による個人攻撃に耐えなければならなかった。それはしばしば非常に不愉快な攻撃だった。

彼が攻撃された理由は、モンテベルデでクローヴィスの遺物が発見されなかったためだ。しかも、モンテベルデ遺跡は年代確認された最古のクローヴィス遺跡よりも五〇〇〇年も古く、ベーリング海峡からは一万三〇〇〇キロメートルも南にある。

読者の方々も覚えていると思うが、最終氷期で海面が低下した時期、ベーリング海峡は陸地になっていた。この凍土に覆われた陸橋を北東シベリアからクローヴィスの人々が徒歩で渡り、コルディレラ氷床とローレンタイド氷床の間にできていた無氷回廊を通ってアメリカ大陸に入ったと考えられていた。「クローヴィス・ファースト」説の信ぴょう性は、年代が近いという関係に大きく依存している。つまり無氷回廊ができたのが一万四一〇〇年前であり、氷床より南側にクローヴィスの遺物が最初に現れたが一万三四〇〇年前であることだ。

だが、アメリカ大陸に人間がいたのは無氷回廊が開かれるよりも四〇〇〇年以上も**前**だと示唆するモンテベルデ遺跡は、「関係」が幻想だったことを示している。しかも遺跡の場所が北米ではなく、南米だ。当時は、なんらかの舟しか交通手段がなかったことだろう。そうなると祖先たちの技術や人々を組織化する能力への根本的な推測にも疑問が生じる。はるか太古の時代にこのような冒険をしていたとなると、これまでの判断は、祖先の能力を過小評価していたことになる。

トム・ディルヘイをもっとも頑迷かつ徹底的に批判したのが、予想どおりともいえるがC・ヴァンス・ヘインズだった。ヘインズの一九六四年の論文により「クローヴィス・ファースト」の理論が広まったが、一九八八年には、ヘインズは影響力を振りかざして、科学誌にも手を伸ばし、アメリカ大陸でクローヴィス前と思われる遺跡が見つかると、それらすべてをはねつけるようになっていた[43]。

しかし、モンテベルデは別だった。ヘインズにとって、このチリの遺跡を潰すことは特別に難しかった。アメリカの考古学者トム・ディルヘイが示唆することが正しい可能性が非常に高いことも察していた。そこでヘインズはサザンメソジスト大学のデヴィッド・メルツァーに手紙を書いて、こう提案した。「客観的な保守派で委員会を組織して、全米科学財団（NSF）から資金を提供を受け、遺跡を訪問し、検証し、サンプルなどを採取すべきだ。もしも、肯定的な意見で一致したら、その解釈を受け入れ、新世界への人類の進出について、新たな仮説を立てることができる。それができなければ、モンテベルデは「クローヴィスより古い可能性がある遺跡」に格下げされ、さらなるデータが出てくるのを待つことになる」[44]。

ジェームズ・アドベイシオは消滅しやすい遺物に関する世界的権威であり、ペンシルベニア州エリーのマーシーハースト大学考古学研究所の元所長だが、その後の出来事に深くかかわっている。彼は私たちに「客観的な保守派というのはヘインズ本人とクローヴィス・ファースト論者の門弟たちのことだ。これを指摘しておかないと私は怠慢だということになる」と語った[45]。

だが七年間に及ぶ交渉の後、バランスのとれたグループが結成された。「クローヴィス・ファースト懐疑派だけでもなく、信奉者だけでもない委員会が構成され、計画どおりに、様々な見方を反映する集まりになった」とアルベイシオ[46]。

遺跡訪問は一九九七年一月に、三日間かけて行なわれた。その結果は、モンテベルデを〝格下げ〟にするどころではなかった。グループメンバー全員が公式報告書に署名をしたが、モンテベルデは明らかに考古学的遺跡であり、トム・ディルヘイの指摘した年代も正しいという内容だった。この報告書は一九九七年一〇月に『アメリカン・アンティクイテイ』〔アメリカ考古学協会の機関誌〕に掲載された。これでモンテベルデはクローヴィスよりも古いことが決定的となった。さらに「極めて好奇心をそそられる」ことに、人類が三万三〇〇〇年前からここに住んでいた可能性を考慮しなければならなくなった[47]。

モンテベルデの一連の出来事すべてにかかわっていたアドベイシオは、『最初のアメリカ人

（原題）』という重要な本の中で、委員会が結論に達するまでの過程と、その後の詳細を明らかにしている[48]。それによるとヘインズは不満だったようだ。彼も報告書に署名したにもかかわらず、『アメリカン・アンティクイティ』への掲載後、同僚たちにモンテベルデの古さに対して、疑念を表明しはじめた。「遺跡がこれまで認識されていない、未知のメカニズムで汚染されていたのではないかなど、驚くような仮定を新たに並べたてて疑念を示した」のだ[49]。

ヘインズとアドベイシオが刃《やいば》を交えるのは、これが初めてではない。アドベイシオは、一九七〇年代にペンシルベニアのメドークロフト遺跡を発掘して、一一の明瞭な地層を確認した。その結果、人が住んでいたことが確認されたが、「少なくとも一万六〇〇〇年前からだが、おそらく一万九〇〇〇年前からだ」[50]。いやおうなしに、この発見はヘインズの逆鱗《げきりん》に触れた。なぜなら「クローヴィス・ファースト」の脅威になるからだ。その後、ヘインズはアドベイシオの発見のすべてに対して、難癖をつけはじめた。

「論文を出すたびに、ヘインズは……メドークロフト遺跡について、別の時代ではないか、別の研究はないかなど、非現実的なつまらない質問をしてきた。そのほとんどは、とっくに答えが出ている質問だった。もともとの発掘手順だけでなく、報告書についても、出すたびに、いつまでも質問責めが続いた」[51]

モンテベルデの場合と同様に、すでに十分な証拠が揃っているのに、もっと証拠を出せと、屁理屈を言われ要求されると、士気がくじかれ、研究作業が停滞してしまう。だが、最終的にはメドークロフト遺跡が公式に認められるのを妨ぐことはできなかった。現在、メドークロフト岩陰遺跡〔張り出した岩盤を屋根代わりにした遺跡〕は国定歴史建造物に指定され、一万六〇〇〇年前よりも古いとされている[52]。

同様に、一九九〇年代にカナダ人考古学者ジャック・サンク＝マールが、ユーコン準州にあるブルーフィッシュ洞窟群を発掘して、二万四〇〇〇年以上前に人類が活動していた証拠を発見した。この年代はメドークロフト遺跡よりも古く、クローヴィス文化よりもはるかに古い。だが、サンク＝マールが払った代償は大きかった。彼の能力と精神状態に疑問符がつけられ、会議で発表しようとすると無視されるか侮蔑された[53]。ある同僚は率直に述べる。「ジャックによる（ブルーフィッシュ洞窟群が）二万四〇〇〇年前の遺跡だという提唱は、受け入れられなかった」[54]。

そのような態度を取られた結果、資金が底をつき、ジャック・サンク＝マールは研究を停止せざるを得なくなった。だが何年も後になってから、彼の正しさが証明された。二〇一七年一月にブルーフィッシュ洞窟群の証拠を、新たに研究した結果が発表されたのだ[55]。

その研究は「北米における最初の人類の痕跡」というタイトルだが、古いクローヴィス以前の遺跡の存在を証明する論文の一つだ。しかもそうした遺跡の年代はどんどん古くなっている[56]。

この研究が発表されたわずか四ヶ月後の二〇一七年四月一七日に、トム・デメレの論文が『ネイチャー』に掲載された[57]。米国のカリフォルニア州南部で、一三万年前の考古学遺跡が発見されたことを表明したのだ。

これはクローヴィスよりも約一〇倍は古く、メドークロフトよりも八倍古く、ブルーフィッシュ洞窟群よりも五倍以上も古い。その結果、大騒ぎになったのは、いまにして思えば、当然のことだ。

[1] レベッカ・ハンデルスマンからのメール、二〇一七年九月二一日。
[2] Steven R. Holen, Thomas A. Deméré, et al., "A 130,000-Year-Old Archaeological Site in Southern California, USA," *Nature 544* (April 27, 2017), 479ff.
[3] グレイソン教授について詳しくはこちら：https://anthropology.washington.edu/people/don ald-k-grayson.
[4] 二〇一七年四月二六日の BuzzFeed News 記事 "Don't Believe the Big Story About Humans Roaming America 130,000 Years Ago," http://www.buzzfeed.com/danvergano/mastodon-mash のためのインタビュー。
[5] *Guardian,* London, April 28, 2017, "Could History of Humans in North America Be Rewritten by Broken Bones?" http://www.theguardian.com/science/2017/apr/26/could-history-of-humans-in-north-america-be-rewritten-by-broken-mastodon-bones に引用。
[6] Thomas Curwen, "Archaeology as Blood Sport: How the Discovery of an Ancient Mastodon Ignited Debate over Humans' Arrival in North America," *Los Angeles Times,* December 22, 2017, http://www.latimes.com/local/california/la-me-cerutti-mastodon-20171222-htmlstory.html に引用。
[7] Gary Haynes, "The Cerutti Mastodon," *PalaeoAmerica 3, no. 3* (June 21, 2017), 196ff に引用。izzie Wade, "Claim of Very Early Human Presence in Americas Shocks Researchers," *Science* (April 28, 2017) も参照。
[8] Curwen, *"Archaeology as Blood Sport"* に引用。
[9] 二〇一七年九月二六日の電子メール。

[10] 同右。

[11] 二〇一七年一〇月一〇日の電子メール。

[12] Christopher Hardaker, *The First American* (New Page Books, 2007), 一八三ページに引用。David E. Stannard, *American Holocaust* (Oxford University Press, 1992), 二六一ページも参照。Stannard は六〇〇〇年という数字を挙げている：「一九三〇年代までは一般に、アメリカ大陸に住んだ最初の人類は、ベーリンジアのアラスカの部分から現在の北米に移動してきて、それはいまから六〇〇〇年前かそれ以降だったと信じられていた」。

[13] 約六万五〇〇〇年前のアジアに現生人類が存在した証拠については、たとえば以下を参照：Chris Clarkson et al., "Human Occupation of Northern Australia by 65,000 Years Ago," Nature (July 20, 2017); Kira, E, Westaway et al., "An Early Modern Human Presence in Sumatra by 73,000–63,000 Years Ago," *Nature* (August 17, 2017); Sue O'Connor et al., "New Evidence from East Timor Contributes to Our Understanding of Earliest Modern Human Colonisation East of the Sunda Shelf," Antiquity (September 1, 2007); Qiaomei Fu et al., "Genome Sequence of a 45,000-Year-Old Modern Human from Western Siberia," *Nature* (October 23, 2014); Israel Hershgovitz et al., "The Earliest Modern Humans Outside Africa," *Nature* (January 26, 2018); Wu Liu et al., "The Earliest Unequivocally Modern Humans in Southern China," *Nature* 526 (October 29, 2015); Fabrice Demeter et al., "Anatomically Modern Human in South-east Asia (Laos) by 46 ka," *Proceedings of the National Academy of Sciences 109*. no, 36 (September 4, 2012).

[14] Charles C, Mann, *1491: New Revelations of the Americas Before Columbus, 2nd ed*, (Vintage Books, 2011), 一六七～一七四ページ（チャールズ・C・マン『１４９１：先コロンブス期アメリカ大陸をめぐる新発見』布施由紀子訳、日本放送出版協会）の議論を参照。Anthony T, Boldurian and John L, Cotter, *Clovis Revisited: New Perspectives on Paleoindian Adaptions from Blackwater Draw, New Mexico* (University Museum, University of Pennsylvania, 1999), 2 も参照。

[15] Frank H. H. Roberts Jr., "Developments in the Problem of the North American Paleo-Indian," *Essays in Historical Anthropology of North America Published in Honor of John R. Swanton, Smithsonian Miscellaneous Collections 100* (May 25, 1940), 52. G. Wiley and Jeremy A. Sablof, *A History of American*

Archaeology (W. H. Freeman, 1993), 五〇ページも参照。

[16] Boldurian and Cotter, *Clovis Revisited, xviii.* A. T. Boldurian, "James Ridgley Whiteman Memorial," *Plains Anthropologist 49,* no. 189 (2004), 八五〜九〇ページ、特に八七ページも参照。

[17] ハワードは一九三四年に、ブラックウォーター・ドローでの働きを買われて、ワシントンDCにあるカーネギー研究所の研究員となった。J. Alden Mason, "Edgar Billings Howard, 1887–1943," *American Antiquity 9, no. 2* (October 1943), 二三〇〜二三四ページを参照。

[18] Eastern Mexico University, "Blackwater Draw," https://web.archive.org/web/20080523174557/ http://www.enmu.edu/services/museums/blackwater-draw/index.shtml.

[19] Edgar B. Howard, *Evidence of Early Man in North America* (University Museum, Philadelphia, 1935), および Florence M. Hawley in *American Anthropologist,* New Series 39 (1937), 一三九〜一四〇ページの論評。

[20] Academy of Natural Sciences Philadelphia, *Nature,* January 16, 1937, 一〇三〜一〇四ページ。

[21] Mann, 1491, 173 に引用。

[22] Charles C. Mann, "The Clovis Point and the Discovery of America's First Culture,"*Smithsonian,* November 2013, http://www.smithsonianmag.com/history/the-clovis-point-and-the-discovery-of-americas-first-culture-3825828/.

[23] David B. Madsen, "A Framework for the Initial Occupation of the Americas," *PalaeoAmerica 1,* no. 3 (2015), 二一八〜二一九ページ。

[24] 同右。

[25] Gary Haynes, *The Early Settlement of North America* (Cambridge University Press, 2002), 2–3 and 265. Kaitlyn A. Thomas et al., "Explaining the Origin of Fluting in North American Pleistocene Weaponry," *Journal of Archaeological Science 81* (May 2017), 23ff も参照。

[26] Thomas et al., "Explaining the Origin of Fluting in North American Pleistocene Weaponry," 24. Michael R. Waters, Steven L. Forman, et al., "The Buttermilk Creek Complex and the Origins of Clovis at the Debra L. Friedkin Site, Texas," *Science 331* (March 25, 2011), 1599 も参照。

[27] Madsen, "A Framework for the Initial Occupation of the Americas," 219. Daniel S. Amick, "Evolving Views on

the Pleistocene Colonization of North America," *Quaternary International* 431, Part B (February 28, 2017), 125ff も参照。

[28] Mann, "The Clovis Point and the Discovery of America's First Culture." Ohio History Connection, "Clovis Culture 9000 B.C. to 8000 B.C., "http://www.ohiohistorycentral.org/w/Clovis_Culture?rec=2044 も参照。

[29] Mann, "The Clovis Point and the Discovery of America's First Culture":「クローヴィス尖頭器が急速に普及したのは、単一の生活様式（クローヴィス文化）が一気に大陸を席巻した証拠だと、大半の学者は考えている。アメリカ大陸のこれほど広い地域を占めた文化はほかにない」。

[30] たとえば Kirk Bryan, *Geological Antiquity of the Lindenmeier Site in Colorado,* Smithsonian Miscellaneous Collections 99, no. 2 (Washington, DC, 1940) を参照。「著者らの考えでは、年代は一万年前よりも二万五〇〇〇年前に非常に近い」。一万年前とはフォルサム文化のことで、当時すでに、クローヴィス文化より新しいことが確定していた。

[31] C. Vance Haynes Jr., "Fluted Projectile Points: Their Age and Dispersion," *Science* 145 (September 25, 1964), 1408–1413. **注意**：ヘインズがこの論文を発表したのは一九六四年で、放射性炭素年代測定法の改良、特に年代較正（キャリブレーション）はまだ採用されていなかった。年代較正とは、大気中の炭素一四の量が時代によって異なることを考慮し、放射性炭素年代をスライディング・スケールに当てはめて暦年を推測する方法。最終氷期までさかのぼると、暦年は放射性炭素年代よりずっと古いことが判明した。たとえば放射性炭素年代の一万二〇〇〇年前は、較正後の暦年代だと一万三八〇〇年前に相当する (J. Tyler Faith and Todd A. Surovell,"Synchronous Extinction of North America's Pleistocene Mammals," *Proceedings of the National Academy of Sciences 106,* no. 49 (December 8, 2009), 20641 を参照)。そこで本書では、ヘインズの一九六四年の論文中の年代を、考古学者が最近合意し認めている年代に置き換えた。

[32] Haynes, "Fluted Projectile Points," 1412.

[33] 同右、一四一〇～一四一一ページ。

[34] 同右、一四一二ページ。

[35] 同右、一四一一～一四一二ページ。

[36] Waters et al., "The Buttermilk Creek Complex and the Origins of Clovis at the Debra L. Friedkin Site, Texas,"

1599.

[37] Haynes, "Fluted Projectile Points," 1411–1412.

[38] 同右、一四一二ページ。

[39] Mann, 1491, 178：「気難しい考古学界は、彼［ヘインズ］の考えを、珍しく全員一致で受け入れた。その考えはたちまち、アメリカ大陸への移住に関する標準モデルとなった」。

[40] Hardaker, *The First American*, 9.

[41] "Young Americans," *Nature* 485 (May 3, 2012), 6.

[42] Tom Dillehay et al., "New Archaeological Evidence for an Early Human Presence at Monte Verde, Chile," *PLoS One* (November 18, 2015).

[43] Mann, 1491, 186によれば、五〇本の研究が却下された。しかし重要なので付け加えると、ヘインズの却下にはもっともな理由があることも多かった。たとえば一九五一年に、フルドリチカがスミソニアン時代に隠滅した証拠を、後任のT・デイル・スチュワートが感心にも明るみに出した。この公表はひっそりと行なわれ、『サイエンス』（一九五一年四月六日号）の〝コメント・通信〟欄に掲載されただけで、フルドリチカの不正行為を表立って糾弾することはなかった。とはいえ、スチュワートがフルドリチカ自身のファイルの中に、一八九五年のアメリカン・ナチュラリスト誌に掲載された論文を発見したこと、そして、フルドリチカが *Skeletal Remains Suggesting or Attributed to Early Man in North America*（Bureau of American Ethnology, Bulletin 33, 1907）を発表した際、その論文への〝言及を怠った〟という事実は変わらない。「これは当然かもしれない」と、スチュワートは書いている。「ウィルソンの結論は、フルドリチカの結論とは相容れなかったからだ。フルドリチカは形態学に基づいて、このナチェズ人の骨盤は最近のインディアンのものだと結論づけた。一方ウィルソンの結論は、含まれていたフッ素から見て、一緒に出土したミロドン属（訳注：更新世に生息していた貧歯類）の骨と同じほど古いというものだった」。

骨の化石は土壌や水からフッ素を吸収するので、同じ土壌に同じ期間埋まっていた化石なら、フッ素の量もほぼ等しいはずだ。この論文が一九五一年にスチュワートの目にとまったのには理由がある。その二年前に、いわゆるピルトダウン人の遺体をフッ素法で調べたところ、考えられていたより何十万年も新しいことが証明されたのだ。それをきっかけに調査が始まり、一九五三年には恥ずべき捏造であることが判明した。ピルトダウン人捏造事件に関する最新研究は、Isabelle De Groote et al., "New Genetic and Morphological Evidence Suggests a Single Hoaxer Created Piltdown Man," *Royal Society Open Science 3*, no. 8 (August 1, 2016) を参照。

フッ素法は当時、最先端の科学だった。ナチェズ人の骨盤をフッ素法で検査した結果には重要な意味があったのに、それをフルドリチカが無視したのは、控えめにいっても非常に奇妙なことだった。しかし彼の名誉が挽回された一九九〇年四月、C・ヴァンス・ヘインズはナチェズの骨のサンプルを受け取り、放射線年代測定を行なって、五〇〇〇年前という比較的最近のものだと報告した。(John L. Cotter, "Update on Natchez Man," *American Antiquity 56*, no. 1 (1991), 38 を参照。）これは一緒に出土したミロドン属の化石（絶滅した地上性のオオナマケモノ *Glossotherium harlani* と判明している）より約一万二〇〇〇年新しい。この *Glossotherium harlani* は放射性炭素法で一万七〇〇〇年以上前のものと判定されている（三八〜三九ページ）。

これほど年代のかけ離れたものがどうしてごたまぜに、しかも新しいほうが下になって埋まっていたのか？

答えは（おそらくフルドリチカも気づいて、一八九五年のフッ素法論文を無視する口実にしたのだろう）ナチェズ人の骨も巨大動物の化石も、ラヴィーン（雨裂：通例、急流の浸食でできた狭小な渓谷）に堆積した粘土の中から発掘されたことにある。「近くの崖の崖錐《がいすい》の上に、いくつかインディアンの古い墓があった」この遺跡を訪れたイギリスの有名な地質学者サー・チャールズ・ライエルは、次のような意見を表明した。「人骨は、一緒に発見された絶滅動物の骨と同時代のものかもしれない。しかし、インディアンの墓から落ちて、崖の深い部分から落ちた、より古い化石と混ざってしまった可能性のほうが高い……おそらく崖の上部が劣化して、インディアンの墓や人骨が先に落下し、古い化石のあった深い部分が後から、その上に落ちたのだろう」(Leidy, Cotter, "Update on Natchez Man," 37 に引用)。

[44]　James Adovasio, *The First Americans: In Pursuit of Archaeology's Greatest Mystery* (Modern Library, paperback edition, 2003), 217 に引用。

[45]　同上。

[46]　同上、二一九ページ。

〔47〕 David J. Meltzer et al., "On the Pleistocene Antiquity of Monte Verde, Southern Chile," *American Antiquity 62,* no. 4 (October 1997), 659–663. 三万三〇〇〇年前という年代は六六二ページ。

〔48〕 Adovasio, *The First Americans,* 217–230.

〔49〕 同上、二三五ページ。

〔50〕 J. M. Adovasio et al., "Meadowcroft Rockshelter, 1977: An Overview," *American Antiquity 43,* no. 4 (October 1978), 632–651.

〔51〕 Adovasio, *The First Americans,* 223.

〔52〕 National Historic Landmark Nomination, Meadowcroft Rockshelter, http://www.nps.gov/nhl/ find/statelists/pa/Meadowcroft.pdf; Lauren Selker, "Meadowcroft: Peering into America's Ancient Past," Spring 2010, http://pabook2.libraries.psu.edu/palitmap/Meadowcroft.html.

〔53〕 Heather Pringle, "From Vilified to Vindicated: The Story of Jacques Cinq-Mars," *Hakai Magazine,* March 7, 2017, https://www.hakaimagazine.com/features/vilified-vindicated-story-jacques-cinq-mars/?xid=PS_smithsonian and at http://www.smithsonianmag.com/science-nature/jacques-cinq-mars-bluefish-caves-scientific-progress-180962410/#A1zGtDKtgySyduU6.99.

〔54〕 William Josie, director of natural resources at the Vuntut Gwitchin First Nation in Old Crow（Pringle, "From Vilified to Vindicated" に引用）。

〔55〕 Lauriane Bourgeon, Ariane Burke, and Thomas Higham, "Earliest Human Presence in North America Dated to the Last Glacial Maximum: New Radiocarbon Dates from Bluefish Caves, Canada," *PLoS One* (January 6, 2017).

〔56〕 アメリカ大陸のクローヴィス以前の遺跡に関する、説得力のある論文の例：A. C. Goodyear, "Evidence of Pre-Clovis Sites in the Eastern United States," *Paleoamerican Origins Beyond Clovis* (2005), 103–112; M. R. Waters et al., "The Buttermilk Creek Complex and the Origins of Clovis at the Debra L. Friedkin Site, Texas," *Science* 331, no. 6024 (March 25, 2011), 1599–1603; M. R. Waters et al., "Pre-Clovis Mastodon Hunting 13,800 Years Ago at the Manis Site, Washing- ton." *Science* 334, no. 6054 (2011), 351–353; D. L. Jenkins et al., "Clovis-Age Western Stemmed Projectile Points and Human Coprolites at the Paisley Caves,"

Science 337, no. 6091 (2012), 223– 228; T. D. Dillehay et al., “New Archaeological Evidence for an Early Human Presence at Monte Verde, Chile,” *PLoS One 10,* no. 11 (2015), e0141923; J. J. Halligan et al., “Pre-Clovis Occupation 14,550 Years Ago at the Page-Ladson Site, Florida, and the Peopling of the Americas,” Science Advances 2, no. 5 (2016), e1600375; and A. C. Goodyear and D. A. Slain, “ The Pre-Clovis Occupation of the Topper Site, Allendale County, South Carolina” in A. C. Goodyear and C. R. Moore, *Early Human Life on the Southeastern Coastal Plain* (University Press of Florida, 2018).

[57] Holen et al., “A 130,000-Year-Old Archaeological Site in Southern California, USA,” 479ff.

第5章　マストドンからのメッセージ

地元の人々からはザ・ナットという愛称で呼ばれるサンディエゴ自然史博物館は、バルボア公園の青々とした庭園の中にある。ここは一九一五年のパナマ・カリフォルニア博覧会の会場としても使われていた。もともとの名前は「シティ公園」だったが、この博覧会でスペイン生まれのバスコ・ヌーニェス・デ・バルボア（一四七五〜一五一九年）の栄誉を讃えて名前が変えられた。バルボアはパナマ地帯で残虐非道な探検を行なったが、太平洋を初めて見たヨーロッパ人として有名だ[1]。

バルボア公園は博覧会の後に、使用目的が変更され、いまでは一七の博物館と文化施設が設置されている。それらの施設の中でもザ・ナットは、優れた収集物と研究業績で、別格の存在だ。

カリフォルニアの輝く朝の陽光に照らされたサンサと私は、ザ・ナットを目指して公園内を歩いていたが、ある皮肉について思いをはせることをやめられなかった。ヨーロッパの冒険家の名前を付けられた公園にあるこの博物館は、アメリカ先住民がはるか遠い古代からこの土地にいた証拠を見せてくれようとしている。だが、この土地はヨーロッパ人の炎と刀によって略奪されたものだ。

レベッカ・ハンデルスマン広報部長とはザ・ナットの南口で会うことになっていた。だが、早く着きすぎたので、北口の天井の高いメインホールで時間をつぶすことにした。このホールはのしかかるようなアロサウルスの骨格が主役だ。肉食恐竜のアロサウルスは、もっと有名な従弟《いとこ》、ティラノサウルスとよく似ている。

ティラノサウルスなどの飛翔しない恐竜たちが、ほぼ一夜にして絶滅した原因については、科学者たちの意見は一致している。六五〇〇万年前に、巨大な小惑星か彗星がメキシコ湾に衝突したためだが、彗星の可能性が高い[2]。さらに間違いがないことは、この突然の大災害によって地球から恐竜類が絶滅したため競争相手がいなくなり、それまで取るに足らない存在に過ぎなかった哺乳類《ほにゅうるい》に、新たな細い道が開かれ、急速に繁栄したことだ。そして、私たち人間は、この初期の哺乳類の子孫なのだ。

考えてみると、これは驚くべきことだ。天体衝突があると、それが小惑星であろうと彗星であろうと、その巨大なエネルギーによって地球上の進化の方向を劇的に変えることがあるのだ。そのようなことが起こったのは一回ではないが、それについては後ほど語る。だが、一三万年前に一頭のマストドンが南カリフォルニアの氾濫原《はんらんげん》〔河川の氾濫などで土砂が溜まりできた平地。洪水時には冠水する〕で死んだのは、老衰か病気のためであり、大災害のせいではない。遺体は食べられ、残りは急速に泥や砂など粒子の細かい堆積物で覆われて埋《うず》もれた[3]。遺骸は安らかに埋まっていたのだが、一九九二年一一月、カルフォルニア州運輸局が、サンディエゴ市とナショナルシティ市の境目で、州道五四号線の工事を開始した[4]。ザ・ナットの古生物学者は常に南カルフォルニアの道路工事に立ち会う。重要な化石が出てくることがあるからだ。この時、州道五四号線を担当していたのはリチャード・セルッティだ。彼は化石化した骨と牙を見つけたが、当初はマンモスだと思った[5]。彼は正式な発掘ができるまで、化石周辺の工事を中断させ、上司であるトム・デメレ博士を呼び寄せ、その後の指揮を依頼した[6]。

　セルッティとデメレはザ・ナットの研究者チームと共に、多くの骨や二本の牙や歯などの化石をマストドンのものとすぐに特定した[7]。マンモスとマストドンはよく似た動物だが、マストドンも突然、地上から姿を消している。氷河期にアメリカ大陸で生息していた大型動物の謎の絶滅は、一万二八〇〇年前頃に突然に起こった[8]。クローヴィス文化が突然、謎のように姿を消した時期とまったく同じだ。

　発見場所にはセルッティの名前が付けられたが、セルッティとデメレは調査の初期の段階から、発掘結果に好奇心をそそられている。

「多くの骨が奇妙な形に割れているか、あるいは完全になくなっている。また骨や歯があるのと同じ地層で、いくつかの巨石が見つかったが、場違いな物に見えた。何やら考古学遺跡のように見えた……人間が活動していた痕跡が残されているようだった」[9]

大きい石だけでなく、尖った小石のかけらがセルッティ・マストドン遺跡一帯にバラ撒かれたように存在していた。粒子の細かい堆積層では珍しいことだ。

「通常の地質の形成過程には見られない現象だ。これらの石と……割れた骨の組み合わせは面白く、この場所で人間が活動していた可能性についての憶測を生むことになった」[10]

最初、彼らは興味をそそられただけだったが、この遺跡が極端に古いものであることが明確になると、データが示唆することに不安を覚えるようになった。堆積層の中に埋もれていたので「非常に古くから埋もれていたことになる。アメリカ大陸に人間が到達したとされる時期よりもだいぶ前にあたる」からだ[11]。一九九〇年代の初めであり、炭素年代測定の通常の測定限度である五万年[12]よりもさらに古くまで年代測定はできたが、測定値の信頼度は高くなかった。したがって残念なことに、セルッティ・マストドン遺跡の想定される古さについて、科学者として、自信をもって正確な年代を示すことができなかった[13]。

その結果、鍵となる発見資料はザ・ナットの記録保管所に移され、遺跡は埋め戻され、放置されることになった。特異な性質をもち、重要性を秘めたこの遺跡を、敵対的な考古学者たちに精査してもらうのは、あまりにも無謀だった。まだ年代も分からない遺跡だったからだ。「とてつもなく古い遺跡だと言ったら、激しく非難されただろう」とセルッティ。敵対的な考古学者とは「クローヴィス・ファースト」信奉者たちのことだ。「だから何人かの考古学者がこのような遺跡を調査するのをやめてしまった。激しく非難されたくなかったからだ」[14]

発掘が中断されて二五年が経過したが、セルッティ・マストドン遺跡が完全に忘れ去られたわけではない。トム・デメレは何人かの研究者を招いて、ザ・ナットに保管されている鍵となる遺物の研究を依頼したが、誰も応じなかった[15]。

ファースト・アメリカン研究センターの創始者ロブソン・ボニックセンは、トム・デメレに警告した。「最初のアメリカ人に関する研究は、キツいゲームだぞ」[16]

何ヶ月も何年も遺跡の記事は専門誌に書く準備もされなかった。掲載などされるわけがない。さらなる調査も行なわれていない。セルッティは失望のあまり、州道五四号線には近づかなくなったという[17]。すべてのエキサイティングな出来事は停滞に落ち込んだようだった。

マストドンの発見から二〇年以上が過ぎた二〇一四年に、この遺跡の調査を巡る潮目が決定的に変わった[18]。ウラン－トリウム法という新しい年代測定法が開発されたのだ。これを使えば、セルッティ・マストドン遺跡で発見された化石の骨の中にある天然ウラニウムと、その崩壊生成物を調べることによって、埋まった年代に関して最終的結論を出すことができるのだ。そこでデメレは、いくつかのマストドンの骨をコロラド州にある米国地質調査所に送付した。調査所の地質学者ジム・ペーセスは洗練された最新技術を使って、マストドンの骨が埋められたのはまず間違いなく一三万年前だと確定した[19]。

その後はすべてが迅速に進んだ。一九九二年に気がついていた、いくつかの骨に見られる奇妙な割れ目が再び調査された。さらに同じ堆積層から出てくる「場違い」な石や岩が詳細に調べられた。そのために、多岐な分野にわたる調査員がチームとして結成されはじめた。二〇一七年に『ネイチャー』に掲載された重要な論文の共同執筆者となったのは、このチームのメンバーだ。トム・デメレとリチャード・セルッティは、この動きの中心にいたが、新たなメンバーが加わっていた。スティーブ・ホレン博士はデンバー自然科学博物館の考古学主任であり、古代における骨の利用法の専門家だ。ダニエル・フィッシャー教授はミシガン大学の地球環境科学部で教えている。リチャード・フラガー博士はウーロンゴン大学考古科学センターに属し、ジェームズ・パーセスは米国地質調査所の地質研究者だ[20]。

これは強力なチームであり、仕事も緻密だった。『ネイチャー』に論文が掲載されたが、これはちょうど考古学者たちが「クローヴィス・ファースト」の先入観から、慎重に抜け出そうとしている時だった。彼らはモンテベルデ洞窟やメドークロフト岩陰遺跡、ブルーフィッシュ洞窟群の発掘の結果、何千年、何万年も時代調整をしなければならなくなっていた。ところがこの新たな論文のために、更新世の氷床が再び拡大し始めた一四万年前の最終氷期から一二万年前のエーミアン間氷期まで、さらに年代を遡る必要が出てきた[21]。

二〇一七年当時、現生人類は、一四万年前にはまだ本拠地アフリカを離れていないと信じられていた（もっとも、最近の新しい証拠によってその見方は大きく変わることになる）[22]。したがって、まだ人類がアフリカから世界に拡がる壮大な移住の旅に出発すらしていないのに、どうしてアメリカ大陸に到達できたのか、ということになる。

「クローヴィス・ファースト」をめぐる戦争と、一九世紀以降の米国の先史考古学を調査して分かったことがある。それは人類の歴史そのものがぐらついていることだ。そのことの意味を、筆者もようやく悟りはじめていた。

トム・デメレの骨と石

アロサウルスがそびえる、ザ・ナットの天井の高いメインホールには博物館の北口から入る。そこからサンサと私は四階建てのビルの西側を通って、一一時前には南口に到着した。そこには第二の大ホールがあった。その広間のほとんどは、セルッティ・マストドン遺跡の優れた展示に使われている。

見学者の人混みの中からレベッカ・ハンデルスマンが現れた。トム・デメレもすぐに参加します、と彼女。待っている間、彼女は私たちを遺跡の堆積層の実物大モデルのところへ案内してくれた。実物大モデルの横側はガラス張りになっており、マストドンの牙が見える。長さは私の腕よりも少し短い。だが、明らかに牙の上部が無残に折られている。

「この牙に、リチャード・セルッティが最初に注目したのです」とレベッカ。私が質問をするより先に彼女は、こう言葉を付け加えた。「上部はバックホー（掘削機）によって壊されて、なくなっています。セルッティが工事をストップさせる前のことです」

「この牙の展示の姿は、発見された時と同じですか」

「まったく同じです」と彼女は言いながら手を振った。

「トムが来たわ。後はトムが説明します」

見学者の人混みの中を通り抜けてきたのは、感じのいい容貌の男だった。生涯を通じてフィールドワークをしてきたのだろう、贅肉《ぜいにく》のない締まった体をしており、赤レンガ色のシャツとブルージーンズを身に付けていた。調査の過程で読んだ資料から、彼が六九歳であることを知っていたが、それよりも若く見える。握手をして気づいたが、眼の色は透き通るような灰色で、笑顔が優しい。「エセ科学者」と見られている私のような人物と話す危険を犯しているにしては、リラックスしており友好的だ。

いきなり牙の話題から切り出し、「何がそれほど特別なのですか？」とトムに訊いた。

「地面に設置された方法です。垂直に立っていました。もう一つの牙はすぐ横に自然な姿で水平に横たわっていました。でも垂直に立っている牙は、展示されているような姿で見つかりました。縦です。私たちはすぐに、これは奇妙だと思いました」

「なぜ？」

「一つ考えられるのは、その場所に戻るための目印として残されたことです。氾濫原はどこも低く平らですから……でも真相は誰にも分かりません。文化的な行動以外で、牙を垂直にする理由は、私には思い当たりません。まったく理解できないんです」

「ということはこれが人為的なものだと、おっしゃるのですね？　これが知的な行動の明らかな証拠だというわけですね？」

「私にはそう思えますし、多くの人もそう思っています。でも批判的な人たちは、同意してくれません！」

この言葉を聞いて、『ネイチャー』に出した論文への懐疑的な反発の強さに、トムやチームメンバーが驚いたかどうかを訊いてみた。

「抵抗があることは予想していました」とトム。「でも、期待していたのはもっと客観的な批判です」

「私の思うところ、どの専門分野でも専門家たちは、感情的になることが多いようですね……」

「そのようです！　でも古生物学の世界で私は慣れていませんでした。もちろん古生物学の世界も情熱的ですが、このような反発には慣れていなかったという意味です」

「このような反発」という言葉に対する私の意見を述べることは控えた。「このような反発」とは、中傷であり、屁理屈であり、曲解であり、根拠薄弱な仮説であり、敵意に満ちた人格攻撃だ。それらは最初のアメリカ人が深遠な太古から存在したと示唆する人々に向けられてきた。それが考古学者の間では、当然のごとく行なわれてきている。トムが展示を案内しながら解説してくれるというので、サンサと私は喜んで付いていった。

トムは、牙の配置の特異性は物語全体のごく一部に過ぎないという。もっと強力な証拠は、マストドンの化石化した骨と、遺跡周辺に散在していた多彩な大きさの石や岩だという[23]。

人間の大腿骨《だいたいこつ》は、腿《もも》の部分の長い骨だ。その上部には球状の突起があり、大腿骨頭と呼ばれる。これが骨盤の関節の軸受けに収まり、私たちは歩くことができる。自然の驚異だ！　マストドンは四本足だが、基本は変わらない。大腿骨は後ろ足の上部にある。人間の大腿骨と同じで、丸い骨頭があり、骨盤の関節の軸受けに収まっている。

トムは展示ケースの中にあるマストドンの二本の大腿骨のむきだしの骨頭を見ろという。がっしりとしており、ほぼ半球形だ。一つの大腿骨の丸い部分は下を向いており、もう一つの大腿骨の丸い部分は上を向いている。この二つが展示ケースの中で並んでいる。「発掘した時、この姿だった」とトム。さらに彼は、隣にある石を指摘した。これをトムは「台石」と呼んでいる。さらに、大腿骨本体はほとんど残っていないという。

それがなぜ重要なのかが、すぐには理解できなかったので、トムにさらなる説明を求めた。

「私たちはここが作業場であった考えています[24]。二つの大腿骨は台石の上で叩かれて壊されたと思います。剥離《はくり》された大腿骨頭は脇に置かれたわけです。牙のように何か目的を感じます。人間が骨を砕いたようです。ここに残されているものも重要ですがここにないものも重要です。

私が言いたいのは、この骨頭が付いていた大腿骨の長さが一メートルもあり、とても太いのに、破片が少ししかないということです……」

「というと、他の破片は持ち去られたと思うわけですね？」

「そうです。単に道具で砕いたのなら、大腿骨のすべてがここにあるのではないでしょうか？大腿骨の多くが失われているということは、どこかに持ち去られたように思われます。そこで人間が処理して運搬したという考えが当てはまります」

次の展示ケースには遺跡で見つかった大腿骨の大型の破片があり、その周りには複数の小片が散らばっていた。

「私たちはこれを円錐破片だと解釈しています」とトム。「石のハンマーで骨を叩くと、叩かれたところが損傷されます。同時に骨の反対側に剥片が作られます。叩かれた場所には小さな穴が開きます。一方、叩かれた衝撃の出口にはもっと大きな穴が開きます。したがってこれらの円錐破片は、衝撃の際に作られたものです」

「そうなると疑問が生じます。大腿骨はほとんど持ち去られたのに、牙はなぜ持っていかれなかったのでしょう？　彼らにとっては牙も使える材料だったと思うのですが？」

「でも牙は重たいですからね」とトム。「骨のほうが持ち運びやすいでしょう。大腿骨の多くが失われているという一つのパターンがありますが、これは説明が必要です。その説明の中で私たちが、このパターンに一番適合していると思えるのが人間による運搬です」

「明らかに道具と思えるものは、何か見つかりましたか？」

「いいえ」。トムは気にしていないようだが、批判する人たちの中には、道具が見つからないのがこの遺跡の決定的な欠点だとする人がいる。

だから、この点をはっきりさせたかった。「あなたが言うように人間がしたことだとしたら、基本的に自然の石をハンマーや台石として利用したことになるのですね？」[25]

「懐疑的な人たちはそこを問題の一つにしています」と、トムはにこやかに答えた。「作られた道具は見つかっていませんし、剥片《はくへん》石器もありません。ナイフもスクレーパー（掻器《そうき》）も鉈《なた》も見つかっていません」

「私の解釈が正しいとすると、あなたはそれで説明できると言っているんですね？……古代人がやっていたことは、骨の髄を取り出していただけだということですね？[26] 骨を叩いて砕いただけなので、洗練された道具を必要としなかったということですね？」

「そのとおりです。私たちはこれは死骸だったと考えています。人間が殺したのでも、解体したのでもないでしょう。腐敗も相当進んでいたと思われます。でも、まだ骨から髄がとれる望みがあったのでしょう」

「批判する人たちは、骨が破壊されたのは、道路工事で使う掘削機や地ならし機などのためではないかと言っています」と私は指摘した[27]。「あるいは周囲の土砂が堆積した時に、川の水で押し流されてきた岩によって壊されたのではないかとも主張されています」[28]

トムは眉をひそめた。「大きな台石を運べるような強い水流があったら、骨のような軽い物は、もっとずっと遠くまで運ばれています。でも遺跡には骨などの軽い物質が残っています。小さな石や小さな骨や、もちろん砂や泥も残っています。したがって水文地質学〔陸上の水の特性を調べる学問〕から見て、ありえないことになります」

セルッティ・マストドン遺跡に懐疑的なギャリー・ヘインズは、骨が折れたのは、一九九二年の道路工事の機械のせいではないかと主張している[29]。これに対してトムは、長い時間をかけて詳細に反論してくれた。だが、あまりにも専門的なので、ここで読者の忍耐力を試すのはやめておく。要約すると、化石化した骨の破損が最近に起こった場合と、動物が死んでまだ間もないうちに破損された場合とでは、形状がまったく違うという。デメレの同僚であるスティーブ・ホレンが、最近死亡したアフリカ象の骨を使って実験をしている。それによると、石のハンマーと石の台を使って、新しい骨を故意に破壊すると、独特ならせん状の割れ目ができ、腐食を好む動物や肉食動物の歯による裂け目とはまったく違うという。さらに化石の骨を破壊しても、らせん状の割れ目はまったくできないという[30]。セルッティ・マストドン遺跡の骨は、らせん状の割れ目となっている。したがって、一三万年前にまだ新鮮だった頃に破損されたという当然の結論に至る[31]。

同時に、石のハンマーや台石があり、これらを使って骨が割られた証拠もあるので、人間以外がやった可能性はない[32]。

「なるほど」と私は考え込んだ。「骨を砕いて骨髄をこのように取り出すのは、人間しかいないわけですね」[33]。

「私たちはそう考えています」と、トム。「でも私は科学者です。もっとデータによく合致する説明があれば、それを歓迎します。私たちが間違っていることもありえます。でも、この遺跡の化石生成のデータという証拠から見た唯一の解釈は、骨が折れていたことに人間が関わっていたことです」

化石生成学とは、化石ができる過程や状況についての研究だ。この分野は、一般的にトムのような古生物学者のほうが、考古学者よりもよく理解している。

探さなければ見つからない

展示ケースのツアーが終わった後、トムは私たちを一般人が立入禁止の、博物館内部に案内してくれた。エレベーターを使って四階に行く間に、『ネイチャー』に掲載するのは大変な仕事であったかどうかを尋ねた。

「うーん。審査に一年かかりました」とトム。「厳格でしたが、当然です。前にも『ネイチャー』に投稿しようとしたことがありますが、簡単に掲載できる雑誌ではありません。だから査読に出された時は、興奮しました。それが第一の関門です。編集者の机から離れないと先に進めません。

それから数回、査読と修正を繰り返して、最終的に受諾されました。すごく興奮しました。素晴らしい雑誌です。もちろん『ネイチャー』ですから、三流、四流の出版物とは大違いです」

「間違いなく一流です」と、エレベーターから降りながら同意した。「だから影響も大きかった……。私はアメリカ大陸に人類が渡った物語を追いかけていますが、とても長い間、クローヴィス・ファースト説の周りでは、行きすぎた妨害が起こっています。いや、起こっていました。それ以外の説を唱えるのは、経歴に傷がつく危険がありました」

「そうらしいですね」とトム。

「でもその後、証拠がたくさん集まり、このパラダイムを圧倒しました。可能性を一万四〇〇〇年前から、一万五〇〇〇年前、一万八〇〇〇年前、二万五〇〇〇年前と広げていったんですよね。ご存知のように考古学界は、新しい説を不本意ながら、認めるようになってきました。その時にあなたが一三万年前という数字をもち出しました。これは時限爆弾ですよ、文字どおり。大爆発です」

トムの表情が曇った。

「それは私たちの意図したことではありません。ただ証拠に導かれただけです」

私たちはザ・ナットの資料保管所に入った。そこにはセルッティ・マストドン遺跡の収集物の多くが、安全な部屋の巨大なキャビネット三つに、恒久的に保管されている。トムが四本のスポークでできた鉄製のホイールを握って、回転させると、映画「インディ・ジョーンズ」シリーズのワンシーンのような瞬間が訪れた。音もなくキャビネットが滑るように左右に分かれ、通路が現れたのだ。トムは引き出しを開けて、マストドンの骨や歯や、岩や石を見せてくれた。サンサは写真を撮り、私たちは会話を続けた。

見れば見るほどトムの考えに納得できた。『ネイチャー』がトムの論文を掲載した理由も理解できた。懐疑派は屁理屈をこね、泣き言を言うが、証拠を目の前に並べられて、骨や石を見て、技術的な詳細をきちんと考慮すると、証拠は明らかに強固で説得力に満ちていた。

「次はどうするのですか？」と訊いた。「これからどう先に進むのですか？」

「そうですね。批判的な人たちに常に言っていることがあります。この時代の堆積物に人類の足跡がある可能性があると思っていなければ、何も発見できないだろうということです。だから私たちは彼らに挑戦しています。人々はこの仮説を試すためにも、可能性を考慮に入れ、この時代の堆積物を見るべきです。もちろん、大変な仕事になることは分かっています。でも米国にはこの時代の堆積物で、まだ調査されていないものがたくさんあります」

「それこそが優れた科学というものです」と私は言った。「つまり、一つのパラダイムに安住しないで、ほかの可能性も探すことは大切です。私はあなたの論文が巻き起こした感情的な反応に、再び衝撃を感じています。極めて理性的な人もいますが、なかには侮蔑的に全否定する人もいますね」

「頭ごなしです！　そうですね……私が期待していた反応は、健全な懐疑主義です。この考えを、検討してみようとか、考慮に入れようとか、示唆するところは何か、検討するとどんなことが予想されるかとか……でもそのような反応は少数でした。意見が両極端なんです。ある人たちはゴミだと言い、ある人たちは今世紀最大の発見だと言います。でも私たちがみんなに言っているのは、可能性に心を開いてほしいということだけです。アメリカ大陸に人類が来たのは最後の退氷期（ベーリング＝アレレード亜間氷期。一万四七〇〇年前から一万二八〇〇年前頃）[34]だけではないかもしれません。私たちが目を向けなければいけないのは**その前の**退氷期かもしれません。一四万年前から一二万年前です。陸橋と退氷について似たようなシナリオが描けます。同じようによい時代があったでしょう。非常に海面が低くて氷床にさえぎられていた時期と、氷床が後退して海面が上昇し、陸橋が海に沈んだ時期の間です」

「でも、あなたが正しければ、ほかの多くのことも変わってきますね」と、私も思案した。「アメリカ大陸への人類の移動は、まったく違った物語になります……もっと複雑になります」

「そう、もっと豊かになります……」

「もっと豊かで長い物語になりますね。そうなると多くの考古学者たちは困るでしょうね。何しろ短い時間枠しか考慮していませんから」。私は次に考えていたことを話すかどうか迷った。「このことは話題にしない約束でしたが、一三万年前というと、遺跡にいたのはネアンデルタール人か、デニソワ人か、現生人類だった可能性があると思います。なぜなら、彼らはみな、当時の世界にいたからです」

このコメントで、私はインタビューの条件とされていた約束を破ることになった。だがトムは彼の意見を喜んで述べてくれた。

「古生物学者としては、なぜ人類は早くからアメリカ大陸にいなかったのか、と疑問に思っています。なぜなら、ユーラシア大陸の動物種は、早くから北米大陸に拡散しています。北米大陸の動物種たちも早くからユーラシア大陸に拡散しています。だったら人類もアメリカに来ていてもおかしくないですよね」

「どうやら来ていたようですね」

「私たちのもつ証拠から見て、それは確実だと思っています」

「そうなると、専門的に研究をしている考古学者たちが、一五〇〇年間も似たような証拠を見つけていないのが、不思議ですね」

「一つの可能性は、私たちの発見した遺跡が、新天地開拓に失敗した証拠であることです。人類は拡散されましたが、根づかなかったわけです。人口が足りないせいで、すぐに死に絶えてしまった可能性があります。この場合、彼らはほとんど存在していた痕跡を残しません。したがって考古学者も見つけられないことになります。それから数千年経過して、ほかの移住者たちが開拓に成功して、考古学的記録を独占しているのかもしれません」

「そういうこともありうるでしょう」と私は認めた。「ですが、別の可能性もあります。人類はずっとこの地にいたのですが、考古学では確認できなかったのかもしれません。なぜなら考古学は、探すものも研究の仕方も特殊性が強いですからね」

「それは考古学者に訊くほかないですね」とトムは首をすくめた。「でも私が言うように、どこかに出向いて、最初から一三万年前に人類がいなかったと決めつけていたら、そこに人類がいたという証拠は見つけることができないでしょう。でも、開かれた心でその場に行って、正しい場所を十分深く掘れば、何が出てくるか誰にも分かりませんよ」と、トムは茶目っ気たっぷりに微笑んだ。

[1] Balboa Park History, www.balboapark.org/about/history.

[2] Bob Yirka, "Researchers Suggest Comet Most Likely Cause of Chicxulub Crater." PhysOrg (March 25, 2013), https://phys.org/news/2013-03-comet-chicxulub-crater.html.

[3] "Story of the Discovery," San Diego Natural History Museum, http://www.sdnhm.org/search-results/?search_paths%5B%5D=&query=Cerutti+mastodon.

[4] 同右。

[5] 同右。

[6] 同右。

[7] 同右。

[8] J. Tyler Faith and Todd Surovell, "Synchronous Extinction of North America's Pleistocene Mammals," *Proceedings of the National Academy of Sciences* 106, no. 49 (December 8, 2009), 20631–20645.

[9] "Story of the Discovery."

[10] San Diego Natural History Museum, "FAQs," "What Were the Early Signs That Indicated the Cerutti Mastodon Site Was Different from a Typical Paleontological Site?" http://www.sdnhm.org/consulting-services/paleo-services/projects/cerutti-mastodon/cerutti-mastodon-faqs/.

[11] 同右。

[12] 五万年は、炭素一四を用いた放射線年代測定の〝世界的な〟限界。たとえば CalPal at the University of Cologne: http://monrepos-rgzm.de/research-103/amenities.html を参照。

[13] "Story of the Discovery."

[14] Thomas Curwen, "Archaeology as Blood Sport," *Los Angeles Times*, December 22, 2017, http://www.latimes.com/local/california/la-me-cerutti-mastodon-20171222-htmlstory.html に引用。

[15] 同右。

[16] 同右。

[17] 同右。

[18] 決定的な変化が起きたのは二〇一四年だったが、トム・デメレによれば、形勢が本当に変わりはじめたのは二〇〇八年、考古学者のスティーブ・ホレンとキャスリーン・ホレンがセルッティ・マストドンの資料を調べるために、初めてザ・ナットを訪れた時だった。詳しいタイムラインはこちら：https://www.sdnhm.org/consulting-services/paleo-services/projects/cerutti-mastodon/cerutti-mastodon-discovery-timeline/.

[19] "Story of the Discovery." Complete details are given in Steven R. Holen et al., "A 130,000-Year- Old Archaeological Site in Southern California," *Nature* (April 27, 2017).

[20] チームの他のメンバーは以下のとおり：George Jefferson, Paleontologist Emeritus with the Colorado Desert District Stout Research Center; Kathleen Maule Holen, M.S., M.A., Administrative Director at the Center for American Paleolithic Research; Jared Beeton, Professor of Earth Science at Adams State University; Adam Rountree of the University of Michigan's Museum of Paleontology, and Lawrence Vescera, Paleontologist at California State Parks Colorado Desert District Stout Research Center in Borrego Springs. 詳細は https://www.sdnhm.org/consulting-services/paleo-services/projects/cerutti-mastodon/cerutti-mastodon-discovery-timeline/ を参照。

〔21〕一四万年前から一二万年前という範囲は大まかで、デメレ自身は（私信で）一三万年前から一一万五〇〇〇年前頃までを好んでいるが、例によって微妙な差異がある。エーミアンの年代に関する議論の詳細は"Eemian Interglacial Reconstructed from a Greenland Folded Ice Core," Nature 493 (January 24, 2013), 四八九～四九四ページを参照。

〔22〕文明の起源への理解と同様に、人類の起源に対する私たちの理解にも、ある種のパラダイム・シフトが起きている。ホレンらがセルッティのマストドンに関する論文を発表したのは二〇一七年四月だが、ほぼ同時期に複数の研究が、ホモ・サピエンスが最初にアフリカを出た時期を大幅にさかのぼらせた。そのせいで、一九二四年に南アフリカで最初のアウストラロピテクスの化石が発見されて以来、しっかり確立されていた〝出アフリカ〟パラダイムに疑問が投げかけられ、それに代わる説が模索されるようになった。セルッティ論文が発表されたのと同じ月に、中国の大茘《だいり》で発見された頭骨〝ダーリー・スカル〟が二六万年前のものと判定され、ホモ・サピエンスはアフリカで孤立して発生したのかという疑問が再燃した。〔Xuefeng Sun et al., "TT-OSL and Post-IR IRSL Dating of the Dali Man Site in Central China," *Quaternary International* 434 A (April 1, 2017), 99–106.〕二〇一七年六月には、Hublinらがモロッコのジェベル・イルードで発見された三六万年前の現生人類の骨を調べた結果が判明し、東アフリカは唯一の〝人類の揺《よう》籃《らん》〟でなくなった。〔Jean-Jaques Hublin et al., "New Fossils from Jebel Ihroud, Morocco and the pan-African origin of Homo sapiens," Nature 546 (08 June 2017), 289–292.〕同年七月にはClarksonらが、六万五〇〇〇年前のオーストラリア北部に人間が住んでいたとする論文を発表。現世人類がアフリカを出て拡散した時期は早くても六万年前から五万年前とされていたが、それが覆った。〔Chris Stringer and Peter Andrews, "Genetic and Fossil Evidence for the Origin of Modern Humans," Science vol. 239, no. 4845 (March 11, 1988), 1263–1268〕それどころか、人類がこの時期にオーストラリアからアフリカへ移動した可能性が高まった。〔Bruce R. Fenton, *The Forgotten Exodus: The Into Africa Theory of Human Evolution* (Independently Published, April 7, 2017)〕二〇一七年八月、ダーリー・スカルはホモ・サピエンスとホモ・エレクトスの混血であり、中国のホモ・サピエンスの進化に相当の貢献をしたことが確認された。これで話はさらに複雑になり、東アジアも人類起源の焦点の一つとなった。〔Sheela Athreya and Xinzhi Wu, "A Multivariate Assessment of the Dali Hominin Cranium from China: Morphological Affinities and Implications for

Pleistocene Evolution in East Asia" *American Journal of Physical Anthropology* vol. 164 no. 4 (December 2017), 679–701〕二〇一七年九月、Schlebusch らによる古代南アフリカのゲノム研究で、現生人類が古生人類から分岐した時期が、より古い三五万年前から二六万年前とされた。このことは、アジアを経由して中国南部へ最初に移住した時期が、これまで考えられてきたよりずっと早かったことを裏づける。〔Carina M. Schlebusch and Helena Malmström et al., "Southern African Ancient Genomes Estimate Modern Human Divergence to 350,000 to 260,000 years ago," *Science* 10.1126/science.aao6266 (September 28, 2017)〕こうしたすべてを考慮して、二〇一七年九月二八日に、Bae, Douka, Petraglia は『サイエンス』に論評を書いた。ユーラシアでの発見の数々を反映して、現生人類の移住時期を公式に修正すべきとの内容だった。

> シベリアでネアンデルタール人やデニソワ人が特定された……東アジアおよび東南アジアに初期の現生人類が、従来考えられていたよりずっと早くから存在したことを示す、化石や考古学的な証拠もどんどん増えていることと相まって、アジアにおける過去一二万五〇〇〇年の人類史にスポットライトが当たっている。エキサイティングで予想外の新発見の数々を見れば、アジアの記録を批判的に見直すべきだろう。

〔Christopher J. Bae, Katerina Douka, Michael D. Petraglia, "On the Origin of Modern Humans: Asian Perspectives," Science vol. 358 no. 6368 (December 8, 2017).〕それから間もない二〇一八年一月一八日、進化遺伝学者 Deigan Yuang が率いるチームが画期的な論文を発表した。Y染色体とミトコンドリアDNAは東アジア起源であると示唆し、人類は複数地域で進化したというモデルを真剣に再検討すべきとした。〔Dejian Yuang et al., "Modern Human Origins: Multiregional Evolution of Autosomes and East Asia Origin of Y and mtDNA," bioRxiv (May 1, 2018)〕以後も、インドで三八万五〇〇〇年前から一七万二〇〇〇年前の、中石器時代初期の文化の特徴を示す遺物が発見され、従来の〝出アフリカ説〟は、少なくとも枠組みを再考する必要があることが確実になった。〔Kumar Akhilesh et al., "Early Middle Palaeolithic Culture in India Around 385–172ka reframes Out of Africa Models," *Nature* 554 (February 1, 2018), 97–101.〕現在、人類起源を〝出アフリカ説〟の枠内で解釈する派のコンセンサスがよく現れているのは、世界中の研究機関の学者二五人による "Did Our Species Evolve in Subdivided Populations Across Africa, and Why Does It Matter?" という論文だ。アブストラクト（要旨）には、こう書かれている。

私たちは、人類であるホモ・サピエンスがアフリカの単一集団あるいは単一地域で進化したとの見方に疑問を呈する。更新世の人類化石の年代と身体の多様性は、ホモ・サピエンスの系統に属する形態学的に多様な集団がアフリカ全土に住んでいたことを示唆する。同様に、アフリカの考古学記録は、更新世に地域によって異なる物質文化が、様々な古生態学的環境の中で、多極的に発生・存続したことを示している。遺伝子研究も、現在のアフリカの人口構成は古くまでさかのぼれることを示している。また、古環境の記録は、居住可能な地域が移動したり破壊されたりしたことを示している。私たちは、これらの分野は新しい見方を支持していると主張する。アフリカの先史時代は高度に構造化されていたという見方だ。人類進化を推測する際にはこの見方を考慮すべきだ。そうすれば、新たな解釈や疑問や、学際的な研究の方向が見えてくる。

[Eleanor Scerri et al., "Did Our Species Evolve in Subdivided Populations Across Africa, and Why Does it Matter? " *Trends In Ecology & Evolution* vol. 33, no. 8 (August 2018), 582–594] 人類学者 German Dziebel の、論争の的だがそれなりに説得力のある論文 "The End of Out-of-Africa: A Copernican Reassessment of the Patterns of Genetic Variation in the Old World" (November 13, 2013), http://anthropogenesis.kinshipstudies.org/blog/2013/11/11/ the-end-of-out-of-africa-a-copernican-reassessment-of-the-patterns-of-genetic-variation-in-the-old-world/ も参照。

[23] Tom Deméré adds (personal communication) トム・デメレは私信でこう付け加えた「遺跡は五ヶ月かけて発掘され、骨や石を含む地層を五〇平方メートルにわたって掘り出した。出土した骨や石器の分布図は、物が集中した作業場が二ヶ所あるというパターンを示した」。

[24] トム・デメレは私信でこう付け加えた「〝作業場〟仮説は、五ヶ月にわたって骨層を懸命に発掘した成果の、骨や石器の分布図に基づいている」。

[25] トム・デメレは私信でこう付け加えた「実のところ、CM（セルッティ・マストドン）遺跡にあった〝道具類〟つまりハンマーストーンや金床などは、あるものを利用しただけで、作った道具ではないと、私たちは考えている。たぶんそうした〝道具〟が、ヒト属が使用した〝最初の〟道具だったろう。

[26] トム・デメレは私信でこう付け加えた「私たちは、骨が折られているのは骨角器の材料にするためだったとも考えている」。

〔27〕 Gary Haynes, “The Cerutti Mastodon,” *PaleoAmerica* 3.3 (2017), 196–199 および Donald Grayson quoted in D. Vergano, “Don’t Believe the Big Story About Humans Roaming America 130,000 Years Ago” (Buzzfeed, April 26, 2017) を参照。Joseph V. Ferraro and Katie M. Binetti, “Contesting Early Archaeology in California,” *Nature* 554 (February 8, 2018) も参照。

〔28〕 “Don’t Believe the Big Story About Humans Roaming America 130,000 Years Ago”（Buzzfeed, April 26, 2017）に引用された David Meltzer を参照。

〔29〕 G. Haynes, “The Cerutti Mastodon.”

〔30〕 S. R. Holen et al., “Supplementary Information” for “A 150-Year-Old Archaeological Site in Southern California,” *Nature* (April 27, 2017), 一三～一五ページ。

〔31〕 同右、四ページ、一四～一五ページ、“Weathering” も参照：「CM遺跡で出土した骨の風化の度合いは様々だ。大半の肢骨には、風化による大きなひび割れは見られない（＝風化段階〇または一〇）。一方、肋骨や脊椎にはある程度のひび割れが見られる。これは濡れたり乾いたりしたか、土壌の炭酸塩（カルキ）形成に関連したプロセスがあったことを示している。風化のように見える特徴はすべて、CMの骨の関節が外され、埋められた後にできたようだ。さらに、表面が風化していない肢骨の破片の中には（たとえばCM-288）、らせんを描くように折れているものもある。骨折面はなめらかな曲面なので、まだ新しいうちに折られたと思われる」。

　肢骨の破片 CM-288 の Visual3D を、ミシガン大学サイトで見ることができる：“Online Repository of Fossils,” Museum of Paleontology, “The Cerutti Mastodon Site,” “Bone Fragments,” “Specimen: SDSNH 49926, Taxon: Mammut americanum, Element: CM 288; bone fragment: https://umorf.ummp.lsa.umich.edu/wp/wp-content/3d/viewer.html?name= 1244&extension=ctm.

“Supplementary Information,” pp. 15–16, “Geologic Processes of Proboscidean Limb Bone Modification”：も参照「堆積後の乾いた骨の骨折は、縦方向の骨折面と直角に交わる骨折面があり、表面はざらざらしている。これはCMで出土した肢骨の破片の大半に見られるらせん骨折のパターンとは明らかに違う。後者は新しい骨に動的な力が加わって折れる。CM遺跡のマストドンの肢骨が、新しいうちに地質作用によって折れたという証拠はない」「骨が折れる生物学的プロセスは二種類が知られている。肉食獣にかじられるか、大型哺乳類に踏まれるかだ。しかし、皮質の新しい長鼻目《ちょうびもく》の動物の肢骨が、このような作用で折れることはめったにない」。

一八ページも参照。「現代のゾウが単独で死んだ場合、肢骨が新しいうちに折れることは珍しい。また、CM遺跡ほど綿密な調査が行なわれた遺跡はほかにないが、ここでは新しいゾウの肢骨が多数のらせん骨折した破片になっている。複数回の衝撃を受けた証拠だ……CM遺跡で発見された大腿骨の骨幹は、らせん骨折して小さな破片になっている。しかし大腿骨よりもろい肋骨や脊椎は完全に残っているか、より重く密度の高い肢骨よりも原形を保っている。このように損傷が違うのは、長鼻類がひどく踏まれは場合とは正反対のパターンだ。踏まれた場合は、軽い骨（たとえば肋骨や脊椎）が先に折れ、肢骨よりずっと小さな破片になる。肢骨は皮質の壁が厚いので折れにくいのだ」。

“Extended Data,” Figure 4a–e: Diagnostic anvil wear on CM bone, https://www. nature.com/articles/nature22065/figures/8, および Supplementary Video 3 and Extended Data Figure 8: Experimental hammerstone percussion of elephant bone: https://www.nature.com/ articles/nature22065/figures/12 も参照。

[28] 同右、一三一～二五ページ。

[29] トム・デメレは私信でこう付け加えた「繰り返しになるが、骨髄を取り出すためというのは、長い骨を折った理由の可能性の一つに過ぎない。骨角器の材料にする骨の〝ブランク〟を作るためだった可能性もある」。

[30] Thomas M. Cronin, Principles of Climatology (New York: Columbia University Press, 1999), 204.

第6章 無視されている数千年

トム・デメレによる徹底した発掘調査により、一三万年前の北米大陸に人類が住んでいた証拠が見つかった。その報告は『ネイチャー』誌の堅固で厳格な専門家査読プロセスにも耐えて、二〇一七年四月に掲載された。

だがその頃すでに、新世界に人類が渡ったのはクローヴィスよりもはるか前であることが分かっていた。第4章で見たように、モンテベルデ洞窟、メドークロフト岩陰遺跡、ブルーフィッシュ洞窟群などでの発掘で「最初の」アメリカ人の年代は一万三〇〇〇年前頃から二万四〇〇〇年前までさかのぼっていた。だがそれらは、次々と見つかる遺跡のうちの三つに過ぎない。これらの遺跡が示唆するのは、太古の時代から、広大なアメリカ大陸に、複雑で、様々な要素が織り込まれた人間がいたことだ。ただ、いままでは、そこに到達した人類を待ち構えていたのは、無人の荒野だったと思い浮かべざるを得なかった。

どんなに長い時間があっても、無人の荒野に文明が生まれるわけはない。そこで荒野に文明を探すことは無意味だということになる。だが、新たな証拠がどんどん出てきて、明らかになってきたことがある。それはアメリカ大陸に人間が住んでいたのは、クローヴィスの数千年前ではなく、数万年前からだということだ。セルッティ・マストドン遺跡の時代か、それよりも前になる。それはつまり、人間が何をどの方向に発展させるにしても、広大な時間があったことを意味する。

この広大な時間という深遠なミステリーについて、より確かな手応えを得たく、様々な伝手《つて》を使って、サウスカロライナ州の森の中を歩くことになった。一一月初めの、快晴だが寒い朝のことだ。落ち葉を足で踏んでいたが、周りの木々はほぼ緑で、秋を告げる赤や黄色の葉も緑の天蓋《てんがい》をまだらにしはじめている。私はアルバート・グッドイヤー（通称アル）と一緒だった。サウスカロライナ大学の考古学教授だ。年齢は七〇歳程度で、快活な赤ら顔で健康そうだ。頭にはサウスカロライナ大学のマスコットであるゲームコックス（闘鶏）のマーク入りの野球帽をかぶり、ネイビーのチェックシャツの上には、ツイードのジャケットを着ている。野外用の頑丈そうなズボンの裾は、ハイキング用ブーツの中に入れられている。ライム病の原因となるマダニから身を守っているのだ。ブラブラ歩いていると、やがてサヴァナ川に到達した。この川がサウスカロライナ州とジョージア州の州境となっている。

アルはクローヴィス文化に関しては世界的な権威だ。一九九八年にはこの森林の中で、クローヴィスの地層を、さらに深いところまで発掘している。その結果、人間がこの地に五万年前から住んでいた証拠をつかんだ。セルッティ・マストドン遺跡ほど古くはないが、それでもクローヴィス文化よりも三万七〇〇〇年も前だ。驚くことではないが、クローヴィス・ファースト信奉者たちは強硬に反対し、この発見の信用を落とそうとする大キャンペーンを繰り広げた[1]。

この遺跡の場所は、現在、トッパーという名称になっている。森林を管理していたデヴィッド・トッパーにあやかったのだ。彼が一九八一年に地面にあった石器を見つけ[2]、アルに連絡をしたのだ。その数年後にアルは、サバンナ川流域の包括的な考古学的調査を開始した。この大々的なプロジェクトの一部として、一九八六年にトッパーでの発掘が行なわれたが、すぐにアメリカ先住民たちが、数千年前からこの地に来ていたことが明らかになった。さらに明白となったのは、ここに来ていた理由だ。というのもここは、チャート〔珪質堆積岩（けいしつたいせきがん）〕の巨大な鉱脈が露出している場所だったのだ。チャートは火打ち石としても使われ、石器を作るのに理想的な原材料だ[3]。

アルは突然立ち止まって、足元から小さな赤みがかった半透明のフリント石を取り上げた。これはどう見ても矢じりの破片だ。矢じりの根元には切り込みも見られる。私が予想していたとおり、アルはクローヴィス文化の遺物ではないという。「よくできている」とアル。「加熱処理がされている。たぶん八〇〇〇年前頃のものだろう」。

アルは道の脇の、比較的に落ち葉が少ない場所を見ろと言う。そこには多くの似た石が散らばっていた。いずれも拾った矢じり同様に小さな破片だ。アルによるとこれは「デビタージュ」だと言う。これは専門用語で、石の破片のことであり、この場所で武器や石器が作られたことを物語っている。「地面に横たわる破片は、すべて人間が叩いてできたものだ」とアル。「年代もだいたい分かる。色が濃いと新しい。だが白やクリーム色ならば風化しており、古いものだ」。

次に立ち止まったのはチャートの採石場であり、これがトッパーで様々なことが起こってきた原因だ。「当時の人たちにとっては、現代におけるアルミニウム原鉱や、鉄鉱石のようなものだった」とアル。「彼らは削岩機も鉄梃《かなてこ》ももっていなかった。彼らは地面から得られるものを使ったが、たぶん火をつけるなどして、地上に表出させたのだろう。私たちはトッパー・チャートと呼んでいる。トッパー遺跡のチャートの源だ」。

「これは凄いですね」と私。「八〇〇〇年前の矢の破片が、いまも地面の上に転がっているのに、さらに深く掘ってほかの遺物を探すのですからね」

地球は躍動する場所だとアルは言う。多彩な異なる現象によって、常に堆積と浸食を繰り返しているのだ。地表に置かれたままの石器の古さは、様式や風化の状態によって推測できるが、考古学的な推定はできない。なぜなら埋まっていないからだ。石器が見つかった地面の下の堆積層に含まれる有機物を、炭素年代測定法で調べても無意味だ。石器は地表にあり、埋められたわけでも堆積していたわけでもないからだ。したがって、一般的な年代測定法では、地表で見つかった石器の古さは分からない。そこで考古学では、地面で見つかった遺物によって遺跡の年代を決めることはない。見つかった石器が古いものであることが明らかでも、それは変わらない。だが、地上にそのようなものがあることは、地下にはさらに多くのものが発見されるのを待っていることを示唆している。だからこそアルも、一九八一年のデヴィッド・トッパーの助言に従って、調査をすることにしたのだ。

何事にも最初がある

一九八六年に最初の発掘が行なわれ、それ以降もアルとその仲間たちは組織的に一二年間にわたって掘り続けた。この発掘は非常に大規模で詳細に進められ、多大な時間が使われた。この遺跡には考古学的な「層位」〔地層の積み重なり。その順序も含めて「層序」とも〕がたくさんあった。一つの層位の下に別の堆積物の層位があり、時代判定が易しかった。一つの層位を離れると、その下には別の文化の遺物があり、どんどん古代に入っていった。「陶器を発見したのですが、二〇〇〇年前ぐらいまでのものです」とアル。「その下からは陶器が発見されませんでしたが、たくさん遺物が出ました。私たちがアーケイックと呼ぶ時期です。さらに掘り進んでいくとアーケイック前期（一万年前から八〇〇〇年前）になりました[4]。彼らは美しい溝の入った小さな尖頭器を作っています。その下は……ビンゴ！……クローヴィスを見つけました。一九九八年のことです」

トッパーはジョージア州と南北カロライナ州の海岸平野で発掘された唯一のクローヴィス遺跡だ[5]。だがその代わりに、トッパーのクローヴィス層は極めて厚く、発掘が終わったのは二〇一三年だった。アルとその仲間は四万点の貴重な遺物を発掘している。その話を始めたアルは興奮を隠せなかった。当然だろう！　素晴らしい業績であり、いまでも考古学者たちから称賛されている[6]。

だが同じことは、その後起こったことについてはいえない。「やがてクローヴィス層の最下層まで発掘が終わりました」とアル。「そこでみんなの意見がもっと深く掘るということで一致しました」。次の五〇センチほどの層は砂と小石だけで、人がいた証拠は何も出なかった。だが、発掘者たちは再び人工的な遺物に取り囲まれることになった。

「やった！」と思う瞬間がありましたか、と私は尋ねた。

アルは笑った。「私の場合、やった！　というよりも、あらら！　でした。みんなはやった！でしたが……彼らは考古学の全国会議で立ちあがり、発見を正当だと論じる必要がありませんからね」

「それはクローヴィスの何万年も前にアメリカ大陸に人がいた証拠に関してですね？」

「そのとおりです。研究室で綿密に分析して、人工的な遺物であることは明白でした」

いつ、クローヴィス・ファースト信奉者集団の激怒を感じはじめたか、と訊いてみた。

「即座にです！」とアルは答えた。「最初は、クローヴィス前だなんて信じないよ、クローヴィス前の文化などは存在しないのだから、というものでした。でも私たちの証拠が強固であると分かり、メディアも大発見の可能性を報道しはじめると、批判家たちはゴールポストを移動しました。私たちが見つけたのは剥片石器ですが、ベンド・ブレーク〔原石を曲げるように力を加え石片を剥ぐこと〕という技術を使っています。彼らは、ベンド・ブレークは分かったよ。だけど、こんなに多くのアッセンブリッジ〔考古学的遺跡から発見された遺物〕は、他のどこでも見つかっていないよ、と言いはじめました」[7]

だが、鍵となるのは遺跡の古さであることに変わりはなかった。

『ニューヨーク・タイムズ』も来た。CNNも来た。だが、報道を控えていた。みんな年代が確定されるのを待っていたのだ。私は、遺物の古さは二万年前か、もしかしたら二万五〇〇〇年前になるかもしれない、と考えていた。そうならば問題なくどこにでも出られる。対応は簡単になるだろう。だが、戻ってきたデータは五万年前を示していた[8]。想像を超える古さで、炭素年代測定法で測れる限度まで達している[9]。その後、堆積物のOSL年代測定（光刺激ルミネセンス年代測定）もしたが、その結果も五万年前頃を示していた[10]。つまり、二つの方法で測定して同じ結果だったのだが、それでも懐疑派は批判を続けた。これが人間の遺跡であるわけがないという。私たちが見つけた遺物は自然が作ったものだろうという。なぜなら、他の遺跡で見つかるものと大違いだからだという。それに対する私の返答はこうだ。

「アメリカで、あなた方は五万年前の遺跡を発掘したことがありますか？　ないでしょう？　何事にも最初があるものです」

彼らは石の特性を理解していた

気持ちのよいハイキングの後、発掘現場に到着した。大きな長方形の穴で、深さ四メートル、幅一二メートル、長さ一八メートルほどの大きさだ。考古学的発掘のための溝は、元どおりの姿で残されており、開け放たれたままだが、現場全体が屋根で覆われている。これはよくできている。光はたっぷり入るが雨は入ってこない。さらにアル・グッドイヤーとその仲間が造った地層の断面は分かりやすかった。論争となっていたクローヴィスよりも前までの層を見ることができる。

トッパー遺跡は、化学会社が所有する土地にあり、一般公開はされていない。だがアルは、時おり関心をもつ人々をこの遺跡に連れてきては解説をしている。そのために異なった地層には標識が付けられている。私の目はすぐに「クローヴィス層：一万三〇〇〇年前」に引きつけられた。その下には「更新世の沖積土：一万六〇〇〇年前から二万年前」の標識がある。発掘現場をさらに下に降りると、厚い粘土の層が見える。そこでクローヴィスよりも前の遺物が見つかっている。標識には「更新世テラス：二万年前から五万年前」と書いてある。

脇には三〜四個のずんぐりしたこぶし大の石が展示されている。アルはその一つを取り上げた。

「クローヴィス前の豊富な遺物は、このようなチャートの丸石から作り出されています」とアル。

「でもこのままでは誰の役にも立ちません。まず、割る必要があります。さらに表面の層を取り除かねばなりません」と、アルは丸石のザラザラとした、天然緑青《ろくしょう》に覆われた表面を指し示した。

「石器にできる内部をまず取り出さないといけないのです。実験をしましたが、丸石を投げつけても、石同士をぶつけても、まったく割れません」

「では、どうやって割ったのですか？」

「四キログラムの大ハンマーで叩いて、それでやっと割れました」

「でも、クローヴィス前の人々は、重さ四キログラムの大ハンマーなどもっていませんでしたよね？」

アルは肩をすくめた。「オーストラリアのアボリジニが大きな珪岩《けいがん》の塊を割るのと、同じ方法を使ったのかもしれません。彼らも大ハンマーはもっていませんでした。彼らは珪岩の塊の下に、小さな火を起こし、十分に熱くなるのを待ち、カチッという音が聞こえたら、表層を剝がします。大事なのはこのようにしてチャートの丸石を割れば、その後、なんでも欲しいものが作れることです。内部は剝離させることができるのですが、丸石のままでは何もできません。批判する人たちは、丸石が崖から転がり落ちて割れたのだろうといいますが、私たちの答えはノーです[11]。必要なのは熱か、重さ四キログラムの巨大なハンマーです。しかも、大ハンマーで割るにしても、数回、叩く必要があります」

「言い換えれば、これができたのは人間だけだということですね？」

「そのとおり。人間です。石の特性を理解して活用しなければなりません。自然が丸石を割れないなら、自然に石器ができることはありません」

クローヴィス前の遺物は、現場には残されていなかった。当然だろう。だが今朝、現場に来る前にアルが、実物を見せてくれていた。実物はサウスカロライナ考古学・人類学研究所のアレンデール郡キャンパスに展示されている。実物を見てすぐに分かったことは、アルも認めるように、すべてが極めてシンプルで、どれもとても小さいことだ。その多くは彫刻刀や小さな刃などの単面の剥片石器[12]で、一〇〇〇個もある彫刻刀の多くは[13]、「ベント・ブレーク」と呼ばれる特徴ある火打ち石の加工技術を使っている[14]。「ベント・ブレーク」の場合、刃先は「九〇度の角度で割られる。それにより鋭い頑丈な先端が作られる。それが骨や枝角や木の彫刻に使われる」[15]。

大きな剥片がとられた後の火打ち石も、大きな台石の近辺で見つかっている[16]。どうやらいくつかの場所に分かれて岩を割っていた、つまり、作業場がいくつかあったと思われるのだ[17]。

非常に長い時間

トッパーのクローヴィスよりも前の地層から出土した膨大な証拠は、失われた高度な文明について、何も**語っていない**ことは明らかだ。トッパー遺跡が私に語るのは、セルッティ・マストドン遺跡のように、アメリカ大陸への人類の移住には、これまで考えられていたよりも、はるかに複雑で微妙な過去があることだ。

ここでアメリカ大陸に存在する五〇ほどの遺跡について、詳細に語ることはしない。ただ、クローヴィスよりも前だとされる新たな遺跡の発見が毎年起こっている[18]。もちろん、そのすべてが同じレベルの質の高さをもつわけでもない。そのいくつかは考古学遺跡ではないかもしれない。彼らが遺物だというものは自然にできた物かもしれない。だが、確かな遺跡もある。

そこで質の高さによる識別の基準が必要だ。現在では一部の頑固者をのぞいて、アメリカ大陸における人類の歴史が古いことは、大多数の考古学者の常識となっている。そのような考古学者たちが、重要だと考えるクローヴィス以前の北米大陸には、セルッティ・マストドン遺跡とトッパー遺跡に加えて次のような遺跡がある。フエヤトラコ（メキシコ）[19]、オールドクロウとブルーフィッシュ洞窟群（カナダ）、キャリコ山脈（カリフォルニア州）、ペンデホ洞窟（ニューメキシコ州）、トゥーリー・スプリングス（ネバダ州）、メドーククロフト岩陰遺跡（ペンシルベニア州）、カクタス・ヒル（バージニア州）。ペイズリー・ファイブマイル・ポイント洞窟群（オレゴン州）、シェーファー&ヘビアー・マンモス遺跡（ウィスコンシン州）、バターミルク・クリーク（テキサス州）、ソルトヴィル（バージニア州）[20]、南米大陸では、ブラジルのペドラ・フラダ、チリのモンテベルデ洞窟、ベネズエラのタイマ・タイマ、コロンビアのティビトなどだ。これらが、クローヴィス以前であることが間違いのない、特に興味深い遺跡だ[21]。

これらの遺跡は他の遺跡とくらべて特異性があるだけでなく、そのいくつかには深い謎がある。そのことについては後の章で触れる。だが、これらの遺跡で見つかるものはトッパーのクローヴィス前の遺跡によく似た、原始的な石器の技術だけだ。もちろん、クローヴィス前の前期と後期をくらべると、技術が改善され洗練されている[22]。だが私の見方では、これらの遺跡の重要性は、技術のレベルとは関係がない。前期であろうと後期であろうと、低技術だろうと洗練されていようと、重要とは思わない。大事なことは、アメリカ大陸に、誰であれ人類が住んでいた確かな証拠があることだ。それも一三万年前から現在までかもしれない。

これは非常に長い時間だ。これはまったくの仮説だが、これほど長い時間なら、高度な文明が、アメリカ大陸のどこかに発生していたことも考えられる。そうなると、これまで発掘された前クローヴィス期の地層にあるのは、彼らと共存していた狩猟採集民や食物を漁《あさ》る人々、死んだ動物を食べる人々などの単純な道具だということになる。

だが、高度な文明がアメリカ大陸のどこかに存在していたとすると、なぜ狩猟採集民の遺跡はすでに見つかっているのに、高度な文明の遺跡はこれまで考古学者たちの目を逃れているのだろう？　それとも、そもそも氷河期に狩猟採集民と高度な文明が共存していたと提言すること自体が、雲をつかむような話なのだろうか？

先入観は目隠しだ

グローバル化した二一世紀では、事態がどうなっているかを考えてみよう。リオデジャネイロ、ボゴタやリマなどは、どう見ても高度に発展した技術をもつ都市だ。だが同じ大陸のアマゾン多雨林の中には、狩猟採集民の未開部族が昔のままの姿で暮らしている。彼らがもつのは「石器時代」の技術だ[23]。同じようにアフリカのヨハネスブルクやケープタウンやウィントフークは、発展した技術をもつ都市だ。だが、そこから歩いていけるカラハリ砂漠にはサン・ブッシュマンが住んでいる。彼らはテクノロジーの進んだ社会の存在をよく知っているが、狩猟採集民の生活を継続し、いまだにほぼ石器時代の生活様式を選択している。

したがって、純粋に論理的には、氷河期に高度な文明と狩猟採集民が共存していた可能性も否定できない。

さらに、最初はバカげたことに思えるかもしれないが、考古学的に見てもこの可能性は否定できない。これまで見てきたとおり、アメリカの考古学は過去五〇年以上にわたって、既成の意見にむしばまれてきた。過去をどう見なければいけないとか、文明は順序正しく、直線的に進化しなければならないという意見だ。そのためクローヴィス文化の前にも人々がいたという証拠を何度も見逃し、脇に置き、無視してきた。もっともそれは証拠があまりにもたくさん集まり、既存のパラダイムが圧倒されるまでのことだった。

いまでは「クローヴィス・ファースト」という概念は、ほぼ否定されている。いまでもごく少数の狂信者が、この信用を失った妄想にしがみついているが、消え去りつつある[24]。

同時に、新しい支配的なパラダイムは誕生していないし、合意されていることもない。いくつかの概念が優劣を争ってはいるが、すべての根底には先入観がある。学者たちが説明しなければいけないと思っているのは、「素朴」で「洗練されていない」狩猟採集民が、これまでに思われていたよりも、もっと前からアメリカに住んでいたことだけだ。誰もその頃に「失われた文明」が存在していたことを、見逃している可能性を考慮に入れていない。彼らはそのような考えに首をかしげるだけだ。

私はトム・デメレの指摘したことを思い出す。「どこかに出向いて、最初から一三万年前に人類がいなかったと決めつけていたら、そこに人類がいたという証拠は見つけることができないでしょう」[25]

同じ理屈で、存在するわけがないという先入観をもって「失われた文明」を探しても、見つけることはできないだろう。

幸いなことに、第3部で検討するように、遺伝学者たちは古代のDNAを研究する洗練された技術を開発した。その研究は凝り固まった思考をひっくり返し、思いもかけない新しい探求の道を切り拓いている。

[1] たとえば Michael Collins quoted in E. A. Powell, “Early Dates, Real Tools?” Archaeological Institute of America (November 17, 2004), https://archive.archaeology.org/online/news/ topper.html を参照：「私はそれらが人工遺物だとは考えていない。それらは自然物であり、人間が作ったものではない」。

[2] M. Rose, “The Topper Site: Pre-Clovis Surprise,” Archaeological Institute of America (July/August 1999), https://archive.archaeology.org/9907/newsbriefs/clovis.html.

[3] J. M. Adovasio and David Pedler, Strangers in a New Land (Firefly Books, 2016), 二七六ページの議論を参照。

[4] アメリカ南東部のアルカイック期前期は通常、いまから一万年前～八〇〇〇年前とされる。一万年という開始時期は、更新世／完新世境界の地質年代に合わせる形で決められた。一方、終了時期の八〇〇〇年前は通常、ヒプシサーマル温暖期と同一視される。M. F. Johnson et al., *The Paleoindian and Early Archaic Southeast* (University of Alabama Press, 1999), 一五ページを参照。

[5] Adovasio and Pedler, *Strangers in a New Land*, 275. Paleoindian Database of the Americas (PIDBA), “Total Number of Reported Clovis Projectile Points” も参照。クローヴィス尖頭器が南東部の海沿い（ノースカロライナ州、サウスカロライナ州、ジョージア州、フロリダ州）で見つかっていないことは、この二つの地図からはっきり分かる：http://web.utk.edu/~dander19/clovis_southeast_569kb.jpg.

[6] Adovasio and Pedler, Strangers in a New Land, 275:「この大量のクローヴィスの埋蔵物は有名だが、それは当然のことだ」。

[7] 懐疑派の中には、「ベンド・ブレーク」は自然の作用や偶然でも起こりうる、とまで主張する者もいる。たとえば Stuart. J. Stewart, "Is That All There Is? The Weak Case for Pre-Clovis Occupation of Eastern North America," *In the Eastern Fluted Point Tradition,* (eds.) J. A. M. Gingerich (University of Utah Press, 2013), 三三三〜三五四ページを参照。本章の注11に、その後、トッパー遺跡の旧石器テラスについて、この主張を擁護不能にした論文のリストを挙げる。

[8] 二〇〇四年五月に出土した遺物と同じ、アレンデール郡サヴァナ川のほとりで出土した炭化した植物の放射性炭素年代が最初に判明したのは一一月だった。"New Evidence Puts Man in North America 50,000 Years Ago," Science Daily (November 18, 2004), https://www.sciencedaily.com/releases/2004/11/041118104010.htm を参照。

遺跡やそこで発見された遺物が更新世のものであることは、その後二〇〇九年に、Michael R. Waters のチームによって再確認された。"Geoarchaeological Investigations at the Topper and Big Pine Tree Sites, Allendale County, South Carolina," *Journal of Archaeological Science.* たとえば一三〇五ページ「ユニット1aで発見された木、木の実の殻、フミン酸のサンプル六個を年代測定した（図4、図5）。これらの年代法は、ユニット1aが最低でもその古さであることを示すが、それによるとユニット1aは炭素一四年代法で五万年以上前のものである。ヒッコリー（Carya）の実の殻からは炭素一四年代法で ＞五万四七〇〇年以上前（CAMS-79022）、モミの木（Abies）の破片からは＞五万五五〇〇年以上前（CAMS-19023）との結果が得られた。これらはユニット1aの有機物の層から出土したもので、その層はトッパー遺跡で報告されている最古の文化層の下にあたる」。特徴的な剥片石器が発見されたのは、更新世テラスのユニット1aだった。

[9] Albert C. Goodyear, "Evidence of Pre-Clovis Sites in the Eastern United States," *Paleoamerican Origins Beyond Clovis* (2005), 一〇三〜一一二ページ。

[10] A. C. Goodyear and D. A. Slain, "The Pre-Clovis Occupation of the Topper Site, Allendale County, South Carolina," in A. C. Goodyear and C. R. Moore, *Early Human Life on the Southeastern Coastal Plain* (University Press of Florida, 2018), S30.

[11] トッパー遺跡の更新世テラスで出土した物が自然物か人工物かについては、Douglas Slain が評価を行ない、

二〇一六年四月八日にフロリダ州オーランドで開催された第八一回アメリカ考古学協会（ＳＡＡ）年次総会で発表した。このプレゼンテーションの内容は、以下に記録されている：D. Slain, "Pre-Clovis at Topper (38AL23): Evaluating the Role of Human Versus Natural Agency in the Formation of Lithic Deposits from a Pleistocene Terrace in the American Southeast," *The Selected Works of Douglas Slain* (April 8, 2016). Slain はこの論文で次のように結論づけた：「風化のシミュレーションで発生した石の剥離は、曲げ剥離の場合の形態学的特徴に合致した。しかし、この剥離には、加圧リングやバルブ、打撃跡などの技術的特徴はなかったので、意図的な両面加工や両極技法の副産物と間違えてはいけない。つまり自然の風化作用による剥離は、しばしば文化的デビタージュに似た形態を示すが、石を叩いて削った場合の技術的特徴を欠いている」（七ページ）。結果として、「この研究で判明した証拠はKing（二〇一二年）の知見を支持し、この遺跡における剥片群は人工物であることを示している（八ページ）。M. King の論文"MA Thesis Title: The Distribution of Paleoindian Debitage from the Pleistocene Terrace at the Topper Site: An Evaluation of a Possible Pre-Clovis Occupation (38Al23)" (University of Tennessee, 2012) は実際、「データは先クローヴィス期のデビタージュは人工物であることを裏づける」（一三七ページ）と結論づけており、Slain の考えと合致する。

[12] Adovasio and Pedler, *Strangers in a New Land*, 284; J. M. Adovasio and Jake Page, *The First Americans: In Pursuit of Archaeology's Greatest Mystery* (Modern Library, 2003), 二七二ページも参照。

[13] Adovasio and Pedler, *Strangers in a New Land*, 284.

[14] A. C. Goodyear, "Evidence of Pre-Clovis Sites in the Eastern United States," 110.

[15] Wm Jack Hranicky, *Bipoints Before Clovis: Trans-Oceanic Migrations and Settlement of Prehistoric Americas* (Universal Publishers, 2012), 50.

[16] 同右、283. Adovasio and Page, *The First Americans*, 二七二ページも参照。

[17] Adovasio and Page, *The First Americans*, 272.

[18] このウィキペディアのリストが、遺跡とされている場所の数の目安になる。ただしセルッティ・マストドン遺跡が抜けていることからも分かるとおり、完全なリストではない：https://en.wikipedia.org/wiki/Category:Pre-Clovis_archaeological_sites_in_the_Americas. おそらく一番役に立つリソースは、Adovasio と Pedler の Strangers

in a New Land だろう。この本は多くの章を、比較的確実性の高い先クローヴィス遺跡に費やしている。しかし http://scienceviews.com/indian/pre_clovis_sites.html and https://www.thoughtco.com/pre-clovis-sites-americas-173079 も参照のこと。

[19] フェヤトラコは後でさらに考察するが、この遺跡に関する非常に面白く広範な議論については Christopher Hardaker, *The First American: The Suppressed Story of the People Who Discovered the New World* (New Page Books, 2007) を参照。

[20] Adovasio and Pedler, *Strangers in a New Land.*

[21] 同右。ペドラ・フラダについては、N. Guidon and G. Delibrias, "Carbon-14 Dates Point to Man in the Americas 32,000 Years Ago," Nature 321 (June 19, 1986), 769 および Marvin W. Rowe and Karen L. Steelman, "Comment on 'Some Evidence of a Date of First Humans to Arrive in Brazil,' *Journal of Archaeological Science* 30 (2003), 一三四九ページも参照。

[22] Adovasio and Pedler, *Strangers in a New Land.* たとえば五万年以上前のトッパー・アッセンブリッジ（p. 279ff.）を、メドークロフトで発見され、比較的洗練されているミラー穂先形尖頭器や骨角器（約一万七〇〇〇年前から一万三〇〇〇年前）（二一一〜二一二ページ）や、モンテベルデのチャート製〝エル・ホボ〟尖頭器（約一万四五〇〇年前）（二二五ページ）や、約一万八〇〇〇年前のカクタス・ヒル尖頭器（二三五ページ）とくらべてみてほしい。

[23] 二〇一一年の時点では、世界に一〇〇以上の未接触部族がいた。たとえば Joanna Eede, "Uncontacted Tribes: The Last Free People on Earth," National Geographic Blog: Changing Planet (April 1, 2011), https://blog.nationalgeographic.org/2011/04/01/uncontacted-tribes-the-last-free- people-on-earth/ を参照。

[24] たとえば Stuart J. Fiedel, "The Anzick Genome Proves Clovis Is First, After All," Quaternary International 44 (2017), 四〜九ページ。

[25] King が私たちに思い出させるとおり、トッパー遺跡では「一九九八年以前、クローヴィス期より深いところにユニットは設定されなかった。プロジェクト指導者が、クローヴィスより古い居住層はありえないと考えていたからだ。ところが一九九七年に南米のモンテベルデやバージニア州のカクタス・ヒルでの発見が報告された。それをきっかけとして、一九九八年にグッドイヤーと彼の研究チームはクローヴィス期の

堆積物として知られていた層の下を発掘することにした」("MA Thesis Title: The Distribution of Paleoindian Debitage from the Pleistocene Terrace at the Topper Site: An Evaluation of a Possible Pre-Clovis Occupation (38AI23)," 15)。探さなければ見つかるわけがない！

第3部

遺伝子：DNAの中にある謎

第7章　シベリア

南北アメリカ大陸におけるDNA研究によって判明したことがある。それははるか遠い昔に、場所は不明だが、アメリカ先住民の祖先たちが、絶滅した古代人類と異種交配していることだ。これはつい最近の発見であり、この古代人類は遺伝学者たちによって「デニソワ人」と呼ばれている。彼らは有名なネアンデルタール人との関係が深いが、ネアンデルタール人も現生人類であるホモ・サピエンスとの間に子孫を残している。サンプル数が少なく、決定的なことはいえないが、現在の推測では、アメリカ先住民のDNAの〇・一三から〇・一七パーセントがデニソワ人由来だという[1]。データから見ると、一部の先住民は、より高い比率でデニソワ人のDNAを受け継いでいる。たとえば南米のコロンビアやベネズエラに住むピアポコ族や北米東北部に住むオ

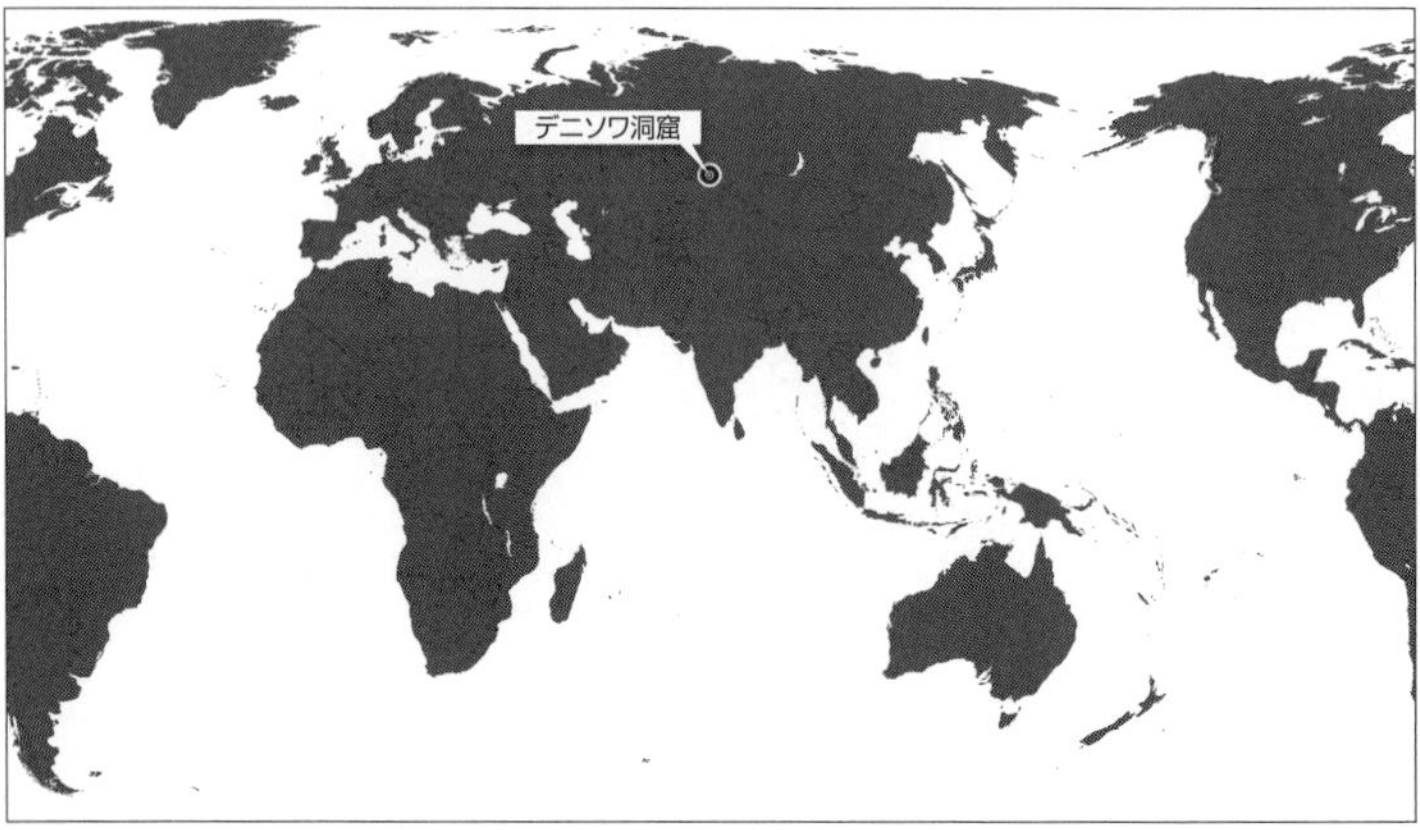

ジブワ族だ[2]。

デニソワ人については聞いたことがあると思う。なぜならデニソワ洞窟でそれまでのパラダイムを吹き飛ばすような発見があったからだ。デニソワ洞窟は荒涼とした高地にある。そこはアルタイ地方として知られるが、ロシア連邦管区シベリアの最南に位置する。シベリアはモンゴル、中国、カザフスタンと国境を接し、西はウラル山脈から、東はカムチャツカ半島まで五〇〇〇キロメートル以上の幅があり、そこには東北部のチュクチ自治管区も含まれる[3]。シベリアの広さは一三一〇万平方キロメートルで、ロシア連邦の国土のほぼ七七パーセントを占めている。西側にあるウラル山脈はヨーロッパとアジアを分ける主要な場所だ。カムチャツカとチュクチは太平洋と北極海の交差点に位置しており、カムチャツカの海岸はベーリング海からの水に洗われ、チュクチはベーリング海峡を見渡している。

現在、ベーリング海峡の幅は八二キロメートルある。これは、チュクチのデジニョフ岬からアラスカのプリンス・オブ・ウェールズ岬までの距離だ。最終氷期の間、この海峡は海面低下のために水が引いて、凍土に覆われた陸橋だった。いわゆるベーリンジアであり、チュクチとアラスカを結びつけていた。別の言葉でいうと、当時はヨーロッパとアジアとアメリカは一つの大陸だった。つまり意志と体力があれば、この巨大な大陸の端から端まで歩いていくことができる時期があったのだ。まずは大西洋に接する沿岸で、いまはスペインと呼ばれている場所から歩きはじめ、西と東のヨーロッパを横断し、ウラルに到達する。ウラルからシベリアまで歩き、ベーリンジアを通ってアラスカとカナダに行く。そこから北米の二つの巨大な氷床を分断していた「無氷回廊」を通り抜けて米国に行く。そこから中米を抜けて南米に入る。最終的には南米最南端のフエゴ諸島まで到達して、別の海洋に遭遇する。この海洋は狭かった。氷河期の南極大陸はいまよりもだいぶ大きかったからだ[4]。

したがって、アメリカ大陸における人類の物語を探求するにあたって、シベリアの役割は無視できない。私たちの祖先はここを通って移住したからだ。考古学者たちは、この広大な地域をほとんど調査していない。それにもかかわらず、現生人類は、少なくとも四万五〇〇〇年前からシベリア西部とシベリア北極圏に住んでいたことが分かっている[5]。さらに分かっているのは、DNA研究の結果、アメリカ先住民とシベリア人が遺伝子的に近い関係にあり、太古からの深い結びつきがあることだ[6]。

データの中の特異性

「クローヴィス・ファースト」時代の考古学者も人類学者も、特別な例外を除いて[7]、人類がアメリカ大陸に移住したのは、陸橋を渡ることによってだった、という考えで合意していた。シベリアからベーリンジアを渡り、無氷回廊を通って南に行ったという考えだ。「クローヴィス・ファースト」説が崩壊しても、この考え方は合意事項として残ったが、アメリカ大陸で多くの遺跡が発見されたため、巧妙に新しい説を取り入れるようになった。発見された遺跡は無氷回廊ができる前から存在しており、回廊を使っての移住は、ありえないのだ[8]。さらに、その後のいくつかの研究によって指摘されたのは、長い無氷回廊が、人が住めるような環境ではまったくなかったことだ。したがって長期にわたって人々が移動するには、まったく不適切な地域だったことになる[9]。

そこで、どのように移住が行なわれたかを説明する必要が出てきた。考古学的、遺伝学的な多くの証拠を見ると、アジアから隔離されたアメリカ大陸に、クローヴィス時代よりもはるか前から人類が住んでいたことが示唆されている。その結果、以下の二つの説が好まれるようになった。

1　「ベーリンジア立ち往生」説は、現在も学者たちが議論し続けている。この説では、簡単にいうと、人類は三万年前頃から陸橋を渡ってアラスカに来たという。だが、移住してきた人々はそれより南には進めなかった。コルディレラ氷床とローレンタイド氷床によって阻まれたのだ。ほぼ同じ時期に、シベリアに戻る道も遮断されてしまった。シベリアのベルホヤンスク山脈とアラスカのマッケンジー川流域に氷河が進出してきたためだ[10]。そこで移住者たちの子孫は、一万年から二万年の間、ベーリンジアで足止めされることになった。その後、環境が変わり、南下してアメリカ大陸に拡散できたことになる。この「潜伏期間」に、孤立していた人々は、遺伝的変化を経験して、DNAレベルでは、北東アジアの祖先とは区別されるようになるが、関係が深いことは変わらない[11]。

2

「沿岸移住」説では、最初の移住者たちは舟を使ったことになる。彼らは北太平洋北部の島々がひしめく一帯を渡って、北東アジアからアメリカ大陸に到達した[12]。「沿岸移住」説は、「ケルプ・ハイウェー移住」と呼ばれるモデルを基礎にしている。これは北米の退氷と共に、太平洋岸では昆布などの海産物が豊かになり、移住者たちの旅が支えられたという。「沿岸移住」説が論拠とするもう一つは、数は少ないが、議論の余地がない前期旧石器時代の考古学遺跡がアメリカ北西部に存在することだ。このような沿岸移住は、海面が低くなった氷河期に、いつでもできたことになる。特にベーリンジアが海上に露出していた時には、筏《いかだ》やコラクル舟（柳の枝を編んだものに獣皮または油布を張った長円形の一人乗りの小船）などのごく簡単な技術があれば移住できた。しかも移住者たちは陸地を目視しながら移動できた。私たちは少なくとも六万五〇〇〇年前に他の古代人が海を渡って移住したことを知っている。たとえばオーストラリアに移住した最初の人々は、ティモール海峡を渡っている[13]。そうなるとアメリカ大陸に同じように移住していても、原則的には否定できないことになる。

この二つの説は極めて合理的と考えられるので、この両方が起こっただろうと私は思う。狭い海峡を横断できる簡単な舟で、島から島へ渡った移住者たちは、アメリカ大陸への植民に大きく貢献したことだろう。同じようにジャック・サンク＝マールによるブルーフィッシュ洞窟群の発掘を見るだけで、二万四〇〇〇年前のユーコンに人間が住んでいたことが分かり、「ベーリンジア立ち往生」説にも正しさがあることが確認できる[14]。

この巧妙に修正された学説は現在、考古学者たちの間で流行している。だが、アメリカ大陸への移住に関する新たな科学的データに含まれる複雑さや特異性を、これだけで説明できるだろうか？

セルゲイとオルガ

二〇一七年九月初旬は、アル・グッドイヤーとトッパー遺跡を訪問する二ヶ月前であり、サンディエゴにあるザ・ナットでトム・デメレに会う一ヶ月前だった。この頃、サンサと私はロシアのビザを申請した。行き先にはアルタイ地方のデニソワ洞窟とした。

ビザ申請の書類は膨大だった。やっかいで分かりにくい申請書類は、書き込むのが大変だった。さらには官僚的な仕事による時間のムダから、これでは旅行を二〇一八年の春まで延期するしかないと思いはじめていた。その時期ならばシベリアの冬はすでに到来して去っているだろう。だが、ロシアは見かけよりも効率的だった。ビザは申請してから一週間で発給された。

それでも旅は急がなくてはならなかった。九月終わりから一一月終わり近くまで、アメリカで大旅行をする予定だったからだ。したがって九月一二日にモスクワに飛んだが、観光をする暇はなかった。シェレメーチエヴォ国際空港で一泊して、翌朝の便でシベリアの中心都市ノヴォシビルスクに向かった。四時間のフライトで、時間帯もモスクワから東へ四つ飛び越えていた。

着陸して荷物を受け取ってから、サンサと私はロシア側の連絡先であるセルゲイ・クルギンと会った。「連絡先」といったのは、ロシアを旅行するには「連絡先」が必要だからだ。ベッドから起きてすぐにロシアには行けない。しっかりした身元のロシア市民か、企業か、旅行オペレー

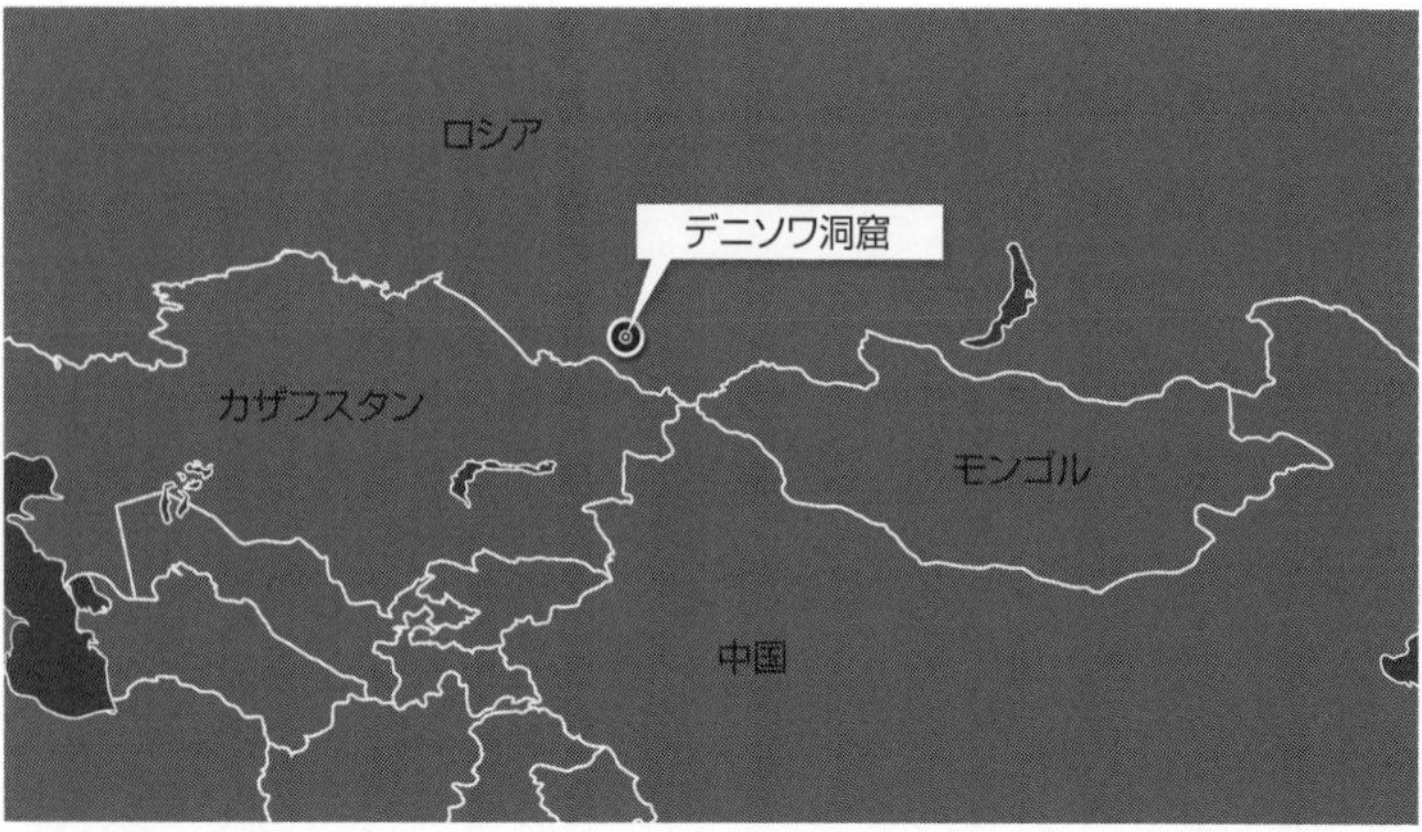

ターが、責任者となり招待してくれなくては行けない。さらに事前に、手配済みの旅行計画を示し、行き先が許可されないとビザは発給されない。これらの網を逃れたとしても、行く途中のどこのホテルも泊めてはくれない。

セルゲイは個人で旅行ビジネスを手がけている。会社名は「シバリプ」だ。彼にはインターネットを通して旅行の手配を依頼した。交渉は複雑だった。彼は英語を話せない。セルゲイは私がロシア語を話せないので当惑していた。だが様々な翻訳者が支援してくれて、交渉が成立した。セルゲイはノヴォシビルスクから六〇〇キロメートルも運転して、アルタイ地方の町トポリノエに連れていってくれる。トポリノエでは地元の家庭に宿泊し、私たちはさらに二〇キロメートル先にある、デニソワ洞窟を訪問することになっていた。すべてが終わればセルゲイが、ノヴォシビルスクまで連れて帰ってくれる手はずだ。セルゲイは途中の宿泊先をすべて手配し、通訳も見つけてくれた。通訳なしには私たちは、誰とも話ができなかったからだ。そこでセルゲイと共に空港で出迎えてくれたのは、通訳を務めてくれる、バイリンガルのオルガ・ヴォトリナだった。彼女はノヴォシビルスク国立大学の学生だ。

ノヴォシビルスクはくすんだ茶色の単調な町だ。ソビエト時代の圧政や統制の雰囲気が残っている。オルガは陽気だが、明らかによい通訳と案内役になりたいと緊張していた。がっちりとした白髪交じりのセルゲイは、年配者でたぶん七〇歳代だろう。だが真面目そうで、声が太く力強い。セルゲイは四輪駆動の三菱ミニバンを所有していた。この車は中古で日本から輸入されたが、間違ったほうにハンドルが付いている〔ロシアの自動車道は右側通行〕。ボロボロの車で、キーキー音がして、ハンドルが右に取られるクセがある。だがセルゲイは、碁盤の目になっているノヴォシビルスクの道路を運転しながら、この車なら明日からの旅行に十分耐えられると保証してくれた。

私たちのホテルは学術的なエリアにあり、石を投げて届く距離にシベリア民族博物館があった。翌朝は、博物館でデニソワ洞窟の遺物を見て過ごし、午後から南への長旅を始めた。広大な鉛色の空の下、驚くほど平らな風景が続くが、時おり落ち着いた色合いの風景がありホッとさせられる。黒土があると思えば、緑地がある。干し草が積まれて整列している黄色い切り株畑が、はるか遠くの地平線まで続く。この風景すべてに、何やら鎮静効果があり、夢を見ているようだ。やがて私は眠ってしまい、目が覚めたら夜の帳《とばり》が下りていた。

セルゲイはレッドブルを飲み干した。シベリアの道路は驚くほど混んでいたが、揺れるハンドルを強く握りしめ、右へ左へとすり抜けていく。道路の反対側を走る〔日本や英国は左側通行〕という不利を抱えながらも、セルゲイは器用に運転し、真夜中には旅の三分の二を終えて、ビースクの町で宿泊した。

翌朝早く、再び車で出発した。昨日よりも明るく、陽気にさせる日だった。まず六五キロメートル南のベロクリハに行った。ここには奇妙な巨石群があるという噂があり、セルゲイはその場所を見つけられるという[15]。昨日までの平坦な風景とは異なり、いまは、アルタイ山脈の麓を走っている。私たちは脇道に入り、モフナタヤ山[16]の近辺で花崗岩で覆われたどれも同じように見える丘の周りを巡りながら、数時間かけて農民たちに場所を尋ねた。そうして、ようやく巨石群の場所を発見した夫妻の知人を知っているという男に出会った。巨石群を見つけたのは六〇代後半のウラジーミル・イリイチとライサ・ステパノフの二人だそうだ。一時間後、私たちはニシュネカメンカという村にある彼らの家で、パンと蜂蜜をご馳走になっていた。その後、奇妙なことに彼らの野菜畑を見学して、木苺やブラックベリーを摘むことになった。イバラの枝がいたるところに茂ってはいたが、こんなお招きを誰が拒否できる？

ウラジーミルとライサに娘のスヴェトラーナ、体格のよい孫でまだ若いマキシムが、私たちと一緒にセルゲイのうめき声をあげるミニバンに乗り込んだのは昼過ぎだ。今朝、私たちはほぼ正しい場所を走り回っていたようだ。八〇〇メートルほどずれていただけだった。ようやく巨石群を見ることになり、私は興奮した。だが、ウラジーミルはあまり期待するなという。彼の意見では、メディアの報道はあまりにも大げさで、これから見せる巨石群と呼ばれるものは、自然がつくった構造物だという。

新聞見出しの裏

アルタイ地方に古代の巨石群があるという情報は、シベリア・タイムズ紙の英語版から得た。デニソワ洞窟のすぐ近くだという。二〇一七年五月八日の新聞だ。大仰な見出しには、氷河期の終わりの「ドラゴンとグリフィン〔ライオンの胴体にワシの頭と翼などをもつ怪獣〕の巨石」が発見された、とある[17]。「考古学の研究者」であるアレクサンドル・ペレショルコフとルスラン・ペレショルコフは、この謎に満ちた巨石は、少なくとも一万二〇〇〇年前のものではないかと思われるという。しかし正確な年代は「どの文化がこの巨石群を造ったかが判明するまで」不明だという[18]。

これは石を彫って造られた遺跡に常につきまとう問題だ。石を切り、形を整えた年代を、石から割り出すことはできない。必要なのは遺跡が造られた時の考古学的な証拠だ。炭素年代測定法を利用できる有機物が、昔からのままの状態で見つかることが望ましい。普通は、それらから建造物の年代が推定される。だが、モフナタヤ山では発掘が行なわれていないので考古学的証拠は何もない。そのため、考古学者たちがいまのところ正確な建造年代の確定が不可能だというのは当然のことだ。

だが、シベリア・タイムズで、暫定的な年代を判定した「考古学の研究者」たちはどこの誰だろう？　記事には彼らの経歴が載っていないし、インターネットで調べても出てこない。手がかりはコメント欄にあった、ルスラン・ペレショルコフは「無名のウェブ・デザイナーで、考古学者ではない（アマチュア考古学者でもない）」という書き込み一つだけだ[19]。

われわれ人間には、パターン認識の機能が組み込まれている。したがって、多くの人々が自然に存在するパターンを見て、人工的だと思うことはよくある。だが、後になってもっと冷静で経験ある人が詳細に観察すると、まったくの自然物であることが証明されてしまう。これがたびたび起こるのは、浸食された岩だ。あるタイプの花崗岩は特殊な割れ方をして、風化すると人工的に造られたように見えるが、実は自然物であることがある。

考古学者たちはそのようなまがい物に懐疑的になるよう訓練されている。彼らの基本的な立場は、人間が手を加えたという確固たる証拠が出るまで、岩は岩に過ぎないというものだ。いうまでもないが、それがラムセス二世の花崗岩の彫像ならば、考古学的証拠と様式と、彫られているヒエログリフを調べれば、必要なことがすべて分かる。しかし、アルタイ山脈の丘陵地帯に発掘されたわけでもなく、数千年前から存在する花崗岩の巨礫《きょれき》の場合は、まったく別の話となる。そこで、私としては誰の意見も信頼する気はなかった。たとえそれが経験豊かな考古学者の意見であっても、ウェブ・デザイナーであっても、発見者のウラジーミルであっても同じことだ。

ただ興味があった。何しろデニソワ洞窟の「近辺」にあるのだ。自分の目で確認したかった。

天と地のメッセージ

私たちは車で岩だらけの丘になるべく近づいて、原野を歩いて接近した。この丘は今朝の調査で見かけている。ライサは最近、人工股関節置換手術を受けており、三菱ミニバンに残った。だが、ウラジーミルとスヴェトラーナとマキシムが一緒に来た。マキシムは親切にも重たいサンサのカメラバッグを担いでくれた。

私たちは丘の麓に着き、急斜面をよじ登った。斜面は野生の草や、ヘザーなどのまといつく低木で覆われている。スヴェトラーナは、この辺りには蛇が多いと警告してくれた。「足を踏み出す前に確認して」と彼女。

午後の天気はよく、驚くほど暖かく、空は薄い青色で、空高くに柔らかそうな白い雲がいくつか浮かんでいる。途中、一息つくため立ち止まり、後ろを振り返った。背後には低い山や丘が点在し、緑と黄色のキルト模様が、荘厳な渓谷の底に三〇キロメートルにわたって広がっている。この朝、私たちはこの渓谷や丘陵を、なんの収穫も得ることができずに走り回っていたのだ。いまこの見晴らしの利く場所から改めて望むと、東側には境界線があった。遠くにうねった黄褐色の山々の連なりが見えるのだ。私はしばらく雲がつくる独特のパターンの影が、景色を塗っていくのを見つめていた。すべてが胸を打たれるような束の間の美しさだ。

私たちはまた登りはじめ、最初の目標物に接近した。自然に露出している花崗岩の岩盤だ。表面はザラザラしており、深い亀裂が入っている。これが見えるのは、雑草が花崗岩に生えることができないためだ。色は赤味がかった灰色で、長さ五〇メートル、幅が二〇メートルほどある。これは明らかに丘陵の側面の一部だ。斜面と同じ急な角度で、上部の端に載っているのは、密集した巨石群だ。「ドラゴンの尾だよ」とウラジーミルは疑わしそうに、岩盤の露頭部の低くなった斜面を指さす。「そして頭だよ」と、巨石群を指す。

最初は、なんのことか分からなかった。だが露出する岩盤の上まで登って、背後や下を見たら、姿が見えてきた。尾の部分は不明瞭だが、頭の部分ははっきりと分かる。だがドラゴンの頭には見えない。立っていたところから、少し場所をずらして岩を見ると、私には巨大な蛇を思わせる頭と、左眼が見えてきた。

もちろん私は蛇に敏感になっていた。蛇に気づくように刷り込まれていたといってもいい。スヴェトラーナが「草むらに蛇がいる」と警告してくれていたこともあるが、オハイオのサーペント・マウンドで学んだことが本能的に影響している。

サーペント・マウンドが話す「言語」は、技術的・物質的な考え方では理解が難しい。現在の世界を支配している考え方には「精霊《スピリット》」が存在しない。地球は単に死んでいる「物質」であり、採掘され、搾取《さくしゅ》され、消費される存在だと見なされている。対照的にサーペント・マウンドを造営した古代人たちは、動くものにも動かないものにも、すべてに「精霊」が吹き込まれていることとを、音が響くようにはっきりと知っていた。同時に彼らは、大地と共に生き、そのリズムに耳を傾け、大地が語りかける様々なメッセージや信号や暗号に気づいていた。

その中には完璧に「自然のまま」な地形の特徴も含まれる。その地形を通して大地の精霊は、その知恵と美と教えを伝えている。その地形とは、特別な姿であるとか、場所であるとか、配列であるとか、その他の驚くべき特質だ。サーペント・マウンドは、そのような「マニトウ」の一つだ。すでに見てきたが、そこには大蛇のような尾根があり、自然の岩でできた大蛇の頭があり、夏至に太陽が沈む方向を向いている。これは古代人にとって天と地が一体化するという啓示だ。それが巨大なサーペント・マウンドを建造する動機となり、いまも一年で昼間が一番長い日に「太陽を呑み込んで」いる。

サーペント・マウンドで夏至を過ごしてから三ヶ月が経っていた。あと数日で秋分の日が来るが、私は米国から遠く離れた地にいる。この地域からは「最初のアメリカ人」たちが、アメリカに移住している。そこで、ある可能性を考えてみたい。シベリアのアルタイ地方のこの奇妙な構造物が、もう一つの「地上の大蛇」である可能性だ。自然による暗号に気がついた人間が、それを強化し、装飾を加えた可能性だ。

だが、ウラジーミルの見解が正しい可能性もある。単なる自然が生んだ偶然で、人間の手が加えられたように見えるだけかもしれない。

足場の悪いところから観察しており、断言はできないが、大蛇の頭は（どうしてもドラゴンには

アルタイ地方の「ドラゴン／大蛇」。グラハム・ハンコックは「頭」の左面におり、
手を、まぶたの下側に置いている。／写真:サンサ・ファイーア
右上挿入写真:写真のコントラストを上げてみた。
これで現代の訪問者にも古代人にも自然の岩の露頭がドラゴンや大蛇の頭に見えたのが分かるだろう。

同じ構造物の右面。／写真:サンサ・ファイーア

見えない！）、ほぼ真西を向いているようだ。つまり春分と秋分に日が沈む方向だ。首から頭までは、高さが二メートル、長さが六メートルほどある。頭は巨大で、くっきりした左眼の上にある盛りあがった眉の隆起が目立つ。前方に向かうと、口もあった。あごははっきりと存在しており、わずかに開いている。また、下あごの前側には奇妙な裂け目がある。

奇妙な裂け目を除けば、確かに大蛇らしいところがある。だが、それは大蛇の頭の左側だけだ。頭の右側を見るために、はいあがって回ってみたら、まるで別の構造物を見ることになった。まったく大蛇には見えず、巨石の壁だった。一〇個の巨大な浸食された花崗岩のブロックが積み重ねられている。自然にできたのか、人間の手が加わっているのかはともかく、この構造物は片側が壁で、反対側は大蛇の頭になっている。

これが人間の手で造られたものだとしたら、当然、両側とも同じ姿にするのではないだろうか？

あるいはこれが自然にできたものだとすれば、石積みはどのように行なわれたのだろう？もっと疑問になるのは、石積みと蛇の組み合わせだ。

それぞれの形は風化で説明できるのかもしれない。だが、このかぎられた領域で、蛇と壁の両方が風化で形づくられる可能性は低いように思える。

丘をさらに数百メートルほど登ると、「グリフィン」と呼ばれる岩があるが、これを見ても問題解決の助けにはならない。別の岩の露頭だが、今度は南向きで、花崗岩の斜面にある。首の付

アルタイ地方の「グリフィン」。自然のものだろうか？
それとも人の手で加工されたものだろうか？／写真：サンサ・ファイーア

け根からは三メートルの高さで、くちばしから頭の後ろの鶏冠《とさか》までの幅は五メートルだ。斜面は神話上の曲がったくちばしをもつ強大な鳥を思わせる。そこで「グリフィン」と呼ばれている。

自然物か？　それとも人間の手が加えられているのか？

人工物ではないという意見の根拠は、くちばしの下側が、周りの岩盤から切り離されておらず、完成されていないことにある。一方、岩盤に人の手が加えられているという説では、くちばしの真下に三つの小さなアルコーブ（奥まった空間）が隣り合って存在することを指摘する。確かに、このようなアルコーブが自然にできることは考えにくい。さらに、これによく似た岩を削って造った構造物が、南米の高地アンデスにはある。その構造物は人間が造ったことが明らかになっている。

丘を下りる時もウラジーミルは、自然が造ったと確信していたが、私は確信が持てなかった。数日後にノヴォシビルスクに戻った時、再び高速インターネットに接続ができるようになり、この地域の蛇について調べることができた。

それで分かったことは、アルタイ地方には六種類の蛇がいることだ。その中でも大型で毒が強く、圧倒的に敬意を示されているのがシベリア・マムシだ。

眼はくっきりとしており、眉根は盛りあがり、頭の格好も、舌が突き出ているところも、下あごが割れていることを思わせ、アルタイで苦労して調査した花崗岩製の「地上の大蛇」とよく似ていると、私には思えた。

だが、それだからといって、氷河期の巨石文明の遺物だといえるだろうか？　巨石建造物だといえるだろうか？　もちろん無理だ！　「グリフィン」も同じことだ。だがこれらは謎の地域の中心部に存在する。これまでの人類の過去についての確信を粉砕したデニソワ洞窟が、発見された地域だ。

快晴のシベリアに夜の帳がおりる頃、ウラジーミル、ライサ、スヴェトラーナとマキシムに別れを告げて、八〇キロメートル南のトポリノエまで進んだ。ここはデニソワ洞窟から二〇キロメートル離れている。そこにはフレンドリーで堅実そうな夫婦が待ってくれており、家に迎え入れてくれた。食事も出してくれたが、パンと蜂蜜と搾りたての牛乳だけでなく、おいしくて栄養満点の料理だった。

デニソワの聖なる谷に入る

泊めてくれたのは髪が黒くてあごひげを蓄えているパピン・アサトリアンと、妻のエレナ・ダレンスキだった。パピンはアルメニアがまだソビエト連邦の一部であった頃、アルメニアからアルタイ地方に移住している。エレナは金髪のシベリア人だ。二人とも五〇歳代で、子どもたちはすでに成人し巣立っている。トポリノエには一一〇〇人ほどの住民がいるが、いずれも定職をもっている。彼らも同じだ。パピンは建築屋で、エレナは会計士だ。だが同時に、誰もがウシやヤギを数頭飼っており、かなりの大きさの菜園を所有しており、十分な食料があり自給自足できるようだ。

素晴らしい夕食をしている時に、私は冗談を言った。二一世紀の文明が滅びたら、生き残れるのはパピンやエレナのような人々だ、私のように鹿狩りもしたことがなければ、キャベツを育てたことも、牛乳を搾ったこともないような人間には無理だ……。

「心配することはないわ」とエレナ。「私たちが助けてあげる！」

眼から涙が出るほど強烈な地元のウオッカが出され、驚くほど寝心地の良い二段ベッドで一夜を過ごし、朝日が差し込む中、豊富な朝食が提供された。卵、パン、ジャム、果物、コーヒーに濃厚なクリームだ。やがてセルゲイが三菱ミニバンを駆動させて出発した。走りやすい道路は固められているが、舗装はされていない。脇を流れるアヌイ川は流れが速く、白いしぶきが見える。この川は、スコットランド高地のマスが釣れる川を思い起こさせた。子どもの頃に祖父が釣りに行く時、私もときどき付いていったものだ。

サンサにとってこの風景は「トールキン〔英国の作家。『ホビットの冒険』『指輪物語』の作者〕」的な特徴をもつという。私たちは遠方は鋭い山嶺に守られた、奥深い隠された渓谷にいた。時には暗い影に取り囲まれ、時には突然、開放された場所となり、意外なことに穏やかな丘に取り囲まれる。小さな丘は秋に実をつける様々な低木に覆われており、河岸の輝く草原を見下ろしている。

地質学者たちは、このような地形を「カルスト」と呼ぶ。特殊な地形であり、数百年にわたる浸食によって形成される。通常は溶解性の堆積岩の地帯にできるが、この地域の場合は石灰岩だ。このような風景に共通するのは、大規模な地下の排水システムであり、ドリーネ（陥没孔）や洞窟だ。デニソワ洞窟は数多い洞窟の一つに過ぎない。洞窟のいくつかには、古代人の骨や遺物があることが分かっているが、まだ考古学者たちによって十分な研究が行なわれていないか、まったく行なわれていないかのどちらかだ[20]。

セルゲイは三菱を路肩に寄せ、まだ新しい国定記念物の標識の下に停車させた。茶色で書かれた標識にはありがたいことに「デニソワ洞窟」と、ロシア語と英語で書かれていた。ここは低い土手の間にあり、川はすでに後方で、一方の土手には木が茂り、のこぎりの刃のような山脈の嶺《みね》がはるか遠くに見える。もう一方の土手の木は伐採され、道を隔てた私たちの前は、二〇〇メートルの急斜面となっている。草の多い急斜面の上部には木製の階段が取りつけられている。階段の先には荒々しい銀灰色のカルスト断崖があるが、その麓には洞窟があり、ほぼ真四角な口を黒々と開けている。

　ここは世界で一番重要な考古学遺跡かもしれないが、人は誰もいない。科学者も、観光客も、守衛すらいない。この場所は不気味なほど人気《ひとけ》がない。鳥の鳴き声と、草を揺らす、風のサラサラという優しい音のほかは沈黙の世界だ。太陽の下で時が刻まれることだけが数千年も続いているが、時の刻みは、いまでも多くの謎の守護者でもある。

　私が静寂と平和を好まないわけがない。

　なんと恵まれていることか、と思った。輝けるこの朝、私たちだけでこの太古の場所を占有できるのだ。

［1］ Pengfei Qin and Mark Stoneking, “Denisovan Ancestry in East Eurasian and Native American Populations,” *Molecular Biology and Evolution* 32, no. 10 (2015), 2671.

［2］ 同右、2669, Figure 4.

［3］ A. Briney, “Geography of Siberia,” ThoughtCo. (last updated March 17, 2017), https://www.thoughtco.com/geography-of-siberia-1435483.

［4］ 過去四七万年間の世界の海面の高さを再現すると、おおよそ三七万～三三万七〇〇〇年前、二八

万三〇〇〇～二四万年前、一八万九〇〇〇年前から十三万年前、および七万五〇〇〇年前から一万一〇〇〇年前の期間は、ベーリング陸橋経由でアジアからアラスカまで徒歩で移動が可能だったことが示唆される。たとえば Mark Siddall et al., "Sea Level Fluctuations During the Last Glacial Cycle," Nature 423 (June 19, 2003), 855, Figure 2 を参照。

[5] Qiaomei Fu et al., "Genome Sequence of a 45,000-Year-Old Modern Human from Western Siberia," Nature 514 (October 23, 2014), 445ff; and Vladimir V. Pitulko et al., "Early Human Presence in the Arctic: Evidence from 45,000-Year-Old Mammoth Remains," Science 351, no. 6270 (Janu; ary 15, 2016), 260ff.

[6] M. Raghavan et al., "Upper Paleolithic Siberian Genome Reveals Dual Ancestry of Native Americans," *Nature* 505 (January 2, 2014)、「ＭＡ－１（二万四〇〇〇年前のシベリアに住んでいた人）のＹ染色体は……ほとんどのアメリカ先住民の血統の根元に近い。同様に、私たちは、ＭＡ－１が……遺伝的に、現代のアメリカ先住民と近縁であることを示す常染色体の証拠を見つけた」（八七ページ）。M. Rasmussen et al., "The Genome of a Late Pleistocene Human from a Clovis Burial Site in Western Montana," Nature 506 (February 13, 2014) も参照、「後期旧石器時代のシベリア、マリタにいた集団からアメリカ先住民の祖先への遺伝子流動は、アンジック・１（古代アメリカ人／モンタナ人）にも共有されており、したがっていまから一万二六〇〇年前より以前に起きた……われわれのデータは、アンジック・１が属していた集団は、現在の多くのアメリカ先住民の直接の祖先であるという仮説と矛盾しない」（二二五ページ）。

[7] 先史時代にヨーロッパから船で大西洋を渡って定住した人々がいたとの仮説は、これまでにもいくつかあったが、学界の体制派からはおおむね〝バカげている〟〝常軌を逸した〟あるいはそれより悪いと見なされてきた。その中でもっともありそうな仮説は、クローヴィス・ソリュートレ起源説と呼ばれる。提唱したのはデニス・Ｊ・スタンフォードとブルース・Ａ・ブラッドリー。スタンフォードはスミソニアン国立自然史博物館の考古学学芸員で、パレオインディアン・プログラムのディレクターを務める。やはり研究者で共著者のブラッドリーは、エクセター大学考古学准教授で、実験考古学プログラムのディレクターでもある。Dennis J. Stanford and Bruce A. Bradley, *Across Atlantic Ice: The Origin of America's Clovis Culture*（University of California Press, 2012）を参照のこと。

非常に長い話をごく簡単にまとめると、スタンフォードとブラッドリーは、〝アメリカに定住したのはアジア人だったに違いないという、遺伝学者や考古学者の先入観〞（彼らの弁）に断固として抵抗している。（二四六ページ）。彼らの主張では、「クローヴィス以前の人々は、南西ヨーロッパからの移民だった」。この移住の波が起きたのは、最終氷期極相期だったという。つまりいまから約二万二〇〇〇年前だ。彼らの主張の根拠は、西ヨーロッパの両面加工された穂先形尖頭器と北米の穂先形尖頭器が、形態学的に驚くほど似ていることだ。前者は後期旧石器時代、約二万二〇〇〇年前から一万七〇〇〇年前の〝ソリュートレ〞文化で作られた。後者は約一万三四〇〇年前から始まって一〇〇〇年足らずの間、北米の〝クローヴィス〞文化で作られたものだが、ほとんど同じ技法が使われている。

ソリュートレ文化の終わりからクローヴィス文化の始まりまでは、数千年のギャップがある。考古学者の大半がスタンフォードとブラッドリーの大胆な説を却下する理由はたくさんあるが、これもその一つだ。最近の遺伝子研究も、この説を完全に否定しているとされる。Morten Rasmussen et al., "The Genome of a Late Pleistocene Human from a Clovis Burial Site in Western Montana," 228を参照。Jennifer A. Raff and Deborah Bolnick, "Genetic Roots of the First Americans," Nature 506 (February 13, 2014), 162も参照。実際、テキサス大学のRaffとBolnickは、新たな調査に大変自信をもっており、次のようにいうほどだ。「他の年代が確実な古代アメリカ人のゲノム中に、ヨーロッパ人が直接の祖先という証拠が含まれていて、提唱者がそれを提出しないかぎり、もはやソリュートレ仮説を、クローヴィス（あるいはアメリカ先住民）の起源についての信頼できる代替案として扱うことはできない。もっと興味深い疑問に取り組むべき時だ」。

[8] 本書の第2部を参照。

[9] 二〇一六年に『ネイチャー』に掲載された大規模な学際的論文は、いわゆる〝無氷〞回廊は一万二六〇〇年前まで、とても人間の住める場所ではなかったと指摘する（Mikkel W. Pedersen et al., "Postglacial Viability and Colonization in North America's Ice-Free Corridor," *Nature 537* no. 7618 (2016), 45）。著者らは、氷河湖の底から採取した古代のDNAによって、そのことを示した。これが示唆するのは、〝最初の〞アメリカ人は陸路ではなく、海路で到来したことだ。カリフォルニア大学チームの研究も、この考えを裏づける。このチームは〝無氷〞回廊に棲んでいたバイソンの系統樹を構築し、一万三〇〇〇年前まで居住不可能だったことを証明した（Peter. D. Heintzman et al., "Bison Phylogeography Constrains Dispersal and Viability of the Ice Free Corridor in Western Canada," *Proceedings of the National Academy of Sciences*

113, no. 29 (2016), 8057–8063)。だからといって〝最初の〟アメリカ人がクローヴィス派のいうとおりベーリング陸橋と無氷回廊を通ってアメリカに到着した可能性が消えたわけではないが、初期のアメリカ人が陸路ではなく海路を選んだ可能性は高まった。

[10] Kris Hirst, "The Beringian Standstill Hypothesis: An Overview," August 14, 2017, https://www.thoughtco.com/beringian-standstill-hypothesis-first-americans-172859.

[11] S. L. Bonatto and F. M. Salzano, "A Single and Early Migration for the Peopling of the Americas Supported by Mitochondrial DNA Sequence Data," *Proceedings of the National Academy of Sciences 94*, no. 5 (1997), 1866–1871. 著者らはミトコンドリアＤＮＡを根拠に、約一万四〇〇〇年前から二万年前に起きた無氷回廊の崩壊で氷床の南にいた人々が孤立し、アメリカ・インディアンになったと示唆している。一方、当時まだベーリンジアにいた人々は、ナ・デネやエスキモー、そしておそらくシベリアのチュクチ族になったという。

[12] L. Wade, "On the Trail of Ancient Mariners," Science 357, no. 6351 (2017), 542–545.

[13] C. Clarkson et al., "Human Occupation of Northern Australia by 65,000 Years Ago," *Nature 547*, no. 7663 (2017), 306.

[14] Heather Pringle, "From Vilified to Vindicated: The Story of Jacques Cinq-Mars," *Hakai Magazine*, March 7, 2017, https://www.hakaimagazine.com/features/vilified-vindicated-story-jacques-cinq-mars/?xid=PS_smithsonian and at http://www.smithsonianmag.com/science-nature/jacques-cinq-mars-bluefish-caves-scientific-progress-180962410/#A1zGtDKtgySyduU6.99.

[15] "Found: Dragon and Griffin Megaliths 'Dating Back 12,000 Years to End of Ice Age, or Earlier,'" Siberian Times, May 8, 2017, http://siberiantimes.com/other/others/features/found-dragon-and-griffin-megaliths-dating-back-12000-years-to-end-of-ice-age-or-earlier/.

[16] 場所はこちら：https://mapcarta.com/25567370/Map.

[17] "Found: Dragon and Griffin Megaliths 'Dating Back 12,000 Years to End of Ice Age, or Earlier.'"

[18] 同右。

[19] 同右。

[20]

私の調査助手ホリー・ラスコとマクシム・コズリキンの、二〇一八年五月四日～七日のメールで確認。ラスコから**コズリキンへの五月四日のメール**から抜粋：

旧石器時代のアルタイ人について、私たちの理解はどこまで進んでいるといえるでしょうか？　別の言い方をすると、アルタイ地方のどの程度が、未発掘のままなのでしょう？　私の知る範囲では、私たちの理解は一五の主要な遺跡に限定されてますが、遺跡は他にもたくさんあるのではないでしょうか。

お時間をいただき、ありがとうございます。

五月五日：ホリー様、手短に言うと、複数の層がある調査の進んだ主要な遺跡は二〇ヶ所ほどです。知られている物は全部で１００以上あります。敬具、マクシム。

五月七日：マクシム、ありがとうございます！　〝物〟とは旧石器時代の遺物のことですか？

五月七日：ホリー様、旧石器時代の遺跡という意味です。

第8章　記録の宝庫

デニソワ洞窟という名前は一九世紀初めに使われはじめた。修道僧ディオニシウス（デニス）がここに住み、瞑想を行ない、落書きを残したのだ[1]。アルタイ地方の人々はその前、この地をアジュ＝タシュと呼んでいた。「クマの岩」という意味だ[2]。この名称がいつから使われていたかは不明だが、明らかなのは、デニソワ洞窟は様々な人類が居住し、少なくとも二八万年間ほど使用されてきたことだ。ここは比類ない保管庫《アーカイブ》となっている。いうならば、忘れ去られている祖先の物語が残されている「記録の宝庫」だ[3]。そしてまた、一九七七年に発掘が始まってから、考古学者たちに贈り物を与え続けている場所でもある。考古学者たちが体系的に地層を剥ぐと、複数の文化層から秘密の埋蔵物が出てくるのだ[4]。

当たり前のことだが、考古学的発掘においては、上の層が新しく、深く掘った下層ほど古い時代となる。デニソワ洞窟のように整然と地層が重なり、乱されていない地層では特にそのことが明らかだ。だからこそ考古学者たちは、彼らが「旧石器時代」（三〇〇万年前から一万二〇〇〇年前）と呼ぶものを、前期・中期・後期に分けている。後期旧石器時代とは都合のよいことに五万年前から一万二〇〇〇年前を意味する[5]。

デニソワ洞窟で掘られた最初の二つの発掘用のトレンチ（溝）は、それぞれ表層から四メートルの深さであり、近代の層の下から出てくる遺物は後期旧石器時代のものだ。埋蔵物は豊富なうえに種類も多彩で、保存状態もよく、発掘開始から数十年間で、洞窟は先史時代に関するきわめて重要な場所として認識されるようになった[6]。ここには二八万年前から断続的にネアンデルタール人が住んでいた[7]。ネアンデルタール人は現生人類のいわば絶滅した親族であり、いまではよく知られているように私たちの祖先と混血していた。そのため、現代人はネアンデルタール人のDNAを一〜四パーセント受け継いでいる[8]。ネアンデルタール人たちは、おそらく五万年前までこの洞窟に居住していた。だが二〇一〇年になると、デニソワ洞窟にそれまで知られていなかった別の人類が住んでいた科学的証拠が見つかった。この人類もまた私たちの祖先と混血しており、この人里離れた目立たない場所の重要性が、世界的に認識されるようになった[9]。

衝撃的なニュースが流れたのは二〇一〇年の一二月だ。『ネイチャー』誌に「シベリアのデニソワ洞窟で見つかった、太古のヒト属の遺伝子の歴史」という論文が掲載されたのだ[10]。これは一流チームによる共著で、チームは生体分子エンジニアや遺伝学者や生物学者、さらには数名の人類学者や考古学者などが加わり、バランスよく構成されていた。論文は「ヒト属の子どもの指先の骨」を見つけたことを報告している。「指先は五万年前から三万年前の地層にあたる第一一層で見つかった。この層からは細石刃や、よく磨かれた石の装飾品が見つかった。これらは典型的な後期旧石器時代のもので、通常、現生人類が作ったものとされる」[11]

だが大きな驚きは、指先のDNA分析からもたらされた。この指先は現生人類のものではなかった。ネアンデルタール人のものでもなかった。ほぼ一〇〇万年前にネアンデルタール人や現世人類の祖先から分岐したヒト属のものだった。そして、この未知の人類は、「ネアンデルタール人の姉妹グループ」になると判断された[12]。

古代のCSI（科学捜査）

洞窟に登っていく間、DNAのことは頭にあった。デニソワがなんなのかを把握するには、ここを犯罪現場として捉えるのがよい方法だ。非常に古く、無視されてきた、汚染されている、誰も注目してこなかった犯罪現場だ。いまとなってはデニソワ人の存在を示す物的証拠はほとんど残っておらず、あるのはわずかな骨と歯だけだ。だが、それだけでも遺伝子調査をするには十分で、ここで何が起こったかを推察できる。

それでも、洞窟に入った瞬間、最初から聖なる謎に満ちた場所であることを強烈に感じた。洞窟はほぼ西向きで、アヌイ川を見下ろす急斜面が目の前に広がる。この朝だけでなく、数千年にわたる毎朝、外の輝く光が反射して入口から入り、内部の広大な「主回廊」を照らし出していたに違いない。上を見たら、高さ一〇メートルほどの天井に天然の狭い窓があった。主回廊西側の天井にあるこの窓は、さらに多くの光を洞窟にもたらしているが、古代には煙突の役割を果たしていたに違いない。

一息ついて洞窟の空気を吸ってみた。冷たくて湿気がある。それから辺りを見渡した。周りの柔和な白色をした壁の状態には驚いた。地衣類《ちいるい》〔一般的に「こけ」と呼ばれる〕によって染められており、その上に醜い落書きが描かれ、それがあらゆる壁のほぼ全面を覆っている。それでも洞窟にはある種の陰鬱さや、古代の荘厳さを感じさせるものがある。荘厳さをさらに強化しているのは、天井が高いアーチ型通路の存在だ。この通路の先には、小さいがくつろげる東と南の回廊が存在する。いわば先史時代の神殿の脇にある小さな礼拝堂だ。

私はこの比喩を意図的に行なっている。なぜならデニソワ洞窟のシステムには「大聖堂」的な感じがするからだ。だが、ここが宗教や霊的な儀式のために使われたといっているわけではない。その目的で使われた可能性もあるだろう。だが多くの考古学的証拠が示すのは、驚くほど長い間、ここが「工場」あるいは「作業場」として使われてきたことだ。遠方から運ばれた原材料は、ここで加工され装飾された。

このことは、デニソワ洞窟に来る前に、ノヴォシビルスクにあるシベリア民族博物館に立ち寄った時に知った。イリーナ・サルニコワ館長は、博物館のデニソワ室に、見せる遺物が少ないことを詫びた。多くのコレクションは海外で展示されているか、研究所で研究されているかのどちらかだという。彼女はいろいろなものを見せてくれたが、様々な段階の精度を示す多くの石器があり、極端に原始的なものから洗練されたものまであった。さらに風変わりな美しい装飾品も見せてくれた。その中には両側から円錐形の穴が開けられたペンダントや、円筒形のビーズのほか、大理石を彫った指輪、マンモスの牙から作った指輪、骨製の筒などがあった。骨製の筒は、骨製の針を安全に運ぶためのものだったようだ[13]。

使われている多くの原材料は、洞窟から遠い場所から運ばれている[14]。洞窟に入った私は、遺物が発見された三つの回廊を見学したが、それぞれに発掘のためのトレンチが掘られている。開放されているトレンチはすでに調査済みで、それぞれの文化層を示す標識や札が残されている。主回廊に大きく口を開けているトレンチは長方形で、明確な地層をもつデニソワ洞窟の驚くべきタイムマシンになっている、大きさは深さ五メートル、長さ四メートル、幅三メートルほどだ。氷河期は九番と記された文化層[15]が一番新しい層で、二〇番がもっとも古い層で最下層になる。

実際の発掘は、さらに深い第二二層まで行なわれている。だが、洞窟の考古学報告書に掲載されていた最後の二層を示す札も標識も、いまでは見当たらない[16]。発掘者たちによると、人間が作った道具や遺物が、この二一層と二二層で見つかっているという。放射線ルミネセンスで年代を調べたところ、この地層は一五万五〇〇〇年前から二八万二〇〇〇年前のものだという[17]。「二一層と二二層で発見された石器には、ルバロワ技法〔旧石器時代の石器製作技法〕と石の二面を削るという特徴がある。石器は歯状の刻み目をもつ歯状石器（のこぎりとして使われた）とサイド・スクレーパー（木や動物の皮を剥ぐ道具）がほとんどだ」[18]

遺物はネアンデルタール人とデニソワ人の遺骨と共に、三つの回廊でそれぞれ出土しており、それも旧石器時代の数層にわたって発見されている。だがこの朝、私が注目したのは東回廊の第一一層だ。この層で珍しい特徴がある道具と宝飾品が見つかっているのだ。

これらを見て考古学者たちは、考え込んでしまった。

普通のものと珍しいもの

残念ながら、この特別な遺物はシベリア民族博物館を訪問した時には見ることができなかった。だが事前調査で、それらがほかの「正常」で「普通」の遺物と共に、ほぼデニソワ人だけの文化層から掘り出されたことを知っていた。場所は東回廊の第一一層だ。年代は後期旧石器時代の二万九二〇〇年前から四万八六五〇年前とされている[19]。

ヨーロッパでネアンデルタール人の遺骨が初めて発見されたのは一九世紀だった。その後、長いこと、考古学において疑問の余地がないほど当然と考えられていたのは、「古くて」「進化が遅れている」この人類たちが、ホモ・サピエンスの文化レベルまで達することはなかったというものだった。このレベルまで達する夢などもちえないという考えは、証明された真実と見なされていた。その後、多くの発見があり、一世紀以上も分析が行なわれたが、ネアンデルタール人に対する見方は変わらなかった。彼らは野蛮で、ヨロヨロ歩く下等な人もどきで、私たちとくらべたら文字どおり「うすのろ」だというわけだ[20]。だが、二一世紀の一〇年を越えた頃から、多くの証拠が蓄積されて、新しい「イメージ」が考古学者たちの中で生まれた。ネアンデルタール人は繊細で、知性があり、物事を象徴的に表現するシンボル思考ができ、創造的で、思考プロセスも発展しており、技術革新もできたという。そしてこの見方が考古学界の支配的パラダイムになっている[21]。

したがって、解剖学的に旧人類であるデニソワ人はネアンデルタール人の「姉妹種」であり、優れた道具やシンボル的な装飾品を作れるかもしれないと考えても、原則的に反対する人はいないだろう。だが、数十年前までは、このような道具や装飾品は現生人類にしか作れないと思われていたのだ。

そこに問題が起こった。

「通常と異なる」「ユニーク」な遺物は旧石器時代の堆積層から発掘されたのだ。詳しく言うと、東回廊の入口近くの第一一・一層だ[22]。そこから発掘されたのは、濃緑色の緑泥石で作られた腕輪の壊れた二つの破片だった。壊される前の腕輪は幅二七ミリ、厚さ九ミリ、直径七〇ミリだったようだ[23]。腕輪の使用痕の詳細な分析が行なわれ、奇妙なことが分かった。「この腕輪には石加工の様々な技法が使われている。**その中には、典型的な旧石器時代の技術とは思えないものも含まれている**……腕輪が示すのは高度な技術水準だ」[24]。

『ユーラシアの考古学・民族学・文化人類学』誌には詳細な科学的分析結果が掲載された。共著者のA・P・デレヴィアンコ、M・V・シュンコフ、P・V・ヴォルコフは、腕輪の「端近くにドリルで開けられた穴」に注目するようにと言う。「穴開けは安定型ドリルを使って、少なくとも三段階にわたって行なわれている。表面の痕から見るとドリルの回転速度はかなり速い。ドリルの回転軸の振動ブレは少ない。ドリルは軸に沿って何度も回転している」と言う[25]。

したがって結論は「腕輪はユニークな証拠を提示している。驚いたことに、後期旧石器時代初期に高速度の二面静止の穴開け法が採用されている」となる[26]。

これは大変なことだ！

研究者たちが言いたいのは、この腕輪が、いかに特殊で、場違いな年代に出てきたかということだ。これは「旧石器時代にしてはユニークな」技法や技術の応用を示しているだけではない[27]。簡単に言うと、いかなる発掘においても旧石器時代にこのような技法や技術が確認されたことはない。このようなドリルの振動を起こさない棒型ドリルを使った「石の穴開け」は、数千年後の新石器時代になるまで見られないのだ[28]。したがって腕輪は考古学者たちの「一般的な考え」への反論となっている。考古学者たちは「石のドリルは後期旧石器時代に始まったが、十分に発達したのは新石器時代になってからだ」と考えていたのだ[29]。

この興味深い腕輪は、明らかに旧人類であるデニソワ人が作ったものであっただけでなく、彼らが後期旧石器時代に優れた技術を使用していたこと示している。もっと「進化した」人種とされるホモ・サピエンスが、新石器時代になって使い始めるより遥か前のことだ。さらに明らかになったのは、デニソワ人が私たちと同じような芸術的感性や自意識を持っていたことだ。これまではそのような感性を備えていたのは、私たちだけだと思われていた。だが、デニソワ人たちは間違いなく本質的に理性を持ち、認識力を持つ人間だった。腕輪の構想を得るところから、デザインして製造して最後の使用にいたるすべての段階で、間違いなく人間であることを示している[30]。

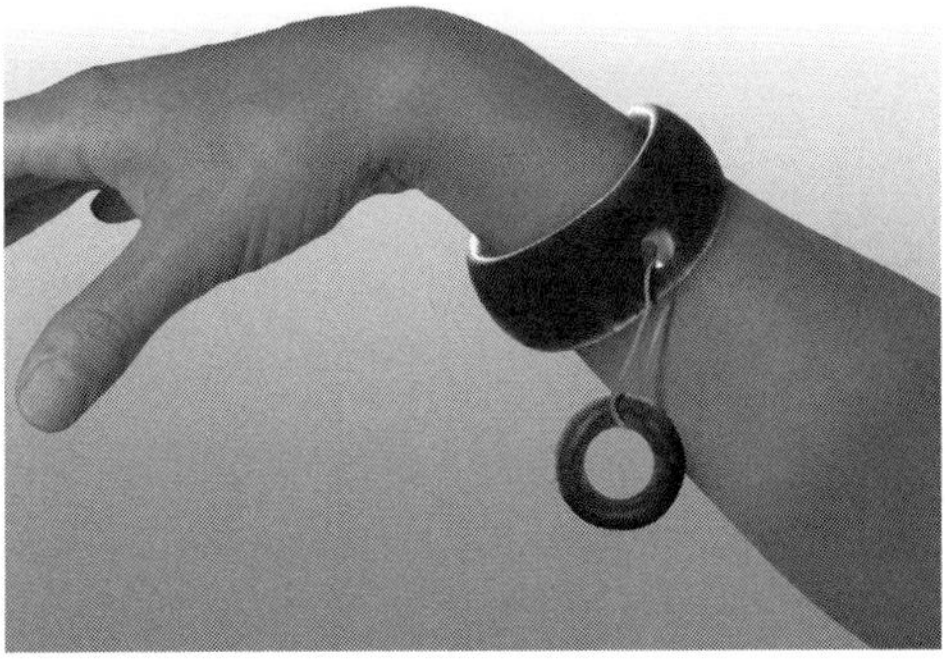

復元:腕輪はトルク型で、円ではなく一部が開いており、横から滑らせて手首にはめるようになっている。

デニソワ人の頭蓋骨の外的形状は、私たちとは大きく違ったようだ。ネアンデルタール人の姉妹人類だから当然だろう。だが腕輪のセンスやデザインや、装飾的な好みなどは、まったく現代人と変わらない。考古学的に復元された腕輪はいまもなお美しい。

壊れる前の腕輪の直径は七〇ミリであり、「実際にはどんな小さい手でもはめることは難しい」[31]が、間違いなく使用されている。そこで考えられるのは、腕輪の原型はトルク型であったことだ。つまり手首を完全に取り巻くのではなく、輪の一部が開いていたと思われる。「腕輪の端は円錐形だっただろう。腕輪の端がこのような形状だと、手に沿ってはめやすい……遺物の大きさと、腕輪の端の内側に頻繁に使用されていた痕があることから判断して、腕輪は手首にしっかりとはめられていたようだ」[32]。

このような証拠は「内側が人間の皮膚と長いこと接していたことを示している」[33]……さらには「人間の皮膚の脂が残存している」[34]。このような遺物の詳細は時代を超えて、私たちとの結びつきを強く心に訴えてくる。さらにこのブレスレットは、どのような人のために、作られたのだろうかと、想像が膨らんでくる。推測されている直径から見て、これを上手にはめるには細くて優美な手首が必要だ。子どもが使っていたわけではないだろう。なぜなら珍しい品であるうえ、芸術性も高く、高い価値があるからだ。研究者たちは次のように言う。

「昼間の明るい光の中では、微光を放つだろう。一方、野営のたき火では、黄色を帯びた濃緑色の色合いをもつだろう。この腕輪は日常的に使うものではない。はかなく優雅だ。これは明らかに非常に特別な機会に使われた。極めてまれな材料が使われており、仕上がりも丁寧で、この腕輪の持ち主の高い地位にふさわしいものだっただろう」[35]

このように考えると、数万年前の手首の細い腕輪の持ち主とは、女性であったという推測も間違いではないように思える。そうならば、彼女が誰であれ、どのような地位にあろうと、審美眼に優れており、風変わりなスタイルを好む人だったと推察できる。さらに腕輪には興味深い詳細が存在する。この腕輪にはドリルで空けられた穴があり、そこには長い年月にわたって、革ひもが通され、ペンダントがぶら下げられていたのだ[36]。革ひももペンダントも現存していないが、穴の内側には革ひもで磨かれたような痕が残っており、存在していたことは間違いない。「磨かれた部分がかぎられていることから、ペンダントがかなり重く、革ひもの揺れる幅が狭かったことが示唆される。磨かれた部分の輪郭を見ると、腕輪には「上側」と「下側」がある。このことから腕輪が右腕にはめられていたことが推察できる」[37]

またもや古代人に接しているようで、親しみを感じる……すぐ隣で息をしているかのようだ。だが、すべてが推測であることを認めなければならない。一人の人間を相手にしているのではないかもしれない。腕輪は先祖伝来の家宝で、数世代にわたって、母親から娘に受け継がれてきたのかもしれない。

何が真実であれ、腕輪はやがて壊れた。それも一度ではなく二度も。最初に壊れたのは、明らかに事故によるものだ。なぜなら腕輪は注意深く修復され、大切にされている。元の形に戻されているのだが、どのような接着剤が使われたかは不明だ[38]。

二回目はまったく別だ。腕輪は意図的に壊されたようだ。動機は不明だが、「固いものにぶつけられ」て、壊されている[39]。

針の穴

第一一層の下部は五万年前の層だ。だが、腕輪は上部で見つかっている。公式には第一一・一層であり、三万年前の後期旧石器時代の層だと見られている[40]。この腕輪は「新石器時代」の特質をもつので、予想よりもほぼ二万年も前に作られている[41]。

二〇一七年九月のシベリア訪問で、腕輪を見ることも写真を撮ることもできなかったことに私たちが不満を感じたことを、読者の方も理解してくれると思う。この腕輪は、謎であり、興味深く、まったく場違いな年代の地層に存在しているのだ。通常なら腕輪はノヴォシビルスクにあるシベリア民族博物館に保管されているのだが、残念ながら私たちがノヴォシビルスクを短期訪問した時には、町から離れていた。というよりもシベリアはおろかロシアにすらなかった。展示のためパリに運ばれていたのだ。だが、シベリアまで見にきたのだと館長のイリーナ・サルニコワに言ったら、彼女は、現在はすでにパリでも展示されておらず、「考古学者の国際グループ」が調査中だという[42]。

腕輪と共にシベリアから去っていたのは、もう一つの特異な遺物だ。それは骨で作られた針で、長さが七・六センチあり、頭の部分には一ミリ以下の極小といえる穴が作られている[43]。わずかに湾曲するこの針は、現代の医療用縫い針を思わせる。発掘されたのは、中央回廊の第一一層の下部（一一・二層）で、二〇一六年の夏のことだ[44]。私がシベリアを訪問した二〇一七年九月の時点では、まだ詳細な分析結果が発表されていなかった。だが発見された時に、ロシアのメディアからの報道はあった。「今シーズンのもっともユニークな発見であり、衝撃的な発見といってもよいかもしれない」とミハイル・シュンコフ教授はいう。ミハイル・シュンコフは腕輪に関する論文の共著者であり、ロシア科学アカデミーの考古学・民族史研究所の理事だ[45]。同僚のマクシム・コズリキン博士は、次のように付け加えている。「デニソワ洞窟で見つかった一番長い針だ。これまでにも針は見つかっているが、それらはもっと新しい層からだ」[46]

マクシム・コズリキン博士は、腕輪が見つかった第一一層で発掘された別の針のことに触れている。それらは小さめの針であり、数年前のことだった[47]。これらの針にも精密な穴が開けられているが、このような針の穴は、旧石器時代よりも新石器時代の堆積層によく見られる。そこで懐疑的な学者たちは、デニソワ人の年代を間違えているようだから修正が必要だと主張した[48]。この考えはさらに広まり、腕輪も小型の針も新石器時代のもので、堆積層の中をなんらかの理由で沈んでいき、第一一・一層に紛れ込んだのに違いないと提唱された。懐疑派からすれば、「明らかに」あまりにも発達しており、第一一層に属するのでは「不自然」に思えたのだ。

だが、このような推測は終わることになった。もっと長く、技術的により優れた完成度の高い針が、二〇一六年に発掘されたからだ。その針は第一一層の上部から見つかったのではない。そこならば第一〇層に近いことになる。だが第一二層に近い、もっと古い層から見つかった。すで

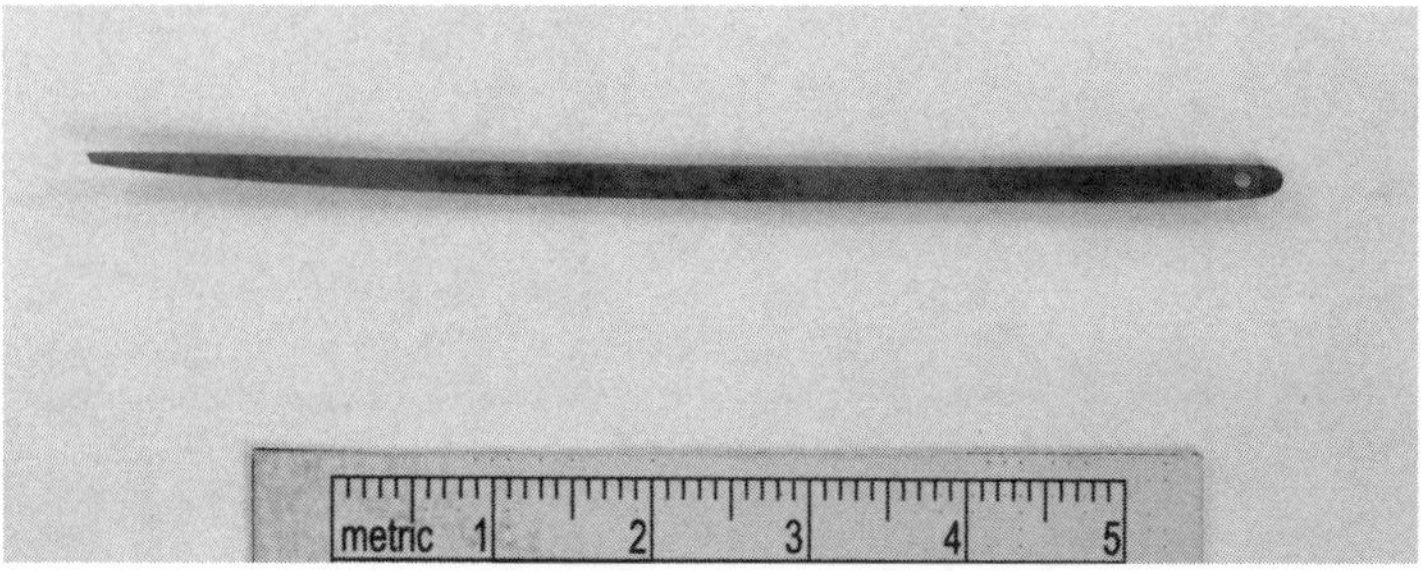
この優美な骨製の針は、長さが7.6センチあり、頭の部分に開けられた穴……
細微な目の直径は1ミリ以下だ。これは2016年にデニソワ洞窟で発見された。
写真:ロシア科学アカデミー・考古学・民族史研究所シベリア支部。

に述べたように第一一層の下部は加速器質量分析（AMS）法による放射性炭素年代測定によって、現在よりも五万年前の地層だとされている[49]。だが、この年代はもっと古くなる可能性がある。なぜなら炭素年代測定法の測定限度は五万年前だからだ。

そこで二〇一六年後半になると、デニソワ洞窟の謎の遺物は、年代が新しくなるどころか、さらにもっと古いものであるように思えてきた。この印象は二〇一七年の衝撃的な声明によって確認された。第一一層の査定が再び行なわれたのだ。多くの地層が再評価され新たな年代が与えられた。新たな調査の結果、腕輪の古さはこれまで考えられていた三万年前ではなくなり、五万年前となった！[50]

その一年後に、『シベリア・タイムズ』紙は、もっと古いものではないかという推測を発表した。「おそらく六万五〇〇〇年前から七万年前」だというのだ[51]。

シュンコフ教授はこのような推定を歓迎していない。彼は腕輪が五万年前のものであることが、すでにこの遺物の世界的重要性を示しており、考古学者たちの過去観に計り知れない影響を与えているという[52]。年代がさらに古い可能性については、専門家たちが合意に達する前にコメントをしたくないという。「それまでは自制して、何も言う気はない」とシュンコフ教授。そしてまだいくつかのデータは「不明瞭」であり解明が必要だと指摘する。「もし同意に達したら、まずは論文を準備しなければならない」[53]

シュンコフ教授の慎重な態度は理解できる。同じような慎重さを、ほぼ同じ理由で、トム・デメレも示した。これは『ネイチャー』誌に、セルッティ・マストドン遺跡の物議をかもす証拠と結論を発表する前に、デメレが長いこと感じていたことだ。このような大発見は、居心地のよかったこれまでの科学的合意をくつがえす可能性を秘めている。したがって公開する前には、気をつけて地ならしをする必要がある。

デニソワ人に関するこれまでの概念を変える新たな発見は、繰り返される噂話や、いくつかの新聞や雑誌の大見出しで、次第に知られてきている[54]。だが、本書の執筆当時の二〇一八年、デニソワ人の体の一部が発見されていることが確認されているのは、美しくて心に残るシベリアのアルタイ地方の洞窟だけだ[55]。これまでに発見された体の一部は少ない。だが、遺伝科学は奇跡的な仕事をする。すでに指先の骨の発見には触れた。さらに歯や、骨の破片、洞窟のチリや埃《ほこり》の分析から、デニソワ人がいつからこの洞窟に住んでいたかが明白になっている。彼らはこの洞窟に少なくとも一七万年前から居住していた。一一万年前にも戻ってきている。さらに五万年前にもここに戻って生活をしている[56]。

ネアンデルタール人は私たちの祖先と同時代に生き、混血している。同じようにデニソワ人もネアンデルタール人と同時代に生き、混血した。同時にネアンデルタール人と同じように、デニソワ人は現生人類とも混血している。このような人種のつながりから、子どもを作れる子孫が生まれた。二〇一八年八月、デニソワ洞窟から五万年以上前の骨の破片が発掘された。この骨は、ゲノム解読に使えた。その結果、この骨は一三歳ほどの女の子であることが判明した。母親はネアンデルタール人で、父親はデニソワ人だ[57]。

このようなつながりを理解するのは、一筋縄ではいかない。何万年も経ってから、もつれた遺産を解きほぐすようなものだ。遺伝子は両方向に流れる。ネアンデルタール人とデニソワ人、ネアンデルタール人と現生人類、デニソワ人と現生人類の間だ。したがって現代人にデニソワ人のDNAが入っていても、デニソワ人から直接入ったのではないこともありうる。これは困難な問題の一面でしかない。研究者たちは、デニソワ人から直接入ったのではない可能性に注意が必要だという。ネアンデルタール人から間接的に入ったのかもしれない。たとえば何十世代も前に、ネアンデルタール人とデニソワ人が混血し、そのDNAを現生人類がネアンデルタール人から受け継いだ可能性もある。ほかにも様々な当惑するような組み合わせが考えられる。だが、強力なコンピュータを駆使する遺伝学者たちは、綾取り《あやと》りのようにもつれている遺伝子と生命の関係を、解きほぐすことができる。

いま、確実だと見なされているのは、ネアンデルタール人とホモ・サピエンス（現代人はこの名で分類されている）とデニソワ人が一〇〇万年前頃に共通する祖先をもつことだ[58]。ネアンデルタール人系統と現代人系統の分岐は、少なくとも四三万年前から起こっているが、七六万五〇〇〇年前だった可能性もある[59]。ネアンデルタール人系統とデニソワ人系統が分岐したのは、三八万一〇〇〇年前から四七万三〇〇〇年前のことだ[60]。したがって現代人は、多かれ少なかれネアンデルタール人とデニソワ人と古代ホモ・サピエンスの遺伝子を受け継いだ雑種なのだ。

海峡を越える

現在のアルタイ地方に住む人々には、デニソワ人のDNAがほとんど入っていない。一パーセントのほんのごく一部だけだ[61]。一方、今日、デニソワ人のDNAを一番多くもつのは、「地理的に切り離されているニューギニア人とオーストラリアの先住民たち（三〜四パーセント）」だ[62]。初期の頃の詳細な研究では、時おりもっと高い数字が出ていた。たとえば古代デニソワ人のDNAは「現在のメラネシア人の遺伝子の四〜六パーセントを占める」[63]。それ以降、交雑のレベルは異なるが、インドネシア東部、フィリピン、オセアニア各地、アメリカ大陸など、多くの場所でデニソワ人のDNAが確認されている[64]。

当初はデニソワ洞窟の位置から見て、このように広範囲にDNAの遺産が残っているのは奇妙だと思われた。デニソワ洞窟は南シベリアのアルタイ山脈奥深くにあるからだ。ここはニューギニアやオーストラリアから何千キロメートルも離れており、アメリカ大陸からはもっと遠い。だがデニソワ人たちがこの洞窟に住んでいた頃からは、数万年の年月が流れており、彼らは時にはネアンデルタール人と混血し、時には現生人類と混血していた。そこで彼らの遺伝子は、あらゆる種類の込み入ったつながりや移住によって、伝播されていったことになる。デニソワ洞窟がデニソワ人が居住していたエリアの中心地近くであったかどうかは怪しい。最近の研究による証拠では、そうではなかった可能性が高い。この洞窟はむしろ辺境の居留地だったようだ。多くの科学者たちがそのように考えている。その中でも著名なのはアデレード大学のアラン・クーパーと、ロンドン自然史博物館のクリストファー・ストリンガーだ。彼らは古代デニソワ人の故郷はシベリアではなく、アジアでもなく、「ウォレス線の東」だったと主張する[65]。

ウォレス線は深い海峡の連なりで、激しく海流が流れる場所として知られている。ウォレス線はアジアとオーストラリアを分断している。西側がアジアで東側がオーストラリアだ。この線は「世界最大の生物分布境界線」の一つとして認識されており[66]、最終氷期に海面が低下した時にも、海峡が存在した。そこで、どちらの方向にしろ、移住しようとする人たちは、常に海という障壁を乗り越えなければならなかった。未知の領域や土地への移住を試みた探検者たちは、勇敢だっただけでなく、海峡を渡れるだけの帆走術と航海術〔針路を決める技術〕をもっていたに違いない。バリ島とロンボク島の間は、幅三〇キロメートルもある深い海峡となっており、時には荒れ狂う海なのだ。だがパプアニューギニアやオーストラリアに到達した人々は、さらに広い海を乗り越えなければならなかった。ティモール海は、海面が低かった時代でも九〇キロメートルの幅があった強大な海の障壁だ。

ウォレス線からはるか西のシベリアのデニソワ洞窟からは遺物が見つかり、デニソワ人の遺骨からは遺伝子情報がすでに解読されている。その一方、デニソワ人の遺伝子シグナル（信号）はオーストラリア先住民のアボリジニやメラネシア人の間で強いことが分かっている。そうなると遺伝子が二つの海峡を渡ったことを説明しなければならなくなる。はるか太古の昔に**誰か**が冒険をしているのだ。その結果、デニソワ人の遺伝子が拡散している。まだ分からないのは、遺伝子の伝播が、デニソワ人と直接的に混血した結果なのかどうかだ。それともまだ見つかっていない、デニソワ人と濃厚に交雑していた人々と、混血したのだろうか？

私たちはデニソワ人の故郷がどこであるかも知らない。推測することしかできない。クーパーやストリンガーが主張するように、ウォレス線の東だろうか？　あるいはウォレス線の西だろうか？　あるいは最終氷期の海面が低かった時期、マレー半島とスマトラ島とジャワ島、ボルネオ島が一つに結ばれた陸地で、亜熱帯の平原だったスンダ大陸棚だろうか[67]。

デニソワ人の故郷がどこであれ、それらの人々にとって九〇キロメートルの海は、たいした障壁ではなかったことは明らかだ。そうならば、もっと遠くまで行ったのではないか？　彼らが太平洋を横断したこともありうるだろう。アメリカ大陸にも上陸したのではないだろうか？

[1] Christy G. Turner et al. *Animal Teeth and Human Tools: A Taphonomic Odyssey in Ice Age Siberia* (Cambridge University Press, 2013), 79.

[2] Denisova Cave, Useful Information, http://www.showcaves.com/english/ru/caves/Denisova.html.

[3] David Reich et al., "Genetic History of an Archaic Hominin Group from Denisova Cave in Siberia," *Nature* 468 (December 23–30, 2010), 1053.

[4] Turner et al., Animal Teeth and Human Tools, 79.

[5] N. Zwyns, "Altai: Paleolithic" in *Encyclopedia of Global Archaeology*:「ユーラシアの区分法では、アルタイの旧石器時代は大きく三つに分けられる。前期、中期、そして後期だ。前期旧石器時代は、アルタイに初めて人間が居住した時代にあたり、約八〇万年前に始まった。中期旧石器時代は、更新世中期の終盤に始まり、約五万年前まで続いた。後期旧石器時代は、約五万年前から更新世の終わりまでをカバーする」（一五〇ページ）。アルタイの考古学者の間では、この区分がよく使われるが、旧石器時代の時間枠は地域や学問分野によってまちまちであることに注意。

[6] Turner et al., Animal Teeth and Human Tools, 79.

[7] A. Gibbons, "Who Were the Denisovans? " *Science 333* (August 26, 2011). Svante Pääbo は次のように述べている：「三種類の人間がすべて、どこかの時点で住んでいたとわれわれが確信している一つの場所は、ここデニソワ洞窟だ」。二〇一〇年には、ネアンデルタール人の足指の骨がデニソワ洞窟で発見された。それを形態学的に分析した結果は、M. B. Mednikova, "A Proximal Pedal Phalanx of a Paleolithic Hominin from Denisova Cave, Altai," *Archaeology, Ethnology and Anthropology of Eurasia* 39, no. 1（2011）に記録されている。足指より上で発見された有機物を放射性炭素法で年代測定したところ、このネアンデルター

ル人は少なくとも五万年前に、この洞窟を歩き回っていたと判明した。S. Brown et al., "Identification of a New Hominin Bone from Denisova Cave, Siberia, Using Collagen Fingerprinting and Mitochondrial DNA Analysis," *Scientific Reports* 6, no. 25339（March 29, 2016）によれば、洞窟の東回廊の第一一層から採取されたサンプルは、mtＤＮＡ分析によって、五万年以上前のネアンデルタール人のものと判定された。その後、二〇一七年に、研究者たちが洞窟の土からＤＮＡのシークエンスを得ることに成功した。主回廊の第一五層と東回廊の第一四層でもネアンデルタール人のＤＮＡが見つかった。これまで発見されたどの化石や遺物より深い場所だ（V. Slon et al., "Neanderthal and Denisovan DNA from Pleistocene Sediments," *Science 356*, no. 6338 [May 12, 2017]: 605–608）。デニソワ洞窟にネアンデルタール人が頻繁に居住していたことは、一般にネアンデルタールと関連づけられるムスティエ文化の工芸品が出土していることでも裏づけられる。*Encyclopaedia Britanica* の〝デニソワ洞窟〟の項（https://www.britannica.com/place/Denisova-Cave, 最終更新二〇一八年二月八日）には次のように書かれている：「一二万五〇〇〇年前から三万年前までに、一三回の居住があった証拠がある……このことはアシュール文化、ムスティエ文化の遺物、およびルバロワ技法の剝片石器製作の存在によって裏づけられている」。これらはすべて、ネアンデルタール人と関連づけられている。

[8] 現生人類がネアンデルタール人と交雑したことを示す最初の決定的証拠は、二〇一〇年の R. E. Green et al., "A Draft Sequence of the Neanderthal Genome," *Science* 328, no. 5979 (May 7, 2010), 七一〇〜七二二ページで確立された。この研究は、クロアチアで見つかった遺体をもとに、「ユーラシア人のゲノムの一〜四%はネアンデルタール人由来である」と結論づけた（七二一ページ）。その後、K. Prüfer et al., "The Complete Genome Sequence of a Neanderthal from the Altai Mountains," *Nature* 505（January 2, 2014）が、「アフリカ以外では、ネアンデルタール人由来のＤＮＡは一・五〜二・一%」と結論づけた（四五ページ）。これらの結果はすべて、Q. Fu et al, "An Early Modern Human from Romania with a Recent Neanderthal Ancestor," *Nature* 524（August 13, 2015）二一六〜二一九ページの知見と一致する。このルーマニアの人骨は三万七〇〇〇年前から四万二〇〇〇年前のものだが、六〜九%のゲノムをネアンデルタール人から受け継いでいることが確認された（二一六ページ）。しかし現生人類とネアンデルタール人の交雑についての最新かつもっとも正確な研究は、K. Prüfer のチームによる "A High-Coverage Neanderthal Genome from

Vindija Cave in Croatia," *Science* 358 (November 3, 2017), 六五五〜六五八ページだ。この論文によれば、オセアニア以外の非アフリカ系はネアンデルタール人のＤＮＡを一・八〜二・六％、東アジア人は二・三〜二・六％、西ユーラシア人は一・八〜二・四％もっている。ということは、現代人はネアンデルタール人のＤＮＡを〇〜四％程度もっていると推定できる。

[9] Reich et al., "Genetic History of an Archaic Hominin Group from Denisova Cave in Siberia," 1053.

[10] 同右、一〇五四〜一〇六〇ページ。

[11] 同右、一〇五三ページ。

[12] 同右、一〇五三〜一〇五四、一〇五九ページ。

[13] イリーナ・サルニコワからの情報。発掘者たちが〝芸術コレクション〟と呼ぶものの詳細は、A. P. Derevianko, M. V. Shunkov, and P. V. Volkov, "A Palaeolithic Bracelet from Denisova Cave," *Archaeology, Ethnology and Anthropology of Eurasia* 43, no. 2 (June 2008), 一五ページを参照。

[14] 原材料の中には、二〇〇キロメートルも離れた場所からのものもある。同右、一七ページ。

[15] 同右、一四ページ。完新世の階層には〇〜八の番号が振られている。

[16] "First Glimpse Inside the Siberian Cave That Holds the Key to Man's Origins," Siberian Times, July 28, 2015, http://siberiantimes.com/science/casestudy/features/f0135-first-glimpse-inside-the-siberian-cave-that-holds-the-key-to-mans-origins/. "The wall, showing all the 22 layers of Denisova cave" のキャプションが付いた写真を見て、二〇一七年九月にサンサ・ファイーアが撮った写真と比較してほしい。

[17] Derevianko, Shunkov, and Volkov, "A Palaeolithic Bracelet from Denisova Cave," 14.

[18] 同右、一六ページ。

[19] 同右。

[20] 意外なことではないが、これについての従来の説明は、人類の起源に対する二〇世紀初めの解釈に根ざしている。たとえば Smithsonian National Museum of Natural History, "La Chapelle-aux-Saints," http://human-origins.si.edu/evidence/human-fossils/fossils/la-chapelle-aux-saints（accessed March 12, 2018）を参照。「科学者ピエール・マルセラン・ブールが復元した〝ラ・シャペルの老人〟像がきっかけで、ネアンデルタール人は愚鈍な野蛮人だったとのイメージが大衆文化に定着し、長年続いた。ブールが一九一一年に復元し

たこの骨格は、背骨が大きく曲がっていた。それは猫背で膝が曲がり、腰が前屈し、頭が前に突き出ていたことを示していた。頭蓋は低く、額は大きく隆起して、ゴリラなど大型類人猿を思わせた。ブールはこのことを、原始的な初期の人類で知性に欠けていたしるしだと考えた」。ネアンデルタール人が発見されたヴィクトリア朝は、西洋の白人男性が世界を支配し植民地化する口実を探していた時代だ。その手段は、文化的・人種的な覇権だった。つまり〝科学的人種差別〟（〝優生学〟とも呼ばれる）だ。当然ながらネアンデルタール人は、二〇世紀初めの〝原始的な〟人間の大半よりも、さらに原始的な種と見なされた。だからただちに、〝文明的〟な現代の白人が持っている能力を備えていない、知性も創造力も劣った存在だと思い込まれたのも不思議はない。

[21]

考古学者ラルフ・ソレッキの一九七一年の本 *Shanidar: The First Flower People*（邦訳『シャニダール洞窟の謎』蒼樹書房）は、ネアンデルタール人の知能についてのコンセンサスを変える上で重要な役割を果たした。この本に基づいたソレッキの記事が、『サイエンス』一九〇号に“Shanidar IV, a Neanderthal Flower Burial in Northern Iraq”（八八〇～八八一ページ）として掲載された。アブストラクト（要旨）には次のように書かれている：「イラクのシャニダール洞窟にあるネアンデルタール人の一人（四号）の墓から、様々な種類の花の花粉がかたまって見つかったことで、私たちは、ネアンデルタール人が私たちと同じ進化の道をたどったことを、さらに受け入れるようになった。この発見は、肉体は古いが精神は現代的だったことを示唆している」。以来、この仮説を支持する論文が次々と発表され、ネアンデルタール人は社会的知性や共感能力を備えた繊細な人間だっただけでなく、進んだ文化・技術と芸術性も持ち合わせていたとの見方が確立した。ネアンデルタール人の社会的知性、共感能力、繊細さの証拠については以下を参照：Penny A. Spikins, Holly E. Rutherford, and Andy P. Needham, “From Homininity to Humanity: Compassion From the Earliest Archaics to Modern Humans,” *Time and Mind* 3.3 (2010), 303–325; William Rendu et al., “Evidence supporting an intentional Neandertal burial at La Chapelle-aux-Saints,” *Proceedings of the National Academy of Sciences* 111.1 (2014), 81–86; Penny Spikins et al., “The cradle of thought: growth, learning, play and attachment in Neanderthal children,” *Oxford Journal of Archaeology* 33.2 (2014), 111–134; Erik Trinkaus and Sébastien Villotte, “External auditory exostoses and hearing loss in the Shanidar 1 Neandertal,” PLoS One 12.10 (2017), e0186684; Penny Spikins et al., “Calculated or caring? Neanderthal healthcare in social context," *World Archaeology*(2018), 1–20; A. Gómez-Olivencia et al., "La Ferrassie 1: New Perspectives on a 'classic' Neandertal," Journal of Human Evolution 117 (2018), 13–32. ネアンデルタール人の文化や技術の進歩、芸術、シンボリズムについては以下を参照。Karen Hardy et al., "Neanderthal medics? Evidence for food, cooking, and medicinal plants entrapped in dental calculus," *Naturwissenschaften* 99.8 (2012), 617–626; Ruggero D'Anastasio et al., "Micro-biomechanics of the Kebara 2 hyoid and its implications for speech in Neanderthals," PLoS One 8.12 (2013), e82261; Jacques Jaubert et al., "Early Neanderthal constructions deep in Bruniquel Cave in southwestern France," *Nature* 534.7605 (2016), 111; A. C. Sorensen et al., "Neandertal fire-making technology inferred from microwear analysis," *Scientific reports* 8.1 (2018), 10065; Ana Majkić et al., "A decorated raven bone from the Zaskalnaya VI (Kolosovskaya) Neanderthal site, Crimea," *PLoS One* 12.3 (2017), e0173435; Biancamaria Aranguren et al., "Wooden tools and fire technology in the early Neanderthal site of Poggetti Vecchi (Italy)," *Proceedings of the National Academy of Sciences*(2018), 201716068; Dirk L. Hoffmann et al., "U-Th dating of carbonate crusts reveals Neandertal origin of Iberian cave art," *Science* 359.6378 (2018), 912–915; Dirk L. Hoffmann et al., "Symbolic use of marine shells and mineral pigments by Iberian Neandertals 115,000 years ago," *Science advances* 4.2 (2018), eaar5255. 知性ある存在としてのネアンデルタール人を理解する上で最近、重要な転換点になったのは、A. Lawler, "Neanderthals, Stone Age People May Have Voyaged the Mediterranean," *Science*（April 24, 2018）だ。「地中海周辺で最近発見された証拠は、意図的な航海を示唆している」と記事はいう。「ごく最近まで、船乗りは青銅器時代前半まで存在しなかったというのが定説だった」と、当初は懐疑的だったブラウン大学の考古学者 John Cherry も付け加える。「いまでは、私たちはネアンデルタール人の船乗りたちの話をしている。かなり驚く変化だ」。

[22] Derevianko, Shunkov, and Volkov, "A Paleolithic Bracelet from Denisova Cave," 3.

[23] 同右、一五ページ。

[24] 同右、二四ページ。強調を追加した。

[25] 同右、一八ページ。

[26] 同右、二四ページ。

[27] 同右。
[28] 同右。
[29] 同右。
[30] Alexandra Buzhilova, Anatoly Derevianko, and Michael Shunkov, "The Northern Dispersal Route: Bioarchaeological Data from the Late Pleistocene of Altai, Siberia," *Current Anthropology* 58, Suppl. 17 (December 2017), S500も参照：「考古学のデータは、最初のデニソワ人がアルタイ地方に到達したのは約三〇万年前で、長期にわたって文化の発展が続いたことを示唆する。遺伝学のデータは、デニソワ人が少なくとも二回この地域にいたことと、それが長期にわたった可能性を裏づける。というわけで私たちは、デニソワ人が徐々に文化的、身体的に発達したという仮説を評価するに十分なデータをもっている。デニソワ洞窟で発見された人間の上の大臼歯二つは形態学的に似ているが、厚い堆積層と何万年もの年月で隔てられていることも、この考えを裏づける」。
[31] Derevianko, Shunkov, and Volkov, "A Paleolithic Bracelet from Denisova Cave," 22.
[32] 同右、二二〜二三ページ。
[33] 同右、一七ページ。
[34] 同右、二〇ページ。
[35] 同右、二四ページ。
[36] 同右、二一ページ。
[37] 同右。
[38] 同右、二一〜二二ページ。
[39] 同右、三三〜三四ページ。
[40] 同右、13 and 15. 16: "a date of 29,200 ± ± 360 BP (AA-35321) on charcoal from the border zone between strata 11 and 10"も参照。
[41] 同右、二四ページ。
[42] シベリア民族博物館での二〇一七年九月一四日の会話。
[43] M. Kozlikin の発言。"World's Oldest Needle Found in Siberian Cave That Stitches Together Human History,"

Siberian Times, August 23, 2016, http://siberiantimes.com/science/casestudy/news/n0711-worlds-oldest-needle-found-in-siberian-cave-that-stitches-together-human-history/ に引用されている。

[44] 二〇一八年二月二一日のマクシム・コズリキンとのメール：「あなたのいう針は、洞窟の中央回廊で二〇一六年に発見された。これまでのところ、これらの資料はロシア語でのみ発表されている」。

[45] "World's Oldest Needle Found in Siberian Cave That Stitches Together Human History."

[46] 同右。

[47] Derevianko, Shunkov, and Volkov, "A Palaeolithic Bracelet from Denisova Cave," 15.

[48] A. P. Derevianko and E. P. Rybin, "The Oldest Evidence for Symbolic Behavior of the Palaeolithic Men in Gorny Altai," *Archaeology, Ethnology, and Anthropology of Eurasia 3,* no. 15 (2003), 27–50.

[49] より正確には、四万八六五〇年前±二三八〇～一八四〇年のいつか。Derevianko, Shunkov, and Volkov, "A Palaeolithic Bracelet from Denisova Cave," 15.

[50] "World's Oldest Needle Found in Siberian Cave"：「このブレスレットは今年、パリで展示された。ラベルには、科学者たちの承認を得て、五万年前のものと書かれていた」。

[51] "Is This Stunning Bracelet Made by Paleolithic Man for His Favourite Woman Really 70,000 Years Old? " *Siberian Times,* August 2, 2017, http://siberiantimes.com/science/casestudy/features/could- this-stunning-bracelet-be-65000-to-70000-years-old/.

[52] 同右。

[53] 同右。

[54] 同右。

[55] しかし、スペインにあるシマ・デ・ロス・ウエソス（SH）遺跡のヒト属は、更新世中期のどの種に属していたのか―シベリア南部のデニソワ人か、ユーラシア西部のネアンデルタール人か―は、デニソワ人の考古学的なつかみどころのなさに、興味深いニュアンスを付け加える。SHのヒト属の形態学的特徴や核DNAは、ネアンデルタール人と共通している。だがSHの一個体のmtDNAは、ネアンデルタール人よりもデニソワ人のmtDNAに近い。そのため、デニソワ人をネアンデルタール人やSHのヒト属と別種に分類すべきか否かに疑問が生じた。SHのヒト属とネアンデルタール人の形態学的類似に関する研究については以下を参照：I.

Martínez and J. L. Arsuaga, "The Temporal Bones from Sima de los Huesos Middle Pleistocene Site (Sierra de Atapuerca, Spain) : A Phylogenetic Approach," *Journal of Human Evolution* 33 (1993), 283–318; M. Martinón-Torres et al., "Morphological Description and Comparison of the Dental Remains from Atapuerca-Sima de los Huesos Site (Spain)," *Journal of Human Evolution* 62 (2012), 7–58; J. L. Arsuaga et al., "Neanderthal Roots: Cranial and Chronological Evidence from Sima de los Huesos," in Science 44, no. 6190 (2014) ; R. Quam et al., "The Bony Labyrinth of the Middle Pleistocene Sima de los Huesos Hominins (Sierra de Atapuerca, Spain)," *Journal of Human Evolution* 90 (2016), 1–15. ＳＨのヒト属のｎＤＮＡシークエンスをネアンデルタール人に結びつけた研究は、M. Meyer et al., "Nuclear DNA Sequences from the Middle Pleistocene Sima de los Huesos Hominins," *Nature* 531 (March 24, 2016) を参照。ＳＨのヒト属のｍｔＤＮＡをデニソワ人に結びつけた研究は、M. Meyer et al., "A Mitochondrial Genome Sequence of a Hominin from Sima de los Huesos," *Nature* 505 (January 16, 2014) を参照。中国許昌市で出土した一〇万五〇〇〇年前から一二万五〇〇〇年前の謎の頭骨を巡る推測もある。Martinón-Torres によれば、それらは「間違いなく」デニソワ人の特徴と一致する。「アジア人の趣もあるが、ネアンデルタール人と近縁だ」。ただし、この頭骨からはまだＤＮＡが抽出されていないため、「この可能性は推測にとどまる」。(A. Gibbons, "Ancient Skulls May Belong to Elusive Humans Called Denisovans," *Science News* [March 2, 2017] に引用された Martinón-Torres の言葉)

[56] Anne Gibbons, "Siberian Cave Was Home to Generations of Ancient Humans," *Science*(September 15, 2015), http://www.sciencemag.org/news/2015/09/siberian-cave-was-home-generations-mysterious-ancient-humans を参照。

[57] Viviane Slon et al., "The Genome of the Offspring of a Neanderthal Mother and a Denisovan Father," *Nature*(August 22, 2018).

[58] Reich et al., "Genetic History of an Archaic Hominin Group from Denisova Cave in Siberia," 1053. J. Krause et al., "The Complete Mitochondrial DNA Genome of an Unknown Hominin from Southern Siberia," *Nature* 464 (2010), 894–897 も参照。

[59] 四三万年前という年代の根拠は化石記録だが (Arsuaga et al., "Neanderthal Roots")、ゲノム解析の結果は

七六万五〇〇〇年前～五五万年前に分岐したことを示している（Prüfer et al., "The Complete Genome Sequence of a Neanderthal from the Altai Mountains"）。

[60] Martin Kuhlwilm et al., "Ancient Gene Flow from Early Modern Humans into Eastern Neanderthals," *Nature* 530 (February 25, 2016), 429.

[61] Qin and Stoneking, "Denisovan Ancestry in East Eurasian and Native American Populations," 2665, Figure 4.

[62] A. Cooper and C. B. Stringer, "Did the Denisovans Cross Wallace's Line?" *Science* 342 (October 18, 2013), 321.

[63] Reich et al., "Genetic History of an Archaic Hominin Group from Denisova Cave in Siberia," 1053.

[64] Qin and Stoneking, "Denisovan Ancestry in East Eurasian and Native American Populations," 2665. Sharon Browning et al., "Analysis of Human Sequence Data Reveals Two Pulses of Archaic Denisova Admixture," *Cell* 173（March 22, 2018）、一～九ページも参照。パプア人を別にすれば、デニソワ人ＤＮＡ移入の割合が高いのは中国南方の漢民族、中国のハイ族、漢民族、ベンガル人、インドのグジャラート人、日本人、キン族（東アジア・東南アジア・中央アジアの全域）。七ページの図版五を参照。七ページの以下の記述も参照：「デニソワ人との交雑には二つの波があった証拠を発見した。一つは、アルタイのデニソワ人個体と近い関係の集団で、もう一つはアルタイのデニソワ人との関係がそれより遠い集団だ。アルタイのデニソワ人と近い関係の要素は、主に東アジア人がもっており、アルタイのデニソワ人と遠い関係の要素は、パプア人および南アジア人の祖先の大部分を構成している」。

[65] Cooper and Stringer' "Did the Denisovans Cross Wallace's Line?" 322.

[66] 同右。

[67] G. Hancock, *Underworld: The Mysterious Origins of Civilization*（Three Rivers Press, 2002）（グラハム・ハンコック『神々の世界』大地舜訳、小学館）および S. Oppenheimer and I. Syahrir, *Eden in the East*（Ufuk Press, 2010）を参照。

第9章 アメリカ先住民の奇妙で不思議な遺伝子遺産

私たちが「進化」の過程と呼ぶものは、ダーウィンやその後継者たちが多大な努力をしてきたにもかかわらず、十分に解明されているとはとてもいえない。「進化」は絶え間ない変化と保存の組み合わせで、信じがたい複雑さをもつ、終わりのない、渦巻く、困惑させられる踊りのようなものだ。だが、この踊りの振りつけをしているDNAを、十分な解像度を保ち拡大すると、はっきりと識別できるある種のパターンが見えてくる。そして、私たち誰もが同じ人類という家族の一員なので、このパターンを見てお互いにどのくらい関係が深いかを明らかにできる。さらに現在は、地球の反対側に住んでいて、まったく異なるように思える人々同士の、先史時代におけるつながりや移住の痕跡も追跡できる。技術的には極めて複雑であり、二一世紀最新のゲノム科学の成果だ。これが明らかにするのは、過去の失われた物語の、隠された手がかりだ。過去数万年にわたる祖先の経験は、人類の共同記憶から消し去られている。遺伝子科学は、このような文化的な記憶喪失から私たちを救うかもしれない。

この本は、遺伝学の教科書ではない。不必要な詳細で泥沼にはまり込む気もない。だが、先に進むには、いくつか知っておくべきことがある。

1　DNAは遺伝形質を親から子へ伝えるためのシステムだ。細胞の中には様々なタイプのDNAが存在する。それを二〇世紀終わりから二一世紀に開発された、高度に洗練された技術によって調べることができる[1]。それらの調査の結果、遺伝的結びつきの程度が浮き彫りにされた。結びつきは個人間にもあるが、もっと大きな規模の集団間でも解明できる[2]。

2　体内のすべての細胞核は、液体で取り囲まれており、その中にミトコンドリアDNA（mtDNA）が存在する。ミトコンドリアDNAは男性と女性の両方に継承されるが、子どもに伝わるのは女性のミトコンドリアDNAだけである[3]。つまりミトコンドリアDNAは母からの系統を確認できるが、父系統は確認できない[4]。遺伝学者がミトコンドリアDNAの何を好むかというと、細胞の中にたくさん存在し、研究に好都合だからだ[5]。

3 同じことは核DNAについてはいえない。核DNAは両親から同じように継承されるが、一つの細胞に二つしかない。だが核DNAにはミトコンドリアDNAよりもはるかに多い遺伝子情報が含まれているため、遺伝子の結びつきについて、より精密で確実な分析ができる[6]。

4 細胞核の中には染色体も存在する。性別を決めるDNAだ。あなたが二つのX染色体をもつなら、あなたは女性だ。XとYの染色体を一つずつもつなら、あなたは男性だ。Y-DNAは男だけに継承される。したがって共通する父親の祖先だけについて語る。だがX-DNAは、男性も女性も所有しているので、祖先の母系と父系の両方について語る。そこで遺伝の特別な分岐を調べて、共通する祖先を探し出すのに便利だ[7]。

結びつきのレベルを確定するのに、DNAとDNA分析の技術的な面を理解するのは大切かもしれない。

お望みならばもっと深く掘り下げて調べてほしい。この分野の科学はすごく魅力的だからだ。だが、そうしなければならないとは思わないでほしい。たとえば水道を使用したいので、配管工事から勉強すべきだろうか？　車を運転するために複雑な機械工学を学ぶべきか？　手術を受ける前に医学を勉強すべきだろうか？

言い換えるならば、遺伝学は考古学とは異なり、物理学と同じようなハードサイエンスなのだ。つまり専門家たちの意見は、事実や計測に基づいており、実験の再現が可能だ。推論や先入観に基づく意見ではない。もちろん遺伝学者たちも間違いを犯すことがある。また専門誌では遺伝学者同士でも意見に深い溝があり、徹底的に議論されることが頻繁にある。だが全般的に見て、私たちが技術者や配管工や外科医の専門知識を信頼するように（専門家たちでも時には間違いを犯すが）、ここでは専門家たちの結論を信頼するのが効率的だ。遺伝学者たちは古代ＤＮＡの分析に関する最先端の最新ハイテク機材を駆使しているからだ。

二つの遺跡、二つの家族、一つの人類

念のためにいっておくが、長い鎖状のＤＮＡの「ショットガン配列決定法《シークエンシング》」などの奥義のような技術は、祖先の物語と普通の人間としてつながりをもつのに、特に必要はない。このことを痛切に思わせる例は、二つの古代遺跡だ。一つはシベリア、もう一つはモンタナ州にある。

シベリアの遺跡はバイカル湖の西側、マリタ村のそば、ボルシャヤ・ベラヤ川の河岸にある。直線距離ではデニソワ洞窟から一〇〇〇キロメートル以上東だ。徒歩ならば、うねる渓谷を抜け

高地を歩くので、さらに遠くなる。人が住んだ歴史から見るとデニソワ洞窟ほど古くはない。それでも古くから知られている遺跡で、考古学者がマリタ＝ブレチ文化と呼ぶ後期旧石器時代の文化があった。二万年前のこの文化は、多くの美しい謎の芸術品を残している[8]。その中には、優雅な首の長い水鳥が骨とマンモスの牙に彫刻されているものなどがある。さらに「シベリアでは珍しいが、ユーラシア大陸の西部では、数多く発掘されている」ヴィーナス像三〇体が見つかっている[9]。

マリタ＝ブレチ文化の主な発掘は一九二八年から一九五八年に行なわれたが[10]、二つの墓も発掘されている。二つとも子どもの墓で、中には興味深く美しい副葬品が納められていた。その中にはペンダントやバッジや装飾用のビーズのネックレスが含まれる[11]。その子どものうち一人は、三〜四歳の男の子で、考古学者たちはMA・1と命名している。この子は石板の下に埋葬され、隣にはヴィーナス像が置かれていた[12]。さらにこの子は「牙の髪飾り、ビーズの首飾り、鳥の形のペンダント」[13]を所持しており、骨には色素沈着が見られ、いまではサンクトペテルブルクのエルミタージュ美術館に保管されている[14]。二〇〇九年に国際的にハイレベルな調査チームがここを訪問した。主に遺伝学者と進化生物学者たちだ。科学者たちは、骨から数多くのサンプルを採取し、加速器質量分析（AMS）法で、放射性炭素年代測定を行なった。その結果、二万四〇〇〇年前（誤差は前後一〇〇年）の古さであることが判明した[15]。その後、サンプルの詳細検査が行なわれ、研究者たちはMA・1のゲノム配列がすべて解明されたと公表した。なお、その詳細は二〇一四年の『ネイチャー』誌に「最古の現世人類のゲノムが報告された」として、掲載されている[16]。

何が見つかったのかということについては、先に述べたもう一つの遺跡との文脈において考えてみたい。第二の遺跡はモンタナ州にある。考古学者たちはアンジック・1埋葬地と呼んでおり、一万二六〇〇年前のものだ。したがってMA・1よりも、一万一四〇〇年ほど新しい。ここも子どもの墓であり、一～二歳の男の子が埋葬されていた。内部にあったのは一〇〇個以上の石器と、雄ジカの角で、いずれにも黄色土が振りかけられていた[17]。

この二つの古代の墓は時間も距離も遠く離れているが、共通することがある。家族を愛する人間の心だ。幼くして亡くなった子を、惜しみ嘆くことは、時間の影響を受けない。事実、いまその墓を見ても即座に家族の気持ちが伝わってくる。私たちも同じだからだ。だが、ここでは「MA・1」と「アンジック・1」という考古学者が付けた、非人間的な名称を便宜上、使うことにしよう。一方、身内を失った両親や家族のことを忘れてはならない。彼らはシベリアでは二万四〇〇〇年前、モンタナでは一万二六〇〇年前に墓場の前に集まっている。彼らの気遣いや思い、シンボリズム〔シンボルを使った表現〕や愛、そして喪失の痛みが、両地において墓を注意深く用意することになり、副葬品を選び埋葬する動機になっている。

時を超え、地理を超えて、本当に大事なのは、われわれが人類という一つの家族の一員であることだ。この人類という家族の勇敢な冒険者たちは、一〇〇万年の間、様々な形で世界を探求してきている[18]。この長期にわたる放浪で私たちは遠く離れ離れになった。大洋を渡り、山脈を越え、ジャングルや砂漠や氷床の反対側に行った。そのため私たちは、お互いの関係がどれほど深いのかをすっかり忘れてしまっている。その意味で埋葬は、人間のシンプルなメッセージを伝え、遺伝子も明らかに多様化された人類の、隠された同一性を伝えるメッセージをもつ。時にそのメッセージは、私たちの想像を超えることがある。

古代ヨーロッパ人の遺伝子

埋葬の仕方が、文化的に明らかに似ていることを指摘した人は少なかった。だが、遺伝子に関しては、すべての専門家が、MA・1とアンジック・1の関係が近いことに同意していた。DNA配列の多くが共通していたのだ[19]。だが、アンジック・1は「現代のアメリカ先住民の祖先にあたる人々に属する」という。したがって、MA・1と近い関係だが、「他のどのグループよりも、アメリカ先住民との関係が深い」のも当然だ[20]。

これまで固く信じられていたのは、人類がシベリアからベーリング陸橋を渡ってアメリカ大陸に移住したことだ。さらにシベリアからの移住者たちは**東**アジア人と関係が深いと、当然のごとく思われてきた[21]。アジアの最北**東**部と北米最**西**部を結びつけていなかったら、ベーリング陸橋の役割はなんだったのか、ということになってしまう。

だが、デンマーク自然科学博物館地理遺伝学センターのマーナサ・ラーガヴァンや、ハーバード大学医学大学院遺伝学部のポントゥス・スコグルンドに率いられた研究者たちは驚くことになった。MA・1のY染色体（男性だけが持つ染色体）は、東アジアとの関係が深いと思われていたが、「現代の**西**ユーラシア人を基盤としている」ことが判明したのだ[22]。すでにY染色体の分析の限界については説明したが、その後、この予想外で常識を揺るがす発見は、細胞の核から読み取る最高のDNA証拠となる常染色体（細胞核にあるX、Y以外の四四本の染色体）でも確認された[23]。「MA・1は西方ユーラシア人を基盤としている……東アジア人との深い関係はない」と研究者たちは、くりかえし強調した[24]。

さらに興味深いことが発見された。研究者たちはMA・1が、「ほとんどのアメリカ先住民のルーツになる」[25]ことと「一四パーセントから三八パーセントのアメリカ先住民の祖先は、この古代のグループ（MA・1系統の集団）から遺伝子を受け継いでいる」ことを発見したのだ。「これが起こったのは、アメリカ先住民の祖先と、東アジア人の祖先とが分岐した後で、アメリカ先住民集団が新世界（アメリカ大陸）で多様化する前のようだ」[26]と報告されている。

MA・1のミトコンドリアのゲノム配列が判明した時、古代のヨーロッパ人とシベリア人の結びつきを証明する最後のピースが出現した。それによると、シベリアの幼児は「ハプログループU」という仲間に属していた。「ハプログループU」は後期旧石器時代と中石器時代（旧石器時代と新石器時代の間）のヨーロッパ狩猟採集民に多く見られる[27]。

「結果は、農業が始まる前のヨーロッパと、後期旧石器時代のシベリアの結びつきを示唆している」と研究者たちは結論づけている[28]。

ヨーロッパ人とシベリア人の結びつきは、これまで想像されていなかった。だが遺伝子を見ると、アメリカ先住民の祖先がMA・1のグループからの遺伝子を引き継いでいる。それも最高で三八パーセントにもなる。これはアメリカ先住民が、大変に古い「ヨーロッパ人」の血を濃く受け継いでいるということだ[29]。

クローヴィスには南米の血が隠されている

まだ述べていないことがある。黄色土の埃にまみれてアンジック・1と共に埋葬されていた石器や雄ジカの枝角の道具は、間違いなくクローヴィス文化の遺物であることだ[30]。

この「クローヴィスとの関係」が、私たちの探求に意義がある理由は二つある。

まずは、アンジック・1の墓が一万二六〇〇年前のものだとされていることだ。さらに正確にいうと、炭素一四年代測定法の精度の限界から見て、一万二七〇七年前から一万二五五六年前だ[31]。この年代が示唆するのは、幼児の墓が造られ、副葬品が納められたのは、クローヴィス文化が突然、謎の消滅をしてから一〇〇年から二〇〇年も後だということだ。なぜならクローヴィス文化は一万二八〇〇年前以降、考古学的記録に出てこないからだ。

それまで広く拡がっていた文化活動が、突然、消滅したことは、何か巨大な天変地異が起こったことを示唆している。だからといってクローヴィス人のすべてが、一夜のうちに絶滅したわけではない。ほとんどの人が亡くなったとしても、間違いなく生存者もいた。彼らはあちこちに点在する放浪の一族として、小さな集団にまとまっていただろう。そして、そのメンバーたちは、祖先たちの偉業を見て驚きの念に打たれたかもしれない。

一つ考えられるのは、アンジック・1もそのような生き残りグループの一員だったことだ。この可能性はアンジック・1の骨の年代と、いくつかの副葬品の年代が異なることで高まっている。「フォアシャフト」として知られる遺物は、雄ジカの枝角をわざわざ切り取り、加工し、中をくり抜いている。これは一方の先端を尖らせ、反対側を木製の槍に取りつけるようにデザインされている。すでに見てきたように、アンジック・1の骨は当初、一万二七〇七年前から一万二五五六年前のものだとされていた。一方、雄ジカの「フォアシャフト」は、それよりも一〇〇年から二〇〇年**古い**。つまり一万二八〇〇年前から一万三〇〇〇年前のものだ[32]。「この年代は、幼児の骨よりも典型的なクローヴィス時代を示している」と考古学者スチュアート・J・フィーデルは言う[33]。

この食い違いを説明するためにフィーデルは、証拠の解釈について簡単だが洞察力にあふれた考えを提示している。二〇一七年六月の『第四紀インターナショナル』誌に掲載した論文で、データ上、年代が一致しないことについて、フォアシャフトは一〇〇年前から二〇〇年前の骨董品であり家宝で、この地方に住んでいた最後のクローヴィスの人々によって、幼児の墓に副葬されたとすればつじつまが合う」としている[34]。

さらにフィーデルは、サンプルに汚染がありそうで「幼児の骨は新しすぎる数字が出たのかもしれない」ともいっている[35]。

他の多くの研究者たちは、年代の食い違いを理由に、アンジック・1をクローヴィス人ではないとしている[36]。だが、フィーデルの汚染に関する発言は先進的だった。『第四紀インターナショナル』の論文から一年経った二〇一八年六月に、新たな研究結果が発表された。オックスフォード放射性炭素加速器ユニットの科学者たちが、『米国科学アカデミー紀要(PNAS)』に、「アンジック考古遺跡の年代の再検討」という論文を発表したのだ[37]。この論文は「炭素年代測定法で、間違いが起こるのは、汚染が主な原因だ」とまず注意を喚起する。続けて、最初にアンジックの年代が測定されてから「技術的な進歩が著しく、年代測定の精度が向上し信頼性が増した」という[38]。この新しい技術を使った研究の結果は、前とは異なると続ける。「アンジック・1は年代測定された雄ジカの角の年代と、時間的に同時代だった。これが示唆するのは、幼児もクローヴィスの集団と時間的に結びついていることだ」[39]

クローヴィス文化の謎の終焉《しゅうえん》については、後半の章で語る。いまはアンジック・1の「クローヴィスとの結びつき」が、なぜ私たちの探求にとって大事なのか、その第二の理由を述べよう。クローヴィスは南米北部まで進出していたが、その本拠地は、あくまでも北米にあった[40]。したがって直感的に、モンタナの幼児はクローヴィス人であり、南米先住民よりも、北米先住民との関連が深いと思うだろう。だが、研究が進むにつれて、アンジック・1のゲノム配列は、確かに現在のユーラシア人よりもアメリカ先住民に近かったが[41]、北米先住民よりも**南米**先住民との関係のほうが深いことが判明したのだ[42]。

デンマーク地理遺伝学センターのモルテン・ラスムッセンと、ハーバード大学医学大学院遺伝学部のポントゥス・スコグルンドは、この奇妙な点を最初のアメリカ人たちがアメリカ大陸に入る前に、二つのグループに枝分かれしたためだと主張する。この二つのグループを彼らは「NA血統とSA血統」と命名している。「アンジック・1は、SA血統に属する」と彼らはいう[43]。

表面的には論理的に見える説だが、二つのグループの光景を考えると奇妙に思えてくる。二つのグループの祖先は一緒だが、遺伝的にはすでに疎遠だ。彼らは並行した交わらないルートで北米大陸に入ってきた。一つのグループは南米大陸に直行し、もう一つは北米大陸に留まった。だがその間ずっと、お互い孤立していて、連絡を取ることもなかったし、遺伝子に痕跡を与えることもなかったことになる。これは人間の性格を否定しているように思えるし、多くの面で納得できない。そのうえ、これまでに科学で研究された最古の「SA血統」であるアンジック・1は、ここは南米大陸の近くではなく、一万二六〇〇年前の北米大陸のモンタナで見つかっている[44]。ここは当時の最北地だ。これより北にはコルディィレラ氷床があるだけだった。

オーストラリアからの奇妙な遺伝子シグナル

ここで一度要点をまとめておくと、アンジック・1は、謎と神秘に包まれており、矛盾だらけだ。北米のクローヴィス文化で育ち、南米先住民と強く結びついており、シベリアのマリタ＝ブレチ文化の人々との関係もあり、古代西方ヨーロッパ人とも血縁関係が深い。彼が属していた南米血統（SA）と、北米血統（NA）は共通する祖先に属していた。このようなデータが出ていても、遺伝学者たちは前からもっていた考えを変えようとはしない。アメリカ大陸への移住は、北東アジアからやってきた単一の集団によってなされたという考えだ。もっとも彼らは、この集団は二つの流れに分岐されたとするが……。

『ネイチャー』に論文が掲載されてから一年後の二〇一五年九月、ハーバード大学医学大学院遺伝学部のポントゥス・スコグルンドとその先輩であるデイヴィッド・ライクなどの専門家が、南米で新しい発見があったと『ネイチャー』に発表した。それはアマゾンの多雨林における発見で、アンジック・1について再考を促す内容だった。

われわれはゲノム全般のデータ解析をしたが、**アマゾン先住民の一部は、創始アメリカ先住民集団の子孫だ。だが彼らは現代のユーラシア人やアメリカ先住民よりも、**

オーストラリア先住民やニューギニア人、アンダマン諸島人との絆が深いことがわかった。このような特徴は、現代の北米や中米の先住民にも、一万二六〇〇年前のクローヴィス関連のゲノムにもこれほどは見られないし、あるいはまったく見られない。これが示唆するのは、アメリカ大陸への人類の最初の移住は、これまで考えられていたよりも多様だったことだ[45]。

研究者たちがいう「一万二六〇〇年前のクローヴィス関連のゲノム」については、識者もすでに知っている。もちろんアンジック・1のことだ。矛盾に満ちた幼児で、神秘性に包まれている。この子は北米先住民よりも、南米先住民との絆が深い。

新たな研究がこれに付け加えたのは、SA血統には予想外の構造が存在していることだ。その中には補助的な血統が少なくとも一つあるが、その血統は現在のほとんどのアメリカ先住民よりも、メラネシアのパプア人、オーストラリア先住民アボリジニとの関係が深い。アンジック・1にもこの血統は入って**いない**。

もう一度明確にしておくが、現代のアメリカ先住民たちのほとんどにも、アンジック・1のような古代の人々にもこの血統の痕跡はない。だが研究者たちは、特異で目立つ「オーストララシア人〔オーストラリアとその周辺諸島の先住民〕の遺伝子シグナル」に引き続き直面することになった。オーストララシア人の血統は、「オーストラリア、メラネシア、東南アジアの島々の先住民」に強い関係をもつ[46]。

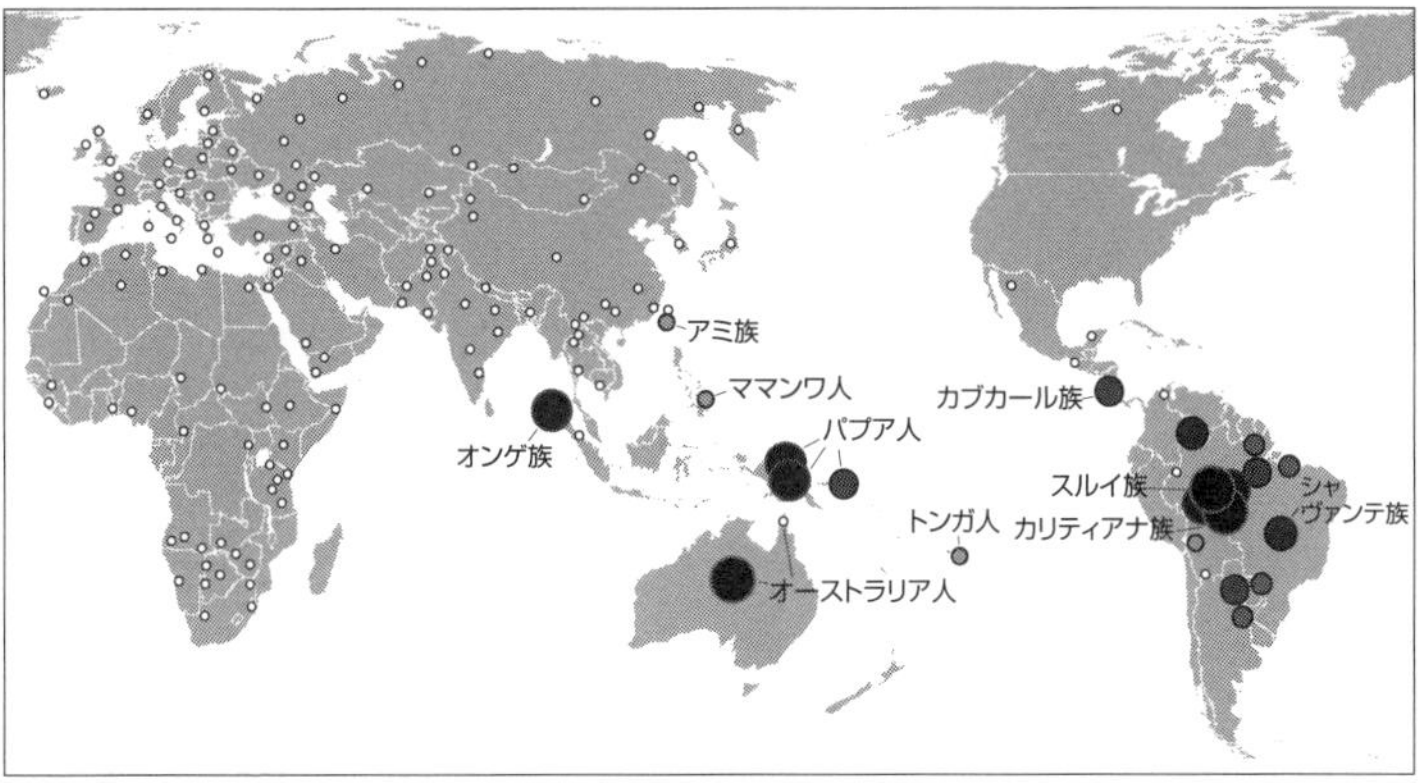

南米人の中でもアマゾンの多雨林に住む人々の祖先は、
オーストララシア（オーストラリアとその周辺諸島）やメラネシアの人々との関係が深い。
この特徴は中米や北米の先住民にはみられない。
（『ネイチャー』2015年9月3日号から。「アメリカ大陸に入った二つの初期集団の遺伝証拠」）

それがアマゾンのジャングル中心部に住む先住民のゲノムに含まれているのだ。

さらにスルイ族とカリティアナ族の言語はトゥピ語族に属するが、オーストララシア人たちとの関係が極めて深い。ブラジル中央の高地に住むシャヴァンテ族のジェー諸語を話す人々も同じだ[47]。

このような「遺伝子シグナル」の存在は、まったく予想外だった。オーストララシアとアマゾンは、遠く離れているし、陸路でDNAを追っても、伝わった形跡がないからだ。そこで、スコグルンドとライクは調査を特に厳密に検証した。四つの異なった手法で統計分析を行ない、中米と南米の三〇集団のゲノムと、世界中の一九七集団のゲノムを分析して比較した[48]。「すごく長い時間かけて、この遺伝子信号の存在を否定しようとした」とスコグルンド。「だが証拠は強化されるだけだった」[49]

その結果、「統計的に見て、ブラジルのアマゾンに住む先住民と、現在のオーストララシア系メラネシア人、アンダマン諸島人の間を結びつける強い遺伝子シグナル」が確認された[50]。「信じられないほどの驚きだ」とデイヴィッド・ライク。「考古学と遺伝学には、強固な信念に基づくモデルがある。私もその信奉者だった。つまり現在のアメリカ先住民は氷床の南から一団となって進出してきたという考えだ。これは間違っていた。最初のデータで大事なことを見逃していたのだ」[51]

何を見逃していたのかというと、ライクとスコグルンドがいうには、失われた血統の指紋だという。アメリカ大陸に移住してきた**第二の創始集団**がいたことだ。この人々が到来した年代は非常に古いと彼らはいう[52]。その血統の痕跡は、その後の遺伝子「雑音《ノイズ》」によって、どこにおいてもほとんど上書きされてしまっている。だがその痕跡は、アマゾンで孤立していた人々には残っていた。彼らは交雑せずに、ほかの人々にくらべて遺伝子移入が少なかったのだろう。

研究者たちは「想定される古代アメリカ先住民の血統を「集団Y」と呼んでいる。「Y」は「Ypykuera《イペクエア》」からきており、トゥピ語族の言葉で「祖先」を意味する[53]。

研究者たちの結論ははっきりしており実に興味深い。「集団Yの祖先は、血統的に現在の東アジア人やシベリア人よりも、現在のオーストララシア人と深く結びついており、それが、ブラジル中央高地の先住民のDNAに寄与しているようだ」[54]。

だが、このような寄与は、どこで、いつ、どのように発生したのか？

ライクとスコグルンドは一つの可能性を考慮している。現在のアマゾン人のゲノム変異のパターンは、祖先の八五パーセントという大多数がオーストラレシアとの血縁をもっていたら説明できるという。「この集団は東北アジアの土台にすでに存在し、彼らはアメリカ先住民たちの主要な血統と似ていたが、オーストララシアとの関係をより多く維持していた」[55]。

別の言い方をすると、東北アジアに集まっていたもともとの集団はシベリア人だが「人種のるつぼ」だったことだ。ここで心に思い描くべきなのは、ヨーロッパ人や東アジア人の遺伝子をもつ人々だけでなく、オーストララシア人の遺伝子をもつ人々もいたことだ。ネアンデルタール人もその一部だ、彼らはホモ・サピエンスと活発に交雑していた。デニソワ人の遺伝子をもつ人もいた。もちろんデニソワ人たちもいた。私たちは、これらの人々が、明らかにつながっていた証拠があるのに、本質的に分断された別々のグループだと見なすように要求されている。さらに、そのまま分断され隔離された状態のまま、NA血統、SA血統と都合よく分けられ、ベーリング陸橋を歩いて横断したことを認めるように求められている。

このような可能性の低いモデルが際限なく語られ、それが衝撃的なデータを完璧に説明できるとされている。これまで密封されており見えなかった「オーストララシアの血統」が存在するのは、最初のアメリカ人が雑種であったためだと、簡単に説明されてしまう。だが、それも驚くことではない。アマゾンのジャングルの真ん中から「オーストララシアの遺伝子」が見つかるという、不都合な真実をなんとか説明しなければならないからだ。「オーストララシア遺伝子」をもっていたという「集団Ｙ」が、南米にまっすぐ向かい、北米にまったくＤＮＡの痕跡を残さなかったというが、まず間違いなく北米の集団と混じっていたはずだ。

このような考えが実際的でないためか、ライクとスコグルンドは風変わりな別の可能性を結論としている。「アマゾン人たちのゲノムの多彩なパターンは、単発的な出来事であった」という。「オーストララシア遺伝子をもつ集団と、二パーセントほどの交雑があればよいのだ。その集団は現在のアメリカ先住民の主要な祖先の血統と混血せずに、アメリカ大陸の奥深くまで入り込んだことになる」[56]

別の言い方をすると、隔離された純粋アマゾン人のゲノムに保存されていた古代のオーストラシア人との結びつきは、大規模な移民ではなく、小さな移民グループの痕跡かもしれないということになる。

次の章ではアメリカの先史時代を理解するために、このシナリオの深遠な意味について考えよう。

[1]　特に一九九〇年〜二〇〇三年のヒトゲノム計画。ＤＮＡシークエンシング技術に関するアクセス可能な情報は、For accessible information on DNA sequencing technologies, see J. U. Adams et al., “DNA Sequencing Technologies,” Scitable (Nature Education, 2008), https://www.nature.com/scitable/topicpage/dna-

sequencing-technolo gies-690を参照。

[2] ＤＮＡ研究が古代人類史に及ぼした影響の概要は、S. Subramanian, “Ancient Population Genomics,” in *Encyclopaedia of Life Sciences*（Wiley, 2001）を参照。

[3] M. M. Houck and J. A. Siegel, “Chapter 11—DNA Analysis,” in Fundamentals of Forensic Science, 3rd ed. (Academic Press, 2015), 261–290, esp. 282.

[4] 同右。

[5] 同右、二八三ページ。

[6] 同右。

[7] 詳しい議論は以下を参照：National Human Genome Research Institute, “Chromosomes” (last updated June 16, 2015), https://www.genome.gov/26524120/chromosomes-fact-sheet/. Genetics Home Reference, “What Is Genetic Ancestry Referencing?” (May 15, 2018), https://ghr.nlm.nih.gov/primer/dtcgenetictesting/ancestrytesting. も参照。

[8] Christy G. Turner et al., *Animal Teeth and Human Tools: A Taphonomic Odyssey in Ice Age Siberia*(Cambridge University Press, 2013), 177G; I. Medvedev, “Upper Paleolithic Sites in South-Central Siberia” in *The Paleolithic of Siberia: New Discoveries and Interpretations, ed.* A. P. Derev’ianko, D. B. Shimkin, and W. R. Powers (University of Illinois Press, 1998), 122–132.

[9] Maanasa Raghavan et al., “Upper Palaeolithic Siberian Genome Reveals Dual Ancestry of Native Americans,” Nature 505 (January 2, 2014), 87.

[10] 同右。

[11] Turner et al., Animal Teeth and Human Tools, 173; Peter N. Peregrine and Melvin Ember (eds.),Encyclopedia of Prehistory: Volume 2: Arctic and Subarctic, Volume 6, p. 194.

[12] BBC News, “Ancient DNA from Siberian Boy Links Europe and America,” http://www.bbc.co.uk/news/science-environment-25020958.

[13] “24,000-Year-Old Body Shows Kinship to Europeans and American Indians,” New York Times, November 21, 2013, http://www.nytimes.com/2013/11/21/science/two-surprises-in-dna-of-boy-found-buried-in-siberia.html.

［14］ Peregrine and Ember, Encyclopedia of Prehistory: Volume 2: Arctic and Subarctic, 194.

［15］ 具体的には「暦年でいまから二万四四二三年前から二万三八九一年前」。Raghavan et al., “Upper Palaeolithic Siberian Genome,” 八七ページを参照。

［16］ 同右。

［17］ Morten Rasmussen et al., “The Genome of a Late Pleistocene Human from a Clovis Burial Site in Western Montana,” *Nature* 506 (February 13, 2014), 225ff; Stuart J. Fiedel, “The Anzick Genome Proves Clovis Is First After All,” *Quaternary International* (June 20, 2017), 4ff.

［18］ 二〇一八年七月時点で、ヒト属の一種が二一二万年前までに中国中央部に到達していたことは知られていた（Z. Zhu et al., “Hominin Occupation of the Chinese Loess Plateau Since About 2.1 Mil- lion Years Ago,” *Nature* [July 11, 2018]）。このヒト属がアフリカから移住したのか、それとも、もとは東アジアのどこか、ことによると中国にいたのかについては議論の的となっている。確実なのは、ホモ・エレクトスのような古いヒト属が高度な探検能力をもっていたことを示す証拠が続々と見つかっており、否定するのが難しくなっていることだ。ホモ・エレクトスなど初期のヒト属の技術力―特に海事能力―に関するもっとも包括的な資料は、以下のとおり：R. Bednarik, “The Maritime Dispersal of Pleistocene Humans,” Migration and Diffusion 3, no. 10 (2002), 6–33; R. G. Bednarik, “The Beginnings of Maritime Travel,” *Advances in Anthropology* 4, no. 4) (2014), 209; and R. G. Bednarik, “An Experiment in Pleistocene Seafaring,” *International Journal of Nautical Archaeology* 27, no. 2 (1998), 一三九～一四九ページ。初期のヒト属が海路で拡散した可能性についてはSue O’Connorの論文を参照。たとえば、S. O’Connor et al., “Hominin Dispersal and Settlement East of Huxley’s Line: The Role of Sea Level Changes, Island Size, and Subsistence Behavior,” *Current Anthropology* 58, no. S17 (2017), S567–S582; S. Kealy, J. Louys, and S. O’Connor, Reconstructing Palaeogeography and Inter-Island Visibility in the Wallacean Archipelago During the Likely Period of Sahul Colonization, 65–45,000 Years Ago,” *Archaeological Prospection* 24, no. 3 (2017), 二五九～二七二ページ。最後に、太古のヒト属の海事能力に関する決定的証拠は、T. F. Strasser et al., “Dating Palaeolithic Sites in Southwestern Crete, Greece,” *Journal of Quaternary Science* 26, no. 5 (2011) 五五三～五六〇ページを参照。クレタ島はいまから六〇〇万年前から五〇〇万年前の中新世にギリシャ本土から分離した。したがってクレタ島に更新世の遺

物が存在することは、初期のヒト属にはかなり広い海を渡る能力があり、実際に渡ったことをはっきりと証明している。私たちがこれまで考えていたよりずっと広い範囲を航海し、探検できたに違いない。T. Ingicco et al., "Earliest Known Hominin Activity in the Philippines by 709 Thousand Years Ago," *Nature* 557, no. 7704 (2018), 二三三ページも参照。この論文は、「フィリピンが植民されたことが証明されている期間を十万年単位で押し下げた。さらに、現世人類より古いヒト属の東南アジア島嶼部への拡散が、更新世前期・中期の段階で数回にわたって起きたことを示唆している」。

[19] 「全アメリカ先住民のゲノムの約三分の一は、マリタか、マリタと密接に関連した集団に由来する。しかし重要なことに、これに関してはアンジックも他のアメリカ先住民と同じであり、特別なことは何もない」。Eske Willerslev, Prince Philip Professor of Ecology and Evolution, Department of Zoology, University of Cambridge からの私信（メール）、二〇一八年二月二三日。Rasmussen et al., "The Genome of a Late Pleistocene Human," 225–226; Raghavan et al., "Upper Palaeolithic Siberian Genome Reveals Dual Ancestry," 八七～八八ページも参照。

[20] Rasmussen et al., "The Genome of a Late Pleistocene Human," 225.

[21] 同右。

[22] 同右。強調を追加した。

[23] Raghavan et al., "Upper Palaeolithic Siberian Genome Reveals Dual Ancestry," 87.

[24] 同右。

[25] 同右。

[26] 同右。

[27] 同右。

[28] 同右。

[29] 同右。

[30] Fiedel, "The Anzick Genome Proves Clovis Is First After All," 4.

[31] Rasmussen et al., "The Genome of a Late Pleistocene Human," 225.

[32] Fiedel, "The Anzick Genome Proves Clovis Is First After All," 5.

[33] 同右。
[34] 同右。
[35] 同右。
[36] Lorena Becerra-Valdivia et al., "Reassessing the Chronology of the Archaeological Site of Anzick," *Proceedings of the National Academy of Sciences* (June 18, 2018), 1. D. J. Stanford and B. A. Bradley in *Across Atlantic Ice: The Origin of America's Clovis Culture* (University of California Press, 2012), 180 も参照。
[37] Becerra-Valdivia et al., "Reassessing the Chronology of the Archaeological Site of Anzick."
[38] 同右、二ページ。
[39] 同右、一ページ。
[40] D. S. Miller, V. D. Holliday, and J. Bright, "Clovis Across the Continent," in Paleoamerican Odyssey, ed. Kelly E. Graf, Caroline V. Ketron, and Michael R. Waters (Texas A&M University, 2014), 207–220.
[41] Rasmussen et al., "The Genome of a Late Pleistocene Human," 226.
[42] 同右。
[43] 同右。
[44] 同右、225; Raff and Bolnick, "Genetic Roots of the First Americans," 162.
[45] Pontus Skoglund et al., "Genetic Evidence for Two Founding Populations of the Americas," *Nature* 525 (September 3, 2015), 一〇四ページ。強調を追加した。
[46] 同右。
[47] 同右、一〇四〜一〇五ページ。
[48] "A DNA Search for the First Americans Links Amazon Groups to Indigenous Australians," Smithsonian Magazine, July 21, 2015, http://www.smithsonianmag.com/science-nature/dna-search-first- americans-links-amazon-indigenous-australians-180955976/.
[49] 同上。
[50] Pontus Skoglund and David Reich, "A Genomic View of the Peopling of the Americas," *Current Opinion in*

Genetics and Development 41 (December 2016), 31.

[51] Stephanie Dutchen, "Genetic Studies Link Indigenous Peoples in the Amazon and Australasia," July 21, 2015, https://phys.org/news/2015-07-genetic-link-indigenous-peoples-amazon.html に引用。

[52] Skoglund et al., "Genetic Evidence for Two Founding Populations of the Americas," 107. David Reich, *Who We Are and How We Got Here* (Oxford University Press, 2018), 一五四ページも参照。「集団Y」がアメリカ大陸に到達した年代は不明だが、暫定的に「二万年前」としている。（デイヴィッド・ライク『交雑する人類：古代ＤＮＡが解き明かす新サピエンス史』日向やよい訳、ＮＨＫ出版）

[53] Skoglund and Reich, "A Genomic View of the Peopling of the Americas," 31.

[54] Skoglund et al., "Genetic Evidence for Two Founding Populations of the Americas," 107.

[55] 同右。

[56] Skoglund and Reich, "A Genomic View of the Peopling of the Americas," 31.

第10章 アボリジニ神話時代からのシグナル

アマゾンの部族にオーストララシア人の遺伝子が存在するという『ネイチャー』誌に掲載されたスコグルンドとライクの論文のタイトルは「アメリカ大陸への移住が、二つの集団によって行なわれたという遺伝的証拠」だった[1]。最初にオンラインで発表されたのは二〇一五年七月二一日で、印刷版は二〇一五年九月三日だ。

まったく同じ二〇一五年七月二一日に、別の研究チームが、論文「ゲノム的証拠。更新世と近代におけるアメリカ先住民の移住の歴史」[2]をオンライン掲載した（『サイエンス』誌には、その後の二〇一五年八月二一日に論文が掲載されている）。このチームを率いたのはコペンハーゲン大学地理遺伝学センターのエスケ・ウィラースレフとマーナサ・ラーガヴァンだ。データから二つの集団の移住を読み取ったスコグルンドとライクとは異なり、ラーガヴァンとウィラースレフは、一つの移住集団だと見ていた。「シベリアからの単体の移住だ。二万三〇〇〇年よりも前ではない。ベーリンジアで八〇〇〇年以上の隔離された時期があった」[3]

ラーガヴァンとウィラースレフが、データをもとに何度も指摘しているのは、「最初に単一のアメリカ先住民の移住があった」[4]ことだ。彼らはシベリアからベーリンジア経由でアメリカに渡ったが、「この集団から古代先住民の多様化が起こった。その結果、北方系と南方系が形成された」[5]。

これはよくできたスッキリした理論で、米国の考古学者たちを、ある意味で安心させるものだった。米国の考古学者たちの多くは、クローヴィス・ファーストの信条が崩壊して精神的な痛手を受けており、まだ千鳥足だった。もちろん彼らは、遺伝学やトッパー、カクタス・ヒル、モンテベルデなどの遺跡という完璧な証拠を、一笑にふすために、柔軟性に欠けた頑固な否定を継続するほかなかったが、すでにクローヴィスは歴史のゴミ箱に追いやられていた。だが、少なくとも彼らが好むシベリアからベーリング陸橋を渡ったとする移住説は、無傷で残っていた。それだけでなく、ラーガヴァンとウィラースレフの論文は、現在人気のある「ベーリンジア立ち往生」説を支持していた。

遺伝学者たちが、ここで論文を終えていれば、考古学者たちの満足も完璧だっただろう。だが、ラーガヴァンとウィラースレフは、スコグルンドとライクと同じように優れた科学者たちであり、データに何度も顔を出す「オーストララシア人のシグナル」を無視することができなかった。

アリューシャン列島人、スルイ族、アサバスカン諸族など、アメリカにおけるいくつかの集団は、他の先住民にくらべて、オーストラロ＝メラネシア系（オーストラシア）との関係がより近い。一方、関係が薄かったのは北米のオジブワ族、クリー族、アルゴンキン族であり、南米のプレペチャ族、アルワコ族、ワユー族だ。スルイ族は、実のところ、東アジア人やオーストラロ＝メラネシア系ともっとも関係が深かった集団の一つだ。オーストラロ＝メラネシア系の中には、パプア人、パプア人以外のメラネシア人、ソロモン諸島人、さらには東南アジアの狩猟採集民であるアエタ族を含む[6]。

すでに前の章で見ているように、考古学界の主流派は極端に保守的だ。縄張り意識が強く、変化に抵抗する。彼らの根深い偏見によると、「石器時代」の祖先たちは、極めて原始的な技術しかもっていなかったことになる。彼ら正統派の思索家の見方によれば、先史時代の移住者が、パプアニューギニア周辺から、太平洋を横断して南米に渡ったことなど、**まったくありえない**。したがって、そこからさらにアマゾンに達し、現在、その地に住む人々にＤＮＡ的な証拠を残すこともありえない。

この立場は矛盾に満ちている。激しい論争の結果、いまでは主流派のほとんどが、新しい土地に植民するためにヒト属の祖先が、海を越えて進出したことを認めている[7]。その証拠はデニソワ人のDNAがティモール海峡の両側にあり、ウォレス線の東側にも西側にも存在することから分かる。これは少なくとも六万年前に、ヒト属の祖先が九〇キロメートルもある海を越えて移住した証拠となっている。いまではさらに多くの証拠があり、この立場には揺るぎがない[8]。

同じように、これよりもだいぶ前になるが、いまから八〇万年前に生きていたホモ・エレクトス（原人）の骨や遺物が、インドネシア諸島のフローレス島とティモール島で見つかっている。つまり「原人」も、海面が低かった時代だったかもしれないが、海を渡っていたことになる[9]。ヒト属の祖先や原人が海を渡ったことはだいぶ前から認められている。だが、すでに原人たちが海を渡って一〇〇万年近くが経つのに、考古学者たちが**認めないこと**がある。それは、人類が太平洋や大西洋という広大な海の反対側まで航海する洗練された技術を、早くから発展させていたという考えだ。彼らによると大洋を航海する技術が生まれたのは三五〇〇年前だという。ポリネシア人の拡散があった時のことだ[10]。考古学界の主流派の歴史的視点では、人間が大西洋横断に成功したのは一四九二年だということになる。学校で「コロンブスは青い海を渡った」と記憶させられた年だ。

石器時代に長期にわたる海洋航海は技術的に**不可能**だったという考えは、考古学の中心を支える支配的な基準の一つだった[11]。この基準があるので、遺伝学者たちも、この基準を尊重し、データの解釈にも採用している。この基準は、旧石器時代に人間が大洋を横断してオーストラシアから南米へ、直接、渡ったかもしれないという選択肢を否定している。そして、すべての移住は東アジアから行なわれたことに固執している。そこで遺伝学者たちもデータを見る時に、その視点を採用しようとする。

ラーガヴァンとウィラースレフもそうだった。すでに見てきたように、彼らは、データの中に「アメリカ先住民部族の一部には、遠く離れた旧世界からのオーストララロ＝メラネシア系と東アジア系のシグナルがある」ことを認めていた[12]。だが、次に彼らは、データが示唆することを軽く扱うようにして、次のようにいう。

アメリカ先住民とオーストララロ＝メラネシア系との親近性は、広く拡散されており、大きな差異がある。スルイ族では親近性の遺伝子シグナルが強く、アメリカ・インディアンであるオジブワ族では弱い。これが示すのは、最初のアメリカ先住民の祖先たちが**移住した後**に、遺伝子の流動が起こったことだ[13]。

以下が、彼ら二人のデータ解釈の過程だ。

1　彼らはオーストララシア人のシグナルが強いアマゾンから「遺伝子流動」を追跡した。「遺伝子流動」とは、遺伝的なばらつきが一つの集団から別の集団に伝達されることだ[14]。

つぎに、この遺伝子流動が北米インディアンからアマゾンの部族であるスルイ族などに達したのは、アラスカに住むアリューシャン列島人やアサバスカン人を通してであるとする。特に二人は「アリューシャン列島人のルート」を好む。なぜなら「アリューシャン列島人はイヌイット人との関係が深く、イヌイット人たちは他の先住民よりも、東アジア人、オセアニア人、デニソワ人との親近性が強いからだ」[15]。この仮説によると、アリューシャン列島人は「複雑な遺伝の歴史を持っている」が、その中には「東アジアの大陸ルートをたどって、オーストラロ＝メラネシアの集団からのインプットがあったのだろう」という。東アジア大陸ルートというのはシベリアからベーリング陸橋を通ったということだ。「この遺伝子シグナルは、過去の遺伝子流動によって、結果的に南米を含むアメリカの一部に伝播されたのではないか」[16]

2

私はこの考え方に問題を感じる。この仮説による「過去の遺伝子流動の出来事」は、アマゾンに強いオーストラレシア人ＤＮＡシグナルを残している。だがアマゾンは南米大陸の中でも遠く離れた接近しがたい場所だ。一方、北米大陸にはオーストラレシア人シグナルがほぼゼロだ。足で歩いて旅した人々であろうと、沿岸に沿って島から島を簡単な舟でアリューシャン列島から南下した人々であろうと、南米人の集団と接触する前に、北米人の集団との接触があったはずだ。そこで少なくとも、北米大陸にはアマゾンと同じくらいの強さのオーストラレーシア人のＤＮＡシグナルが、残っていなければ奇妙だ。

この点をはっきりさせたくて、コペンハーゲン大学のウィラースレフ教授に直接連絡をとってみた。二〇一八年三月二日のことだ。私は、彼と共同研究者たちが、データから結論を引き出した過程について尋ねた。なぜ、アマゾンにオーストララシア人のシグナルが伝わった遺伝子流動が、アメリカへの最初の移住が**行なわれた後**に起こったと思うかだ。さらに、なぜアリューシャン列島人を媒介者らしいとして重要視するのかも訊いた。そのような極端に北方に住む人々が遺伝子流動の源だと提案するのは、直感的に不自然だとは感じないか？　もしも本当に北方が遺伝子流動の源泉だとするなら、以下の点をどう思うかについても訊いてみた。

そうなると、北が源泉に近いわけで、遺伝子傾斜（ある形質の頻度が地理的に徐々に変化する現象）から見て、北のほうがシグナルも強いはずではないでしょうか？　一方、遠い南のほうが弱くなるのではありませんか？　特にアマゾン地域は南米の中でも特に隔絶された土地です。そこで私がデータを見て理解できることは、遺伝的傾斜が存在するなら、方向が反対であるべきことです。遺伝子信号がもっとも強い南から、もっとも弱い北への方向です。私の理解は正しいでしょうか？　もし正しいなら、私の直感に反する遺伝子傾斜について説明してほしいと思います。アリューシャン人であろうとアサバスカン人であろうと、北米大陸の太平洋沿岸全域を島伝いに南下したとしましょう。その間、誰とも接触しなかったのでしょうか？　だから途中でDNAの痕跡を残さなかったのでしょうか？　やがて彼らは南米大陸の太平洋沿岸のどこかに到着して、アマゾンを目指したのでしょうか？[17]

この問いに対して、ウィラースレフ教授の返事はこうだった。

最新データの遺伝子傾斜について語る時、あなたは、更新世以降、人々が同じ場所に定住していたと推測している。だが、それは分からない。だからあなたの考えは説得力があるとはいえない。何万年という間における人々の分布には、様々なことが起こりうる。たとえば、北の痕跡が失われた可能性がある。別の遺伝子に置き換えられてしまったのだ。真実は不明だ[18]。

「エスケさま」と私は返信した。嬉しいことにファーストネームで呼ぶことを許された。
あなたの指摘されたことはすべてもっともです。私も氷河期から人々がずっと同じ場所にいたとは想像していません。動き回り、移住し、探検するのは、人間として本質的なことだと思います。私が著書の中で以下のように書いてしまうと事実を誤解していることになるでしょうか？　「**現在の人口集団**の、オーストラシア人シグナルの遺伝子傾斜を見ると、南米大陸のアマゾン地域が特に強く、北米大陸のどこよりも強い」。さらに「現在の人口集団のオーストララシア人シグナルは、アリューシャン人やアサバスカン族よりも、アマゾンのスルイ族が強い。また、スルイ族の東アジア人、オセアニア人、デニソワ人との親近性はイヌイットよりも強い」と述べても、事実を誤解していることにはなりませんか？[19]

「それは違う！」とエスケは返答した。「私はそれを遺伝子傾斜とは呼ばない[20]……シグナルはスルイ族が一番強い。一方、アサバスカン族とくらべるとアリューシャン人のほうが強いが、これらのグループはより多くの東アジア人の要素をもっており、その事実を反映しているだけに過ぎないかもしれない。デニソワ人のシグナルに関しては、ほかにくらべてスルイ族が強いわけではない（私の知るかぎりだが）」[21]

したがって、上記のすべてをまとめると、以下のようになる。どうやらデニソワ人のシグナルは、ゲノム配列を調査された現代のアメリカ大陸の先住民集団において、低位で安定しているようだ[22]。それとは対照的にオーストララシア人のシグナルは、アマゾンの集団において明らかに強い。たとえばスルイ族だ。それにくらべ他の先住民の間では弱い。たとえば、アルワコ族（コロンビア北方の非アマゾン先住民）、ワユー族（ベネズエラ北方の非アマゾン先住民）、プレペチャ族（メキシコ）のほか、北米北部や北東部のオジブワ族、クリー族、アルゴンキン族だ。またアマゾンの集団ほど強くはないが、アラスカのアリューシャン列島人とアサバスカン族は、他の北米先住民よりもこのシグナルが強い。アサバスカン族よりもアリューシャン列島人のほうが、シグナルが強い。だが、『サイエンス』の論文でラーガヴァンとウィラースレフはアリューシャン列島人のデータには注意が必要だと警告している。なぜなら「最近のヨーロッパ人との混血により大きな影響を受けている」からだ[23]。

もっとも単純な解決法

次にエスケに、スコグルンドとライクの論文について訊いてみた。読者も覚えていると思うが、著者たちは、オーストララシア人が関係する集団が、直接的にアマゾンに移住した「可能性」を考えている[24]。だからオーストララシア人のシグナルがアマゾンに見つかるという。そうなると、その集団は「現在の主要アメリカ先住民たちの祖先と混血することもなく、アメリカ大陸の奥深くまで入り込んだことになる」[25]。そこで私のウィラースレフ教授への質問は以下のようになった。直接的な移住の証拠があったという意見に、効果的に反論できる資料が遺伝子データの中にあったか？

彼の返事は単刀直入だった。

現在のところ、オーストラロ＝メラネシア系のシグナルについて優れた説明ができる人は誰もいない。これまで可能性があるとして提案されてきたのは、いずれも単なる推測に過ぎない。このことが古い出来事なのか、新しい出来事なのかを知る人はいない。私たちが知っているのは、このシグナルがアメリカ先住民のいくつかの集団にあることとだけだ。それも特にブラジルだ。またそれが、先コロンブス期の出来事であることも分かっている。さらに分かっていることは、これまでゲノム配列が調べられたいかなる古代の骨にも、このシグナルが発見されていないことだ。可能性のある説明は以下だ。

(一)最初の人々がアメリカに移住した後に、このシグナルが入ってきた。沿岸にシグナルをもつ移住者が来たが、当時住んでいた集団になんの痕跡も残さなかった(たとえば、急速に移動したため)。あるいは北米の集団でシグナルをもつ人々のゲノム配列をまだ調べていないのかもしれない。

(二)アメリカ先住民の前に、古代の移住民がベーリンジアを越えていたのかもしれない。だがそうなると、ゲノム配列を調べたこれまでの古代の骨にシグナルがないのは奇妙だ。

（三）最初のアメリカ先住民が組織的に南方に移動してアメリカに流れ込んできて、その一つの集団がシグナルを持っていたのかもしれない。だが、そうすると他の集団と交雑した証拠が残っていないのが奇妙だ。

（四）このシグナルをもつ人々がベーリンジアを通らずに、大洋を渡って南米に来たのかもしれない。遺伝子データを純粋に捉えると、これがもっとも納得できる説明だ。だが実際的には起こりそうもないことだ。

（五）最後は、シグナルを作為的に作ってしまった可能性だ。採用した技法が、思っていたような働きをしなかったのかもしれない[26]。

五番目は私の判断能力を超えている。だが、このような率直な認め方に遭遇するのは清々《すがすが》しい。オーストラロ＝メラネシア系シグナルを上手に説明することはまだできないのだ。しかも、このように幅の広い可能性を積極的に提示するのも新鮮に感じる。私はすでに一つの見解に傾いていた。シグナルはミステリアスであり、太平洋を渡った後、比較的に小さな集団でアマゾンに移住した人々がいたのではないかと考えていたのだ。そこで当然、私はエスケの四番目の可能性に目を引かれた。「遺伝子データを純粋に捉える」というが、これは科学において、証拠に適合する単純な説明ほど好ましいと考える「単純の法則」を意味する。そうなると、この古代遺伝学の権威が、私の考え方に同意してくれたように思えた！　だが、そこから先でエスケと私の意見は分かれてしまう。石器時代に何千キロメートルもある大海を渡航できた可能性についてだ。エスケは実際にそのようなことができたとは思わないという。

私はエスケにメールを送って、この考え方について質問した。

「考古学で合意されているのは、後期旧石器時代か完新世〔一万一七〇〇年前から現代までを含む地質年代〕初期の人間には、大洋を横断する能力がなかったことだ。これを基礎に考えているのか？」[27]

「太平洋を横断したことについては、それが起こらなかったといっているのではない。証拠がないといっている。航海ができた証拠があるのは、歴史的にはつい最近だ（ポリネシア人の拡散）。太平洋横断は一つの可能性であり、私も否定する気はない。だが、その証拠がほとんどない。証拠になる可能性があるのは、遺伝子データをもっとも単純に解釈した場合だけだ」[28]

ここでも清々しいほどの心の広さに出くわした。考古学者たちにはめったにお目に掛かれない特質だ。遺伝子データから見た最適な解釈は、確かに、太平洋を越えて南米大陸へと渡った人々がいることだと思える。またそれは複数回だったかもしれない。そして、その移住者たちがオーストラロ＝メラネシア系の遺伝子シグナルを運んだのだ。だが、石器時代に大洋を横断する航海をしたというのが現実的かどうかについて、エスケ・ウィラースレフ教授は考古学界主流派の合意を受け入れている。当時の私たちの祖先は、大洋を横断する航海技術のレベルに達していなかったという合意だ。そこでウィラースレフ教授の理性的な結論は「人間がそのような航海ができたという証拠はない。証拠があるのは、歴史的にはつい最近だ」ということになる。

ウィラースレフ教授が出した結論は責められるべきではない。科学の専門家は、他の分野の専門家の結論を尊重するのが当然だからだ。だが、ウィラースレフ教授が気づいていないことがあるかもしれない。知らなくて当然だが……考古学の科学というのは、それほど科学的ではないということだ。これまで何度も、考古学界の主流派が認めた統一見解は、根本的に間違っていたことが証明されている。それだけでなく、間違いが証明されるまで、何十年間も反対意見を封じ込めていた。

最近の例では、巨石を使った遺跡の建造年代が五〇〇〇年以上も古くなっている。トルコで一万一六〇〇年前に建造されたギョベックリ・テペ遺跡が発掘されたためだ[29]。さらには「クローヴィス・ファースト」説が崩壊し、長いこと信じられてきた「ネアンデルタール人が芸術性をもたない」という虚偽もくつがえされた[30]。考古学界主流派の合意が常に**正しいわけではない**のは明らかだ。氷河期に、大洋を横断して航海をした人間などいるはずがないという現在の合意も、くつがえされるかもしれない。実際のところ、考古学界主流派による仮定によって、議論すらされないが、アマゾン人に見られる奇妙なオーストラロ＝メラネシア系のシグナルは、大洋航海が実際に行なわれた**証拠**なのかもしれない。

さらにデニソワ人の役割についても考察が必要だ。デニソワ洞窟の証拠から見て、彼らがもっていた技術は、明らかに石器時代のものだが、極めて発達しており、後期旧石器時代よりも新石器時代に属している。彼らが海を渡れたことは判明している。彼らは広大な地域で生活していた。少なくとも西はアルタイ山脈から、東はオーストラロ＝メラネシアにまで及んでいる。最後になるが大事なことは、デニソワ人のDNAは、いまを生きるオーストラロ＝メラネシアの人々に、一番色濃く残っていることだ。この情報をもとに推測すれば、オーストラロ＝メラネシアこそデニソワ人の故郷かもしれない。

デニソワ人の謎と、アマゾンのオーストラロ＝メラネシア人のシグナルの謎が、このようにぶつかり合うのは奇妙で刺激的だが、さらに謎を深めるのは、エスケ・ウィラースレフ教授が、このシグナルの中におけるデニソワ人の要素がそれほど強くないことを明らかにしていることだ。これからの研究でさらに詳細なことが分かるかもしれない。だが、現在の資料に基づくと、アマゾンに流入したオーストラロ＝メラネシア遺伝子から見て、アマゾン人たちはデニソワ人との混血をしていないように思える。あるいは混血していてもわずかに過ぎない。だが、オーストラロ＝メラネシア人たちは、遺伝子から見てデニソワ人がもっとも集まっていた地域に住んでいる。これもまた不思議で、何かの選択の過程があったことを推測させる。

私のこれまでの著書でも特に『神々の指紋』と『神々の世界』で、古代の地図の謎について詳しく検討した。古代の地図には最終氷期の世界の姿が描かれている。これらの地図の緯度と経度は、驚くほど正確で、複雑な球面三角法を駆使している。本書で、その証拠を再提出するのは、不適切だろう。別の本で詳しく解説しているからだ。そこで本書の付録2を参照していただきたい。読んでいただければ、見逃されている古代地図にある豊富な情報と意義深さを理解してもらえると思う。

古代地図は様々な人々によって何世紀にもわたり、何度も描き写されてきた。だが私が主張したいのは、最終氷期の世界の姿を描いた特異な地図には、現在では失われている原図があることだ。原図は少なくとも世界を探検するほど高度な文明によって作図されている。まだ氷に閉ざされた時代に、この文明は地球を測量して地図を作成していた。そのようなことができる文明は、少なくとも造船技術、帆走、航海術、地図製作法、地理学に熟達していたに違いない。だが、考古学者たちは、通常、氷河期の狩猟採集民がこのような技術をもっていたとは考えない。

だが、私が仮定するような高度な文明が存在していたとすると、その文明が当時の狩猟採集部族に対する「出先機関プログラム」を運営していたとしても不思議ではない。二一世紀の私たちの技術文明も狩猟採集部族に対する「出先機関プログラム」があり、アマゾンの多雨林や、ニューギニアのジャングル、ナミブ砂漠には、人類学者や活動家や再定住の専門家などが滞在している。仮説上の失われた文明が、「再定住の専門家」を派遣していたことも考えられないことではない。たとえばメラネシアから遠く離れた南米に人々を移動して、再定住させたのかもしれない。もしも世界的な大災害の可能性が見えてきて、文明の壊滅が迫っていたら、「出先機関」の仕事が加速されたかもしれない。狩猟採集部族の集団を生存者たちの避難場所とするためだ。

これらすべては、まったくの憶測に過ぎない。だが少なくとも、憶測という点では似た仲間はいる。エスケが結論づけているように、アマゾンになぜオーストラシアの遺伝子が存在するのかに関する説明は、彼の説を含めて、**すべてが「憶測に過ぎない」**のだ。

謎はさらに深まる一方だ。二〇一八年一一月に、二つの新しい重要な研究が発表された。一つ目は『セル』誌に発表された。著者はコジモ・ポスとデイヴィッド・ライクなどだ。もう一つは『サイエンス』に発表されている。著者はエスケ・ウィラースレフ、Ｊ・ヴィクター・モレノ＝メイヤー、デヴィッド・メルツァーなどだ[31]。これらの新しい研究が発見したのは、オーストララシアＤＮＡが古代骨にすでに存在していたことだ。時期は一万四四〇〇年前であり、発見された場所は、ブラジルのラゴア・サンタだ。これで研究者たちの疑念が確認された。奇妙な遺伝子シグナルが南米大陸に到着したのは「後期更新世」[32]であり、これは最終氷期の終わり頃となる。「どうやって、そこまで来たのか？」と遺伝学者のＪ・ヴィクター・モレノ＝メイヤーは悩むが、すぐに彼なりの答えを出している。「まったく分からない」だ。同じように、デヴィッド・メルツァーもシグナルのとても奇妙な性質に驚愕している。南米大陸にはっきりと現れるが「なぜか北米大陸全域を一気に飛び越えて出現する」のだ[33]。

私自身の探求目的からいうと、この説明しがたい特異なシグナルは、新たな実り多い探求の道を開いてくれた。北米大陸の原型的クローヴィス文化は、遺伝子的には南米大陸にルーツをもつ。巨大な大陸の半分の謎を解こうとするならば、別の半分に何が起こっていたかを、忘れてはいけないことは明白だ。

私の関心はいまも北米大陸にあるので、第5部では北米に戻る。だが、まずはアマゾンを探査しないと、パズルの大事な一部を見落とすという強い直感があった。

私はこの直感に抵抗しようとした。なぜなら脇道にそれる気がしたからだ。だが、直感はしつこく語りかけてくる。そこで最終的に、私も無視することができなくなった。

[1] Pontus Skoglund et al., "Genetic Evidence for Two Founding Populations of the Americas," Nature 525 (September 3, 2015).
[2] Maanasa Raghavan et al., "Genomic Evidence for the Pleistocene and Recent Population History of Native Americans," Science 349 (August 21, 2015).
[3] 同右、aab3884-1。
[4] 同右、aab3884-8; "Genomic Evidence for the Pleistocene and Recent Population History of Native Americans," Research Article Summary, *Science* 349 (August 21, 2015), 841 も参照。
[5] Raghavan et al., "Genomic Evidence for the Pleistocene and Recent Population History of Native Americans," aab3884-8.
[6] 同右、aab3884-7。
[7] 〝意図的な航海〟派の学者たちに突きつけられている難題は、古代のヒト属は嵐や津波などの自然現象によって〝偶発的に〟海を渡ったという説得力のない主張だ。たとえば R. Bednarik, "The Maritime Dispersals of Pleistocene Humans," 五五ページの、考古学者 Matthew Sprigs のコメント：「Bednarik は現在も、海という障壁を越えられない理由を探し続けている。それを考えると、彼がどんな根拠で、植民は強い海流にとらわれたことによって偶発的に起きたのではありえないと確信できるのか不思議だ」。

山ほどある証拠の一つは、T. F. Strasser らの論文 “Dating Palaeolithic Sites in Southwestern Crete, Greece,” *Journal of Quaternary Science* 26, no. 5 (2011), 553–560 だ。クレタ島はいまから六〇〇万年前～五〇〇万年万年前の中新世にギリシャ本土から分離した。したがってクレタ島に更新世の遺物が存在することは、初期のヒト属にはかなり広い海を渡る能力があり、実際に実行したことをはっきりと証明している（古代のヒト属がギリシャ本土からの約八〇〇キロメートルか、トルコ本土からの九六〇キロメートルを〝偶発的に〟島伝いに運ばれた、と主張したいなら話は別だが）。クレタ島の Asphendou 洞窟の岩絵は最近分析されたが、鹿の一種（カンディアケルヴス）が描かれている。島のカンディアケルヴスは遅くとも一万一〇〇〇年前には絶滅しているので、ヒト属が少なくとも一万一〇〇〇年前にクレタ島に到達したのは確実だ。彼らが芸術を創れたのなら、なぜ船を造れなかったと考えるのか？　T. F. Strasser et al., (2018). “Palaeolithic Cave Art from Crete, Greece,” *Journal of Archaeological Science: Reports* 18 (2018), 一〇〇～一〇八ページを参照。特に一〇三ページ、「もしカンディアケルヴスなら、少なくとも一万一〇〇〇年前の旧石器時代末より古い」および一〇七ページ、「クレタ島の小型の鹿カンディアケルヴスは二万一五〇〇年前から島にいた。そこでこの年代は、Asphendou 洞窟の岩絵の最初の層の古さを示すことになる。そうなると、これはギリシャで発見された最古の形象芸術ということになる」。T. Ingicco et al., “Earliest Known Hominin Activity in the Philippines by 709 Thousand Years Ago,” *Nature* 557, no. 7704 (2018)、二三三ページも参照。この論文は、「フィリピンが植民されたことが証明されている期間を一〇万年単位で押し下げた。さらに、現世人類より古いヒト属の東南アジア島嶼部への拡散が、更新世前期・中期の段階で数回にわたって起きたことを示唆している」。

[8] デニソワ人が現在のオセアニア人の遺伝子に寄与したとの証拠は、D. Reich et al., “Genetic History of an Archaic Hominin Group from Denisova Cave in Siberia,” *Nature* 468 (2010) 一〇五三～一〇六〇ページ、および D. Reich et al., “Denisova Admixture and the First Modern Human Dispersals into Southeast Asia and Oceania,” *American Journal of Human Genetics* 89 (2011), 五一六～五二八ページを参照。

この遺伝子シグナルについての筋の通る説明は、Alan Cooper and Chris Stringer, “Did the Denisovans Cross Wallace's Line?” *Science* 342 (2013) 特に三二二ページを参照。「デニソワ人の遺伝子流動の源は、ウォレス線の東側だったように思える。大陸の人々がデニソワ人のＤＮＡをもっていないのは、遺伝子移入を受けた集団の逆拡散がウォレス線によって制限されたと考えれば説明できる」。

現在の東アジア人の遺伝子への、デニソワ人のより少ない寄与については、以下を参照：K. Prüfer et al., "The Complete Genome Sequence of a Neanderthal from the Altai Mountains," *Nature* 505 (2014) 四三〜四九ページ P. Skoglund and M. Jakobsson, "Archaic Human Ancestry in East Asia," *Proceedings of the National Academy of Sciences* 108 (2011), 18301–18306; S. R. Browning et al., "Analysis of Human Sequence Data Reveals Two Pulses of Archaic Denisovan Admixture," *Cell* 173, no. 1 (2018), 五三〜六一ページ。

Robert G. Bednarik, "The Beginnings of Maritime Travel," *Advances in Anthropology* (January 2014) 二〇九ページも参照。「人類の海事の歴史が始まったのは、従来の海洋考古学で考えられていた数千年前ではない。それより一〇〇倍以上も昔だ……。ワラセア（インドネシア）から得られた考古学データは、海上移動の歴史が前期更新世の後半、遅くとも九〇万年前に始まったことを示している。これほど古い時代に航海が行なわれたことの技術的偉大さをよりよく理解するために、現在、遠征隊が一連の再現実験を行っている」。

[9] Bednarik, "The Beginnings of Maritime Travel," 210–211. R. G. Bednarik, "An Experiment in Pleistocene Seafaring," *International Journal of Nautical Archaeology 27*, no. 2 (1998), 一四八ページ中の実験結果も参照。「ティモール島またはロテ島からオーストラリアまで［八〇〇キロメートル］の航海を行なった海洋民族は、少なくとも七〇万年、おそらく一〇〇万年にわたる海上移動の歴史で蓄積された知識をもっていた」。

ホモ・エレクトスによるフローレス島の植民については、Paul Y. Sondaar, "Middle Pleistocene Faunal Turnover and Colonization of Flores (Indonesia) by Homo erectus," *Comptes Rendus de l'Academie des Sciences* 319 (1994) 一二五五ページも参照。「オラ・ブラ・フォーメーションに属する堆積砂岩の層から、いくつか石器が発見された。場所はインドネシア、フローレス島中西部ンガダ県マタメンゲの近く……いまから七三万年近く前のものと考えられる。この比較的古い年代は、この石器がホモ・エレクトスによって作られたことを示唆している」。Ingicco et al., "Earliest Known Hominin Activity in the Philippines by 709 thousand Years Ago," 一三三ページも参照。

[10] 三五〇〇年前のポリネシア人拡散に関するコンセンサスを確立した2本の論文は以下のとおり：I. D.

Goodwin, S. A. Browning, and A. J. Anderson, "Climate Windows for Polynesian Voyaging to New Zealand and Easter Island," *Proceedings of the National Academy of Sciences* 111, no. 41 (2014), 14716–14721; D. A. Johns, G. J. Irwin, and Y. K. Sung, "An Early Sophisticated East Polynesian Voyaging Canoe Discovered on New Zealand's Coast," *Proceedings of the National Academy of Sciences* 111, no. 41 (2014), 14728–4733.

[11] とはいえ、学界主流派も姿勢を変えはじめた。ブラウン大学のジョン・チェリーは、先史時代の人間の航海能力について「当初は懐疑的」だったが、『サイエンス』誌二〇一八年四月二四日号のニュース記事で引用された発言では：「ごく最近まで、青銅器時代初期まで航海者はいなかったというのが定説だった……いまでは海を渡るネアンデルタール人の話をしている。驚くべき変化だ」。同記事ではボストン大学カーティス・ラネルズも発言している。ラネルズは二〇〇八年・二〇〇九年のクレタ島発掘で共同リーダーを務めた。「われわれは大きな計算違いをしていた……海はわれわれが考えていたよりずっと通りやすいところだった」。(A. Lawler, "Neanderthals, Stone Age People May Have Voyaged the Mediterranean," *Science* [April 24, 2018], doi:10.1126/science.aat9795).

[12] Raghavan et al., "Genomic Evidence for the Pleistocene and Recent Population History of Native Americans," aab3884–7.

[13] 同右。強調を追加した。

[14] 同右、八四一ページ。

[15] 同右、八四一ページ、aab3884–7。

[16] 同右。

[17] エスケ・ウィラースレフ教授とのメール、二〇一八年三月二日。

[18] 同右。

[19] 同右。

[20] 逆の解釈については、Skoglund et al., "Genetic Evidence for Two Founding Populations of the Americas," 一〇四ページを参照。「どの非アメリカ人の集団がもっともシグナルに貢献しているかという係数を一つの連続体とすると、その連続体の一方の端はアマゾンの二集団（スルイ族およびカリティアナ族）で、もう一方の端はメソアメリカの人々だ……外集団の中でアマゾンの諸集団にもっとも似た係数は、オースト

ラランシアの人々に見つかる：ベンガル湾のアンダマン諸島に住むオンゲ族（いわゆる「ネグリート」のグループ）、ニューギニア人、パプア人、オーストラリア先住民だ」。

[21] 同右。

[22] アメリカ先住民全体におけるデニソワ人のシグナルは現在、〇・一三〜〇・一七％と推定されているが、その根拠はゲノム調査というより推測だ。「以前の推定では、［アメリカ先住民における］デニソワ人につながる血統は……オセアニア人の三・八％から四・八％と見積もられていた……この情報と、ニューギニアやオーストラリアのデニソワ人血統は約三・五％というわれわれの新たな推定を考え合わせると、［アメリカ先住民における］デニソワ人血統の割合は〇・一三〜〇・一七％と推測される」。Pengfei Qin and Mark Stoneking, "Denisovan Ancestry in East Eurasian and Native American Populations," *Molecular Biology and Evolution* 32, no. 10 (2015) 二六七一ページを参照。

[23] Raghavan et al., "Genomic Evidence for the Pleistocene and Recent Population History of Native Americans," aab3884–7.

[24] Skoglund et al., "Genetic Evidence for Two Founding Populations of the Americas," 106.

[25] Skoglund and Reich, "A Genomic View of the Peopling of the Americas," 31, およびP. Skoglund et al., "Genetic Evidence for Two Founding Populations of the Americas," *Nature* 525 (2015) 一〇六ページを参照。

[26] エスケ・ウィラースレフ教授とのメール、二〇一八年三月二日。

[27] 同右。

[28] 同右。

[29] ギョベックリ・テペの年代とそれが意味するところは、Graham Hancock, *Magicians of the Gods: The Forgotten Wisdom of Earth's Lost Civilization* (2015) の第一章で議論した（グラハム・ハンコック『神々の魔術：失われた古代文明の叡智』大地舜訳、角川書店）。

[30] Ian Sample, "Neanderthals—not modern humans—were first artists on Earth, experts claim," Guardian, February 22, 2018, https://www.theguardian.com/science/2018/feb/22/neanderthals-not-humans-were-first-artists-on-earth-experts-claim. 次の二本の論文は、ネアンデルタールは芸術家だったと断定している：D. L. Hoffmann et al., "Symbolic Use of Marine Shells and Mineral Pigments by Iberian Neandertals 115,000 Years

Ago," *Science Advances* 4, no. 2 (2018), eaar5255; D. L. Hoffmann et al., "U-Th Dating of Carbonate Crusts Reveals Neandertal Origin of Iberian Cave Art," *Science* 359, no. 6378 (2018), 912–915.

[31] J. Victor Moreno-Mayar et al., "Early Human Dispersals Within the Americas, *Science* (First Release, without page numbers), November 8, 2018 を参照。 Cosimo Poth et al., "Reconstructing the Deep Population History of Central and South America," *Cell* 175 (November 15, 2018), 1–13 および Lizzie Wade, "Ancient DNA Confirms Native Americans' Deep Roots in North and South America," *Science* (November 8, 2018) 中のサマリーも参照。

[32] Moreno-Mayar et al., "Early Human Dispersals Within the Americas."

[33] Wade, "Ancient DNA Confirms Native Americans' Deep Roots in North and South America" 中に引用されている。

第4部

ミーム：アマゾンの謎

第11章　アマゾンの幻の都市

先史時代という太古に失われた文明の痕跡を追跡するにあたって、アマゾンの多雨林からは何も得るものがないようだ、と最初は思った。悩ましく、じれったいオーストラシア人のDNAシグナルの問題がなかったなら、その考えを変えていなかったかもしれない。だがシグナルは存在した。現実なのだ。まったく奇妙だが、もっと深く探求せよと叫び声をあげているようだ。

アメリカ大陸全体も同じだが、ヨーロッパ人がアマゾンを知ったのは、征服の世紀である一六世紀のことだ。もっともアマゾンは主要な標的ではなかった。メキシコとペルーが最初に攻撃され、軍隊も制圧され、富が強奪された。その後になって、莫大な黄金を抱えた風変わりな文明が、アンデス山脈を越えた場所のジャングルに存在するという噂が流れた。スペイン人の強欲が刺激され、一五四一年二月にフランシスコ・デ・オレリャーナとゴンサロ・ピサロ（ペルーを征服したフランシスコ・ピサロの異母弟）がエクアドルのキトという町から東に向かい、未知の世界への旅に出た。

彼らの使命は南米の内陸にあるという伝説の黄金郷《エルドラド》を発見することだった。もちろんそこで見つかるはずの莫大な富の強奪が目的だ。彼らは、この使命に関しては失敗したが、大局的な見地から見ると偉大な業績を残している。なぜなら、彼らの探検のおかげで、当時のアマゾンの目撃証言が現在まで残されたのだ。残念ながらこの証言は先コロンブス期のものではない。そうだったなら完璧なのだが……。それでもヨーロッパ人との接触からそれほど時間を経ておらず、アマゾンは先コロンブス期の状態をかなり保っていたといえるだろう。そして、この目撃談は、南米の失われた先史時代について多くを語ってくれる。

オレリャーナとピサロは総勢二〇〇名以上の兵士を引き連れてアンデス山脈から下っていった。どんどん深くなるジャングルを探検し、敵意をもつ部族と戦いながら、彼らはやがてナポ川の支流であるコカ川の河岸に到着した。ナポ川は堂々たる大河アマゾンの重要な支流だ。この地域を陸路で行くのはほぼ不可能だった。もちろん、無限の豊かさをもつという黄金郷を発見し、その喜びに耽ることもできず、征服者《コンキスタドール》たちは、病に侵され、飢えで衰弱していった。彼らはこの苦境を抜け出すため、大型のボートを造り、船には「サンペドロ」という名前を付けた。ピサロの命令に従って、オレリャーナは五〇名の部下を引き連れて、近くの村を襲い、食物を得るため、船で出発した。

オレリャーナは食物を手に入れて、一二日間で戻ると約束していた。だが不幸にも、計画をした時に、巨大なアマゾン川の水系を考慮していなかった。サンペドロ号はあっという間に下流に押し流され、すぐに本隊から何百キロメートルも離れてしまった。アマゾン川の強力な流れに逆らって上流に戻るのは、考える気にもなれなかった。それとは別に、オレリャーナの部隊に即席で造った船を漕いで上流に戻るだけの力があったとしても、ピサロのところに戻れる保証はなかった。網状に交差する川の流れは迷路のようになっており、支流の入口はみな同じように見えるのだ。

そこでオレリャーナたちは、そのまま下流へ進む決意をした。その結果、彼らはアマゾン川の上流から下流までを航行し、南米大陸の西から東への全域を旅した最初のヨーロッパ人となった。この頃はスペイン人が「新世界」に天然痘を持ち込んでから、まだ二〇年しか経っていなかった。天然痘の伝染も初めての出来事だ！　この深刻な伝染病の大流行は、アメリカ大陸の人口を大きく減らしたが、アマゾン大密林の奥深くまでは、まだ到達していなかったと思われる。だが、死をもたらす伝染病はすぐに追いついてきた。したがってオレリャーナの冒険は、大密林で何千年も繁栄してきた文化と文明の原型に迫り、素顔を見るほぼ最後の機会だった。

その意味で、オレリャーナとその残虐な傭兵集団に、聖職者ガスパール・デ・カルバハルが参加していたのは、私たちにとって幸運だった。飢餓に襲われ、命がけで戦っていた傭兵たちの絶望的な航行に、教養のある繊細なドミニコ会修道士が同行し、全期間にわたって日誌を書いていたのだ。その中で彼は「私は、神にこのような奇妙で発見の多い航行に参加するように選ばれた。そのことについてこれから述べていこう」と書いている[1]。

遠征隊は何度も極端な窮乏に直面している。その一例として、カルバハルは食料なしで何日も過ごしたと報告する。

革以外に何も食べるものがなかった。ベルトや靴の底を草と共に煮た。その結果、私たちは衰弱して立っていることもできなかった。四つん這いで歩く者もいた。ある者は森に入り、木の根を探して食べ、ある者は見たこともない草を食べた。彼らは死ぬ寸前にあった。なぜならみんな気が狂ったように振る舞い、正常な感覚を失っていたからだ。だが神がお喜びになったのか、私たちは旅を続け、誰一人として死ななかった[2]。

神の助けがあったのか、幸運だったのか、オレリャーナのリーダーシップが優れていたのか、タフで才覚のある部下たちのおかげか、航行中に餓死した者はいない。数名が命を落としたが、感染症や疾病、戦いにおける傷のためだった。何しろ七〇〇〇キロメートルに及ぶ大旅行だった。一五四一年二月にキトを離れ、ブラジルの大西洋に面するアマゾン河口にあるマラジョ島に到着したのは、一八ヶ月後の一五四二年八月だった。

カルバハルの日誌には優れた歴史的意義がある。単なる冒険の様々な危険よりもはるかに重要なことが書かれている。この日誌は広大で複雑なアマゾンの衝撃的で想像も及ばない世界を描いている。もちろん広大な不毛の地があり、遠征隊はおおいに苦しめられている。数百キロメートルにわたって川岸に人の気配はなく、作物もなく、野生動物さえ見かけなかった。だが読み進めると、この広大で空虚な不毛の地に、驚くほど豊かで人口の多い地域が散在していたことが分かる。河岸にあった「巨大な都市」は、端から端までが二〇キロメートル以上もあった。ほぼマンハッタン島と同じだ[3]。カルバハルの報告によると、広大な土地で生産性の高い農業が行なわれていた[4]。どこを見ても政治・経済のシステムが整っており、中央集権国家と結びついているのが明らかだった。その国家は統制のとれた兵士を何千人も動員することができた[5]。

これはヨーロッパ人との接触で崩壊させられる前のアマゾンを垣間見た最後の報告だ。それは栄光に満ち、洗練された技術をもつ、先住民たちの発展した先史時代があったことを思わせる。カルバハルが語るところによると、大きな川の八〇リーグの長さにわたる土地が「マチパロという名の偉大な首長」によって治められていたという。八〇リーグというと五〇〇キロメートル以上だろう[6]。この領域で話される言語は一つで、町や村は隣接しており、その間隔は「弓矢が届く」ほどの距離だったという[7]。

マチパロの領域を過ぎて一週間後、スペイン人たちは「要塞化された村」に遭遇した。食料不足だったスペイン人たちは、村を急襲して住民を殺し、生き残った村人はジャングルに逃げていった。それから「三日間ほど村に滞在し、しばらく休み、申し分のない宿舎で満足いくまで食べたいだけ食べた。村は内陸部に向かう多くの道路と結ばれていた。非常に立派な道路だ」[8]。だが、オレリャーナはこの道路に不吉なものを感じた。家から追い出された先住民たちが援軍を引き連れて、すぐに戻ってくるかもしれない。そこで遠征隊は再び船で出発し、それからは多彩な食料が豊富に手に入るようになった。川を下る途中、どこにでもあったからだ[9]。
次に彼らが船を着けたのは「高台にある村だった。小さな村のようであったし、隊長が占領しろと命令を下した。綺麗な村であることが分かり、内陸部にある王の保養地のように思えた」[10]。住民たちは激しく抵抗したが、追い払うことに成功したという。

私たちが村の主人になった。ここには大量の食料があり、貯えの補充もできた。この村には、一軒家があり、そこには様々な磁器があった。瓶や水差しは非常に大きく、容量は二五アローバ（三八〇リットル）以上ある。さらに小型の皿や深い鉢や枝状の燭台があったが、これらは世界最高の品ではないかと思う。マラガ〔スペイン南部の都市。ラスター彩という磁器の名産地〕の磁器もかなわない。なぜなら私たちが見つけたこれらの磁器には光沢があり、色鮮やかに装飾されているが、その色の明るさには度肝を抜かれる。さらにもっと凄いのは、磁器に描かれている図柄や絵だ。精巧に作られており、自然な技術でこのようなものを製造し装飾ができるのだろうかと不思議に思う。まるでローマの品物のようだ。インディオの話によると、この家の数多い製品は土から作られているが、内陸の国ではこれらが金銀で作られているという[11]。

この村だけでなく、他の通過した村からも「多くの道や立派な幹線道路が内陸部に延びていた」[12]。オレリャーナはそれまで、興味をそそるジャングルの街道を探検したいという衝動を抑えていた。だがとうとう、道路がどこに行くのかを知りたくなり、数名の兵士を連れて内陸に向かった。黄金郷に行けるかもしれない！　だが、再び思慮深さが、勇猛さを上回った。

一リーグ〔約四～六キロメートル〕の半分も行かないうちに、道路が広くなり「王の道」のように見えてきた。隊長はこのことに気づくと、戻る決意をした。なぜならこれより先に行くのは思慮に欠けるからだ[13]。

疑いもなく、オレリャーナの思慮深さは、兵士たちのほとんどがアンデスから大西洋までの七〇〇〇キロメートルに及ぶ危険な旅を生き残れた理由の一つだ。だが同時に、ジャングルを抜ける「王の道」を探検しなかったことは非常に残念でもある。その結果、現在の私たちは、その先に何があり、どんな場所だったかを想像することしかできない。

受け入れがたい真実

カルバハルの日誌は、ほぼ傷つけられていないアマゾン川流域の目撃証言であり、当時、注目され広く論議の的になった。だが、すぐに忘れ去られて三〇〇年以上の歳月が過ぎた[14]。再び歴史の表舞台に現れたのは一九世紀だ。チリの学者ホセ・トリビオ・メディナが徹底的な古文書探索を行ない、一八九五年に出版した[15]。

だが、カルバハルを脇に追いやる力は、三〇〇以上年経った後もまだ健在だったようだ。この日誌は古代アマゾンの理解についてユニークで重要な貢献をしているのだが……。彼の日誌が印刷されるや否や、学者たちによって「虚偽をあばかれ」はじめた[16]。

たとえば、威厳ある弓を射る女たちについてのカルバハルの記述に対しては頑強な反対があった。修道士カルバハルはためらうことなく「アマゾネス」と呼ぶが、これはギリシャ神話の女戦士のことだ[17]。オレリャーナの遠征隊を襲った人々の中にアマゾネスもいたというのだ[18]。さらにカルバハルは、旅の途中で会った多くの人々が「アマゾネスに服従」していたという。アマゾネスたちの支配地域は広大で、壮麗な首都の中心には、五つの壮大な寺院があったという[19]。

それらの建物にはたくさんの金や銀の偶像があったが、女性像だった。さらに太陽に捧げるための金や銀の容器がたくさんあった[20]。

この描写は航行の後の数年間、広く流布され、大衆の想像力をかきたてた[21]。その結果、オレリャーナが冒険をしたブラジルの大河の流域は、彼やその他の有名なスペイン人冒険家の名前が使われず、「アマゾン」と命名されている[22]。だが後年の懐疑的な人々から見ると、カルバハルが述べたジャングルの中にある古典世界〔ギリシャ神話〕との結びつきや、壮麗な都市などは、バカげたことにしか思えなかった。

それればかりではない。

本当のところ懐疑派が腹に据えかねたのは、カルバハルが述べた、多雨林の住民の全体的な文明レベルについてだった。洗練された芸術とか工芸品だとか、特に居住地に関することだ。それはアマゾネスの壮麗な首都だけではない。そのほかの「非常に大きな都市」や「白くきらきら輝く都市」も同じだった[23]。一八九〇年代になると、人類学者や考古学者たちの懐疑的な見方は決定的となった。アメリカ大陸に人々が住み着いたのは、比較的最近のことだというのだ。この移住が最近だったという筋書きで強く信じられたのは、人類が居住するようになった最後の場所の一つが、アマゾンだということだ。

その後の数十年で、この見方がより支配的になると、真面目な研究者たちにとって、アマゾンに人が住みはじめたのはせいぜい一〇〇〇年前で、これは議論の余地もなく明らかだと思われてきた。また、ジャングルは「資源が乏しい」ため、住み着いたのは狩猟採集民のごく小さな集団だったという[24]。同じような調子で、一九九〇年代になっても、環境保護主義者たちによる多雨林の見方は「偽りの楽園であり、豊かに生い茂る木々は、栄養の少ない土壌を覆い隠している。この土壌では大集団や複雑な社会を支えられない」というものだった[25]。

カルバハルの言うことは二〇世紀を通して、ほぼ信じられることがなかった。再度検証したほとんどすべての人たちに否定されたが、それも理解できる。彼が描いたヨーロッパ人が接触する前のアマゾンの人々と文化は、学者たちの支配的な学説と、真っ向から衝突していたからだ。そこで当然ながら、長いこと無視されていたカルバハルの目撃証言の再発見に対する、ほとんどの考古学者たちの最初の反応は、自分たちの学説を見直すことではなかった。その代わりに、学説を擁護し、カルバハルが嘘をついていると非難した。遠征で達成したことを美化しようとしたというのだ。

カルバハルは、自分が書いたことは「すべて真実だ」と誓っている[26]。修道士にとってこのような誓いは、ささいなことではない。だが、彼が述べるアマゾン川沿いの都市や大きな人口、優れた磁器（マラガのものを超える）、広大で豊かな農地は、あまりにも破壊的な考えで、懐疑派は受け入れることができなかった。簡単にいえば、カルバハルのいうことが正しかったら、現代の「専門家」たちが間違っていたことになるし、彼らにとってそれは耐えがたいことだ。

カルハバルは夢想家の嘘つきなので、アマゾンに関する記述をまともに取り合ってはいけない、という評価が固まりそうになった時、新たな証拠が出現した。その証拠によって最終的に彼の汚名はそそがれ、終始真実を語っていたと証明されることになった。

アマゾンの都市は実在したか?

UCLA〔カリフォルニア大学ロサンゼルス校〕のデイビッド・ウィルキンソン教授は、世界政治の長期にわたる大規模な現象に関する権威だが、その研究には帝国と独立国家の制度が含まれる。そのウィルキンソン教授が、特別研究を行なった。ヨーロッパと接触する前のアマゾンの文明レベルに関するものだ。

> 文明があったかどうかの鍵となる質問は、ヨーロッパ人との接触の前にアマゾンに都市があったかどうかだ。「文明」には「都市」が必要だ。「都市」こそ「文明」を決定づける特徴だ。都市ならば四等級の大きさの居住地であり、一万人以上の人々が住んでいなければならない……アマゾンに都市はあったのか?〔27〕

スペイン人とポルトガル人による遠征隊の初期の報告から判断すると、「答えは明らかに肯定的だ」とウィルキンソン教授は言う[28]。彼はすでに述べた端から端まで二〇キロメートル以上ある都市に特に注意を向けている[29]。もう一つはカルバハルが述べる「二リーグ以上の幅がある」居住地だ[30]。一リーグの距離は「完全には合意されていないし、固定された物理的な距離でもないが、イギリスのマイルでいえば二・五から四マイルの間だろう」[31]とウィルキンソン教授。そうなると住居が密集していた居住地の二リーグは、八キロメートルから一三キロメートルとなる。次にウィルキンソン教授は人類学者と地理学者の国際チームによる研究を紹介するが、この研究によれば、居住地には「一万人の住民がいたと思われる」と計算している[32]。その結果、ウィルキンソン教授は、定義に従えば、四等級の大きさの居住地になり、都市だと述べる。したがって「文明の一部だ」という[33]。そこでもっと大きな居住地である二〇キロメートル以上も幅のある場所ならば倍以上の住民がいることになる。二万人以上だ。

この数字を同時代の「文明化」されたヨーロッパの都市とくらべると分かりやすいかもしれない[34]。ロンドンの場合、一六世紀には六万人の人口があったと推定されている[35]。したがってロンドンはアマゾンの二つの都市よりも大きい。だがそれは程度の問題で種類が違うとはいえない。イギリスのヨーク市はローマ時代からの市街地だが、一六世紀における推定人口は一万人から一万二〇〇〇人で[36]、これはアマゾンの都市とほぼ同じ規模だ。なお、スペインのトレド市は一九世紀の中頃まで、人口一万三〇〇〇人に達することはなかった[37]。

したがって、カルバハルの証言によるアマゾンの都市の規模は、同時代のヨーロッパの都市に引けを取らないことになる。さらにカルバハルによると、マチパロ首長は「多くの集落と大規模な領地」を支配しており、「この領地から戦いのために五万人の男たちを動員できた。その年齢は三〇歳から七〇歳で、若者は戦争に参加させなかった」という。一六世紀のアマゾン社会で戦争に行く男たちの年齢は、人類学的見地から見て興味深い。だがそれはさておき、この証言はこの地域の人口を理解する上で重要な示唆を含んでいる。

　マチパロ首長の領地は、オレリャーナ遠征隊が通り抜けた、多くの領地の一つに過ぎない。だがカルバハルの報告が正しければ、五万人の兵士を駆り出すことができたことになる。この兵士数は、当時のデンマークとノルウェーの二国合計で集められた兵士よりも多い。フィンランドとスウェーデンの合計した兵士数よりも多い。あるいはブランデンブルク＝プロイセン〔ドイツ・ポーランドのホーエンツォレルン家の領邦国家連合〕や、ロシア皇帝の領土でも動員することができなかった人数だ[38]。

　アマゾンは「非文明的」で「野蛮」という見方は、ヨーロッパ人の心に深く根づいている。それも野蛮の権化《ごんげ》という見方だ。そこで一八九五年にカルバハルの日誌が再出版された時に、人々が信じなかったのも無理はない。同じように信用されなかったのは、そのすぐ後に行なわれた、二つの似たような冒険の報告だ。ウルスアの遠征はオレリャーナの遠征の二〇年後に行なわれており、テイシェイラの遠征は一六三七年から一六三八年に行なわれている。

　ウルスア遠征隊には公式の報告者がいなかった。だが遠征隊の将校の一人であるアルタミラノ大佐は、カルバハルの観察の正しさを独自に確認している。彼はアマゾンのジャングルの中心部に一万人ほどの人口をもつ居住地があったという。これはデヴィッド・ウィルキンソン教授が定義する「都市規模」の、最低限の数字にあたる[39]。

テイシェイラ遠征隊の時代になると天然痘が流行して、この地域を広範囲に破壊しており、人口が激減していた。さらにはヨーロッパ人の侵略と略奪にも悩まされていた。この遠征隊に同行していたイエズス会士のクリストバル・デ・アクーニャ神父は、カルバハルと同じように、日誌を残している。彼は「アマゾン川流域は」、ガンジス川やユーフラテス川やナイル川よりも「広大な地域であり、より肥沃な平原があり、もっと多くの人々を支えることができる。川の水量は甚大で、まるで大海のようだ」と報告している。カルバハル修道士やアルタミラノ大佐のようにデ・アクーニャも、「無数のインディアンたち」について語っている。居住している地域は広大で何百キロメートルにもなり、集落は密集している。「あまりにも密集しており、人が見えなくなることはなく、次の人が見えてくる」[40]。

「これらの証言は、十分だと思える」とウィルキンソン教授。「居住地の広さやありあまるほどの食物があることから、多くの人口を養えることが分かる（社会も複雑だっただろう）。そこで、アマゾン川流域にはコロンブス到来よりも前の時代に文明が存在した可能性がありえるし、存在したことになる」[41]

「だが問題は……」とウィルキンソン教授は続ける。「その後、深刻な疑いが発生したことだ」[42]。

最初の疑惑は、オレリャーナ遠征隊やウルスア遠征隊やテイシェイラ遠征隊の後にアマゾン流域に入り込んだ人々の体験から生まれている。その中でもイエズス会の宣教師、サムエル・フリッツ神父の観察は特に大事だろう[43]。フリッツ神父は、コカ川とアグアリコ川に挟まれたナポ川流域に住むオマグア族と共に暮らした。この地域はオレリャーナ遠征隊が通り抜けており、カルバハルも人口が密集していたと述べている（オマグアという名前は出てこない）[44]。

だがフリッツ神父は、カルバハルが述べたような事実はないという！　一六八六年から一七一五年にかけてフリッツ神父は、三八のイエズス会伝道団をオマグア族の間につくっている。と同時に、伝道団をつくっていく上で重要な、オマグア族の集落を地図上に記録していた。だが当時の人口は合計して二万六〇〇〇人に過ぎないという[45]。カルバハルの証言による数十万人とは大違いだ。何が起こっていたかについてはヒントがあるので触れておこう。フリッツ神父の宣教以外の重要な関心事は、小さくて弱い村落社会に、「繰り返されるポルトガル人の奴隷狩りから逃れるため、上流に隠れて再編成しなさい」と助言することだった[46]。

同じように、その少し後になるが、一七四三年から一七四四年にかけて、フランス人の地理学者シャルル＝マリー・ド・ラ・コンダミーヌがこの地域を旅行している。彼はアマゾンには町もないし軍隊もないと報告している。やはりオレリャーナ隊の報告とは大違いだ。コンダミーヌによれば、オマグア族は「昔は強大な人々であった」が、アマゾン川流域のどこにも「ヨーロッパ人に敵対するような戦闘的な部族はいなかった。彼らは屈服しているか、奥地に引きこもっていた」という[47]。

このような報告だけでなく、ほかにも多くの似たような報告が一八世紀が一九世紀になり、一九世紀が二〇世紀になってもあった。その結果、初期の探検家たちの信用に深刻なダメージが与えられた。特にスミソニアン協会の考古学者ベティ・メガーズは、二〇一二年に亡くなるまで、カルバハルが、見たものをすべて誤解したか、あるいはすべてが空想満載の創作だったに違いないと言い張っていた[48]。

ベティ・メガーズの長い影

ベティ・メガーズは生涯を通して、先コロンブス期のアマゾン流域における居住地は、一〇〇〇人も住めるような場所ではなかったと、熱烈に主張した。カルバハルが報告した数万人どころか数千人でも無理だというのだ。彼女の意見では、カルバハルが述べている兵士や食物保管所や磁器の職人がいたなどという洗練のレベルは、アマゾンの環境的な制約から見て、**不可能**だという[49]。

メガーズの『アマゾニア：偽りの楽園における人間と文化』（現代教養文庫）は一九七一年に出版された。彼女が一九五〇年代に行なった調査に基づく結論を発展させた内容だ。この本は「アマゾンに関して書かれたもっとも影響力の強かった本」だといわれている[50]。確かにこの本に影響を受けて「環境的制約」という考えが広まった。多くの考古学者、人類学者、生態学者がなんの疑問ももたずにメガーズに従ったからだ。そのため、この考え方は長い間、アマゾンの先史時代を理解するための唯一の標準的な枠組みとなった。ウィルキンソン教授によるとメガーズのような「二〇世紀の文化生態学者や考古学者たちが、細心の注意を払って組織的な研究を行ない」、このような合意が形成されたという。そこで「大規模な共同体や社会」が存在したことは一度もないとされた。環境的な制約から見るとアマゾン地域は「湿った砂漠」だからだ[51]。

第2部で登場したヴァンス・ヘインズによる「クローヴィス・ファースト」の教義は、長い間、人々を誤った幻想の世界に閉じ込めていた。同じことがメガーズやその支持者たちの教義にも起こった。支配力をもつ個人が、権威ある地位にあると、知識の発展を数十年にわたって停滞させかねない。だが、最終的には反証的な証拠や見解の蓄積を止めることができず、新しいパラダイム〔支配的な考え方〕が生まれる。

そこで、アマゾン文明を研究したウィルキンソン教授は次のように述べる。

> 二〇世紀の終盤になると、考古学の振り子は、初期の探検家の証言を支持する方向に振れた。メガーズすらも『アマゾニア：偽りの楽園における人間と文化』の中において、マウリシオ・デ・エリアルテの報告（一六六二年頃）をコメントなしで掲載している。エリアルテによると、タパジョスの首都（現在のサンタレン）は、六万人の戦士を動員できたという。この数の兵力を擁するには、比較文明的に見て三〇万人か

ら三六万人の都市人口が必要だ！[52]

いまにして思えば、エリアルテの報告が示唆することをメガーズも知っていたが無視した。それが問題だった。もちろん、もし考慮に入れていたら、彼女の論文をすべて再考しなければならなくなる。だが、『偽りの楽園』が出版されてから二〇年以内に、他の学者たちが、彼女の代わりに活発に再考を始めた。その中でも注目すべきは、現在、シカゴのイリノイ大学で人類学教授をしているアンナ・カーテニアス・ローズヴェルトだろう。一九九三年に彼女は、先コロンブス期のアマゾンの集落に「多くの人々が住んでいた……数千人から数万人以上だ」という証拠を示している。一九九九年には「アマゾン地域では、国家ではない社会が、巨大で密集した人口を組織していたようだ。彼らは集約的に生活の糧《かて》を得ることができており、巨大なアースワーク工事を行ない、精巧な工芸品と建造物を作っている。それもかなり長い期間だ」と書いている[53]。

同じように、一九九四年に、人類学者ニール・ホワイトヘッドは、アマゾンの先史時代について、「私たちが相手にしている文明は、かなり複雑だ。国家になる寸前だったかもしれない」と、結論づけている[54]。二〇〇一年にはマイケル・ヘッケンバーガー、ジェームズ・ピーターセンとエドゥアルド・ネヴェスが、メガーズの批判を受けて、すでに確立されていた自分たちの見解を強烈に擁護している。それによると、「過去一〇〇年から二〇〇年に報告されたよりも、はるかに大きな社会が複数、過去のアマゾンに存在した」し[55]、それらの社会は「首長の支配する地域」や「王国」を含み[56]、ヨーロッパ人が接触する前のアマゾンのいくつかの地域には、「失われた文明群」が明らかに存在したという[57]。

これらのやり取りを、どう考えるべきだろう？

要するに、と、ウィルキンソン教授は次のように述べる。

「アマゾンに都市があったとしたら、それらはどこに行ったのか？　アマゾンに都市があったとしたら、彼らはどのように食料を得ていたのか？」[58]

これらの疑問にウィルキンソン教授は、それぞれ二語で答えている。最初の疑問には「何度も起こった破局」であり、二つ目の疑問には「模範的な農業」だ。

絶滅と記憶喪失

「模範的な農業」については後の章で述べる。まずは「何度も起こった破局」について検討しよう。

オレリャーナ遠征隊の前から、天然痘はすでにメキシコ経由でアマゾンに入っていたかもしれない。数十年前にスペイン人に征服されたメキシコでは、天然痘がすでに広まっていた[59]。そうでないとしても、ピサロ配下の征服者たちが一五三二年から三三年にかけて、大勢でペルーに天然痘を持ち込んでいた。その疫病がアンデス山脈の東側を下り、多雨林全体に深く浸透するのに、それほどの時間はかからなかっただろう[60]。証拠はないが、オレリャーナ遠征隊がこの疫病をアマゾン奥地に持ち込んだ最初だった可能性がある。仮にそうだとしても、それが最後ではない。さらにヨーロッパ人には免疫があったが、アメリカ先住民には免疫がなかった旧世界の疫病は、天然痘だけではない。はしかやインフルエンザそのほかのウイルスも、恐ろしい数の人々に死をもたらした。

ウィルキンソン教授は人類学者トーマス・P・マイヤーズの重要な研究にも触れている。マイヤーズは「一六世紀から一八世紀の南米では、三〇回以上も伝染病が猛威を振るった。天然痘、はしかなどが発生したが、そのいくつかは巨大な規模だった」という[61]。さらに「オレリャーナ遠征隊からテイシェイラ遠征隊までの間に、人口が激減した」証拠を見つけ、多くの場所で人口が九九パーセントも減ったと推測している[62]。マイヤーズは「これが理由で宣教師たちが、アマゾンは比較的に人が少ないという考えを広めることになったのではないか。彼らが出会ったのは疫病の蔓延から生き残った人々ではないか」と指摘している[63]。

アマゾンの先コロンブス期の人口が、実質的に消滅したとなると、それが意味することは重大だ。それほど多くの人々が死んだのなら、彼らと共に失われたこともたくさんあるだろう。ウィルキンソンは簡潔に述べている。「人口一万人の小都市で住民の九九パーセントが死ねば、一〇〇人が住む村落となってしまう。できることも激減する」[64]。

このイメージをアマゾン全体の偉大で複雑な文明に当てはめることができる。文明全体で九九パーセントの兵士を失うことになる。農民の九九パーセントも失う。狩猟採集民の九九パーセントも失う。九九パーセントの天文学者、九九パーセントの治療者やシャーマンも失う。建築家の九九パーセントを失い、造船技術者の九九パーセントを失う。さらに知恵を保つ人々の九九パーセントを失う。もちろん、アマゾン川流域は広大なので、一夜のうちにこのようなことが起こったわけではない。一世紀や二世紀はかかったことだろう。忍び寄る破局であり、一度きりの大災害ではなかった。だが、ゆっくり来ようと早く来ようと結果は一緒だ。無人で残されてしまえば、仮説上のアマゾン文明の偉大な都市や建造物も、その他の公共構造物も急速に浸食され、ジャングルに完全に覆い隠されてしまうだろう。同時に、文化全体の記憶もほぼすべて消し去られるだろう。伝統技術や知識も潜在力もすべて永遠に失われるだろう。

そうならば、アマゾンの深い過去についての真実を求めるにあたって直面する記憶喪失も、混乱も、矛盾やミステリーも、それほど不思議ではなくなる。

［1］ H. C. Heaton (ed.), *The Discovery of the Amazon According to the Account of Friar Gaspar de Carvajal and Other Documents* (*American Geographical Society, 1934*), 169.

［2］ 同右、一七二ページ。

［3］ 同右、一九八ページ「五リーグにわたって住宅が途切れなく続く集落もあり、壮観だった」。この観察に

ついて、UCLA（カリフォルニア大学ロサンゼルス校）のデイビッド・ウィルキンソン教授は、「リーグ」の長さは厳密には決まっていないが「イギリスの二・五法定マイル以下ということも、四法定マイル以上ということもないだろう」と述べている。David Wilkinson, "Amazonian Civilization?" *Comparative Civilizations Review* 74, no. 74 (Spring 2016), 96を参照。ということは、五リーグは最短一二・五マイル（二〇・一キロメートル）、最長二〇マイル（三二・二キロメートル）になる。ならば、この集落は「二〇キロメートル以上」続いていた、といっていいだろう。

[4] 同右、一九八ページ「偉大な酋長マチパロの領地」には、人々が住み、「自然の資源に恵まれ」て、八〇リーグにわたって広がっていたという。一八八ページにも、これとは別の、同じくらい広い耕作地が登場する。さらに二一七ページには、次の記述がある。「この土地は我が国スペインと同様に優良だ。肥沃で、見た目も普通だ……インディオたちはすでに畑を焼きはじめていた。温暖な土地だから、小麦がたくさん獲れそうだ。果樹もいろいろ育つだろう。それに、様々な家畜の繁殖にも向いている」。一リーグの長さについては上の注を参照。

[5] たとえば同上、一九〇ページを参照。「このマチパロは川のそばの小高い丘に本拠を構え、多くの集落を支配していた。非常に大きな集落もあった。それらの集落は、戦いのために、三〇歳から七〇歳までの男を全部で五万人提供した」。一九四～一九五、一九七～一九九、二〇四～二一三、二一八～二一九ページも参照。

[6] 「リーグ」の長さについては右記の注3を参照。

[7] Heaton, *The Discovery of the Amazon According to the Account of Friar Gaspar de Carvajal and Other Documents*, 198.

[8] 同右、二〇〇ページ。

[9] 以下を含む。「肉、キジ、七面鳥、様々な種類の魚」「多数のカメやオウム」「カメ……マナティーやほかの魚、キジやネコ科動物やサルのあぶり焼き」「囲いやいけすの中にカメ、大量の肉や魚や乾パン……一〇〇〇人の遠征隊を一年間養うことのできる量」「パイナップル、［アボカド、］プラム、チェリモヤ、その他多くの種類の果物」「非常に大量のおいしい乾パン。インディオはこれをトウモロコシとユッカから作る。それに様々な種類の果実もたくさん」「内陸へ売りに行くための」魚の干物、「カメ……七面鳥や

オウム……パン、ビールに似た非常にうまい酒」、バク、「カタツムリやカニ、ヤムイモやトウモロコシ」。

同右、一七五、一八〇、一八二、一九二、二〇〇、二〇三、二〇七、二一〇、二一一、二三〇、二三一、二三二ページ。

(10) 同右、二〇一ページ。

(11) 同右。

(12) 同右、二〇二ページ。

(13) 同右。

(14) J. T. Medina, *The Discovery of the Amazon According to the Account of Friar Gaspar de Carvajal and Other Documents*, vol. 17 (American Geographical Society, 1934), 8.

(15) 同上、九ページ。

(16) たとえば Medina, *The Discovery of the Amazon According to the Account of Friar Gaspar de Carvajal and Other Documents*, 二五〜二八ページに引用された、スペインの歴史家 Francisco Lòpez de Gomara を参照。Gomara は一五五二年に、カルバハルの日誌を「嘘ばかり」と形容した。しかしカルバハルは実際にアマゾンを訪れているが、Gomara は行っていない。しかも Gomara は一六世紀の同時代人から、歴史的事実をゆがめているとして、カルバハルよりも非難されたようだ。一五五三年一一月一七日、スペインのフェリペ王子は、Gomara の著作は歴史的に不正確であるとし、再版する者には誰であれ二〇万マラベディの罰金を科した。

(17) Heaton, *The Discovery of the Amazon According to the Account of Friar Gaspar de Carvajal and Other Documents*, 二一四ページ、「主は喜んで我々の仲間たちに力と勇気を授けられた。彼らは七、八人（われわれが見た限り）のアマゾネスを殺した。するとインディオたちは意気阻喪した」。カルバハルは明らかに、「女戦士」または「アマゾネス」と「インディオ」を区別している。

(18) 同右、二一四ページ。

(19) 同右、二一二〜二一四、二二〇〜二二一ページ。

(20) 同右、二二一ページ。

(21) アマゾンの勇猛な女戦士たちは一五四一年までに、文学に特に重要な役回りで登場し、ヨーロッパ人の想像力に刻み込まれつつあった。たとえば騎士道物語「アマディス・デ・ガウラ」シリーズの続編である『エスプランディアンの武勲』は、一五一〇年に出版されて人気を博したが、アマゾネスがよく登場する。ヨーロッパ人が抱いていたアマゾネスのイメージを知ることのできるよい資料だ。E. Pink, "The Amazons of the Americas: Between Myth and Reality" を参照。ニューカッスル大学のサイトで読める：https://www.societies.ncl.ac.uk/pgfnewcastle/files/2015/03/Pink- The-Amazons-of-the-Americans.pdf.

〔22〕 Heaton, *The Discovery of the Amazon According to the Account of Friar Gaspar de Carvajal and Other Documents.* 大方が合意するところでは、アマゾン川の名称は、オレリャーナが戦ったトゥピア族（Tupya tribe）の女たちに由来する。彼女たちがオレリャーナに、ギリシャ神話の女戦士アマゾネスを思い出させたからだという。このことはカルバハルの日誌からも明らかだ。カルバハルは次のように説明する。「オレリャーナの探検後、マラニョンという名は放棄され、この川は徐々に、アマゾン（アマゾネス）の川として一般に知られるようになった」。時には発見者の名前で呼ばれることもあった。その一例を、王命によって作成された書状の条項に見ることができる。Gerónimo de Aguayo に対し、「アルアカスおよびアマゾネスの地へ赴く」権限を与える書状だ。この書状によれば、これらの地方は、オレリャーナ川の河口から「伸びた地域にある」。オレリャーナ川はアマゾン川とも呼ばれる」（一六二～一六三ページ）。これを裏づけるのは、カルバハルをもっとも激しく批判した López de Gómara の言葉だ。メディナが書いた、カルバハルの本の序文に引用されている。「彼の途方もない話の一つは、この川沿いにアマゾネスがいて、自分や仲間と戦ったとの主張だ。このペテンのせいで、すでに多くの人々が〝アマゾネスの川〟と書いたり言ったりしており、そこへ行こうと多くの隊が結成されている」（二六ページ）。

〔23〕 Heaton, *The Discovery of the Amazon According to the Account of Friar Gaspar de Carvajal and Other Documents*, 217.

〔24〕 たとえば A. C. Roosevelt et al., "Paleoindian Cave Dwellers in the Amazon: The Peopling of the Americas," Science 272, no. 5260 (1996) 三七三～三八四ページ、特に三七三ページを参照。「熱帯多雨林は人間の生存に必要な資源に乏しいので、パレオインディアンにとって自然の障壁だったと、かつては考えられていた。人類学者たちの理論では、焼き畑農法が発明されるまで、人間はそこでは生きられなかった」。

〔25〕 M. W. Palace et al., "Ancient Amazonian Populations Left Lasting Impacts on Forest Structure," *Ecosphere 8*, no. 12 (December 2017), 2.

[26] Heaton, *The Discovery of the Amazon According to the Account of Friar Gaspar de Carvajal and Other Documents*, 235.

[27] Wilkinson, "Amazonian Civilization?" 81

[28] 同上、八一〜八二ページ。

[29] Heaton, *The Discovery of the Amazon According to the Account of Friar Gaspar de Carvajal and Other Documents*, 198.

[30] 同右、二〇二ページ。

[31] Wilkinson, "Amazonian Civilization?" 九六ページを参照。

[32] Thomas P. Myers et al., "Historical Perspectives on Amazonian Dark Earths," in Johannes Lehmann et al. (eds.), *Amazonian Dark Earths* (Kluwer Academic Publishers, 2010), 15.

[33] Wilkinson, "Amazonian Civilization?" 83.

[34] たとえば European Urbanisation, 1500–1800 (Methuen, 1984), 二八ページの、Jan De Vries による人口推計を参照。「一五〇〇年頃のヨーロッパに、なんらかの都市権を与えられた集落や、それ以外でも都市と見なされていた集落は、おそらく三〇〇〇〜四〇〇〇ヶ所あった。そのうち人口一万人以上は一五四に過ぎず、一〇万以上に至っては四つしかなかった」。もう一つ注目すべきは、スカンジナビア全体で、一五〇〇年に都市に住んでいた人は一万三〇〇〇人だった。これはウィルキンソンがアマゾン最大と推定した集落の人口の半分強でしかない（三〇ページ）。

[35] ロンドンは腺ペストで人口の三分の一を失っていたとされるが、それでも一五〇〇年の推定人口六万は、比較対象として、同時期のアマゾンの都市の規模を理解しやすいだろう。数値は Bruce Robinson、"London: Brighter Lights, Bigger City" (BBC, 02/07/2011) による。http://www.bbc.co.uk/history/british/civil_war_revolution/brighter_lights_01.shtml.

[36] 数値は Tim Lambert, "A Short History of York, Yorkshire, England," http://www.localhistories.org/york.html による。

[37] 数値は "Alterations to the Municipalities in the Population Censuses since 1842: Toledo," Instituto Nacional de Estadística (Spain) による。http://www.ine.es/intercensal/。

〔38〕数値は Wikipiedia: https://en.wikipedia.org/wiki/Military_Revolution からまとめた。

〔39〕Wilkinson, "Amazonian Civilization?" 83–84.

〔40〕同右、八三ページ。

〔41〕同右、八五ページ。

〔42〕同右。

〔43〕Samuel Fritz and George Edmundson, *Journal of the Travels and Labours of Father Samuel Fritz in the River of the Amazons between 1686 and 1723*(printed for the Hakluyt Society, London, 1922).

〔44〕Heaton, *The Discovery of the Amazon According to the Account of Friar Gaspar de Carvajal and Other Documents*, 六二〜六三ページの議論を参照。

〔45〕Wilkinson、"Amazonian Civilization?" 八五ページ。

〔46〕同右。

〔47〕同右。

〔48〕チャールズ・マンとの会話。Charles C. Mann, 1491 (Vintage Books, 2011) 三三〇ページ。

〔49〕たとえば Betty J. Meggers and Clifford Evans, "Archaeological Investigations at the Mouth of the Amazon," *Bureau of American Ethnology Bulletin 167*(1957), 1–664 を参照。

〔50〕Mann, 1491, 328.

〔51〕Wilkinson, "Amazonian Civilization?" 85.

〔52〕同右、八八ページ。

〔53〕Anna Curtenius Roosevelt, "The Rise and Fall of the Amazon Chiefdoms," L'Homme 33, no. 126 (1993), 二五五〜二八三ページおよび Anna C. Roosevelt, "The Development of Prehistoric Complex Societies: Amazonia, a Tropical Forest," *Archeological Papers of the American Anthropological Association 9, no. 1*(1999), 13–33, Wilkinson, "Amazonian Civilization?" 八八ページに引用。

〔54〕Neil Lancelot Whitehead, *The Ancient Amerindian Polities of the Lower Orinoco, Amazon and Guayana Coast: A Preliminary Analysis of Their Passage from Antiquity to Extinction* (Wenner Gren Foundation for Anthropological Research, 1989), Wilkinson, "Amazonian Civilisation?" 89 に引用。

[55] Michael J. Heckenberger et al., "Lost Civilizations and Primitive Tribes, Amazonia: Reply to Meggers," *Latin American Antiquity* 12, no. 3 (September 2001), 331.

[56] 同右、三二九ページ。

[57] 同右、三三二ページ。

[58] Wilkinson、"Amazonian Civilization?" 89.

[59] 天然痘の流行は、おそらくスペインが征服を果たした最大の要因だった。アステカ人は天然痘にまったく免疫がなかった。コルテスや部下のコンキスタドールたちがようやくアステカの首都テノチティトランを制圧した時には、住民のほとんどはすでに天然痘で死んでいた。インカ皇帝ワイナ・カパックは一五八二年に死亡したが、天然痘だった可能性が高いと考えられている。これはピサロの軍勢がペルーに到達する四年前なので、ウイルスが貿易ネットワークを通じてメキシコから伝わったことを強く示唆する。もしこうしたネットワークが海沿いだけだったら、天然痘は一五四二年までアマゾンに到達しなかったかもしれないが、内陸にも広がっていたのなら、天然痘はそれより一〇年以上早く到達していた可能性がある。たとえばD. R. Hopkins, *The Greatest Killer: Smallpox in History* (University of Chicago Press, 2002) 二〇八～二一一ページを参照。「バルボアはインカ皇帝の噂を聞いて南へ向かったが、この噂はペルーのインディオと中米のインディオとの間に、陸路や海路でコミュニケーションがあった証拠でもある」著者はさらに、一五二四～一五四七年頃にインカの地を襲った天然痘は、まず間違いなく中米から入ってきたとも述べている。

[60] 同右。

[61] Wilkinson, "Amazonian Civilization?" 89.

[62] Thomas P. Myers, "El efecto de las pestes sobre las poblaciones de la Amazonía Alta," *Amazonía Peruana* 8, no. 15 (1988)Wilkinson, "Amazonian Civilization?" 八九ページを参照。

[63] 同右。

[64] 同右。

第12章 ベールに覆われた古代人たち

第3部でDNAの証拠を検討したが、驚くほどの特異性があることが分かった。一万三〇〇〇年前頃かもしれないが、氷河期にオーストラロ＝メラネシア系の遺伝子をもつ人々のグループが、現在のアマゾン・ジャングルに移住しているのだ。

今日《こんにち》のアマゾン川流域は広大で多様な地域で、広さはほぼ七〇〇万平方キロメートルもある。その内のほぼ五五〇万平方キロメートルがいまも多雨林に覆われている[1]。この数字は、比較して初めて意味をもつ。インド全体は三二九万平方キロメートルで、アマゾン川流域の半分にも達しない[2]。だがオーストラリアは七七〇万平方キロメートルで、アマゾンより大きい[3]。さらに中国（九五九万平方キロメートル）[4]もカナダ（九九八万平方キロメートル）[5]も米国（九六三万平方キロメートル）[6]もヨーロッパ（一〇一八万平方キロメートル）[7]も、アマゾン川流域より大きい。これらと比較しても、アマゾンは巨大な領域であるといってよいだろう。世界の最大の国や地域と似たような大きさで、北から南、西から東にと数千キロにわたって広がっている。

氷河期のアマゾンの風土や環境、植生や樹木について、これまでに合意されている学説はない（詳細は付録3を参照してほしい）。さらに、この広大な地域に人々が、いつ住みはじめたかについての合意もない。南米大陸全体に人々がいつ頃、どのように移住したかは、悩ましい問題となっている。

第2部を思い出してほしい。テネシー州ヴァンダービルト大学の人類学者トム・ディルヘイは、チリ南部のモンテベルデ遺跡の発掘で、「クローヴィス・ファースト」派というハトの群れの中に猫を放り込んで波乱を起こした最初の人だ。ここの発掘は一九七七年から現在まで続いており、数多くの報告や論文が科学雑誌に掲載されている。したがって、その物語は長くなる。だが短くしたいので、ディルヘイの徹底した精密な発掘が何を明らかにしたのかを、彼の言葉で語ろう。

> 明らかな人間の遺跡（MV・II）は一万四五〇〇年前頃（較正済み）のものだ……両面とも鋭利な尖頭器、剥離された削片群、砥石が回収された。ほとんどの石器は、端が整えられた小石の破片であり、投石器やボーラ（石のおもりのついた投げ縄）用の溝の彫られた石だった[8]。

「クローヴィス・ファースト」の歪んだ視点から見ると、ディルヘイの示す年代は非常な脅威となる。なぜなら第一に、モンテベルデで見つかった遺物も道具も尖頭器もクローヴィスとはなんの関係もないからだ。さらに、一万四五〇〇年前に南米の南端に達していたということは、この人々の先祖はベーリング陸橋を、はるか以前に渡っていたことになる。少なくとも二〇〇〇年以上前だ。そうなると、クローヴィスは「ファースト」からだいぶ離れてしまう。

ディルヘイとヴァンス・ヘインズ一派との戦いは、比較的に控えめな年代である一万四五〇〇年前を巡ってのものだった。だがすでに述べたように、一九九七年にクローヴィス・ファースト派がモンテベルデ遺跡を訪問した後に、遺跡の正当性が立証され、クローヴィス・ファースト派もしぶしぶながら敗北を認めている。

だが物語はまだまったく終わっていない。モンテベルデの発掘が継続され、さらに古い居住層が現れてきた。つまり、ここの遺跡はさらに古い時代までさかのぼるのだ。その研究結果は二〇一五年一一月に発表された。修正された新たな年代は一万八五〇〇年前頃になる[9]。さらにこの遺跡はその後の四〇〇〇年間に数回、使用されている[10]。再びディルヘイの言葉を引用しよう。

新しい証拠は複数だ。層位学的〔地層の形成を調べる学問〕な空白があり、継続されていない。ある地層では石器の遺物や動物の遺骸も焼け跡も少ない。これからいえることは断続的に短期間、人間の営みが行なわれたことだ。炭素年代法からいうと一万四五〇〇年前から、古くても一万九〇〇〇年前の間となる[11]。

だが、モンテベルデにはもっと驚かされることになる。ディルヘイは最初にMV・IIが一万四五〇〇年前のものだと、パラダイムをぶち壊す年代を報告している。だがさらに、遺跡の別の場所にあるMV・Iがもっと古いかもしれない可能性に注意を向けている。非常に注意深く、さりげなく、MV・Iは一万八五〇〇年前や一万九〇〇〇年前どころではなく、三万年前よりもさらに古いかもしれないという。

MV・Iは三万三〇〇〇年前頃のものだ……最初は三つの粘土層が分散され見つかり、確認された。そこには文化的と思われる焼け跡があり、二六個の石が見つかっている。そのうち少なくとも六個は人間によって加工されている。このMV・Iの証拠はあまりにも不十分で、横の広がりが見られないので、考古学的な正当性があるともないとも立証できない[12]。

一九九七年には、もっとも頑《かたく》ななクローヴィス・ファースト主義者たちがモンテベルデ遺跡を訪問して「極めて興味深い」と認めているが、ディルヘイとそのチームは、二〇一五年にそのすべての問題を再検討している[13]。モンテベルデのいくつかの場所を再調査したのだが、興味深いことに、発掘された残骸や遺物から、四万三五〇〇年前のものだという数字が出てきている。だが、ディルヘイのこの発見に対する判断は慎重だ。

「まだ証拠はあまりにも貧弱で、これが人間の活動によるものか、なんらかの自然現象によるものか確定していない。現在のところは自然現象である可能性のほうが高い。なぜなら二万年以上前に、人間が南米大陸に住んでいたという確かな証拠は、考古学的にも、ほかのデータでも存在しないからだ」[14]

もう一つの砂の線

ディルヘイは長いこと「最初のアメリカ人」説に対する反逆者だった。モンテベルデの時代に関しては、最初に指摘した年代で勝利を収めている。つぎに、さらに新しい年代を発表してこの遺跡の歴史をさかのぼらせている。しかし、格段に古いという証拠が「貧弱」であるというディルヘイは、これまで彼を批判していた人々と同じ轍を踏んでいるように思える。批判者たちは南米に一万四五〇〇年前に人々が住んでいた確かな証拠が考古学的にないと主張してきた。だがいまやディルヘイが、二万年前に人が住んでいた証拠がないと主張している。

いつになったら考古学者たちは、「証拠の不在は、不在の証明ではない」という、古い格言に目覚めるのだろうか、と不思議に思ってしまう。彼らは専門家として、これまで何度も起こったことを、教訓として学ぶことはないのだろうか。つまり、発掘者が新たに土を掘り返すと、すべてが変わってしまうことだ。地球の表面で、考古学的検証のために発掘された場所は、あまりにもわずかだ。そこで考古学が出した主要な結論は、**すべて**暫定に過ぎないと考えるのが論理的ではないだろうか。特に取り扱っているのは、ほとんど理解されていない、遠い過去の激動する氷河期なのだ。

そこで、砂の上にディルヘイが二万年という譲れない線を引いた後の研究で、氷河期のもっと前から南米大陸に人が住んでいたことが確認されても、私は驚かなかった。その研究は二〇一七年八月に発表されている。

　この研究はパリの国立自然史博物館のドニ・ヴィアルーによって率いられてきた。十数年にわたって研究された場所はサンタエリナ岩陰遺跡で、ブラジルのマトグロッソ州に存在する[15]。ここは二つの大河が交わる盆地で、地理的には、ほぼ南米の中心

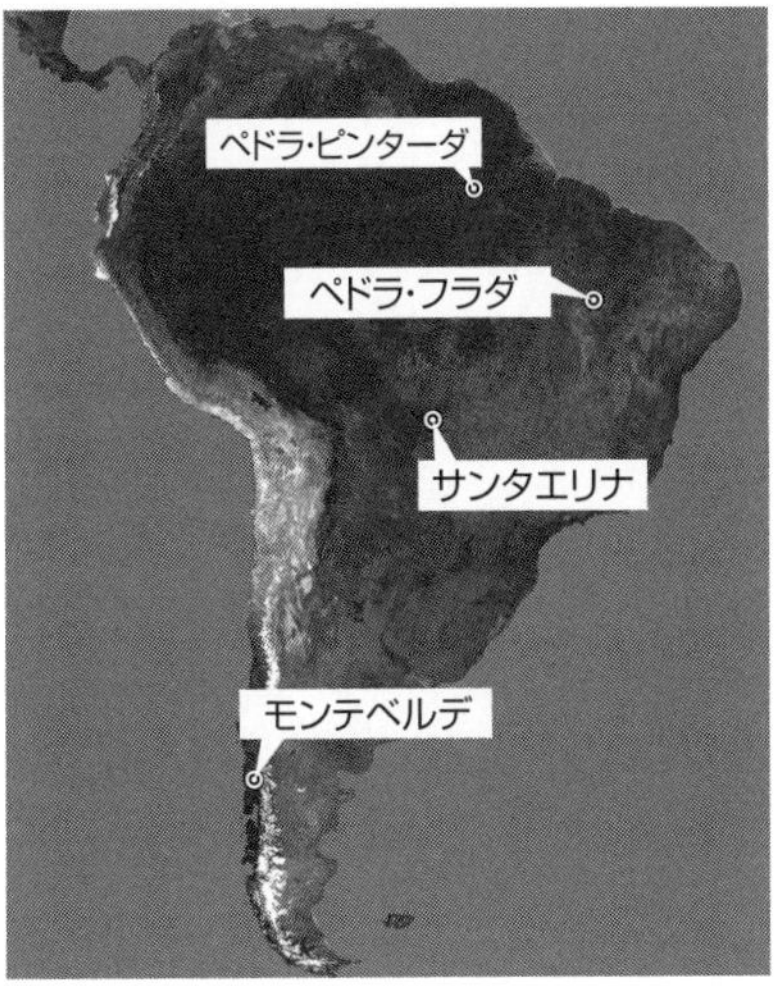

になる。サンタエリナ岩陰遺跡は一〇〇〇〇もの先史時代の大きな絵や素描で知られている[16]。その近くには長方形の集落がある。ヴィアルーはそこを発掘して、美しい層位を見せる文化層を見つけた。それらは人間が住んでいたことを示し、年代は二万七六〇〇年前から二万三〇〇〇年前だった[17]。発見された遺物の中には、非常に繊細な作業で制作された、骨に穴を開けた装飾品も含まれる[18]。

ペドラ・フラダ

サンタエリナから北東へ二〇〇〇キロメートルほど行くとブラジルのピアウイ州にセラ・ダ・カピバラ国立公園があり、豊かに彩色された岩陰遺跡群がある。著名な考古学者であるニエデ・ギドンは、四〇年をかけてここで数百の岩陰遺跡を発掘している。文字どおり数百だ！　彼女は以前から、南米に人類が住みはじめたのは二万年よりもはるかに前だと確信をもっていた。ほかの学者たちが、彼女に追いついてきたのだ。一九八六年、これはディルヘイが注意深く「クローヴィス・ファースト」パラダイムから離別を試みた時の三年前にあたるが、この年にニエデ・ギドンは『ネイチャー』誌に論文を載せている。「炭素一四年代測定法によると、三万二〇〇〇年前に人類がアメリカ大陸にいたことを示す」という大胆なタイトルで[19]、内容は特別に大規模で華やかに装飾されたペドラ・フラダ岩陰遺跡の発掘報告だ。彼女は「石器がたくさん出てくる層が連続しており、すべての層にはよくできた炉が存在する」という。さらにここに人が継続して住んでいたのは、三万二一六〇年前から六一六〇年前だと指摘する[20]。また、壮大な岩絵の一つが、一万七〇〇〇年前に描かれたという確かな証拠も見つけている。

このピクトグラム（象形文字）は、当時、岩に描く芸術（岩絵）があったことを示す。ペドラ・フラダはアメリカで知られる最古の岩絵であり、世界的にも最古の一つだ[21]。

だがこれは、ことの始まりに過ぎなかった。ギドンと仲間の研究者たちは、二〇〇三年に新たな研究を発表した。それによるとペドラ・フラダに人が住んでいたのは四万八五〇〇年前までさかのぼる[22]。岩絵のほうも少なくとも三万六〇〇〇年前になるという[23]。

ほとんどの考古学者、特に「クローヴィス・ファースト」の影響下にあった北米の考古学者たちは、ペドラ・フラダの証拠に対するギドンの解釈を歓迎しなかった。だからといってこれは、ギドンが間違っていることを意味しない。彼女は徹底的な調査を行ない、既成の枠から外れた考えを押し進める意志があっただけだ。ギドンは「太古の時代に対する懐疑的な風土」を辛辣《しんらつ》に批判している[24]。長いことアメリカ考古学は、この「風土」にとりつかれている。さらに彼女は、ベーリンジアが「人類の集団が新世界に進入する唯一の現実的なルートである」とする考えを、

「疑問なく受け入れる態度」にも批判的だ[25]。

ギドンはベーリンジアが唯一のルートだったとは考えていない。

人間が六万年前に〔ユーラシア大陸から〕オーストラリアに航海する能力をもっていたことは、誰もが認めている。そうならば、彼らがアリューシャンを島伝いに渡海することが不可能だったとは思えない。これは一つの例に過ぎない。人々がアメリカ大陸に来た方法が、一つだけだとすることには、正当な理由がない。獲物を追って陸地を通ることしかできなかったとは思えない[26]。

別の論文を読むと、ギドンはスコグルンドやライクやエスケ・ウィラースレフのような遺伝学者たちの推論を、一〇年以上前から予測していたかのようだ。彼女は、古代ブラジル人の頭蓋骨の変形について触れている（付録1参照）。そして「可能性は低いが……」と、次のように結論を述べている。

オーストラリアやその周辺の島々から、五万年前に人々が太平洋を渡って移住した可能性も無視できない[27]。

隠された領域

オーストラレシア人の遺伝子シグナルが紛れ込んで、謎の脈拍を打つのはアマゾン川流域だ。アマゾン川流域はオーストラリアやパプア・ニューギニアからは遠いが、モンテベルデやサンタエリナやペドラ・フラダもまた、アマゾン川流域にあるわけではない。モンテベルデとくらべれば、サンタエリナやペドラ・フラダはアマゾンの主要な支流であるアマゾン南東部のシングー川に近いが、それでも直線距離でそれぞれ五一五キロメートルと六二五キロメートルほど離れている[28]。

いまではまったく失墜している考古学モデルは、氷河期のアマゾンに、人間が住んでいなかったというものだ。しかも一〇〇〇年前まで誰もいなかったと長いこと信じられてきた。この考古学モデルは必然的に研究対象や研究資金に影響を与えている。そこで、アマゾン川流域の考古学が研究対象になることはあっても、ごくわずかだった。アマゾンの世界的環境への影響や、広大な土地から考えたら、驚くほど研究が少なかった。それが氷河期の文化層に焦点を当てた研究となると、さらに少ない。

興味深い例外としては、イリノイ大学のアンナ・カーテニアス・ローズヴェルト人類学教授の研究がある。偏見に囚われない彼女の研究については第11章ですでに述べた。一九九六年四月一九日、彼女と共同研究者のグループは『サイエンス』に、ペドラ・ピンターダの研究成果を発表した。美しく描かれた岩陰遺跡があるペドラ・ピンターダ洞窟はアマゾン川とタパジョス川が合流するアマゾン川流域の中心部にある[29]。

ここでローズヴェルトのチームは複数の文化層を発掘した。年代は完新世（約一万年前から現代まで）から後期更新世（氷河期）だ。一番深い層で一万六〇〇〇年前（熱ルミネセンス年代測定法）だが、炭素年代測定法では一万四二〇〇年前となる[30]。

結論？

後期更新世のペドラ・ピンターダ洞窟に人間がいたことは様々な遺物から確定された……年代を測定された遺物は、層位〔地層の順序〕から見て、長い文化の中で最古のものだ。人間が住む前の生物的遺物が、文化的遺物と混ざることはない。この文化層はその後の完新世の遺物群とは、明確に異なる層にある。また、この文化層の間には、文化が見られない層がある……アマゾンに更新世の人々が見つかったことは、すでに存在する証拠を裏づけている。更新世のパレオインディアン〔古代先住民〕の拡散は、現在の理論で主張されているよりも複雑であったということだ[31]。

そのとおりだ！　いまは人間による環境破壊の時代だが、それでもアマゾン川流域の五五〇万平方キロメートルはいまだに多雨林によって覆われている。まずは、メキシコとグアテマラとベリーズとホンジュラスとエルサルバドルの広さを想像してほしい。これらの国を合わせると、二二二万平方キロメートルになる[32]。まだだいぶ足りない。これにインドの二九七万平方キロメートルを加えた広さを想像してほしい。これでアマゾンの多雨林とほぼ同じ広さになる[33]。私が指摘したいのは、アマゾン川流域を考古学プロジェクトの対象として見ると、その規模は、メキシコとグアテマラとベリーズとホンジュラスとエルサルバドルにインドを加えた大きさになるということだ。**さらにその全域が密生した多雨林で覆われている。**

したがって、そこに入り込むのにも苦労が伴い、金もかかる。さらにメキシコとグアテマラとベリーズとホンジュラスとエルサルバドルには有名なマヤ文明が繁栄していた。一方、インドには古代都市や寺院がある。だがアマゾンには、すでに見てきたように、考古学者たちに大事な時間と資金を投資させる誘因が不足している。ここでは、興味深いものが何も見つからないと思われていたからだ。二一世紀になってから二〇年も経ち、いまでは真面目な考古学者たちでそのように考える者はいない！　しかし彼らが受け継いでいる現状は、何百万平方キロメートルという広大なアマゾンが、まったく考古学的発掘の対象とされてこなかったことだ。

もっともこの問題はアマゾンよりも大きい。たとえば、最終氷期が終わった後、海面は一二〇メートルも上昇した。その結果、最終氷期の最盛期だった二万一〇〇〇年前には陸地であった二七〇〇万平方キロメートルの土地が、今日《こんにち》では海面下にある[34]。沈んだ大陸棚は、氷河期には、海に面した一等地であったはずだ。だが、これまでに海洋考古学で調査された場所は、ほんのわずかだ。なぜならアマゾン同様、現場に近づくためには、輸送機関や特別な器具などの装備がいる。さらには大金をかけて調査しても、すでに知っている以上の知識を得られないという、アマゾンに対するのと同じような思い込みがある。

南極大陸も一四〇〇万平方キロメートルの広さに、考古学者による発掘のクワがまったく入っていない[35]。この大陸に人が住んでいたことがないという考え方は、ほぼ全世界で統一されているが、それが正しいかどうかは、調べてみるまでは分からない。

サハラ砂漠の広さは九〇〇万平方キロメートルだが[36]、その気候は氷河期から完新世の初めの数千年間、現在とはまったく異なっていたことが分かっている。サハラ砂漠には、水が豊富で湖や草地が広がり、野生動物がたくさん棲んでいた長い時期がある[37]。サハラ砂漠はエジプトにも近いし、北アフリカや中東の文明発祥の中心地とも近いので考古学者も関心をもちやすい。だがサハラ砂漠はアマゾンや水没した大陸棚と同じで、目的地に到達するのも大変でお金がかかるので、何を達成できるかにも深刻な限界がある。

先史時代について記憶喪失している人類の問題の一つは、祖先が住んでいたことが間違いない地球の大きな領域を、考古学的に研究できないことだ。それは海面下に沈んだ大陸棚であり、サハラ砂漠であり、アマゾンの多雨林だ。調査されない原因は様々であり、現実的な問題と観念《イデオロギー》的な理由だ。本当のところ、これらの場所における先史時代の真実について知られていることは**非常に**少ない。少しだけ調べて発掘しているが、まだ調査や発掘がされていない巨大な領域については、何も結論を下すことができない。

中米のグアテマラは、アマゾン多雨林の広大さを示すために名前を挙げた六ヶ国の一つで広さは一〇万九〇〇〇平方キロメートル弱だ[38]。過去について「事実だ」とされていることを、鵜《う》呑《の》みにすることが、いかに無意味であるかのよい例が、このグアテマラにはある。二〇一八年に、アマゾンの五〇分の一の広さであるグアテマラで、巨大な考古学的発見があったのだ。

「すべてがくつがえされてしまった」と、イサカ大学の考古学者トーマス・ギャリソンは言う。グアテマラ北部のペテン地域のジャングル二一〇〇平方キロメートルを[39]「ＬＩＤＡＲ《ライダー》」という、電波の代わりにレーザー光線を使ったレーダーで調査したところ、これまで知られていなかった六万もの古代の住居、宮殿、防御壁、要塞などの建造物が見つかったのだ。さらには採石場があり、市街の中心を結ぶ高架道路が走り、複雑な灌漑《かんがい》施設や段々畑もあり、集約的な農業を行なうことができたようだ[40]。ペテン地域は観光地で、近辺には多くの人が訪れる有名なマヤ文明のティカル遺跡などもあるが、それまで学者たちは、都市国家が分散しているだけで人口の希薄な地域だと見なしていた。ところが「ライダー」の映像を見るとそれが大間違いであることが分かった。ギャリソンは「規模も人口密度も極度に過小評価されていた」と言う[41]。

カルガリー大学の考古学者キャサリン・リース＝テイラーは次のように付け加える。

考古学者たちは何十年もジャングルをかき分けて調査してきた。だが、この遺跡に巡り合うことはなかった。もっと大事なのは、このデータがもたらしたような、壮大な構想を描いたことがなかったことだ。覆っていたベールが取り除かれたら、古代マヤ人が見ていた文明が浮かびあがってきた[42]。

マヤは比較的最近の文明だ。グアテマラという小さな国のわずかな地域を覆っていたベールが取り除かれただけで、これだけの驚きがある。そうなると、アマゾン多雨林を覆うベールが取り除かれて「壮大な構想」が現れたら、どうなるだろうか。アマゾン多雨林はさらに広大で、古代から不透明なベールに覆われているが、このベールが取り除かれるのだ。

アマゾンへの興味が盛りあがり、資金も集まることを期待したい。最新のスキャン技術を駆使して、完全にベールを取り除き、それから遺跡を現地調査して発掘するのだ。それが行なわれるまで、どのような地位にいる考古学者であっても、オーストラシアから太平洋を渡って南米大陸に直接来た人々がいた可能性を否定することはできない。非常に問題の多いオーストラロ＝メラネシア遺伝子シグナルは、アマゾンの人口集団に見つかるが、このシグナルは「最短距離」のルートで南米大陸に到達したのかもしれない。

これは、氷河期に大洋を航海できる文明があったことを意味するのではないか。さらに考古学者たちはまだ認めていないが、氷河期の人類の一部に、もっと高度な段階の文明が存在していたことを示すのではないか。

［1］ M. Goulding, R. B. Barthem, and R. Duenas, *The Smithsonian Atlas of the Amazon* (Smithsonian Books, 2003), 19:「南米の多雨林の約八五パーセントは……アマゾン川流域にある」。

［2］ S. Adams, A. Ganeri, and A. Kay, *Geography of the World. The Essential Family guide to Geography and Culture* (DK, 2006), 170.

［3］ 同右、二六〇ページ。

［4］ 同右、一七六ページ。

［5］ 同右、二四ページ。

［6］ 同右、三〇ページ。

［7］ 同右、七八ページ。

［8］ Tom D. Dillehay et al., "New Archaeological Evidence for an Early Human Presence at Monte Verde, Chile," *PLoS One* (November 18, 2015), 3. これらの発見物は、「長いテントのような住居の残骸、別の構造物の基礎、炉床、人間の足跡、有用植物、それに木や葦や骨や石でできた人工品」。

[9] 同右。
[10] 同右、一ページ。
[11] 同右、二ページ。
[12] 同右、四ページ。
[13] David J. Meltzer et al., "On the Pleistocene Antiquity of Monte Verde, Southern Chile," American Antiquity 62, no. 4 (October 1997), 662.
[14] Dillehay et al., "New Archaeological Evidence for an Early Human Presence at Monte Verde, Chile," 12.
[15] Denis Vialou et al., "Peopling South America's Centre: The Late Pleistocene Site of Santa Elina," *Antiquity 91* (August 2017), 865–884.
[16] 同右、八六七ページ。
[17] 同右、八七〇ページ。サンタエリナ岩陰遺跡にはその後も、新世／完新世移行期から比較的最近まで、人類が複数回居住していた。
[18] 厳密には、絶滅した地上性の巨大ナマケモノ、グロッソテリウムの皮骨。同右、特に八七五ページを参照。
[19] N. Guidon and G. Delibrias, "Carbon-14 Dates Point to Man in the Americas 32,000 Years Ago," Nature 321 (June 19, 1986), 769–771.
[20] 同右、七六九ページ。
[21] 同右、七七一ページ。
[22] Shigueo Watanabe et al., "Some Evidence of a Date of First Humans to Arrive in Brazil," *Journal of Archaeological Science 30* (March 2003), 351.
[23] 同右、三五三〜三五四ページ。
[24] N. Guidon and B. Arnaud, "The Chronology of the New World: Two Faces of One Reality," *World Archaeology* 23, no. 2 (October 1991), 167.
[25] 同右、一六八ページ。
[26] 同右、一六八〜一六九ページ。
[27] Watanabe et al., "Some Evidence of a Date of First Humans to Arrive in Brazil," 354. 著者らはこれらの頭骨

が「ネグロイドの特徴」を備えていると見ており、「アフリカから南大西洋を渡って」移住した可能性を認めている。

[28] 距離はグーグルマップの距離測定ツールで出した。a）シングー川の最近点からサンタエリナ：https://www.google.co.uk/maps/place/15%C2%B019'58.8%22S+56%C2%B057'00.0%22W/@-12.986961,-55.1104767,7z/data=!4m6!3m5!1s0x0:0x0!7e2!8m2!3d-15.333!4d-56.95. b）シングー川の最近点からペドラ・フラダ：https://www.google.co.uk/maps/place/ Pedra+Furada/@-11.5025045,-53.4068848,7z/data=!4m5!3m4!1s0x93309f3f46300909:0x13635ebcbb173337!8m2!3d-10.8772297!4d-47.3858913.

[29] A. C. Roosevelt et al., "Palaeoindian Cave Dwellers in the Amazon: The Peopling of the Americas," *Science* 272 (April 19, 1996), 373–384.

[30] 同右、三八〇ページ。

[31] 同右、三八一ページ。

[32] 世界銀行のデータ：「国土面積（平方キロメートル）」：メキシコ一九四万三九五〇、グアテマラ一〇万七一六〇、ベリーズ二万二八一〇、ホンジュラス一一万一八九〇、エルサルバドル二万七二〇合計二二〇万六五三〇 https://data.world bank.org/indicator/AG.LND.TOTL.K2

[33] 同右、＋インド二九七万三一九〇（平方キロメートル）＝五一七万九七二〇

[34] G. Hancock, *Underworld: The Mysterious Origins of Civilization,*（Michael Joseph, 2002）、629– 630を参照（グラハム・ハンコック『神々の世界』大地舜訳、小学館）。

[35] "Antarctica's Location and Geography" on Polar Discovery: Woods Hole Oceanographic Institution, http://polardiscovery.whoi.edu/antarctica/geography.html.

[36] Kerry H. Cook and Edward K. Vizy, "Detection and Analysis of an Amplified Warming of the Sahara Desert," *Journal of Climate* 28 (2015), 6560, esp. 6561.

[37] たとえば Nick A. Drake and Roger M. Blench, "Ancient Watercourses and Biogeography of the Sahara Explain the Peopling of the Desert," *Proceedings of the National Academy of Sciences* 108(January 11, 2011), 四五八～四六二ページを参照。

[38] Adams, Ganeri, and Kay, *Geography of the World,* 46.

〔39〕 "Sprawling Maya Network Discovered Under Guatemala Jungle," BBC, February 2, 2018, https://www.bbc.com/news/amp/world-latin-america-42916261.

〔40〕 同右。"Exclusive: Laser Scans Reveal Maya 'Megalopolis' Below Guatemalan Jungle," National Geographic, February 1, 2018, https://news.nationalgeographic.com/2018/02/maya-la ser-lidar-guatemala-pacunam/ を参照。

〔41〕 同右。

〔42〕 同右。

第13章 ブラック・アース

ヨーロッパ人に征服される前のアマゾンに、人口一万人以上の都市と成熟した統治形態をもつ文明が存在したことは、もはや疑う余地がないと私は思う。まだはっきりしていないのは、その文明の物語をどこまでさかのぼれるかだ。あまりにも広大な場所で、考古学的調査がほとんど行なわれていないのだ。

アンナ・ローズヴェルトの研究のおかげで、私たちは少なくとも一万四〇〇〇年前から、アマゾン川とタパジョス川が合流するペドラ・ピンターダ洞窟に、人間が住んでいたことが分かっている。あるいはそれよりもはるかに前からかもしれない[1]。ほかのもっとアクセスのよい岩絵があるブラジルの岩陰遺跡では、五万年前から人が住んでいたことが分かっている。私は、アマゾン地帯からも同程度か、あるいはそれ以上前から人が住んでいた証拠が見つかるのも時間の問題だと思う。

だが、古いといっても何が古いのか？　どこまでさかのぼっても、食料を漁る人々や狩猟採集民しかいないのか？　あるいは、まだ見つかっていない発展した存在があったのか？　先史時代の舞台裏で、世界を動かせる人々がいたのか？　だから氷河期にオーストララシア人の遺伝子がアマゾンに伝わったのか？　ここでも問題は複雑化する。なぜなら、アンナ・ローズヴェルト以外に太古のアマゾンに人がいた証拠を探した考古学者がほとんどいないからだ。そのためデータが極めて不十分で、この数千年の期間について、語れることも少ない。

だが先史時代という不透明なベールに覆われているアマゾンで、突然、予想外の大きな謎が姿を現してきた。それはUCLAのデイビッド・ウィルキンソン教授がいう「模範的な農業」だ。ウィルキンソン教授はアマゾン多雨林にあった都市群の大きな人口がどのように支えられていたかを「模範的な農業」という言葉で示した。多雨林というのは一般的に言って、肥沃な土壌を**もっていない**。なぜなら養分を貯えるのは低木植物や地面よりも上の葉だからだ[2]。だからアマゾンのジャングルが伐採されて農地になると、土壌がやせているので、数年で使い物にならなくなる。たとえば大豆を作ってもすぐに土壌が消耗し不毛となる[3]。だがウィルキンソンがいうのは、自然のままの土壌のことではない。彼がいう「模範的な農業」の土台となるのは、人によって作られた、**人工的な土**だ。この土は不可解なことに数千年前のアマゾンに、突然、出現している。この土は自己再生するという奇跡的な特質を持っており、今でも使われているが、信じられないほど生産性が高い。

この土はテラ・プレタと呼ばれている。いまでは学者たちも認めているが、アマゾンの農業の生産性が異常に高かったのは、この土の要素が一番大きかった。その驚くほど高い生産性のおかげで、八〇〇万人から二〇〇〇万人いたと推測される人口を維持できたのだ[4]。アマゾンが繁栄を維持していた年代は不明だが、ヨーロッパ人による征服という大災害の前だ。

テラ・プレタは科学者たちが作ったように思えるが、アマゾンに文明があったならば、驚くにはあたらない。その文明が科学的な偉業を達したことになるわけだ。

ミステリー

テラ・プレタの存在は、植民地時代のブラジルでヨーロッパ人たちによって報告されている。彼らは「テラ・プレタ・デ・インディオ（インディオの黒い土）」と呼んでいた。「インディオという名称が付いているのは、この土壌の表層に、先コロンブス期の陶器の破片が大量に含まれていることが多いためだ」[5]。一九世紀の探検家たちは、土壌の成分は「微細な黒いローム層の土で、厚さは三〇センチから六〇センチほど[6]」と報告している。現在、この特別な土は「黒い土（ブラック・アース）」とか「アマゾンの黒い人為土壌」とか呼ばれることが多い[7]。あるいは簡単にＡＤＥ（アマゾニアン・ダークアース）と呼ばれる[8]。

だがこの土をなんと呼ぼうと、これはいったい何なのか。なぜ重要なのか？　氾濫原は別として、アマゾンの陸地における自然のままの土壌は貧弱で、集約的な農業を支えるのに適していないことはすでに述べた。したがって、先コロンブス期にこの地域に住んでいたことが判明している大規模な集団を養うには適さない。

養分が少なく、アルミニウム濃度が極端に高い土地で、農業生産にこれほど適さない地域も珍しい[9]。

学者たちの一致した見方では、氾濫原のように肥沃な土壌でも、農産物の生産には適さないという。「なぜなら、いつ洪水になるか予測できないからだ[10]」

しかし大問題がある。初期の探検家の報告をどう考えればよいのだろう。彼らによると、川の断崖に沿って数キロメートルも密集した居住地があり、そこからさらに内陸へ分岐して延びる道路があったという。

そのような居住地跡は二一世紀の研究者たちによって探究されている最中だ。彼らは過去にあったような偏見に囚われていない。彼らはこのような居住地をアマゾンの「庭園都市（ガーデンシティ）」と呼ぶことが多い[11]。信頼のおける研究によると、これらの都市は「インディオの黒い土（テラ・プレタ）」を擁する大規模な土地を必ず伴っている。「これらの土壌は肥沃度が高められており、一般的に黒い土《ダーク・アース》と呼ばれる……が、この地域の先住民たちだけでなく、現在の植民者たちにも認識されている」[12]

多雨林全体にわたって、**何千ヶ所もの**テラ・プレタが同じような規模で広がっている。その地域がどのくらいの広さになるのかは、正直なところまだ不明だ。だが専門家による様々な推測値がある。六〇〇〇平方キロ、一万八〇〇〇平方キロメートル、一五万四〇六三平方キロメートルだが、「フランスと同じ広さ（六四万平方キロメートル程度）」だという意見もある[13]。どの数値が正しいにせよ、広く拡散されたADEの耕地は、はるかに広大だったシステムが再発見されたに過ぎないが、積極的に探されて、いまでも先住民たちが豊かな実りを得ている。

たとえば、アマゾン南東部のシングー川沿いには、最近の研究で、昔よりも規模が小さい居住地が見つかっている。この居住地が生き残れるのは、主として祖先の業績のおかげだ。祖先たちは数千年にわたり「ここに途切れなく住み、土壌を管理して改良した」。今日《こんにち》、シングー川沿いに住む人々は、例外なく「黒い土のあるところに住み、植物を植え」、「ブラジルナッツ、ババスヤシ、黒い土、蔓植物の森」などの資源を利用している。これらの資源は「過去に住んでいた人々の功績であり、彼らの存在を示すものだ」。スティーヴン・シュワーツマンは農業研究チームのリーダーだが「現代のシングー川沿いの土地利用や資源経営は……まだ研究が十分にされていない先史時代の土地利用法によって整備され、使用可能となっている」というが、そのとおりだ[14]。

あまり研究されておらず、理解不足で、十分な説明ができていないのは、驚くほど栄養素が多く含まれるADE本体が、いかにアマゾンで生まれたかだ。それも非常に古い時代に作られている。これが「人間が作ったもの」、つまり人工物であることは誰も疑っていない[15]。また驚くほどの大成功の物語であることも、すべての人が同意している。テラ・プレタは肥えており、何千年間使っても、痩せた土壌を追加しても再生するため「奇跡の土」だと評されている[16]。

そこで重要な質問は、テラ・プレタがどのように作られたか、なぜ作られたか、いつ作られたか、誰が作ったかだ。

最初の質問の答えの一部は、ときどき、シングー川沿いの村民が掘り出している。彼らは古代のテラ・プレタの畑に作物を植えているが、「毎度のように、土器や陶器の破片、石斧、磁器や小さな像」が見つかるという[17]。

このような「廃物」は太古の人々が残したものだが、ADEの素晴らしい肥沃性に大事な役割を果たしているようなのだ。同時に、その他のごちゃまぜになって入っているすべての材料も、大事な役割をもつようだ。その材料の中には、たい肥、動物や人間の糞尿、「台所」の生ゴミである様々な有機物が含まれる。その中には骨もあるが、目立つのは魚の骨だ。

ほとんどの研究者たちは、テラ・プレタの土は、人間の活動による廃棄物が溜まって（ゴミの山、肥やしの山と呼ばれる）、**偶然に**できたのだと信じている[18]。

サンパウロ大学の考古学者エドゥアルド・ネヴェスは、次のようなシナリオを支持する。何世代にもわたって、人々は住居から食べ物の残りを掃き出した。特に魚と動物の骨だ。それに人間や動物の排せつ物が加えられたという[19]。

二〇一四年二月の『ジャーナル・オブ・アーケオロジカル・サイエンス』誌に掲載された論文を見ると、ネヴェスとマイケル・ヘッケンバーガーなどは、この考えをさらに発展させている。彼らの議論によると、古代アマゾン人たちは、排せつ物もゴミも壊れた陶器も魚の骨も「肥やしの山」に捨てたらしい。つまり、〝クソ山景色〟に囲まれて暮らしていたわけだ（ネヴェスとヘッケンバーガーは婉曲に「肥やし山の風景」と言う）[20]。さらに重要なのは、彼らは「肥やし山」の上で湿った草を燃やしていたらしい。それも土とワラで覆って、わざと炎がくすぶるようにしていた[21]。これを、古代人は目的も長期的見通しもなく行なっていたという。

この「低温燃焼」の方法は、有機物の燃焼とガス化の権威であるトム・マイルズによると[22]、「炭畑《すみはた》式」として知られるという……よく非難される「焼き畑式」とは別だ。

焼き畑式では、乾いた枝と草は、野火で燃やされる。それにより大量の二酸化炭素が空気中に放出され、灰の中に少量の養分が残る。その灰を土に混ぜる。

炭畑式では湿った植物を燃やす。それらは土やワラでつくられた層の下でくすぶることになる。酸素不足となるため炎は、樹木や茎を完全には燃えない。大部分は小さな炭の塊になって残る。このバイオ炭が土となる[23]。

やがて、この臭いくすぶったゴミの山は広がり、錬金術のようにADEに自ら変わっていくのだそうだ。このような見方をする人々は、これらすべてが偶然に起こるという。つまり「世界一肥沃な土」[24]は、人間が介入しないでできたというのだ。

私にいわせれば、ありえない話だ！

私にも証明はできない。だが、テラ・プレタは、排せつ物や魚の骨や、壊れた陶器、小像、石斧、低温の炎による偶然の副産物ではないほうに賭ける。これらの要素全部が入っているからといって、このような偶然が起こるとはかぎらない。証拠が示すのは別の可能性だ。この驚くべき土壌は地元で手に入る産物を上手に使って、発明されたのだ。一般的な技術を工夫して、環境に優しい方法で、農業の生産性を高めたのだ。この地域は、このような工夫がないかぎり農業ができないし、多くの人口も養えない。だが実際には、大集団を数十年も維持できないところで、数千年も支えてきている。アマゾンの黒い土はいまでも「奇跡的」な能力を見せ続けているのだ。

「この土壌のミステリアスなところは……」とジョンズ・ホプキンズ大学環境研究学部長のアントワネット・ウインクラープリンスも認める。「普通の生態学では不可能と思える環境で、生き続ける能力だ……[25]。ADEは二五〇〇年も前に作られたというのに、なぜいまも存在し続けるのだ？[26]」

だが単に二五〇〇年前という問題ではない。これから見ていくが、アマゾンの黒い土の発祥はもっと昔にさかのぼる。だがここではウインクラープリンス博士の自らの問いへの答えを聞いてみよう。

　この土壌に含まれる炭素のユニークな性質が鍵を握っている。これによりADEの中の有機物が安定化し、ADEが持続性をもつ鍵となっている[27]。

珍しいことに、ほとんどの学者たちが合意していることがある。それは、テラ・プレタの特質についての説明だ。「大きな要素は炭（あるいはバイオ炭）にある。これが土壌を黒くしている」。トム・マイルズが説明したように、有機物を燃やすのでなく、酸素不足の環境をつくり、くすぶらせる。その結果、何が起こるのかはよく理解されていない。『ネイチャー』誌によると「この方法で炭の粒子がつくられると、なぜか養分と水を集めることができる。この作用がないと、養分も水も、植物の根の届かない深さまで、流れ落ちてしまう」という[28]。

テュレーン大学の人類学教授ウィリアム・バレもそれらの観察を正しいとするが、さらに付け加えている。

「微生物の活動は炭素隔離〔二酸化炭素を大気に排出させない作用。植物の光合成などを生物的炭素隔離という〕を増加させるが、ADEは周りの土よりもはるかに豊かで多様性のある微生物を含んでいる。これらの微生物の種類は数百万あるが、まだ正確には確認できていない。実のところたった一〇グラムの土壌に一〇〇万の異なる**分類群に属する**微生物が生息していることもある。ADEの中に生息する主要な微生物は、周囲の太古から存在する土に棲む微生物とはかなり異なっている」[29]

別の信頼のおける研究も、ADEの驚くべき微生物の活力と、農業への有用性に焦点を合わせている。この研究では炎の管理についてさらに語っている。

「炎は炭と灰を生産するが、それらは土壌をアルカリ性にする。それにより植物の根や土壌の微生物に有害なアルミニウムの作用を抑えることができる」[30]

さらに炎は土が養分を保持する能力を高め「相乗効果のサイクルが生まれ、生産力が継続的に維持される」[31]。

つまり……ADEに伴う微生物の複雑性については「よく分かっていない」し、「実のところ極めて謎めいている」とウインクラープリンス教授も譲歩する[32]。同じように、ADEは肥やしの山の産物であるという仮説を展開した著者たちも「テラ・プレタの研究は極めて重要なのだが、どのように作られるのか、その過程がはっきりと理解できていない。この過程で〝人為土壌〟に特有の多様性が生まれている」と認めている[33]。

このように謎が多く、このように効果的で、このように効率的であり、このように繁栄に見事な貢献をしているのに、これが人間の活動における偶然の副産物だと信じろと求められている。これらは偶然に発生しただけであり、なんの計画も熟考も構想もなかったというのだ。

私には、このような考え方がなぜ考古学者たちを満足させるのかが、すぐに分かる。彼らはこれまでアマゾンには都市などはなかったと確信していたし、学生たちにもそのように教えていた。この立場から、今や彼らは奈落の底に落ちている。いまでは、先史時代の多雨林に都市がたくさんあったことを、認める立場となった。これだけでも衝撃的なパラダイムシフトだ。そこで、ほとんどの考古学者たちが、テラ・プレタに関して、もう一歩を踏み出すことにためらいを感じても驚くことではない。その一歩とは、テラ・プレタが肥沃をもたらす「奇跡的」な媒介物であり、巧妙に意図的に狙いを定めた、組織的な科学的活動の産物であると認めることだ。極めて保守的で慎重な学問分野である考古学にとっては、別の結論のほうが、はるかに苦悩をもたらさない。その結論によると、テラ・プレタは論議の的であったアマゾンの大きな人口をもつ都市の廃棄物やゴミからできており、偶然、土地を肥沃にしたという。その結果、農産物の生産性が異様に高まり、驚くほど人口の多い都市の胃袋を満たすことが可能になったとする。

だが、可能性が高いのは、逆の順番ではないか？

大きな人口が先にあったという考えは、理屈に合わない。もし最初から大集団があったとするなら、十分な廃棄物と魚の骨が集積されて最初のテラ・プレタの土壌ができあがるまで、彼らは何を食べていたのだ？　論理的に考えたら、アマゾンの定住と人口拡大は計画的であったのではないか？　そうであれば、テラ・プレタを拡散することが大きな居住地域をつくるための前提条件であり、その逆ではないことになる。

ウィリアム・バレ教授は考古学者ではないが、この筋に沿った考え方をしている。彼はADEと周辺の古くからの肥沃化されていない土地の、普通ではありえない微生物の違いが、人間の手がかかっている証拠だと述べている。「アマゾンの微生物が多様なのは、人間が手を加えているからだ。先コロンブス期の時代の黒い土をもたらした人々の遺産は、興味深いことに、いまも生きているだけでなく再生を続けている」[34]。

驚くような早咲きの科学

アマゾンに関するほかの多くのことと同じで、テラ・プレタが最初に作られた正確な時期は、混乱と不確実性の霧に包まれている。

科学的な文献をざっと読むと、特別に肥沃な土が作られたのは、過去三〇〇〇年の出来事だという印象を受けると思う。そして、テラ・プレタのほとんどが作られたのは一〇〇〇年前からヨーロッパ人による征服が行なわれた頃だと思うだろう[35]。

だが詳しく調べると、多くの学界の権威たちがこの問題には別の謎があり、慎重に扱っていることが分かる。

たとえば、エドゥアルド・ネヴェスとその同僚だ。彼らは、アマゾンの黒い土（ADE）は「人の居住地から偶然生まれた産物」[36]だという見方で満足している。さらにADEの「形成はそのほとんどが、アマゾンのほぼ全域でヨーロッパ人と接触した時代に終わっている」が「ADEの形成が始められた時期については、いまのところ説明が難しい」という[37]。

彼らは二五〇〇年前から二〇〇〇年前に焦点を当てているが、アマゾンのダイナミックな環境変化の過程で、古い土壌跡が消えてしまった可能性にも注意を向けている。「より古いADE跡の有機物が石化され、無機物の遺物しか残っていないのかもしれない。有機物を調べることができない環境になると、初期の土壌跡の数も少なく計算される」という[38]。

だが、初期のADE跡のすべてが消えてしまったわけではない。古い土壌が十分に残っており、学界の指導的な立場の人々の一部も、二五〇〇年前は、物語の始まりからはほど遠いことに同意している。ネヴェス本人も、「いわゆるマッサンガナ期の土壌跡は……四八〇〇年前のものだ」[39]と、もっと古い土壌跡の存在を認めている。

この土壌跡は、アマゾン南東部のジャマリ川沿いにあるが、四八〇〇年前というと、学界の主流派の主張するギザの大ピラミッド建造時期よりも三〇〇年も前だ。だがジャマリ川沿いに行くことはもうできない。サムエル水力発電ダムが建造され、水没しているからだ[40]。だがどうやら、もっと古いADEがあるようだ。たとえばネヴェスたちは『英国王立協会紀要』に、黒い土が五〇〇〇～六〇〇〇年前からあると報告している[41]。さらには権威ある『ネイチャー』に、ADEは「七〇〇〇年前からあると考えられる」と書かれている[42]。

人類が記憶喪失している先史時代にまでさかのぼっても、黒い土が、見えなくなるわけではない。コーネル大学の農作物土壌科学の専門家も、エドゥアルド・ネヴェスと共に、『ジャーナル・オブ・ソイル・サイエンス・ソサエティー・オブ・アメリカ』誌に「未発表のデータ」について書いている。それによると、アマゾンの黒い人工土は、実のところ八七〇〇年前までさかのぼれるという[43]。

ここでもネヴェスのような慎重さが必要だろう。つまり、これよりももっと古い時代に土壌が存在していたかもしれないが、時間の経過と共に消えてしまったことだ。

驚くほど長寿のこの土壌は、微生物の働きで肥沃性を再生するという特異な能力をもっている。それゆえ、テラ・プレタの土壌が生まれたのが、最終氷期にさかのぼる可能性も排除できない。もしかしたら考古学者たちがまったく調査をしていない何百万平方キロメートルという広大な多雨林の中に、最終氷期のテラ・プレタがいまも存在するかもしれない[44]。

はっきりしているのは、驚くべき早咲きの技術が土壌科学で示されていることだ。デイビッド・ウィルキンソン教授の言葉によれば「模範的な農業」となる。その科学の指紋が少なくとも八七〇〇年前のアマゾンに残されている。「模範的な農業」がいつ始まったのかは不明だが、その後は古代アマゾン文明の調和のとれた生活様式に、見事に溶け込んでいる。この古代文明は数千年にわたって繁栄しており、古代エジプトや古代メソポタミアよりも長く続いた。ヨーロッパ人との接触という大災害があるまでは、文明も人々も、あらゆる面でうまくやっていた。ヨーロッパ人との接触によって起こったことは、剣と疫病による大虐殺だけではない。その後、数百年にわたって、アマゾン古代文明の存在そのものが否定されたのだ。

　読者の方々に注意しておきたい。私が「古代アマゾン文明」について語る時、これが私が人生の多くを使って探し求めてきた、あの失われた文明だといっているのではない！　私が言いたいのは、氷河期からヨーロッパ人による征服という長い年月を経たアマゾンに、太古の失われた文明の指紋が残っているのではないかということだ。世界を探検し、地図化し計測もしていた悠久の太古の失われた文明は、オーストララシア人の謎の遺伝子シグナルや、アマゾンの黒い土などの特異な指紋を残したのではないだろうか。さらに明確にいうと、この文脈で考慮している提案は、アマゾンの定住と人口の拡大は計画的ではないかということだ。その場合、テラ・プレタは強大な人口の中心地を発展させるために必須の条件であり、結果ではないことになる。

　言い換えれば、偶発的に起こった出来事ではなく、注意深く考え抜かれたプログラムの一部だったということだ。

[1] A. C.Roosevelt et.al., "Palaeoindian Cave Dwellers in the Amazon: The Peopling of the Americas," *Science 272* (April 19,1996) 三八〇ページ、「ルミネセンス法による約一万六〇〇〇年前から九五〇〇年前という年代は、放射性炭素法による推定暦年代の約一万四二〇〇年前から一万五〇〇〇年前と部分的に重なる」。M. Michab et al., "Luminescence Dates for the Paleoindian Site of Pedra Pintada, Brazil," Quaternary Science

Reviews 17, no. 11 (1988) 一〇四一～一〇四六ページも参照、特に一〇四五ページ、「ルミネセンス法は放射性炭素法ほど正確ではないが、この洞窟が暦年で約一万三五〇〇年前から一万年前に居住されていたことは裏づけられた」。

[2] M. C. Castro and B. H. Singer, "Agricultural Settlement and Soil Quality in the Brazilian Amazon," *Population and Environment* 34, no. 1 (2012) 一二一～四三ページ、特に一二三ページを参照。アマゾンのほとんどの土壌は風化していて養分に乏しい。その結果、現在のアマゾン川流域で行なわれている農業の七五％は、化学物質や機械の助けを借りて収穫量を維持している。

[3] 同右、四〇ページ。

[4] Crystal N. H. McMichael et al., "Ancient Human Disturbances May Be Skewing Our Understanding of Amazonian Forests," *Proceedings of the National Academy of Sciences 114* (January 17, 2017), 522.

[5] Manuel Arroyo-Kalin, *Steps Towards an Ecology of Landscape: A Geoarchaeological Approach to the Study of Anthropogenic Dark Earths in the Central Amazon Region, Brazil* (University of Cambridge Department of Archaeology, 2008), 11.

[6] Herbert Smith (1879) cited in Emma Morris, "Putting the Carbon Back: Black Is the New Green," *Nature* 442 (August 10, 2006), 624.

[7] Arroyo-Kalin, *Steps Towards an Ecology of Landscape,* 11.

[8] たとえば Morris, "Putting the Carbon Back," 624 や Cornell University's Department of Crop and Soil Sciences のテラ・プレタに関する情報 http://www.css.cornell.edu/faculty/lehmann/research/terra%20preta/terrapretamain.html を参照。このページに「〝テラ・プレタ・デ・インディオ〟（アマゾンの黒い土のこと。以前は〝テラプ・レタ・ド・インディオ〟。つまり、インディオの黒い土とも呼ばれた）はブラジルのアマゾン川流域の特定の黒い土をさす現地名」と記載されている。

[9] B. Glaser and W. I. Woods (eds.), *Amazonian Dark Earths: Explorations in Space and Time* (Springer Verlag, 2004), 1.

[10] 同右。

[11] Michael J. Heckenberger et al., "Pre-Columbian Urbanism, Anthropogenic Landscapes, and the Future of the

Amazon," Science (August 29, 2008), 1214–1217.「庭園都市（ガーデンシティ）という言い方は、先史時代のシングー川上流の諸都市で採用された居住パターンに対して使われる。

[12] Glaser and Woods, Amazonian Dark Earths, 3.

[13] 数字は Beata Golińska, "Amazonian Dark Earths in the Context of Pre-Columbian Settlements," *Geophysics, Geology and Environment* 40, no. 2 (2014), 220, および Antoinette M. G. A. WinklerPrins, "Terra Preta: The Mysterious Soils of the Amazon," in G. Jock Churchman and Edward R. Landa (eds.), The Soil Underfoot: Infinite Possibilities for a Finite Resource (CRC Press, 2014), 238 より。

[14] Stephen Schwartzman et al., "The Natural and Social History of the Indigenous Lands and Protected Areas Corridor of the Xingu River Basin," *Philosophical Transactions of the Royal Society B* (April 22, 2013), 3.

[15] たとえば以下を参照：M. W. Palace et al., "Ancient Amazonian Populations Left Lasting Impacts on Forest Structure," Ecosphere 8, no. 12 (December 2017), 3; Eduardo G. Neves et al., "Dark Earths and the Human Built Landscape in Amazonia: A Widespread Pattern of Anthrosol Formation," *Journal of Archaeological Science* 42 (February 2014), 153; Charles R. Clement et al., "The Domestication of Amazonia Before European Conquest," *Proceedings of the Royal Society B* (July 22, 2015), 1, 3; and Arroyo-Kalin, *Steps Towards an Ecology of Landscape,* 11, 13.

[16] Ute Scheub et al., *Terra Preta: How the World's Most Fertile Soil Can Help Reverse Climate Change and Reduce World Hunger* (Greystone Books, 2016), xv. Bruno Glaser and Jago Jonathan Birk, "Stage of Scientific Knowledge on Properties and Genesis of Anthropogenic Dark Earths in Central Amazonia (*terra preta de Índio*)," *Geochimica et Cosmochimica Acta 82* (2012), 49 も参照：「テラ・プレタが作られて数千年後のいまも存在していることは、熱帯の風化の激しい土を人間の手で改良するのは可能であることを、はっきりと示している」。概要については、"Terra Preta: The Secret of the Rainforest's Fertile Soil," *Facts Are Facts Magazine,* https://www. facts-are-facts。com/article/terra-preta-the-secret-of-the-rainforests-fertile-soil も参照。

[17] Schwartzman et al., "The Natural and Social History of the Indigenous Lands and Protected Areas Corridor of the Xingu River Basin," 3.

[18] WinklerPrins, "Terra Preta: The Mysterious Soils of the Amazon," 236. 強調を追加した。Glaser and Woods, *Amazonian Dark Earths,* 4も参照。「ほとんどの研究者は、この土は居住エリア周辺の、廃棄物や家庭ゴミが積み重なった文化堆積物の中でできたと考えている」。

[19] Eduardo G. Neves et al., "Historical and Socio-cultural Origins of Amazonian Dark Earth" in Johannes Lehmann eds., *Amazonian Dark Earths: Origin Properties Management* (Springer, 2003) 二九〜五〇、四〇ページを参照。「居住という文脈でADEのもとになった可能性があるのは、(人間の遺体、壺、布等を)埋めたこと、食事の準備(すす、灰、炭など火をたいた跡、魚のアラや鳥獣の廃棄物など食物加工の跡、狩猟の獲物の血、果物や野菜や木の実の不可食部分等、調理や保存の容器等)、食事の廃棄物(人間の排泄物、魚や鳥獣の骨などの残飯)、住居(ワラやヤシの葉などの住宅資材、木材、皮)に、その他の様々な活動(染料、油、ヤシや樹皮の繊維)」。

[20] Neves et al., "Dark Earths and the Human Built Landscape in Amazonia," 161.

[21] 同右。

[22] 「Thomas R. Milesは一九七八年から、燃料取扱、空気の質、バイオマス・エネルギーに関連する農・工業システムの設計、開発、設置、検査を行っている。バイオマスの燃焼・ガス化のエキスパートで、多くのバイオ炭製造システムを設計・開発してきた。一九九四年からはbiochar@yahoogroups.comのLISTSERVE(メールリストの一種)やwww.biochar.bioenergylists.org since 2006などネット上で、バイオマス・エネルギーに関する議論を主催している。http://2012.biochar.us.com/ profile/116/thomas-r-milesを参照。

[23] Tom Miles, "Amazon's Mysterious Black Earth: Soil Found Along Region Riverbanks; Rich in Nutrients, Stores More Carbon," BioEnergy Lists: Biochar Mailing Lists, January 20, 2007, http://terrapreta.bioenergylists.org/forestsorg.

[24] テラ・プレタの肥沃さはScheub et al., *Terra Preta,* 6で詳しく議論されている。

[25] WinklerPrins, "Terra Preta: The Mysterious Soils of the Amazon," 236. 引用の続きは以下のとおり。「アマゾン川流域のように総じて高湿多雨の環境では、土壌の養分の大半はミネラル化し、すぐ水に溶けて流出してしまう。そのせいで、この地域の多くの植物は、土に放たれると、分解などのプロセスを通じて素早く

養分を吸収する」。

[26] 同右。

[27] 同右。「ADE中の炭素は芳香炭素（黒色炭素、火成炭素とも呼ばれる）で、おそらく土に炭が混ざった結果である……この種の炭素を含む土は、養分を保持するばかりか、集めることすらできる。その結果、植物が利用できるリン、カルシウム、窒素が増える。芳香炭素が養分の運搬役を務めるからだ。芳香炭素は非常に分解しにくいことでも知られる」。

[28] Morris, "Putting the Carbon Back," 625. 引用の続きは以下のとおり。「炭に微生物群が棲みつき、土をあのふっくらして匂いの良い、黒っぽい物質に変える。世界中の庭師が手を差し入れて喜びを感じる土だ。テラ・プレタに含まれるよい物は、炭だけではない。糞便や骨などが追加されていることも、おそらく役だっているだろう。しかし炭がもっとも重要な要素だ。炭の粒子がどのように土を肥沃にするのか、その詳細は脇へ置くとして、炭がため込める炭素の量は驚異的だ」。

[29] William Balée, "Amazonian Dark Earths," *Tipiti: Journal of the Society for the Anthropology of Lowland South America 8, no. 1* (2010), 5. 強調は原著。引用の続きは以下のとおり：「アマゾン・ダーク・アース（テラ・プレタ）は、その色も、養分を保持する能力も、主にバイオ炭に由来すると考えられている。微生物の活動が炭素隔離の増加につながる。この理由で、ADEは気候変動の研究でも関心を集めている。微生物の活動が活発で多様なほど、良い土になる。そしてADEは周囲の土より微生物が豊富で多様だ。わずか一〇グラムの土に、まだ正確には同定されていない何百万種の微生物、文字どおり何百万もの分類群が含まれている。ADE中の微生物は、かなりの割合が、周辺の天然土壌の微生物とは異なる」。

[30] Glaser and Woods, Amazonian Dark Earths, 4. 引用の続きは以下のとおり：「その結果、微生物の活動が活発になり、有機物が分解してできたコロイド・サイズの物質が、土壌の基質に増える」。

[31] 同右、四ページ。

[32] WinklerPrins, "Terra Preta: The Mysterious Soils of the Amazon," 236.

[33] Neves et al., "Dark Earths and the Human Built Landscape in Amazonia," 153.

[34] Balée, "Amazonian Dark Earths," 5.

[35] たとえば以下を参照。A. C. Roosevelt, "The Amazon and the Anthropocene: 13,000 Years of Human

Influence in a Tropical Rainforest," Anthropocene 4 (December 2013), 79, 80; Clement et al., "The Domestication of Amazonia Before European Conquest," 3; Lizzie Wade, "Searching for the Amazon's Hidden Civilizations," *Science* (January 7, 2014), http://www.sciencemag.org/news/2014/01/searching-amazons-hidden-civilizations.

〔36〕 Neves et al., "Historical and Socio-Cultural Origins of Amazonian Dark Earths," 38.

〔37〕 同右。

〔38〕 同右。

〔39〕 同右。

〔40〕 同右、三七〜三八ページ。

〔41〕 Clement et al., "The Domestication of Amazonia Before European Conquest," 3.

〔42〕 Morris, "Putting the Carbon Back," 624.

〔43〕 B. Liang et al., "Black Carbon Increases Cation Exchange Capacity in Soils," *Soil Science Society of America Journal* (September 1, 2006), 1719 and 1720. Jennifer Watling et al., "Direct Archaeological Evidence for Southwestern Amazonia as an Early Plant Domestication and Food Production Centre," *PLoS One* (July 25, 2018) 2ページも参照：「ガルビン遺跡およびテオトニオ遺跡の人工的な黒い土、つまりテラ・プレタの中に、マッサンガナ期のものと思われる石器が埋蔵された層がある。これを新たに放射性炭素法で年代測定したところ、この地域のＡＤＥの形成は、七〇〇〇年〜六七九〇年前から、八六〇〇年〜八四二〇年前まで遡ることになった……つまりマデイラ川上流のテラ・プレタは、アマゾンの他地域より三五〇〇年ほど古いことになる」。

〔44〕 たとえば Palace et al., "Ancient Amazonian Populations Left Lasting Impacts on Forest Structure," 三ページを参照。「ＡＤＥの位置をマッピングする試みは頓挫した。理由はアマゾニアの広大さ、多くが人里離れた場所にあること、うっそうとした森林、それに考古学的な現地調査が行なわれていないことだ」。

第14章 楽園のガーデニング

さらに、謎めいたヒントがある。数千年前のアマゾンで聡明に誘導されたある種のプロジェクトが行なわれているのだ。そのことは、多雨林を形成する樹木の種に関する最近の研究によって明らかにされている。これらの研究によると、アマゾン多雨林は人間がつくり出したもので、「原始的」な自然環境の産物では、まったくないのだ。

アンナ・ローズヴェルトが時おり急進的な見方をすることについてはすでに述べた。ここでもアンナは他の学者たちを批判している。アマゾン多雨林はすべて自然がつくったものであるという学者たちの思い込みがあまりにも強すぎ、「人間による影響の調査をしていない」と言う[1]。

この調査が行なわれた結果、「アマゾン多雨林は地域によって、地形、気候、地質、水質、構成、季節性、歴史が大きく異なる」にもかかわらず「よく似ている」ことが判明した。「少数の植物群が密集し、優位を占めているという予想外のパターンが見られた。このパターンはアマゾン多雨林を調査すると必ず存在しており、自然の要素だけでは説明できない」[2]。

現在の推定では、アマゾンには一万六〇〇〇種類の樹木がある。だがこの中で「二二七種の圧倒的支配種がアマゾンの多雨林を制圧している」[3]。これらはオリガークと呼ばれるが、ギリシャ語の「少数支配」に由来する。この圧倒的支配種は「種類としてはアマゾン多雨林の一・四パーセントだが、どこの多雨林でも半分以上が、この種で占められている」[4]。

二〇一七年に大規模な国際チームが、この特異なパターン分布についての研究を完了した。生態学者と考古学者を率いたのは、オランダのヴァーヘニンゲン大学の環境科学研究者カロリナ・リーヴィスだ。彼らのデータで目立つのは、オリガークでは「野生種にくらべ、栽培された種が、五倍も圧倒的な支配種になっている」ことだ[5]。

さらに、ほとんどすべてのケースにおいて、圧倒的支配種が密集する場所には、古代の考古学遺跡が存在している[6]。この相関関係があまりにも頻繁に、かつ確実に見られるので、オリガークが密集している場所は、理論的には「アマゾンの多雨林の中に考古学的遺跡があることの予測」に使えるほどだ[7]。

このチームは詳細な分析を『サイエンス』誌に掲載したが、その結論は以下のようなものだ。「現代のアマゾンの樹木は、アマゾンに住んでいた人々によって、かなりな規模になるまで植林されてきた長い歴史がある……現代の多雨林に古代社会の影響がいたるところで見られる……これはアマゾン多雨林が手つかずの自然だという考えへの強い反証となる。植林がアマゾンの多雨林を形づくったのだ」[8]

すでに見たとおり、アマゾンに初めて人間が到着した時期の問題については、まだ決着がついていない。同じように植林がいつ始まったかも不明だ。研究チームの結果が示唆するのは「過去における人間の介入は、現代の森林で見つかる栽培種の分布に重要で持続的な役割を果たしている。それなのに、多くの考古学的遺跡の場所はまだ不明だ」ということだ[9]。しかし、現在までの証拠で確信をもっていえることもあるとリーヴィスはいう。「八〇〇〇年前よりも前になる」が、ある時点でアマゾンの人々は、特別に有益な樹木に焦点を合わせていることだ。

彼らは、自分たちが管理している森林の中に果樹園を造り、栽培した樹木種を植えていた[10]。

『サイエンス』の論文の中に、古代アマゾンの人々が好んだ樹木種が取り上げられているが、圧倒的支配種となっているのは、ブラジルナッツの木（学名：Bertholletia excelsa）、果樹・アイスクリームビーン（学名：Inga edulis）、果樹・アマゾンブドウ（学名 Pourouma cecropiifolia）、果樹・アビウ（学名：Pouteria caimito）、カカオの木（チョコレートの原料。学名 Theobroma cacao）などだ[11]。

そのほかに、古代に栽培された貴重なアマゾンの樹木の中には、アサイーヤシ、トゥクマヤシ、モモヤシ、クプアスの木、カシューナッツの木、ゴムの木などもある[12]。

作物栽培化の重要な中心地

様々な資料を調査したが、驚かされたことがたくさんあった。たとえばコカの木とゴムの木は、メキシコが原産で栽培化されたと思い込んでいたが間違いだった。実際は南米が原産で、アマゾンで栽培されはじめたのだ。同じように驚いたのが、チリペッパーやピーマンやパプリカなどのトウガラシ属だ。これらもメキシコが原産だと思っていたが、やはりアマゾンが原産で栽培もここで始まっている[13]。

見逃されることが多いが、実のところアマゾンは世界的な「作物栽培化の重要な中心地」なのだ[14]。ブラジル国立アマゾン研究所のチャールズ・R・クレメントによると、「少なくとも八三種の原産種がある程度栽培化されている。その中には、マニオク〔キャッサバ〕、サツマイモ、カカオ、タバコ、パイナップル、トウガラシが含まれ、さらに多くの果樹やヤシの木がある。また、五五種の亜熱帯の種が輸入され栽培されている」[15]。

パイナップル！　これは私にとってもう一つの驚きだった。私は間違った思い込みをしており、パイナップルは木になるものだと思い、原産は太平洋の諸島、たぶんハワイだろうと思っていた。

だが実は、パイナップルの長くて棘《とげ》のある葉は、木ではなかった。パイナップル科に属し、地面に近いところで成長するのだ（一株には一つの実しかできない）。そしてこのパイナップルもアマゾン原産で、最初に栽培が始まったのもアマゾンの多雨林においてだ[16]。

この栽培がいつ始まったのか、確かなことは不明だが、チャールズ・クレメントは、次のように考えている。「ヨーロッパ人が征服した時、パイナップル栽培はアメリカ大陸で、すでに広く行なわれていた。栽培品種の多様性と品質は、その後一世紀にわたる近代的な徹底的品種改良によっても、超えられることがなかった。利用法の多様性から見ても、パイナップルの経済的、文化的な重要性から見ても、すべてが悠久の太古に栽培されはじめたことを示している」[17]。

アマゾン原産の作物は八三種で、五五種の作物が外来種なので、合計は一三八種となる。クレメントとその同僚たちは、そのうち五二種がパイナップルを含め、古代に完全に栽培化されていたと考えている。その中の一四種（約二七パーセント）は果樹かナッツの木か木本性〔茎が木質化して何年も生育を続ける〕蔓《つる》植物だ。準栽培状態にあったのは四一種であり、そのうちの三五種（約八五パーセント）が果樹かナッツの木か、木本性蔓植物だった。栽培の初期段階の樹木は四五種で、一種を除くすべてが果樹とナッツの木だった[18]。

全体的に見るとアマゾンで栽培されていた作物の六八パーセントが樹木か木本性の多年性植物だった。森林が多いという景色から見て、木に実る作物が多いことは驚くことではないだろう。とはいえ、アマゾンで栽培化されたもっとも重要な自給作物は、草本性〔地上の茎の上部があまり発達せず、一年から数年で枯れる植物＝草〕の低木・マニオクであり、その他の数種の根菜や塊《かい》茎《けい》作物〔地下茎の一部が養分を蓄積して大きくなる植物〕だった。これらの作物のほとんどは、サバンナと森林の植物が混在する、混交帯に適応している[19]。混交帯は、はっきりした乾燥期をもつ。

考えてみてほしい。多雨林はうまく扱われ、形づくられ、変形されて、役に立つ生産的な樹木の広大な庭園とされている。これはどう見ても科学的な手腕だ。だが樹木だけでは大きな人口を養えない。そこで先史時代の栽培プログラムは大規模となり、農作物も含むようになり、テラ・プレタを使い、アマゾンの生態環境に見事に組み込まれた。

マニオクの謎

マニオクは鍵となる食料だ。「アマゾン原産のもっとも重要な作物」[20]であり、アマゾンに住む人々のほとんどが、いまでも頼っているが、多くの理由で特別に興味深い[21]。この木のような低木は、食べられる根があるために栽培されている。分子解析して分かったことは、アマゾン川流域で栽培化されているが、「原産地は、たぶんサバンナ地帯で、ブラジル多雨林の南のセラード地域だ」という[22]。さらに詳しくいえば「ブラジルのマトグロッソ州北部、ロンドニア州、アクレ州、ボリビア北部に隣接する地域だ。さらに栽培化は八〇〇〇年前には始まっているのに違いない。ペルー沿岸のサーニャ川流域やニャンチョク渓谷では、この年代が栽培の最初だと報告されている」[23]。

考古学者たちはアマゾンの広大な地域を調査できていないが、ペルー沿岸の渓谷は、詳しく調査できている。ここではマニオクだけでなく「他の作物の栽培が始まった年代が、炭素年代測定法で確定されている。カボチャ（九二四〇年前から七六六〇年前）、ピーナッツ（七八四〇年前）、キヌア（八〇〇〇年前か七五〇〇年前）、綿花（五四九〇年前）だ」[24]。

注目すべきは、これらの作物は、ペルー沿岸で栽培が始められる前に、**すでに**別の場所で栽培化されていたことだ[25]。

ココアやトウガラシと同じように、カボチャも、一万年前にメキシコで栽培が始まったという印象を長いこともっていた。そして実際、そのような考古学的な証拠もある[26]。だが、九二四〇年前にペルーの沿岸の渓谷でも栽培されており、近くのパイハン遺跡やラス・ピルカス遺跡でも、同じ頃に栽培されている[27]。『サイエンス』に掲載された信頼性の高い研究によると、ペルーで栽培されていたカボチャは、メキシコで栽培化されたものではなく、「エクアドル南西部とコロンビアのアマゾン地域」で一万年前から九三〇〇年前に栽培化されていた種だという[28]。

七八四〇年前にサーニャ川流域やニャンチョク渓谷で栽培されていたピーナッツはどうだろ

う？　ピーナッツもやはりアンデス山脈の東で栽培が始まったという。アンデス山脈からアマゾン川流域の南端までの地域だ[29]。これはだいたいマニオクの栽培が始まった地域と同じだ[30]。ピーナッツもマニオクも、現存する最古の遺物から得られた年代は、八〇〇〇年前という数字だ[31]。これから栽培が始まった時代を推測するしかないが、八〇〇〇年前よりもさらに古いことは間違いない。どのくらい古いかについては推測の域を出ないが、何人かの専門家たちは、すでに九〇〇〇年前から一万年前まで推定年代をさかのぼらせている[32]。

マニオクはキャッサバとしても知られているでんぷん質の作物だ。マニオクは優れた主食となり、同じ重さならジャガイモの二倍のカロリーがある[33]。だが、たんぱく質の含有量は極めて少ない。そこで専門家は次のように警告する。「マニオクを主食にした食生活では、たんぱく質不足が栄養不良の原因となる。さらにマニオクのシアン（青酸）化物毒性による中毒が悪化する」[34]。

毒性に関してはすぐに述べるが、その前にピーナッツにはたんぱく質が大量に含まれていることを明記しておこう。つまりこの二つが揃うと完璧な栄養となり「マニオク中心のでんぷん食を補完することになる」[35]。専門家の何人かは、古代社会ではこの二つがペアになっていることに気づいている。イギリスの植物学者バーバラ・ピカーズギルは、ピーナッツ栽培が先史時代に広く普及しているのには、マニオクの拡散と摂取が伴っているのではないか、と推測している[36]。

ここでも私は考え込んでしまう。「伴っている」だけだろうか？　もしかしたら背後に、もっと積極的で意図的な働きがあったのではないか？　私はある可能性を考えている。植物の養分や特性に対する深い知識が、最初の栽培化活動の前から存在していた可能性だ。そのような知識が基礎となって、ピーナッツやマニオクなどの作物が選ばれて栽培化され、計画的に植えられたのではないか。それは互いの栄養素を補完するためであり、人間の繁栄に寄与するためではなかったか？

　もちろん、これはまったくの推測に過ぎない。だがこの推測はマニオクの根の興味深い特性によって強められる。マニオクには様々な種類があるが、主に「苦味種」と「甘味種」の二つに分類される。すべてのマニオクには化合物として、シアン（青酸）配糖体が含まれている。そしてこのシアン配糖体の含有量が少ないのは、人気のない「甘味種」だ。一方、価値が高いとされより広く使われているのが、シアン配糖体の含有量が極めて多い「苦味種」だ[37]。ここで知っておくべきことが一つある。「苦味種」に属するマニオクを食べるには、まず先にシアン配糖体を除去するため、正しく加工をしなければならないことだ。これをしないと、少なくとも「シアン中毒」に苦しみ、死ななくても「嘔吐、眩暈《めまい》、麻痺」の症状が出る[38]。

　一六世紀にアマゾンを航行したフランシスコ・デ・オレリャーナの兵士たちは、これを知らなかったので、加工処理されていないマニオクの根を食べてしまった。そのため彼らは衰弱して死にそうになったが、なんとか生き残った[39]。中毒にならないためには、まず根の皮を剥ぎ、すりおろしてから漉《こ》して絞り、シアン化水素を取り除く。最後に火にかけてわずかに黄色みを帯びた細かな粉にする[40]。これは簡単だが絶対に必要な手順であり、アマゾンの先住民たちは何千年も前からこの方法で「苦味種」を安全にして食べている。

だが根本的な疑問は、この加工システムがいつどのように考案されたかだ。はっきりしているのはマニオクの栽培が八〇〇〇年前から行なわれていた証拠があることだ。もしかしたら一万年前かもしれない。そうなると、加工処理する能力は、その頃すでに開発されていたに違いない。そうでなければ理解不能だ。苦労して栽培化を始めたのに、育てた植物を、死ぬほどの病気にならなければ食べることができなかったことになる。だからどうしても別の可能性に、思考が戻ってしまう。アマゾンに興味をもつ誰か、あるいはグループがいたのではないか。彼らは、栽培化を決めるはるか前から、マニオクの潜在的な価値を理解しており、危険を取り除く正しい方法も知っていた。そして栽培を始めたのではないか[41]。

そうでなければ、正直なところ……わざわざ栽培する意味があるだろうか？

植物の霊知

マニオクの問題は単純に見える。根っこの皮を剝いですりおろし、水にさらし、火を通して毒を抜く。そうすると役に立つ主食に変化する[42]。加工の段階は当たり前のようで、後から考えると単純だ。だが正しい方法に達するまでに、大量の試行錯誤が必要なことを考えなくてはならない。何人ものボランティアを病人にし、殺すことにもなりかねない。

そもそも、このようなプロジェクトを始める動機はなんだろう？　もちろん、野性マニオク原種の潜在的な価値や、栽培化できることをすでに知っていれば、話は別だ。

同じ問題がアマゾンの別の植物についてもいえるが、それらの使用法や必要な加工規模はもっと大きくて複雑だ。『コスミック・サーペント：DNAと知識の源泉（原題）』を著した人類学者ジェレミー・ナービーは、古代アマゾンで発明されたクラーレ（吹き矢や弓矢に使用される薬物）に注目を促す。これがどのくらい古くから存在するかは分かっていない。クラーレは呼吸に必要な筋肉の機能を止め、麻痺と窒息死をもたらす。これを使うのは「樹木の上に住む動物たちの筋肉に毒を入れずに殺せるからだ。動物たちは木を握る握力を弛め、地面に落ちてくる。一方、クラーレの塗られていない矢で射ると、サルは尾を枝に巻きつけてしまうことが多く、矢を射った者の手の届かないところで死んでしまう」とナービーは説明する[43]。

これは確かに非常に便利な狩りの道具だが、いまでは現代医学の麻酔にも採用されている。だが、本当の謎は別にあるとナービーはいう。この薬物が最初にいかに発明されたかだ。クラーレには四〇の種類があり、七〇種類の植物から作られている。学者たちの合意によると、クラーレは実験中に、偶然、見つかったことになる[44]。だが、ナービーはこの筋書きを疑っている。

これを作るには、数種類の植物を組み合わせる必要があり、七二時間も煮なければならない。この間、煮汁からは香りはいいが死をもたらす湯気が立ちのぼるので、吸い込まないようにしないといけない。最終的にできるものはペースト状で、皮膚の下に注入されないかぎり無害だ。飲み込んでも何も起こらない。誰かが、多くの実験の末、偶然、このような製法に出会ったと考えるのは難しい[45]。

アマゾンの薬草の謎については、幻覚を起こすアヤワスカを含め、二〇〇五年の私の著書『異次元の刻印：人類史の裂け目あるいは宗教の起源』（バジリコ）で詳細に検討した。アヤワスカもいくつかの植物を混ぜて作られるが、これまた偶然では起こりえない組み合わせだ。これらの薬草やクラーレやテラ・プレタの製造も、アマゾンの植物や樹木の信じられないほど急速な栽培化も、氷河期の終わりから行なわれている。私たちが見ている文化DNAは平凡な文明のものではなく、独自の科学を生み出した洗練された文明のものではないだろうか。その文明のDNAは、様々な人々に伝えられたが、その中にアマゾン川流域の人々が含まれていたのではないか。そして、これらが伝えられたのは最終氷期が大異変と共に、終わった頃ではないか？

アマゾン全域に興味をそそる宝石のように散在する手がかりから判断すると、失われた文明の失われた科学は、私たちの科学と、まったく別物に見える。彼らは実験という手法も使っているが、同時にシャーマンの技術を採用し、幻覚の探究もしている。さらには体外離脱をして「霊の世界」との遭遇もする。これらの方法は、西洋の知識人たちからはバカバカしいと思われている。

だが、アマゾンに点在する数々の証拠から判断すれば、はっきりとした事実が浮かびあがる。この嘲笑すべきだと見なされる科学は、何度も実際的で堅実な成果を挙げている。たとえば、莫大な数の植物や樹木を栽培化している。数千年間使ってもいまだに肥沃な「奇跡の」土壌を生み出した。また、神経筋接合部でアセチルコリン受容体を遮断し、筋肉を弛緩させるクラーレも発明した。さらに欧米の科学技術にとって、地球は命をもたないモノだが、それとは大きく異なり、この古代の技術は、物質的だけでなく霊的《スピリチュアル》にも、人間のすべての必要に応える。さらに、懐疑派は嘲笑するが、アヤワスカは過去二〇年間、何千人という多くの人々の人生を変えてきた。これらの人々に、何か非常にパワフルで説明しがたい作用が起こったことは否定できない[46]。

[1] A. C. Roosevelt, "The Amazon and the Anthropocene: 13,000 Years of Human Influence in a Tropical Rainforest," *Anthropocene* (May 27, 2014), 82.
[2] 同右。
[3] C. Levis et al., "Persistent Effects of Pre-Columbian Plant Domestication on Amazonian Forest Composition," *Science 355* (March 3, 2017), 926.
[4] Roosevelt, "The Amazon and the Anthropocene," 82.
[5] Levis et al., "Persistent Effects of Pre-Columbian Plant Domestication on Amazonian Forest Com- position," 925.
[6] 同右、九二七ページ。

[7] 同右、九二七～九二八ページ。

[8] 同右、九二五～九三一ページ。

[9] 同右。

[10] カロリナ・リーヴィスのインタビュー、*The Atlantic*, March 2, 2017, https://www.theatlantic.com/science/archive/2017/03/its-now-clear-that-ancient-humans-helped-enrich-the-amazon/518439/. Levis et al., "Persistent Effects of Pre-Columbian Plant Domestication on Amazonian Forest Composition," 925: "In Amazonia, plant domestication started earlier than 8000 BP" も参照。

[11] Levis et al., "Persistent Effects of Pre-Columbian Plant Domestication on Amazonian Forest Composition," 九二六ページも参照。

[12] たとえば Clement et al., "The Domestication of Amazonia Before European Conquest," Proceedings of the Royal Society B (July 22, 2015), 2, および Annalee Newitz, "The Amazon Rainforest Is the Result of an 8,000-Year Experiment," *ArsTechnica* (March 6, 2017), https://arstechnica.com/science/2017/03/the-amazon-forest-is-the-result-of-a-8000-year-experiment/ を参照。Charles R. Clement et al., "Origin and Domestication of Native Amazonian Crops," *Diversity* (March 2010)、七二～一八六ページも参照。

[13] Clement et al., "Origin and Domestication of Native Amazonian Crops," 84–85 and 92, and Barbara Pickersgill, "Domestication of Plants in the Americas: Insights from Mendelian and Molecular Genetics," *Annals of Botany* 100, no. 5 (October 2007), 929.

[14] Clement et al., "The Domestication of Amazonia Before European Conquest," 1. Jennifer Watling et al., "Direct Archaeological Evidence for Southwestern Amazonia as an Early Plant Domestication and Food Production Centre," *PLoS One* 13, no. 7 (2018), e0199868 も参照。

[15] Clement et al., "The Domestication of Amazonia Before European Conquest," 2.

[16] Pickersgill, "Domestication of Plants in the Americas," 930 および Clement et al., "Origin and Domestication of Native Amazonian Crops," 72–73, 85–87. Chanie Kirschner, "Do Pineapples Grow on Trees?" April 8, 2012, https://www.mnn.com/your-home/organic-farming-gardening/questions/do-pineapples-grow-on-trees も参照。鉢植えのパイナップルは現在、観葉植物としてスーパーマーケットで売られている。https://www.

housebeautiful.com/uk/lifestyle/shopping/news/a2807/asda-selling-pineapple-plants.

[17] Clement et al., “Origin and Domestication of Native Amazonian Crops,” 86.

[18] 同右、七三ページ。

[19] 同右。

[20] 同右、七六ページ。

[21] 同右、七三および七五ページ。

[22] Christian Isendahl, “The Domestication and Early Spread of Manioc: A Brief Synthesis,” *Latin American Antiquity*22, no. 4 (December 2011), 452.

[23] Clement et al., “Origin and Domestication of Native Amazonian Crops,” 77.

[24] Tom D. Dillehay et al., “Preceramic Adoption of Peanut, Squash, and Cotton in Northern Peru,” *Science 316,* no. 5833 (June 29, 2007), 1890.

[25] 同右、一八九一ページ。

[26] Spencer P. M. Harrington, “Earliest Agriculture in the New World,” *Archaeology 50,* no. 4 (July/ August 1997), https://archive.archaeology.org/9707/newsbriefs/squash.html.

[27] Dillehay et al., “Preceramic Adoption of Peanut, Squash, and Cotton in Northern Peru,” 1890– 1891.

[28] 同右。

[29] 同右 ; Pickersgill, “Domestication of Plants in the Americas,” 九三〇ページも参照。

[30] Pickersgill, “Domestication of Plants in the Americas,” 九三〇ページ、「重要なマメ科植物であるピーナッツ（Arachis hypogaea）は、四倍体の一年生植物だ。栽培化されたのはアンデス山脈より東で、おそらくキャッサバが栽培化された地域に近い。広がったのは先史時代で、キャッサバと一緒に普及した可能性がある」。Clement et al., “Origin and Domestication of Native Amazonian Crops,” 93, Figure 3 も参照。この図の「アマゾン原産の作物」にピーナッツが含まれている。

[31] マニオクについてはClement et al., “Origin and Domestication of Native Amazonian Crops,” 77 and 92 を参照。ピーナッツは Dillehay et al., “Preceramic Adoption of Peanut, Squash, and Cotton in Northern Peru,” 一八九一ページを参照。

[32] Isendahl, "The Domestication and Early Spread of Manioc," 452. Watling et al., "Direct Archaeological Evidence for Southwestern Amazonia as an Early Plant Domestication and Food Production Centre," 19も参照。マニオクについて、「遺伝学的証拠は、栽培化が今から八〇〇〇年前から一万年前に起きたことを示している」。

[33] Isendahl, "The Domestication and Early Spread of Manioc," 454.

[34] 同右。

[35] Dillehay et al., "Preceramic Adoption of Peanut, Squash, and Cotton in Northern Peru," 1890.

[36] Pickersgill, "Domestication of Plants in the Americas," 930.

[37] Isendahl, "The Domestication and Early Spread of Manioc," 455.

[38] 同右。

[39] たとえばH. C. Heaton (ed.), *The Discovery of the Amazon According to the Account of Friar Gaspar de Carvajal and Other Documents* (American Geographical Society, 1934), 172を参照。

[40] "Manioc Processing Amongst Brazil's Canela Indians," https://anthropology.si.edu/canela/man ioc.htm.

[41] さらにWatling et al., "Direct Archaeological Evidence for Southwestern Amazonia as an Early Plant Domestication and Food Production Centre," 21–22も参照：「完新世初期にマデイラ川上流に住んでいた人々は、造園栽培をまだ行なっておらず、シンプルな狩猟採集民だった、というのが浸透している見方だ。しかし、次のことを考慮すると、このシナリオは疑わしい。同じ地域でジラウ期にマニオクが栽培化され、したがって栽培されていたことが分かっている。栽培したのは、われわれが論じたとおり、おそらくジラウ期の住人たち自身だ。マニオクの栽培化にあたり、人々は様々な改良をほどこした。塊茎の大きさや数量、光合成の速度、種子の機能性だけではない。改良は、組み換えと選択を何度も繰り返すことで行なわれ、繁殖のメカニズムにはクローン増殖が利用された（野生のマニオクは挿し木では増やせない）。このプロセスは八〇〇〇年前までに完了したが、自然について高度な知識が必要だった」。

[42] F. F. F. Teles, "Chronic Poisoning by Hydrogen Cyanide in Cassava and Its Prevention in Africa and Latin America," *Food and Nutrition Bulletin* 23, no. 4 (2002), 四〇七～四一二ページ、特に四一〇ページを参照。

[43] Jeremy Narby, *The Cosmic Serpent: DNA and the Origins of Knowledge* (Victor Gollancz, 1995), 39.

〔44〕同右、四〇ページ。

〔45〕同右。

〔46〕アヤワスカの変革の力と、その西洋の意識革命への貢献を明らかにした研究は、たとえば心理学者 Rachel Harris の *Listening to Ayahuasca* (New World Library, 2017); 医師 Joe Tafur の *The Fellowship of the River: A Medical Doctor's Exploration into Traditional Plant Medicine* (Joseph Tafur, 2017); 元・退役軍人 Alex Seymour の *Psychedelic Marine: A Transformational Journey from Afghanistan to the Amazon* (Park Street Press, 2016)。ほかにも多数ある。

第15章　聖なる幾何学

アマゾン文明は途切れなく続いており、考古学的記録に現れたもっとも初期（ただし、これは文明が最初に誕生した時とはまったく違う）の段階から、この文明を生み出した人々の知恵や洞察から離れていない。彼らの人間と宇宙の関係を解き明かす基本原理は、継続して現れ続けている。この基本原理は、何千年もの間、繰り返し現れているが、時には進化し、奇妙な新しい形に発展し、またある時は別のものにとって代わられ、衰退している。だが謎のオーストラシア人の遺伝子シグナルが今日のアマゾン先住民に見つかるように、他にも神秘に包まれた古代との関係が、かすかではあるが生き残っている。

たとえば、二一世紀初期の科学者たちは、アマゾン人が「野蛮」であるとか「原始的」であるとかいう古い固定観念をすでに捨てている。また先史時代にかなり複雑な文明が繁栄していたことも知っている。だが、それでも多雨林の中に、古代から幾何学が使われていた圧倒的な証拠を見せられて驚愕している。しかもその規模は大がかりだ。

この謎を詳細に検討する前に、はっきりさせておきたいことがある。人々がジャングルに住むからといって、また、高校で数学を学ばなかったからといって、幾何学が把握できない**わけではない**。幾何学は「人間の理性に備わる、もっとも古くて深遠な産物の一つ」なのだ[1]。それどころか、幾何学はユークリッドに始まると、誤って理解されることが多いが、「幾何学の概念は人間の知性に先天的に備わっている」[2]という有力な証拠がある。このこと自体が神秘的だ。この証拠はアマゾン中心部の孤立した地域で確認されている。コレージュ・ド・フランス認識神経画像学部の科学者たちが、アマゾン先住民のムンドゥルク族の人々の幾何学に関する基本的技術を試験してみたのだ。その研究で発見されたのは、

ムンドゥルク族の子どもも大人も、位相幾何学（図形のつながり方）やユークリッド幾何学（線、点、平行、直角など）や幾何学的な形（四角、三角、円など）などの、核となる概念をごく自然に使いこなした……さらに彼らは、幾何学的地図の距離、角度、合理的関係から隠されている物を見つけることもできた[3]。

手短《てみじか》にいえば、アマゾンの奥深くに住む孤立した人々は、技術文明と接触することがほとんどないが[4]、先天的に幾何学的な知識をもっており、「なんの指示を与えられなくても、地図の経験がなくても、計測道具がなくても」幾何学を使いこなせるのだ[5]。彼らの祖先を含め、人間は誰でも同じ才能に恵まれているようだ。その証拠は昔から人が造った様々な建造物に示されている。単純な壁をもつ伝統的な作りの小屋なども、長方形か正方形であり、不規則な形は使われていない。同じように、世界中の聖なる建造物はすべて幾何学的に設計されている。イギリスのストーンヘンジや、エジプトの大ピラミッド、インドのマドゥライ・ミーナクシ寺院、インドネシアのボロブドゥール遺跡、カンボジアのアンコール・ワット寺院、グアテマラのティカル遺跡、ボリビアのティアワナコ遺跡などだが、ほかにもこのような聖なる遺跡はたくさんあり、とても全部は書ききれない。

このように幾何学の普遍性は、人間の心に生まれつき備わっていることに間違いない。だが異なった時代の、異なった文明で**いかに表現されるか**は、文化によって違う。だからアンコール・ワットは大ピラミッドではないし、大ピラミッドはストーンヘンジではない。だがこの三者とも同じ幾何学を土台としており、宇宙と結びついている。このことは、私が長く主張していることだ。幾何学と宇宙との結びつきが建築システムに取り入れられているが、これらは歴史が始まるはるか前に存在していた失われた文明の信念や生活様式の中核をなすものだった。この文明が最終氷期を終わらせた大災害の連続で破壊された時、生き残った人々がいた。彼らは失われた文明のシステムを携え、世界各地に赴き、彼らが避難できた場所に移植しようとした。いくつかの場所では根を張り、すぐに花が咲いた。そこではその後も数千年にわたり、様々な姿で現れた。また、ほかの場所では数千年も休止状態にあったが、やがて活気に満ちあふれた文化を生んだ。

考古学界の主流派では、このような普遍的なシステムがあったことを認めていない。それどころか痕跡も認めない。古代文化の間に「伝播」された知識などないと言い張る。たとえばアンコール・ワットは大ピラミッドよりも三五〇〇年後だから、伝播などありえないという。この指摘はフェアだが的外れだ。私の提案では、過去五〇〇〇年間や一万年の間に伝播される必要はない。世界中にある古代の巨大な建造物は、異なった時代に異なった文化によって造られているが、似ている面と違う面がある。これを説明するのに最適なのは、太古に人類共通の先祖的な文明が存在したことだ。この文明が発した思想と知識を様々な文化が受け取った。受容した文化の神官やシャーマンや賢人たちは、これらの知識や思想を保存していたが、異なった時期に、異なった方法で様々に展開したのだ。

世界規模のこの「システム」の特徴の一つは、これが広く存在するのが偶然であろうとなかろうと、幾何学だ。いつの時代であっても、巨大な幾何学的構造物を造るには、技術をもつ専門家と組織化された労働力を必要とする。そこで明白に示されているのは、かなり高度な文明が関与していることだ。

だから、一九七七年にアマゾン南西部のアクレ州リオブランコで、巨大な幾何学的アースワー

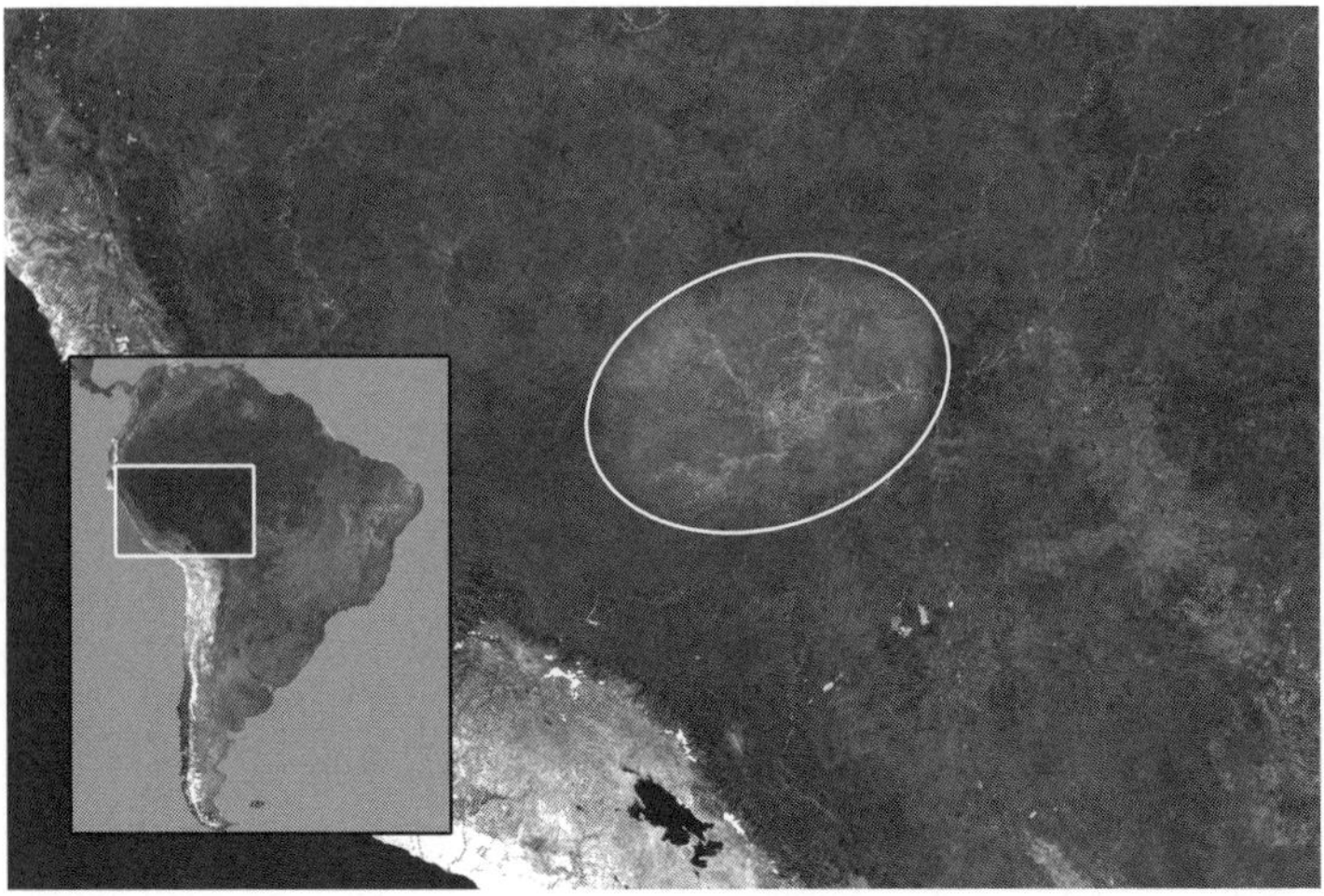
2018年に発見された重要なアースワークの位置。アマゾン南西部。

クが発見された時、最初は誰も注意を払わなかったのだ。当時はまだベティ・メガーズが、アマゾンに関するすべてを支配する時代だった。彼女の著した『偽りの楽園における人間と文化』が発刊されてから、まだ六年しか経っていなかったのだ。彼女の見方は、ジャングルは大きな人口を養うことができないし、巨大な建造物を建設できるいかなる文明も存在できないというものであり、これが当時の圧倒的な定説だった。それを考えるとスミソニアン協会が、アマゾンにおける考古学調査プログラムで「ジオグリフ（＝アースワーク）」を発見していたにもかかわらず、一一年間も公表しなかったことも不思議ではなくなる[6]。

スミソニアンの調査機に乗って、最初にアースワークを見つけたのは、後に「ジオグリフ」と命名した、若き日のアルチェウ・ランジだった[7]。その後二〇年間、彼は別の仕事をしていたが、一九九九年に同じ場所の上空を通過して、興味が再燃した。現在、アクレ連邦大学に所属するランジは、調査を再開した。調査の同僚はパラ連邦大学のデニーズ・シャーンとヘルシンキ大学のマルティ・パルシネンだ。

彼らの最初の詳細な結果は、二〇〇九年に『アンティクイティ』誌に掲載された[8]。その結果は古代にアースワークを建造する社会が存在した証拠を示している。

「先コロンブス期の時代に洗練された構造物を建造する社会が存在した。場所はアマゾン川流域上部で、アンデス山脈の東側になる。これまで知られていなかった人々が、幾何学的に正確な計画に基づいてアースワークを建造しており、かつ、直角に交わる直線道路でそれぞれを結びつけている」[9]

論文の冒頭でランジとシャーンとパルシネンは、「巨大なアースワークの密集」のほとんどが高さ二〇〇メートルの台地に造られていると述べている。

掘られた溝と、隣接する土の壁で造られている……アースワークの形は正円や長方形や、それらの組み合わせだ[10]。

見事なアマゾンのジオグリフが発見されたのは、ここ二〇〜三〇年に過ぎない。なぜだろう？ランジとその同僚たちは次のように考える。ジオグリフは五〇〇年前頃に放棄された。その後、ジャングルに覆われた。だが、家畜産業のためにジャングルの樹々が広く伐採されて、姿が現れた。特に空からよく見えるようになったのが、三〇年ほど前だ。確かに、ジオグリフは巨大であり、形や配置を見るには地上よりも空からのほうがよい。衛星写真もグーグルアースのおかげで、研究者たちが自由に見られるようになった[11]。

ナスカとアマゾンの結びつき

ジオグリフは空から見たほうがなんであるかが理解しやすく、見やすい。さらにはペルーにある有名な「ナスカの地上絵」とくらべざるをえない。誰でもすぐに比較することになるが、それも当然だろう。何しろナスカの地上絵には巨大な動物や鳥のイメージだけでなく、多くの幾何学的な形もあるからだ[12]。

ランジ本人もアマゾンのジオグリフは、有名な「ナスカの地上絵と同じくらい重要だ」と述べ、比較することを勧めている[13]。ランジが「ジオグリフ」と命名したのも、同僚で共著者のデニーズ・シャーンによると、ナスカ高原の図柄に影響されたのだという。これについてシャーンは「残念だ」と言う。なぜなら、ナスカの地上絵は「別の現象だからだ。ナスカの砂漠では、幾何学や動物の形は、黒くて摩耗された石を地面から取り除き、明るい地面を表出させることによって造られている。一方、ブラジルとボリビアのジオグリフは、大きな長い溝を掘ることで造られ

ナスカの幾何学形状／写真:サンサ・ファイーア

ており、円や長方形、六角形や八角形、それに幾何学的ではない形もある」からだ[14]。

私はこの区別に賛成できない。画家が油彩を使おうが水彩を使おうが、結果はやはり絵画だ。同じように、異なった技術や異なった物質が使われようと、結果は巨大な幾何学的あるいは「非幾何学的」な形で装飾された「カンバス」だ。アマゾンとナスカの環境状態は非常に異なるから、同じにはならない。

すでに、四半世紀ほど前になってしまったが、「地上絵の貴婦人」マリア・ライヒェとの出会いを鮮明に覚えている。ライヒェと会ったのは、彼女が一九四五年から住んでいた古代の地上絵に取り囲まれた家だった。彼女は地上絵を研究・保護し、世界に紹介する使命をもっていた。私とサンサがマリア・ライヒェに会ったのは一九九三年六月で、彼女が九〇歳の誕生日を祝ったすぐ後だった。パーキンソン症候群が進行しており、寝たきり状態だったが、知性は鋭く、声も鮮明だった。彼女は地上絵の意義について次のように語ってくれた。

これらの絵が教えてくれるのは、私たちがもつ古代の人々に対する考え方すべてが間違っていることです……ペルーには古代文明があり、発達していました。数学や天文学についても精通していました。また、この古代文明は芸術家の文明です。彼らは将来の世代が理解できるように、人間のスピリットがユニークであることを表現しています[15]。

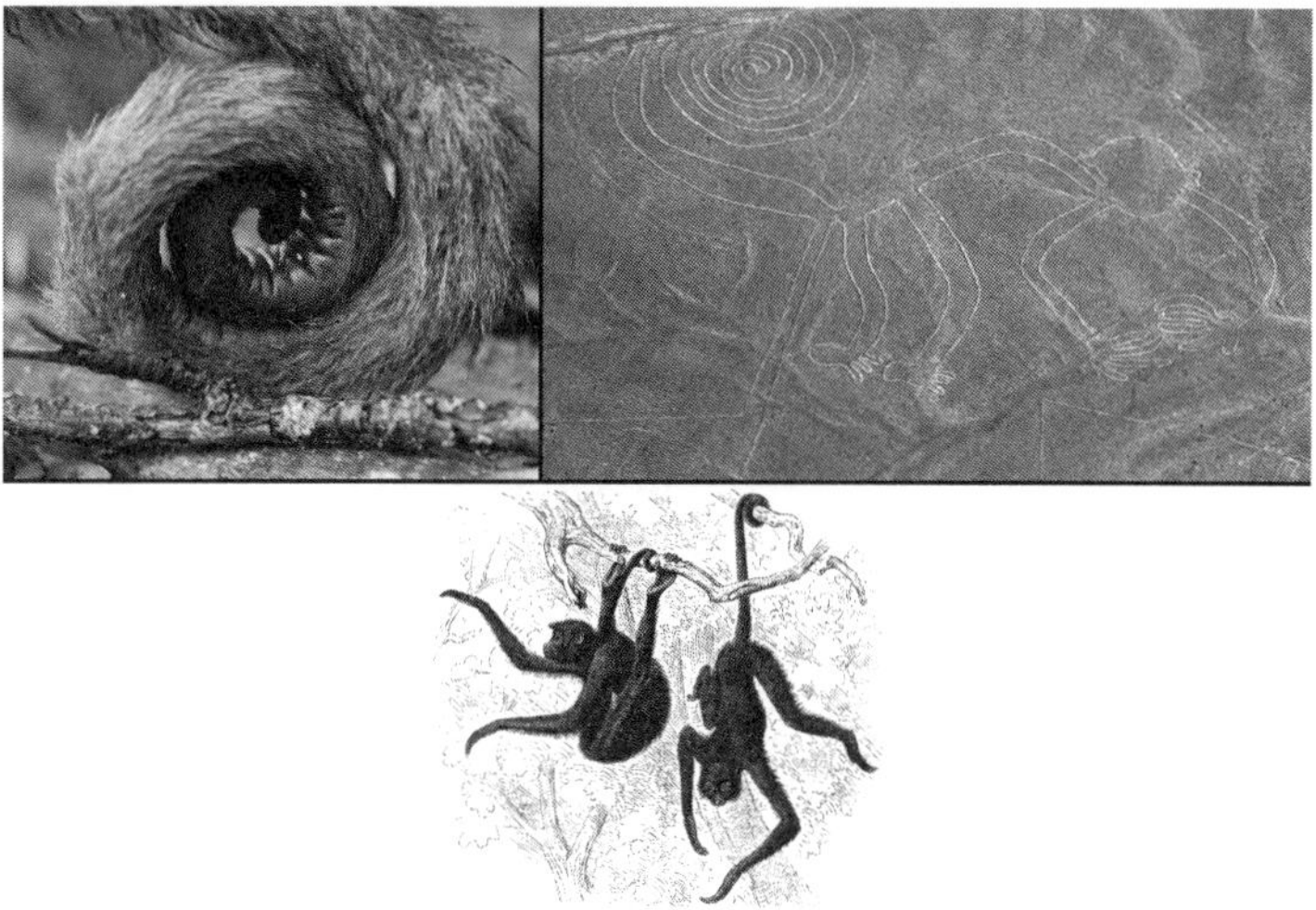

右上:ナスカのサル／写真:サンサ・ファイーア
左上:渦を巻くウーリーモンキーの尾／写真:ステファン・フォスター、dreamstime.com［26291981］
下:19世紀に描かれたアマゾンのクモザル。

ナスカの地上絵の謎については、これまでの本で探究しているので、ここでは深くは触れない。だが、ナスカの地上絵でもっとも有名なものの一つである、サルの図柄について語りたい。この図柄は切れ目のない一本の線で描かれている[16]。線の長さは一・六キロメートル以上あり、図柄全体の広さは幅が九〇メートルで長さは六〇メートルだ[17]。物をつかめる尾は渦巻き曲線で描かれているが、これは新世界のサルの特徴であり、旧世界のサルとは区別ができる[18]。だが、サルがナスカ砂漠に生息していたことはない。そばで見られるのはカプチン・モンキーやクモザルやウーリーモンキーだが、いずれも原産地はアマゾンの多雨林だ[19]。

もう一つのよく知られているナスカの地上絵は、スパイダーに似ておりスパイダーだとされることが多い。だが、四六メートルという巨大なこの図柄は[20]、スパイダーではなく、近縁種で体長数ミリほどしかないクモ形綱クツコムシ目の「ティックスパイダー」[21]だといわれている。クツコムシ目は世界中で七〇種類以上が確認されているが、ナスカ砂漠にはいない。いなくて当然だろう。クツコムシ目は「熱帯のジャングルや洞窟」を好むからだ[22]。この奇妙な生物の、ナスカにもっとも近い生息地はブラジルのアマゾンだ。それも中央部、東部、南部アマゾンだ[23]。

クツコムシ目には奇妙なことがたくさんあるが、その中でも特に奇妙なのは、際立った解剖学的な特性だ[24]。ブラジルのクモ学の専門家アレシャンドリ・B・ボナウドは「その特性は精子の運搬方法にある。運搬はオスの三本目の足で行なわれるが、それは巧妙につくられた交尾の器官」だという[25]。ほんの数ミリしかないので、顕微鏡なしに見分けることは難しいのだが、最初にこのことを指摘したのはボストン大学の故ジェラルド・S・ホーキンズ教授だ。この珍しい生殖方法は、すべてのクツコムシ目に共通するが、ナスカの「スパイダー」には、第三の足として正確な場所に描かれている[26]。

ホーキンズ教授は天文学者だが、ボナウドは南米のクモに関しての専門家だ。ボナウドとは二〇一八年一〇月にメールでやり取りをしたが、ホーキンズ教授の見解に同意しなかった。

ナスカのスパイダーが、クツコムシ目であるというのは奇妙に感じる。いつもアリ

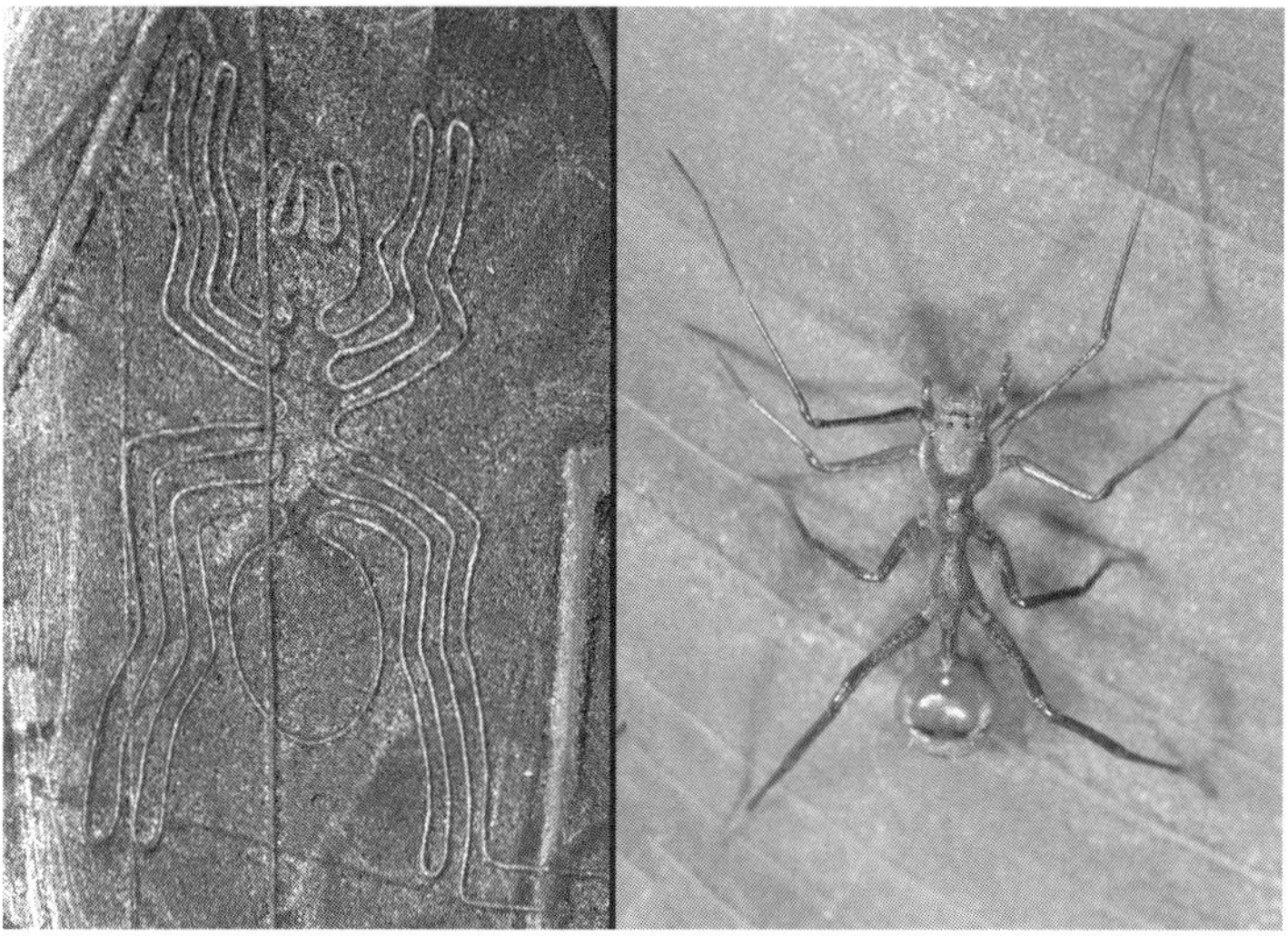

左:ナスカの「スパイダー」／写真:サンサ・ファイーア
右:大きく拡大されたアマゾンの「ミルメシウム」／写真:アーサー・アンカー

（蟻）に似たスパイダーだと思っていた。たとえばミルメシウムの種類だ……ミルメシウムは南米にだけ存在する原種で、ベネズエラのカリブ海沿岸からブラジル南部まで存在が記録されている。だが、この種のほとんどは（三八種のうち二八種）、アマゾン川流域の固有種だ。アマゾン川流域にはペルー、エクアドル、コロンビアのアンデス東側の斜面が含まれる。

私は本書で、彼の言葉を引用してもよいかと尋ねたが、こんな返事が来た。

お望みなら引用しても構いま

せんよ。でも付け加えたいのは、三本目の足の「変形」には構造が見えないし左右対称でもないことです。図案がただ延長されただけとも見えます。ナスカの他の図案にもよく見られることです。

ボナウドは親切にもアーサー・アンカーを紹介してくれた。アンカーはボナウドの同僚で超接写写真の専門家だ。掲載されているアマゾンのミルメシウムは、彼の撮った写真だ。このミルメシウムはプエルト・マルドナド近辺のタンボパタ保護地区のものだ。私の個人的な意見だが、クツコムシ目よりも、このほうがナスカの「スパイダー」にふさわしいと思う。これを見ても古代アメリカには科学者たちがいて、自然を詳細に観察していたと私には思える。だがいまは、そこよりも目線を下げよう。サルとスパイダーの図柄が示すのは、少なくとも、ナスカの地上絵とアマゾンのジオグリフは無関係だというシャーンの見解には再考が必要なことだ。

アマゾンのジオグリフに関する正確な情報

ここ数十年の間にアマゾン南西部で発見されたジオグリフの一般的構造と外観はどのようなものだろうか？　二〇〇九年に『アンティクイティ』誌に掲載した論文で、ランジとシャーンとパルシネンは、おおまかな概要を述べている。

一般的に幾何学的模様は溝で造られている。溝の大きさは幅ほぼ一一メートル、深さは一〜三メートルだ。隣接して高さ五〇センチから一メートルの、溝を掘った残土で造られた土手がある。円形の溝の場合、直径は九〇メートルから三〇〇メートルに及ぶ……二つから三つの構造物がある場合、通常それらは盛り土された道路で結ばれている。いくつかの単独の長方形構造物の場合、辺の途中や角から短い道路が出ている。正方形の中に円があるものやその反対の組み合わせ図形もある[27]。

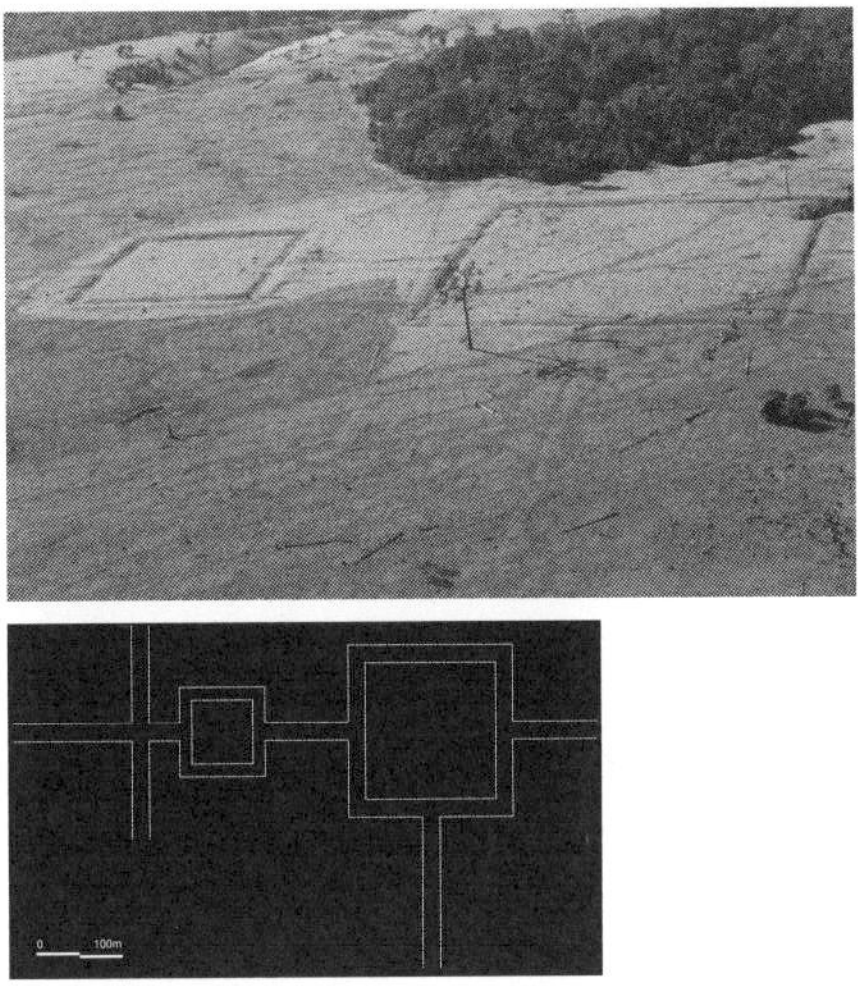

ファゼンダ・パラナ。
地図と写真:マルティ・パルシネン

幾何学的な図形のいくつかは、極めて粗雑な造りで、他のものは極端なほどに精密だ。また時には、精密な図形の中に不正確な図形が組み合わされているジオグリフもある。たとえばサンタ・イサベルでは、見事に造られた巨大な八角形の隣に不正確な円が並んでいる。

それとは対照的に幾何学的には質素な造りだが、ファゼンダ・パラナ遺跡は「幅二〇〇メートルと一〇〇メートルの完璧な正方形が二つある。この二つが幅二〇メートル、長さ一〇〇メートルの土手道で結ばれている。さらに二つの正方形は、東西南北に向かうまっすぐな道とも結ばれている」[28]。

はるかに複雑なのはファゼンダ・コロラダ遺跡であり、ジオグリフには以下のものが含まれる。

一つの円、正方形、二重の溝をもつ凹形構造物がある。凹形の二重の溝は、台形の構造物とつながっている。この構造物はまっすぐな壁があるが溝はない。その南西部の角は開いており、幅が五五メートルもある大通りのような道につながっている。大通りの入口の両側には、いまでも二つの高いマウンドがあるが、まるで塔のようだ。大通りの両側には土手があり、入口から遠ざかるにつれて狭くなり、六〇〇メートル先で消えている[29]。

ファゼンダ・アトランティカという遺跡も見てみよう。ここの主要なジオグリフは正方形で、辺の長さはそれぞれ二五〇メートルだ。東と西の角に四分円が刻まれており、直径一二五メートルの円が北西に存在し、正方形と円は幅一〇メートルの通路で結ばれている[30]。

大通りが正方形と円を結んでいることから、ファゼンダ・アトランティカ遺跡の主軸が、北西

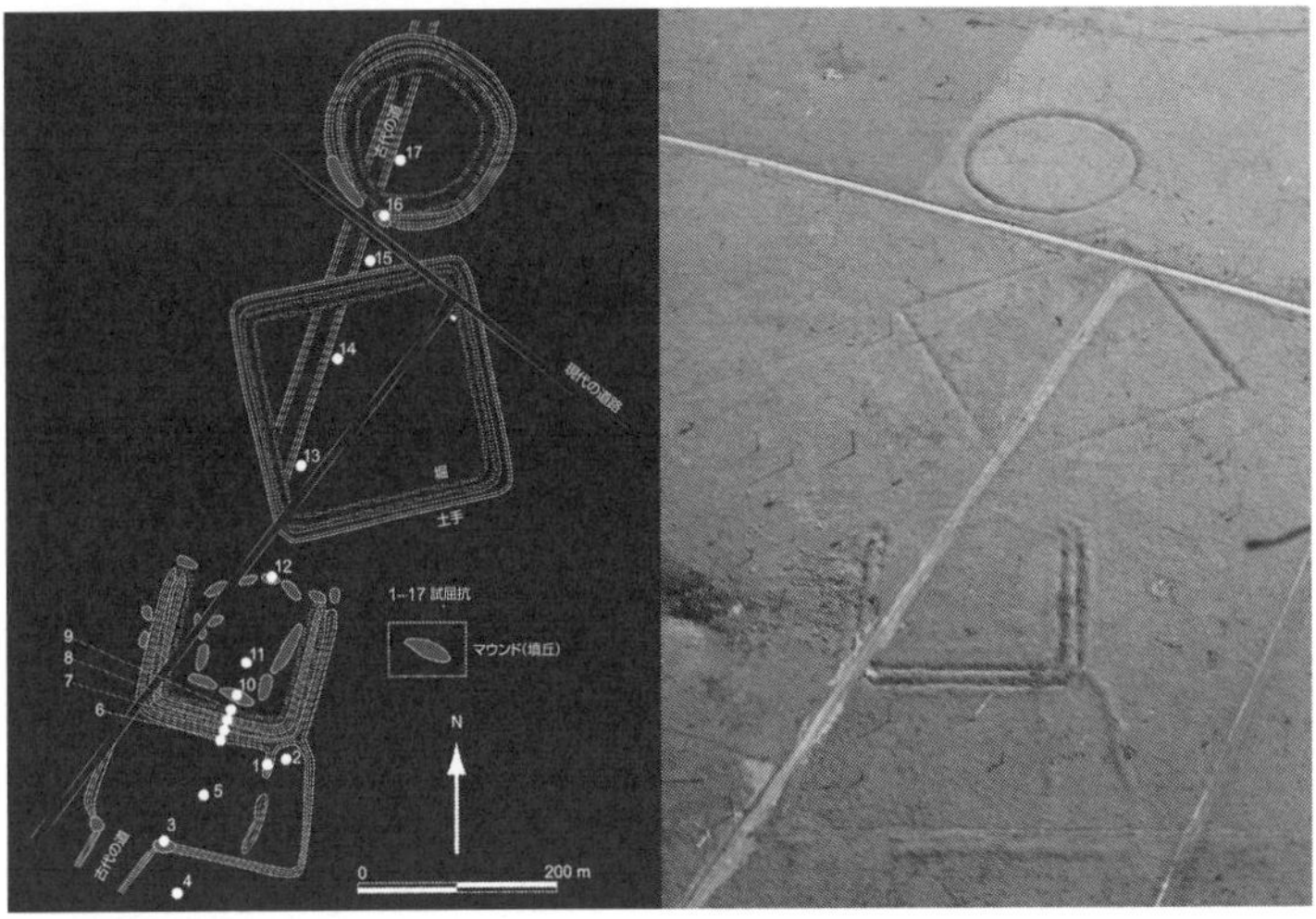

ファゼンダ・コロラダ。
地図と写真:マルティ・パルシネン

と南東を向いていることが分かる。この方向は、六月の夏至の日没と、一二月の冬至の日の出と一列になりそうだ。オハイオ州のサーペント・マウンドのことを思い出してほしい。サーペント・マウンドも北西と南東を向いており、夏至と冬至という二つの天界の出来事と一列で結ばれていた。その主たる焦点はサーペント・マウンドがある北半球の真夏である六月の夏至であり、開かれたあごで示されていた。この方向はアマゾンのジオグリフの場合、南半球における真冬になる。だが、まだ天文考古学的な調査が行なわれていないので、ファゼンダ・アトランティカ遺跡の主軸が、夏至や冬至を指しているかどうかは不明だ。もし指していれば、遺跡が、夏至と冬至のどちらを重視しているかが分かることになる。

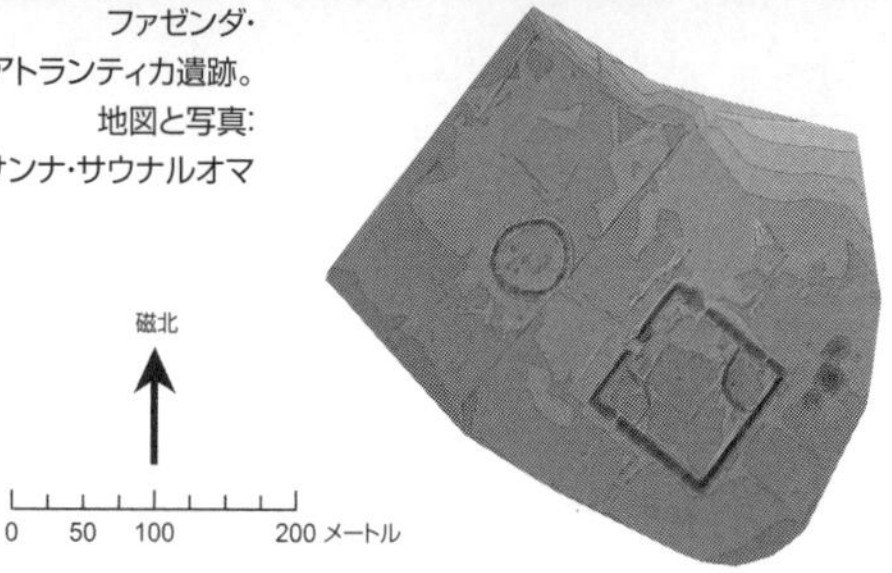

ファゼンダ・アトランティカ遺跡。地図と写真：サンナ・サウナルオマ

同じように北西・南東の方向を向いているのは、アマゾンのもう一つの巨大なジオグリフ、テキーニョだ。付属的な構造物が壊されていなければ、この遺跡の大きさは一五ヘクタール（三七エーカー）となる。今日まで残存しているのは、主要な二つの正方形だ。大きなほうは一辺が二一〇メートルある（正方形の内側に、二つの正方形が造られている）。小さなほうの正方形は損傷が激しいが、一辺の長さは一三〇メートルだ。この内側にも正方形が一つ作られている。この遺跡の主な北西の軸を定めているのは、主要な入口から大きな正方形まで、幅四〇メートル、長さ一五〇〇メートルの土手道だ[31]。ただし、テキーニョのこの軸に天文考古学的意味があるかどうかを確定するには、本格的な調査を必要とする。

すでに確実なのは、**他のアマゾン・ジオグリフの多くも**、同じ配列をもつことだ。たとえば

テキーニョ。地図:サンナ・サウナルオマ
写真:マルティ・パルシネン

ファゼンダ・イキリII遺跡だ。ここには一辺一四〇メートルの正方形のアースワークがあり、隣には二五のマウンドが連なる楕円形の土盛りがある。この楕円の長軸は一八〇メートルの長さがあるが、正方形の軸と平行して北西方向を向いている[32]。したがって、ファゼンダ・イキリIIも夏至と冬至に合わせて配置されている可能性があるが、天文考古学の調査が実施されないと詳細は不明だ。

もう一つの候補は、部分的に破壊されているコケイラル遺跡だ。これも隣り合うマウンドがあり、一八あったマウンドのうち一〇基が残存している。残っているマウンドは不完全な楕円形を形成しており、長軸の長さは一〇〇メートルで、北西を向いている[33]。テキーニョ、ファゼンダ・イキリⅡ、ファゼンダ・アトランティカと同じで、コケイラル遺跡に天文考古学的な意義があるかどうかを見極めるには正式な調査が必要だ。

アマゾンのアースワーク研究に、優れた科学がつぎ込まれていることを見てきた。だが、非常に深刻で重大な見落としがあることも事実だ。天文考古学的な結びつきについて、まったく目が向けられていないのだ。この章で取り上げたジオグリフに関する多くの論文は、天文学的な配列については まったく触れていない。少なくとも、私が本書を書いている時点では主要な学者たちの誰も、天文学的配列が存在する可能性についても調査しようとしていない。だが皮肉なことに、主要な学者たちのすべてが、以下の意見に賛同している。

幾何学形のアースワークは注意深く選定された高台の平地に造られている。川沿いの台地という場所は、周囲の地域を見渡すのに便利だ……アースワークは風景から見て注意深く計算された場所にある。さらにアースワークの建造において繰り返し見られる幾何学形状は、伝統的な機能の一部かもしれない。つまり、古代人に共通する集合的思想である宇宙論や、社会政治的な関心に関係しているのかもしれない。

ここには重要なヒントが隠されている。「高台」が選ばれているのは、確かに「周囲の地域を

ファゼンダ・イキリII遺跡。マウンドが楕円形を形成している。長軸は北西を向いている。
方向の→を付け加えた。／地図と写真:サンナ・サウナルオマ

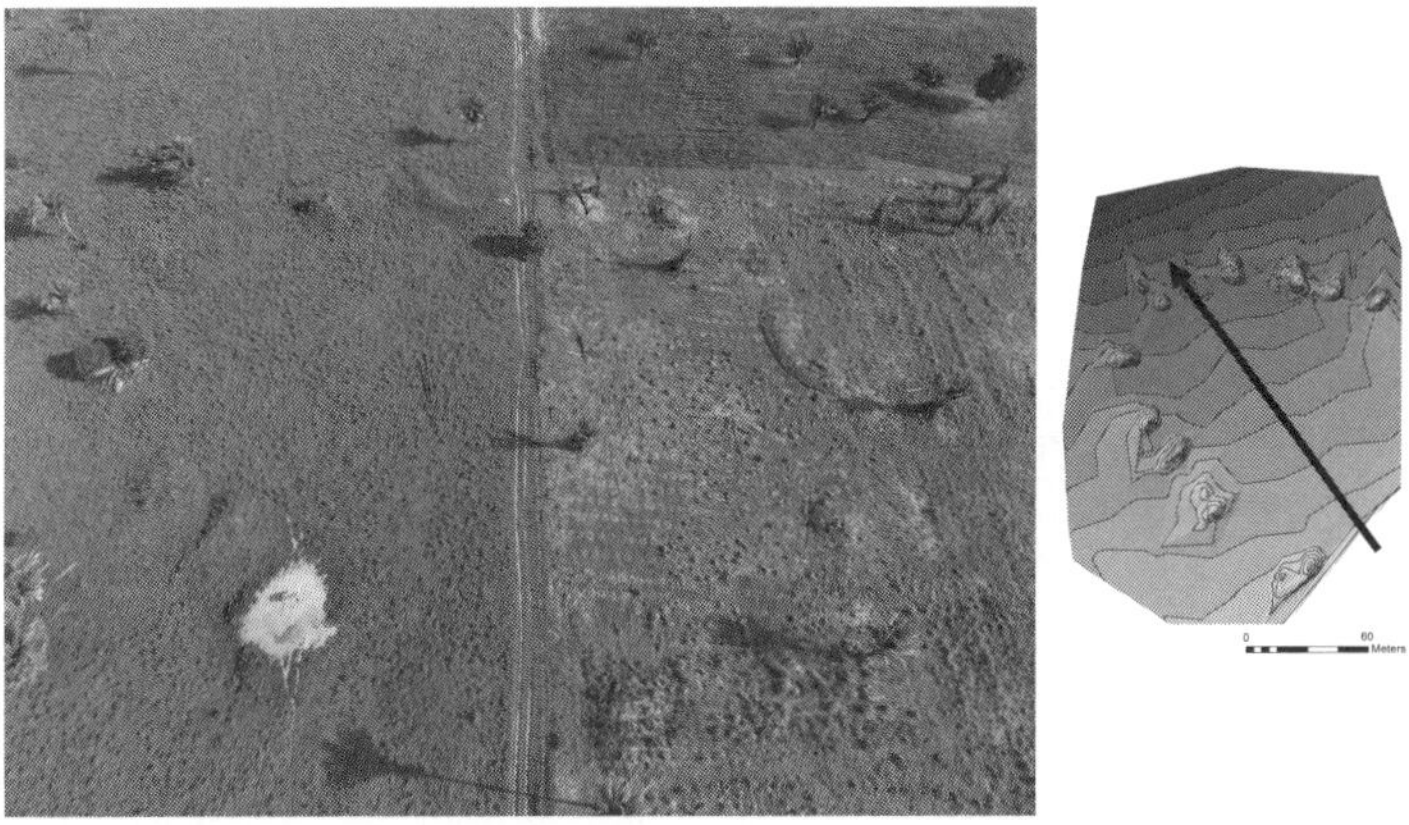

コケイラル遺跡。残存しているマウンドは、楕円形の跡を残している。その長軸は北西を向いている。
方向の→を付け加えた。／地図と写真:サンナ・サウナルオマ

見渡」せるし「古代人に共通する、社会政治的な関心」なのかもしれない。だが、高台からは地平線も見渡せる。そのような場所は、古代の天文学者たちも探し求めていた。地上に巨大な構造物を造る時、六月の夏至の日没や、三月の春分の日の出と一直線に合わせるためだ。

このことを知っているから、先の引用文で学者たちは「宇宙論」に、少しだけ言及をしているのかもしれない。

だが、少々の言及では不十分だ。

アマゾン地帯のジオグリフには、本格的な天文考古学的調査が必要だと思う。それなしには、ジオグリフが示す問題のすべてを把握できないし、理解する好機も逃すことになるだろう。

遠くに去る一方の地平線

ジオグリフはどのくらいの年齢だろう？

二〇〇九年に炭素年代測定法で、時代が特定された。だがサンプルは一つだけで、その年代が「二五〇〇キロメートルの範囲」にある「二〇〇の遺跡と二一〇以上の幾何学的構造物」に当てはめられることになった[34]。年代はファゼンダ・コロラダ遺跡から得ているが、ごく最近という結果が出ている。だいたい七五〇年前だが、誤差を考慮に入れて平均して西暦一二八三年頃に造られたとしている[35]。この年代は、「多くの遺跡を代表するものだと考えられる。なぜならファゼンダ・コロラダには、この地域で見られる幾何学模様の多くが存在するからだ」[36]。さらにこの年代は、「最近の活動を示唆している……ヨーロッパ人が到来する三〇〇年ほど前だが、アマゾンに複雑な社会が発達したとされる西暦九〇〇年から西暦一四〇〇年の間との整合性がある」と断言されている[37]。

考古学ではよくあることだが、新たな発見がすべてを変えてしまう。今回も発掘を始めて三シーズン目で、ランジとシャーンとパルシネンは、まったく別の見解を示しはじめた。二〇〇九年の研究成果は二〇一二年に『ジャーナル・オブ・フィールド・アーケオロジー』誌に掲載された。彼らの報告によると、調査範囲は極めて広くなった。今回は二万五〇〇〇平方キロメートルの範囲だという[38]。そこには二八一の囲い地があり「それらは途切れなく続く溝で形成されている。ほとんどの場合、内部には完全な幾何学形の広場があり、その広さは一ヘクタールから三ヘクタールの面積」であり、主に「円、楕円、長方形、正方形」といった「多彩な形」が見られる[39]。

次に最初の衝撃的な新事実が述べられる。ファゼンダ・コロラダが徹底的に再発掘されて、異なった地層から新たに五つの炭素年代測定用サンプルが収集され分析された。炭素一四による年代測定には誤差が生じるのだが、前回の測定による西暦一二八三年は、アマゾンに複雑な社会が発展したと考えられている先入観には適合していたが、この遺跡の末期に堆積した有機物の分析から得た年代であったことが判明した。新しいサンプルが示したのは、ファゼンダ・コロラダに

「定住」が始まったのは西暦一二五年頃であり、それが一四世紀末まで続いたことだった[40]。

他の多くのジオグリフの遺跡からも有機物が発掘され、年代測定されたが、その結果はよく似ていた。そこで調査者たちによる、すべての遺跡についての総体的結論は「新たな炭素年代測定によると、アースワーク建造が始まった時期は二〇〇〇年前頃となる」というものだった[41]。

つまり、二〇〇九年から二〇一二年までのたった三年間の調査で、アマゾン南西部のジオグリフに対する考古学的理解が劇的に変化したことになる。これまで七五〇歳だと思われてきた遺跡が、いまでは二〇〇〇歳になったが、それが意味することは考慮されていない。間違いを犯し、修正したわけだが、これが何を意味するか考えてみよう。このような規模の修正が西欧の建築物で行なわれたら、物議を醸すことになる。これはまるでヨーロッパの偉大なゴシック建築であるシャルトル大聖堂やヨーク大聖堂などが、中世後期の作品ではなく、ローマ人による建造物だといっているようなものだ。

このような規模の誤謬《ごびゅう》をどう考えればよいのだろうか？　考古学者たちはかぎられたサンプルしかないのに、結論を急いで伝え広める傾向があるのではないか？　たとえば、ファゼンダ・コロラダの西暦一二八三年という年代は、「多くの遺跡の代表」という確証もないのに三年間も認められてきた。オハイオ州のサーペント・マウンドは二〇一八年になっても、西暦一〇〇〇年頃のものだと公式に宣伝されている。だが、炭素一四年代測定法の証拠から、二〇一四年に、それよりも一〇〇〇年以上古いことが発表されている[42]。読者の方々は自分で判断してほしいが、考古学では古い仮説が不安定で常にくつがえされている。たとえば、北米のクローヴィス・ファースト説もそうだし、アマゾンに関するメガーズの「偽りの楽園」という教条も同じだ。だから私はこの学問が主張することのすべてに信頼感をもてないでいる。

特に、新たな合意となった、アマゾン南西部のジオグリフが二〇〇〇年前のものだという説には納得できない。二〇一二年の報告に示された炭素一四の別の数字は、もっと複雑な状況があることを暗示している。

たとえばセベリノ・カラザンスという遺跡がある。興味深いことに、考古学者たちが発掘した正方形のジオグリフはエジプト大ピラミッドと同じ[43]、一辺二三〇メートルという広大な「フットプリント（底面積）」をもつ[44]。この二つの巨大建造物は、どちらも側面が、それぞれ東西南北を向くように方位が定められている[45]。

セベリノ・カラザンス遺跡の炭素一四による二つの年代がランジとシャーンとパルシネンによって示され、アマゾン・ジオグリフの建造プロジェクトが開始されたのは「ほぼ二〇〇〇年前」だとさらに確認されている[46]。その年代とは、誤差はあるが紀元前一五九年（発掘ユニット3）から紀元前一七一年（ユニット3B）だという[47]。だが、新たな仮説にそぐわない年代が、セベリノ・カラザンスから二つ出ている。やはり誤差はあるが、それらの年代は紀元前一二一一年（ユニット5）と**紀元前二五七七年**（ユニット3）だ[48]。後者の年代が示唆するのは、このジオグリフが、エジプトの大ピラミッドと同じ「底面積」をもつだけでなく、造られた年代も近いことだ。

これまで見てきたとおり、ヨーロッパ人が接触する前のアマゾンに、真の文明が実在したことは、最近になって、考古学者たちが慎重に容認するようになった。それでも、「文明」という名にふさわしいアマゾン文明が、紀元前二五七七年の昔に存在した可能性を認める考古学者は少ない。当然、セベリノ・カラザンスの基本方位が定められた巨大な規模のジオグリフを造れるような、よく組織された意欲十分の文明が、その年代にあったことは否定される。セベリノ・カラザンスの巨大なジオグリフは、幅一二メートルの溝で造られており、その長さは合計九二〇メートルにもなるのだ[49]。

驚くことでもないが、したがってランジとシャーンとパルシネンの結論は「たぶん紀元前二五七七年という年代は、アースワークの最初の建造とは関係がない」となる[50]。

彼らが認めることができるのは「この年代が示唆するのは、人々がこの場所で活動していたこと」だけだ[51]。だが彼らの次の言葉を見ると、他の多くの同僚たちよりも、首をさらにつき出して、あえて危険を冒したのかもしれない。彼らはセベリノ・カラザンスのもう一つの変則的な紀元前一二一一年という年代に関しては「たぶんアースワークの建設と関係している」と、可能性を認めている[52]。

だが、この論理はなんだ？　私たちは、一般的なジオグリフを「代表する」年代は西暦一二八三年だという最初の推測を切り捨てた。そしてこの壮大で地域的なプロジェクトが開始されたのは紀元前一二一一年という昔である可能性を認めている。それならばなぜ、紀元前二五七七年というさらに古い年代に始まった可能性を考慮できないのだ？　考古学者たちが調査したアマゾンの領域はまだわずかなものだ。アマゾンの過去の文明や文化の性格や制約に関して、すべてのデータを説明できる仮説もまだない。そうならば、開かれた心をもつほうが賢いに違いない。

その上、ランジとシャーンとパルシネンは使える可能性のあるデータの**ほんのわずかのサンプル**しか扱っていないことを自ら指摘している。パルシネンは、ひと頃、最終的には一五〇〇のジオグリフが発見されるだろうと推測していた[53]。この分野の専門家たちもおおむね以下のことに同意している。「森林伐採によって発覚したアースワークの存在は……全体のほんの一部でしかない。他のものはアマゾン南部特有の多雨林に覆われて、まだ発見されていない」[54]

そこで、考古学者たちにとって未知の多くの遺跡が、今後も発見される可能性は十分にある。それらはジオグリフの古さが二〇〇〇年程度だという、現在の考古学の見解を追認するかもしれない。あるいは特異な年代とされる紀元前二五七七年が強化されるかもしれない。さらにはもっと古いことがわかり、さらに洗練された建造物が見つかるかもしれない。

繰り返しになるが、どのような事実が現地に存在しても、探すまでは確かなことは分からないのだ。

興味深いこと

セベリノ・カラザンスの**正方形**の囲い溝は、エジプトの大ピラミッドと、平面図や底辺の大きさなどが同じだ。さらには炭素年代測定による年代まで大ピラミッドと同じだ[55]。だが、現時点においては、単に興味深いとしかいわないでおこう。紀元前二五〇〇年は、ヨーロッパの巨石建造時代とも重なっているので別の興味が湧いてくる。アマゾンの**円形**のジオグリフは、イギリス諸島にある巨大なストーンサークルを取り巻く「ヘンジ」とよく似ているのだ。「ヘンジ」とは環状の土手で、内側には深い溝があり、ストーンサークルを取り囲んでいるものだ。規模もよく似ており、類似性があまりにも明らかなので、通常は文化の比較に慎重な考古学者たちまで、このことについて発言している。たとえば、サンパウロ大学考古学・民俗学博物館のジェニファー・ワトリング博士だ。彼女のアマゾンのアースワークに関する重要な研究は、二〇一七年二月に『米国科学アカデミー紀要』に掲載されている。ここで博士は率直に、円形のジオグリフの土手と溝の特徴は「昔からヘンジ遺跡と呼ばれてきたものだ。最初期のストーンヘンジも、似たような囲いの中に配置されていた……ジオグリフも新石器時代の土手道による囲いと、似たような機能をもっていたのではないか。それはつまり集会や儀式の場所だ」と述べている[56]。説明しておこう。「ヘンジ」は先史時代のアースワークで、円形の土手が溝を囲んでいる。通

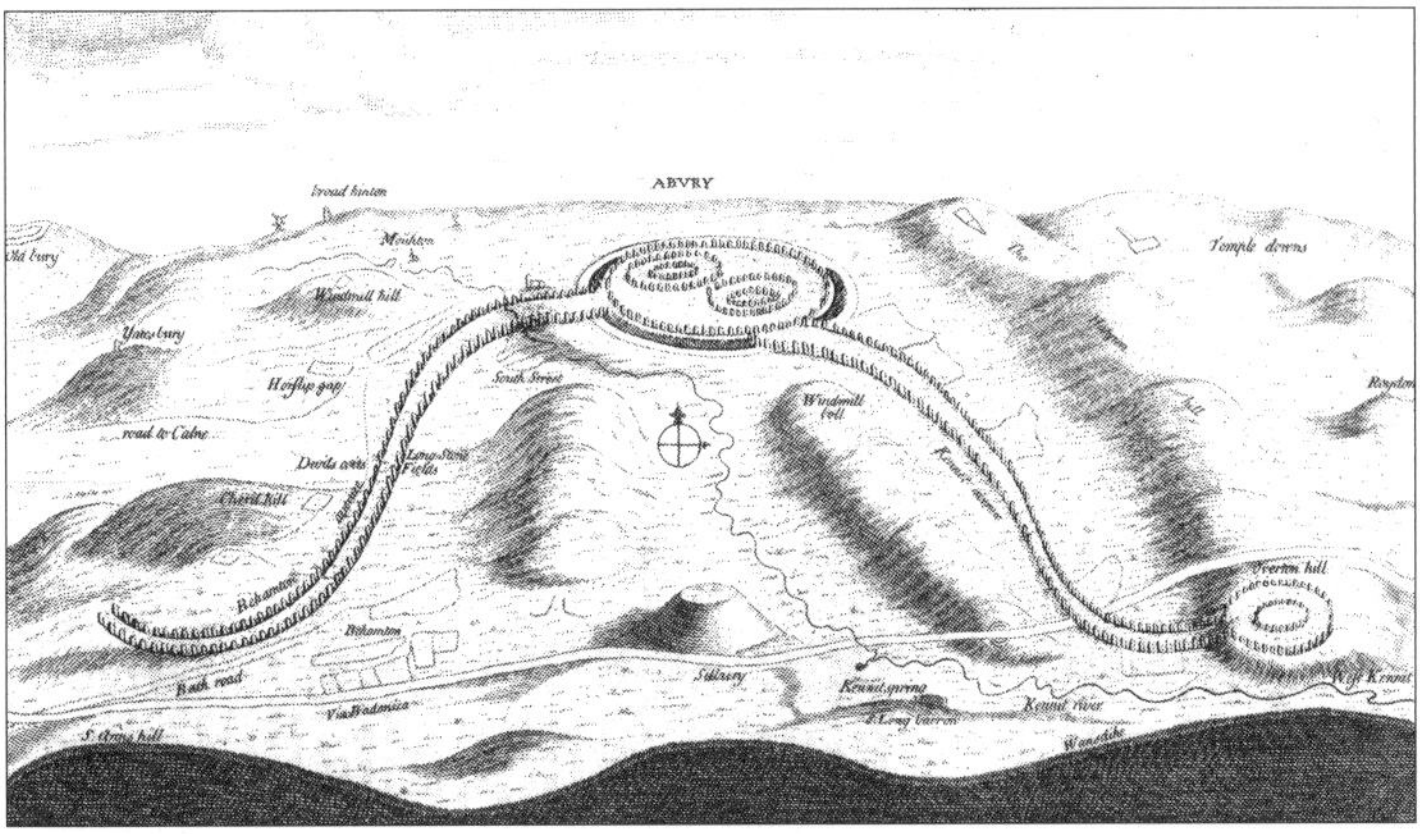

古物研究家ウィリアム・ステュークリによるエイブリー全体像のイメージ(18世紀初め)。
最初はこのような光景であったという。大蛇のようにうねった土手道が
中央上の巨大なヘンジに向かっている。ヘンジの中にある2つのサークルも描かれている。

常、土手は溝を掘った時の残土で盛り土されている。そのように造られているのが、ヨーロッパ最大のヘンジであるエイブリーだ。ヘンジの直径は、およそ四二〇メートル[57]。エイブリーの土手道を円周に沿って、キビキビと歩いても、約三〇分かかる。土手道から溝越しに見下ろすと、溝に囲まれた巨大な円形広場がある。太古においては、広場の外縁から数メートル内側に、間隔をおいて巨石が完全な環状に配置されており、さらにその内部に二つのストーンサークルがあった。現在まで残っているオリジナルの巨石はごくわずかだが、それは後代になってこの地が採石場として使われたためだ。エイブリーの土手道はほとんど消滅しているが、ヘンジはいまでもあり、囲んでいた巨大なストーンサークルの形を見てとることも可能だ。内側の二つのサークルも確認できる。現在は肉眼で見ることができないが、二〇一七年に考古

学者たちが地中探査レーダーを使って、二つのうちの南側ストーンサークルの中に正方形の構成物を発見している。構成物の一辺はそれぞれ三〇メートルあり、周囲にはやはり石が立っていた[58]。

奇妙なことにアマゾンのジャコ・サと呼ばれる遺跡にも、円と正方形が組み合わされたジオグリフが存在する。だがここでは正方形が円を囲んでいる。ランジやシャーンなどによると「正方形の一辺は一四〇メートルの長さで、外側の土手は、幅が一二メートルで高さが一・六メートル。内部の円は土盛りされており、直径は一〇〇メートル」だ[59]。

土手について語ったが、これには一般的な見方があることを指摘しておこう。エイブリーは本物のヘンジだが、ストーンヘンジは、その名称にもかかわらず、厳密にいえばヘンジではない。なぜならストーンヘンジの場合、もともとの大きな環状の溝が、土手の内側ではなく外側に造られているからだ[60]。ジェニファー・ワトリングがいうように、アマゾン地域のジオグリフのいくつかには「外側に溝」があることも興味深い[61]。ジャコ・サ遺跡のように両方がある遺跡もある。だが、イギリスのヘンジもアマゾンも原則は同じだ。ランジとシャーンとパルシネンは、アマゾンのジオグリフの場合、「溝は通常、土手の内側にある」と確認している[62]。

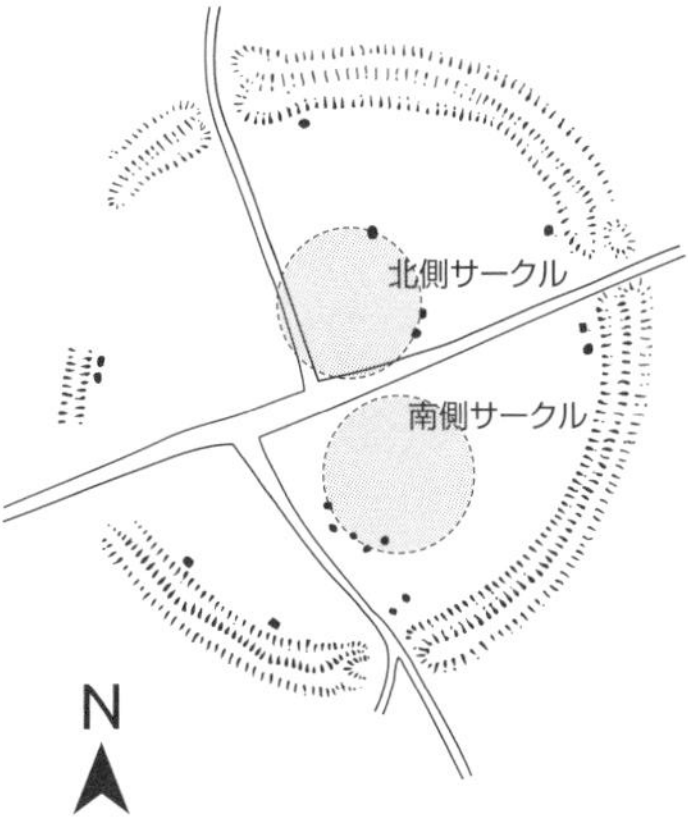

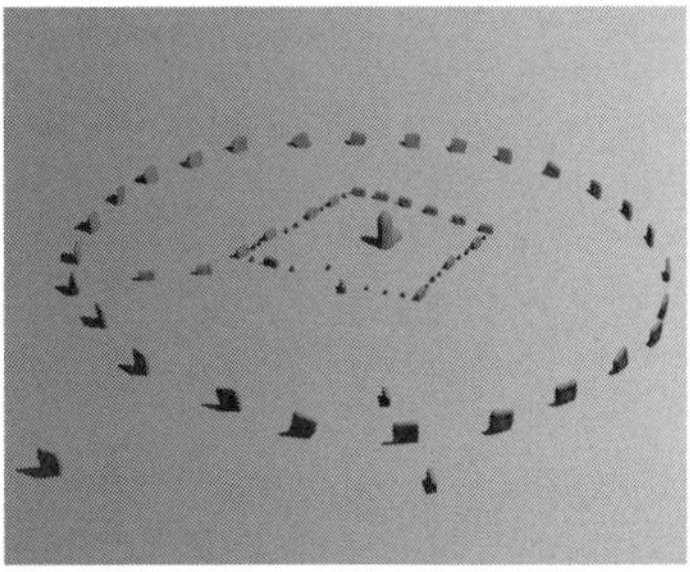

左:エイブリーの主要なヘンジの詳細。中に北側サークルと南側サークルがある。
右:エイブリーの南側サークルの復元図。2000年にもわたって複数の活動期があったが、それらを合成している。『アンティクイティ』(ケンブリッジ大学出版)に掲載された、マーク・ギリングスおよびその他による『エイブリーの起源』を元にしている。
イメージはマーク・ギリングス教授(レスター大学考古学古代史学部)の提供。

アマゾンのジャコ・サ遺跡の円を囲む正方形。
写真:リカルド・アゾウリ(PULSAR IMAGENS)

世界的遺産？

ジェニファー・ワトリングがデニーズ・シャーンやアルチェウ・ランジと共著した論文によると、アマゾンの円形ジオグリフの「溝の幅は最大で一一メートル、深さは四メートル、直径は一〇〇メートルから三〇〇メートルだ」という[63]。彼らは、これらの遺跡のいくつかは「囲い地を最大で六つももつものもある……先コロンブス期のアメリカ大陸で見られる、もっとも感銘を受ける巨大建造物に劣らない」と主張する。彼らの発掘では「囲まれた地域内では……文化的遺物がいっさい見つからない」ことを発見している。そして「（アースワークが）建造され、使われたのは儀式と集会のためであり、現在から見るとだいたい二〇〇〇年前から六五〇年前の間だろう。**だが、いくつかはいまから三〇〇〇年前から三五〇〇年前に建造されているかもしれない**」と結論づけている[64]。

古い年代を太字にしたのは二つの理由からだ。

第一に、この数字がこの論文に出ているからだ。ここで見られるのは考古学界主流派のあるグループが、権威ある雑誌において、思いきって危険を冒しているという構図だ。これまで、三五〇〇年前のアマゾン社会で、このようなことを成し遂げるのは不可能だと考えられてきた。

第二に、論文を書いた考古学者たちが、いまだに慎重なことだ。いくつかのジオグリフが三〇〇〇年から三五〇〇年前に造られたとなると、この年代はセベリノ・カラザンス遺跡のユニット5の年代と同じになる。ここのサンプルから出た数字は誤差を考慮しても紀元前一二一一年だった[65]。

だが論文は、もう一つのさらに古い年代である紀元前二五七七年については触れていない。これはユニット3から得られた数字だ[66]。この年代はストーンヘンジや、エイブリーやエジプトの大ピラミッドと同じ時代になる。

さらに進む前に、鍵となるポイントを強調しておきたい。疑問の余地をなくしておくことが重要なのだ。ここで私がいいたいのは、アマゾンのジオグリフが英国のストーンサークルやエジプトの大ピラミッドその他の旧世界の巨大構造物の影響を受けたの**ではない**ことだ。影響を与えていることもないだろう。確かに似たところはある。だが私が提案したいのは、これらの建造物の起源として、太古の祖先的な文明を探したほうが、実りが多いということだ。この祖先的文明は、世界中いたるところに共通する遺産を伝えた。知識という遺産、科学という遺産、「地球の計測」という遺産だ。それらの遺産を受け取った多くの異なった文化は、様々な環境の中でその遺産を活用したのだ。

ある場所では、最初から遺産は拒絶されたことだろう。あるいはやがて退化して消えてしまったところもあるだろう。別の場所では数千年が経過して、その土地独特の表現があまりにも多くなって、太古の共通の祖先との深くて根源的な結びつきが、あいまいになってしまっただろう。

それにもかかわらず、十分に深く検証すれば、それらの結びつきの存在が、まるで潜性遺伝子〔遺伝で形質が現れにくい遺伝子〕のように、遅かれ早かれ、感じられてくるのだ。

イギリス諸島のすべてのヘンジにストーンサークルがあるわけではない。多くはアマゾン南西部に見られるジオグリフと同じで、巨大なアースワークがあるだけだ。ジオグリフがたくさんあるブラジルのアクレ州では、まだ巨石建造物が見つかっていない。理由は適した原材料がないことかもしれない。あるいは、まだ本格的に調査が行なわれていないためかもしれない。

だが、アマゾンにストーンサークルがいくつか**ある**。それについては次の章で見ていくことにしよう。

[1] Stanislas Dehaene et al., "Core Knowledge of Geometry in an Amazonian Indigene Group," Science 311 (January 20, 2006), 381.
[2] 同右。
[3] 同右、三八一および三八四ページ。
[4] 同右、三八一ページ。
[5] 同右。
[6] Charles Mann, "Ancient Earthmovers of the Amazon," Science 321 (August 29, 2008), 148.
[7] Martti Pärssinen, Denise Schaan, and Alceu Ranzi, "Pre-Columbian Geometric Earthworks in the Upper Purús," *Antiquity 83*, no. 322 (December 1, 2009), 1087.

[8] 同右、一〇八四～一〇九五ページ。
[9] 同右、一〇八四ページ。
[10] 同右、一〇八五ページ。
[11] 同右、一〇八七ページ。
[12] Graham Hancock and Santha Faiia, *Heaven's Mirror: Quest for the Lost Civilization* (Penguin, 1998), 二五七～二六九ページの議論と写真を参照。（グラハム・ハンコック、サンサ・ファイーア『天の鏡：失われた文明を求めて』大地舜訳、翔泳社）
[13] Mann, "Ancient Earthmovers of the Amazon," 一一四八ページに引用。
[14] Denise P. Schaan, *Sacred Geographies of Ancient Amazonia* (Routledge, 2012) 一四二～一四三ページ。
[15] グラハム・ハンコックとサンサ・ファイーアによる、マリア・ライヒェのインタビュー、一九九三年六月一二日、*Heaven's Mirror*, 261 に掲載。
[16] Anthony F. Aveni, *Between the Lines: The Mystery of the Giant Ground Drawings of Ancient Nasca, Peru*(University of Texas Press, 2000) 三四ページ（アンソニー・F・アヴェニ『ナスカ地上絵の謎』増田義郎監修、武井摩利訳、創元社）。
[17] New World Encyclopedia, "Nazca Lines" (accessed July 23, 2018), http://www.newworldencyclo pedia.org/entry/Nazca_Lines.
[18] J. G. Fleagle, *Primate Adaptation and Evolution, 2nd ed.* (Academic Press, 1998), 172.
[19] Aveni, *Between the Lines,* 34.
[20] サイズは Maria Reiche, *Mystery on the Desert* (Editorial E Emprenta Entoria, 1949, reprinted 1996), 24 による。
[21] ナスカのクモを初めて *Ricinulei* と同定したのは Gerald S. Hawkins 教授。Gerald S. Hawkins, *Beyond Stonehenge*(Arrow Books, 1977)／ジェラルド・S・ホーキンズ『ストーンヘンジの謎』小泉源太郎訳、大陸書房）一四三～一四四ページを参照。ティックスパイダーへの分類については、British Arachnological Society, "Hooded Tickspiders (*Ricinulei*)," http://britishspiders.org.uk/wiki2015/index.php?title=Category:Ricinulei を参照。

[22] Ricardo Pinto-da Rocha and Renata Andrade, "A New Species of *Cryptocellus*(Arachnida: Ricinulei) from Eastern Amazonia," *Zoologica* 29, no. 5 (October 2012), 474–478. Joachim U. Adis et al., "On the Abundance and Ecology of Ricinulei (Arachnida) from Central Amazonia, Brazil," *Journal of the New York Entomological Society 97*, no. 2 (1989) 一三三～一四〇ページも参照。

[23] たとえば Alexandre B. Ronaldo and Ricardo Pinto-da Rocha, "On a New Species of Cryptocellus from the Brazilian Amazon (Arachnida, Ricinulei)," *Revista Ibérica de Aracnología 7* (June 30, 2003), 103–108 や Pinto-da Rocha and Andrade, "A New Species of Cryptocellus (Arachnida: Ricinulei) from Eastern Amazonia," 四七四～四七八ページを参照。

[24] Ronaldo and Pinto-da Rocha, "On a New Species of Cryptocellus from the Brazilian Amazon (Arachnida, Ricinulei)," 一〇三ページ、「クモの触肢と同じように、クツコムシ目の第三脚には種によって様々な特徴があり、種を識別する際に非常に重要となる」。

[25] 同右。

[26] Hawkins, *Beyond Stonehenge*, 144.

[27] Pärssinen, Schaan, and Ranzi, "Pre-Columbian Geometric Earthworks in the Upper Purús," 1087. 論文に引用された具体例については、一〇九〇～一〇九一ページを参照。たとえば「幅二五〇メートルの長方形の構造物で、幅一二メートルの北東から南西への道路と交差している。その道路は一三〇〇メートル先のジオグリフ遺跡に続いている……その遺跡は二〇〇×二六〇メートルの、角の丸い、長方形の構造物だ……別の長方形の構造物……幅一〇〇メートルの四角形だ。そこから南方向へ道路が出ているが、一二〇メートル先で消えている。四つ目の例は……二重の溝がある正方形で、北面、東面、南面のそれぞれ中心から道路が延びている」。

[28] 同右、一〇九一ページ。

[29] 同右、一〇八七～一〇八八ページ。

[30] Sanna Saunaluoma, Martti Pärssinen, and Denise Schaan, "Diversity of Pre-colonial Earthworks in the Brazilian State of Acre, Southwestern Amazonia," *Journal of Field Archaeology* (July 9, 2018), 5–6.

[31] 同右、五ページ。

[32] 同右、七〜八ページ。
[33] 同右、一〇〜一一ページ。
[34] Pärssinen, Schaan, and Ranzi, "Pre-Columbian Geometric Earthworks in the Upper Purús," 1094.
[35] 同右、一〇八九ページ。
[36] 同右、一〇九〇ページ。
[37] 同右、一〇八九ページ。
[38] Denise Schaan et al., "New Radiometric Dates for Pre-Columbian (2000–700 BP) Earthworks in Western Amazonia, Brazil," *Journal of Field Archaeology 37* (2012), 132–142.
[39] 同右、一三三ページ。
[40] 同右、一三七〜一三八ページ。
[41] 同右、一三二ページ。
[42] E. W. Herrmann et al., "A New Multistage Construction Chronology for the Great Serpent Mound, USA," *Journal of Archaeological Science* 50 (2014), 117–125.
[43] Schaan et al., "New Radiometric Dates for Precolumbian (2000–700 BP) Earthworks in Western Amazonia, Brazil," 135.
[44] J. H. Cole, Survey of Egypt Paper No. 39, *Determination of the Exact Size and Orientation of the Great Pyramid of Giza* (*Government Press*, Cairo, 1925), 6.
[45] 大ピラミッドの方位がどの程度正確に東西南北に合わせられているかについては、I. E. S. Edwards, *The Pyramids of Egypt* (Penguin Books, 1993), 99–100を参照。セベリノ・カラザンスのジオグリフの方位については、Schaan et al., "New Radiometric Dates for Precolumbian (2000–700 BP)Earthworks in Western Amazonia, Brazil," 135, Figure 3を参照。著者らは正確な測量結果を提示しておらず、この遺跡は現代の不法占有によって損傷されていると書いている（一三六ページ）。それでも彼らが提供している情報から、おおむね東西南北を向いていることは間違いない。
[46] Schaan et al., "New Radiometric Dates for Precolumbian (2000–700 BP) Earthworks in Western Amazonia, Brazil," 136.

[47] 同右、一三六ページ。Table I.

[48] 同右。

[49] 同右、一三五ページ。

[50] 同右、一三六ページ。

[51] 同右。

[52] 同右。

[53] "Ancient Earthmovers of the Amazon," 一一四八ページによれば、一五〇以上のジオグリフが発見された時点で、パルシネンは、この数字は「総数の一〇%にも満たない」と推測していた。

[54] John Francis Carson et al., "Environmental Impact of Geometric Earthwork Construction in the Pre-Columbian Amazon," *Proceedings of the National Academy of Sciences 111,* no. 29 (July 22, 2014), 10497.

[55] Schaan et al., "New Radiometric Dates for Precolumbian (2000–700 BP) Earthworks in Western Amazonia, Brazil": 紀元前二五七七年という年代は、ユニット三の発掘から引き出された。各辺が二三〇メートルで、周囲は幅一二メートルの幅に囲まれ、全周は九二〇メートルある（一三五ページ）。大ピラミッドの底面とほとんど同じだ。大ピラミッドの基本方位の正確さは、セベリノ・カラザンスが提示したのとほぼ同じだが、これについてはEdwards,*The Pyramids of Egypt,* 99–100を参照.

[56] Sarah Knapton, "Hundreds of Ancient Earthworks Resembling Stonehenge Found in Amazon Rainforest," *Daily Telegraph,* February 6, 2017 中の談話、http://www.telegraph.co.uk/science/2017/02/06/hundreds-ancient-earthworks-resembling-stonehenge-found-amazon/.

[57] L. Falconer, "Interactive Virtual Archaeology: Constructing the Prehistoric Past at Avebury Henge," International Conference on Ubiquitous Computing and Communications and 2016 International Symposium on Cyberspace and Security (IUCC-CSS), December 2016, 一五三～一五八ページ、特に一五五ページ。

[58] "'Secret Square' Discovered Beneath World-Famous Avebury Stone Circle," University of Southampton, June 29, 2017, https://www.southampton.ac.uk/news/2017/06/avebury-square.page. "Avebury Neolithic Stone Circle Is Actually Square" (BBC, June 28, 2017), http://www.bbc.co.uk/news/uk-england-wiltshire-40431673 および "Avebury Square Discovered Beneath Neolithic Stone Monument" (Live Science, June 30, 2017),

https://www.livescience.com/59668-avebury-circle-once-a-square.html も参照。
〔59〕 Schaan et al., "New Radiometric Dates for Precolumbian (2000–700 BP) Earthworks in Western Amazonia, Brazil," 138.
〔60〕 T. Darvill et al., "Stonehenge Remodelled," *Antiquity* 86, no. 334 (2012) 一〇二一〜一〇四一ページ、特に一〇二八ページ、「ストーンヘンジは当初、円形の土手と外堀からできており、直径は約一一〇メートルあった。このアースワークに入るには、北東からが主なアクセスで、南側にも小さな入口があった。ヘンジは溝の外側に土手がある構造だから、これは厳密にいえばヘンジではないが、〝発達途上のヘンジ〟という、最近登場した分類にあてはまる。発達途上のヘンジは紀元前第四千年紀後半〜第三千年紀前半にかけて建設された」。
〔61〕 Knapton, "Hundreds of Ancient Earthworks Resembling Stonehenge Found in Amazon Rainforest" 中の談話.
〔62〕 Pärssinen, Schaan, and Ranzi, "Pre-Columbian Geometric Earthworks in the Upper Purús," 1089.
〔63〕 Jennifer Watling et al., "Impact of Pre-Columbian "Geoglyph" Builders on Amazonian Forests, *Proceedings of the National Academy of Sciences* 114, no. 8 (February 21, 2017), 1868.
〔64〕 同右。強調を追加した。
〔65〕 Schaan et al., "New Radiometric Dates for Precolumbian (2000–700 BP) Earthworks in Western Amazonia, Brazil," 136, Table I.
〔66〕 同右。

第16章 アマゾンのストーンヘンジ

アマゾンに巨石サークルがあることを初めて述べた外国人は、スイスの動物学者エミール・ゲルディだ。彼はクナニ川をさかのぼって旅したが、そこは現在のブラジル北部アマパ州であり、フランス領ギアナとの国境近くだ。時は一九世紀の終わりだった[1]。だが彼は、巨大な花崗岩の編成については何も語っていない。巨石は明らかに人間の手によって加工、配置され、ヘゴ・グランジと呼ばれる流れを見下ろしている。

一九二〇年にドイツ系ブラジル人の民族学者クルト・ニムエンダジュがこの近辺の巨石を訪問している。だが彼もヘゴ・グランジの見事な編成には気づかなかったようだ。それでも巨石群の存在は知られはじめ、スミソニアン協会のベティ・メガーズとその同僚クリフォード・エバンズが一九五〇年代にこの巨石について述べている[2]。ようやくスミソニアン協会の専門知識や資金を使って、この神秘的な遺跡を徹底的に探査する機会がやってきた。だが予想どおり、ヘゴ・グランジのストーンサークルに「メガーズの呪い」とでも呼ぶべきものが降りかかってきた。彼女の古代アマゾンに対する偏見から見れば、見事に編成された巨石群など、存在が許されないのだ。そこでさらなる発掘などは価値がないとされた[3]。

スミソニアン協会のお墨つきが得られなかったため、ヘゴ・グランジの興味深い存在は脇に置かれ、**その後の四〇年間**、考古学界から無視された。その間、昔のように遺跡は世の中から忘れ去られる存在となり、やがて完全に忘れられた。

だが学問における見解の動向は、時につれて大きく変化する。忘れ去られたことが、突然、思い出されることもある。アクレ州のジオグリフは一九七〇年代になって、多雨林が家畜産業のために伐採されたため、再発見された。ヘゴ・グランジ・ストーンサークルも同じで、一九九〇年代になってライウソン・カメロ・ダ・シルバ作業長が牧草地をつくるため、伐採をしていて再発見した。「アマゾンでストーンサークルを発見するなんて思いもしなかった……考えてしまう。これ以外の過去に関する秘密も、ブラジルのジャングルには隠されているのではないだろうか？」と、彼は記者に述べている[4]。

シルバによる「発見」が知れ渡ると、古代アマゾン文明の複雑さに対する洞察も深まり、ヘゴ・グランジに対する興味も次第に復活してきた。さらなる調査が進み、アマパ州全域で二〇〇の先史時代の遺跡が見つかったが、そのうちの三〇は様々な巨石建造物だった[5]。

二〇〇五年にアマパ州の科学技術研究所の考古学者マリアナ・ペトリ・カブラルとジョアン・ダーシー・デ・モウラ・サルダーニャは、それらすべての遺跡調査に乗り出したが、特にヘゴ・グランジに焦点を当てた。ヘゴ・グランジの主要なストーンサークルの直径は三〇メートルであり、立っている巨石の数は一二七だ。これらの石は三キロメートル離れた採石場から運ばれている。巨石の重さは最大四トンで、設置されている間隔は二・五メートル。高さは四メートルほどだ[6]。ストーンサークルの内側は手の込んだ埋葬場として使われており、この地域独特のスタイルの骨つぼや背の高い陶器が納められている。

二〇一一年に、この遺跡の仮の年代は一〇〇〇年前のものだと提案された。マリアナ・カブラルによると、この年代の根拠となったのは、埋葬地の陶器の間で見つかった「三つの炭の年代測定」だという[7]。アマパ州の他の遺跡一〇ヶ所でも同じような方法で年代調査が行なわれたが、そのうち三つは巨石遺跡だった。「これらの遺跡も七〇〇年前から一〇〇〇年前に使われていたようだ」という[8]。

これらの年代を確定するには、さらなる調査が必要だ。ジオグリフのように、新しい証拠が出現して年代が変わるかもしれない。だが大事なのは、ストーンサークルが造られた時期と、炭素一四年代法で測定された埋葬の時期が同じかどうかだ。考古学者たちは「侵入埋葬」の現象につねに遭遇している。特に古代の聖地の場合、後代の人々が、そこに埋葬して死者を神聖にする傾向がある。このような時代が異なる埋葬は、ギザの大スフィンクスや第三ピラミッドでも見つかっている。したがって気をつけなくてはいけないのは、後から侵入した埋葬の遺物から、古い遺跡に新しい年代を与える可能性だ。

実のところカブラルとサルダーニャによると、ヘゴ・グランジで年代測定された炭が入っていた陶器と同じ形式の陶器は「アマパ州北沿岸全域とフランス領ギアナ」によくあるタイプの陶器で、「先史時代の石造建造物を含まない遺跡でしばしば見つかる」という[9]。

したがって私は、年代測定された陶器や炭の年代と、ヘゴ・グランジのストーンサークルの建造年代が、同じだという確信はもっていない。だが、たとえストーンサークルの建造時期が埋葬時期と同じであっても**構わない**。私が主張したいのは、アマゾン奥地から出現してきている謎の建造物のすべてが、更新世にまでさかのぼるということではない。むしろもとになる

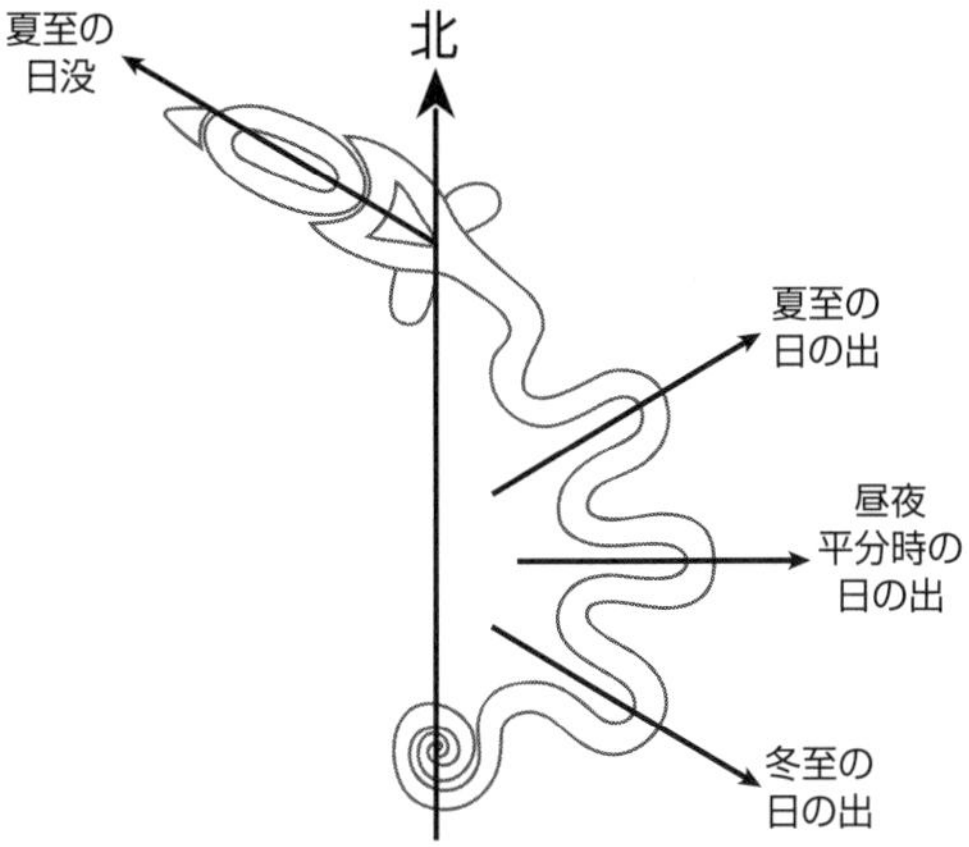

サーペント・マウンドの主要な配列は、夏至の日没に合わされている。
一方、反対方向では、同じ配列が照準を合わせるのは冬至の日の出となるが、
その方向は大蛇の胴体の曲がりくねった部分で示されている。
他の二つのねじれも、春分・秋分の日の出と、
夏至の日の出にも照準を合わせている。

知識《アイディア》という遺産が創られたのが氷河期ではないか、という点に関心を引かれる。この知識の中には幾何学が含まれるが、**天文学**が重要だ。この知識にアマゾンで出会おうと、オハイオ州のサーペント・マウンド、カンボジアのアンコール・ワット、イギリス諸島のストーンヘンジ、エジプトのギザ台地の巨大建造物で出会おうと、いずれにせよ重要だと思う。もしかすると、このような知識を世代を超えて運び、保存し、移転させる仕組みがあり、土着文化のＤＮＡに遺伝質浸透〔遺伝的因子が他集団の中に拡散する現象〕したのかもしれない。そうだとすれば、好ましい環境が整いさえすれば、根本的に共通性のある知識がいつどこであろうと発現しない理由はない。

そこで興味深いのはヘゴ・グランジの巨大なストーンサークルがいつの時代のものであれ、ストーンヘンジやサーペント・マウンドのもつ主要な「ミーム」をもっていることだ。

「ミーム」という言葉を生み出したのは、リチャード・ドーキンスであり、一九七六年に発売された『利己的な遺伝子』（紀伊國屋書店）[10]という著書の中で初めて使っている。これは「個人から個人へと伝わる文化や行動体系は、模倣などの非遺伝的な方法で伝達される」ことを指す[11]。

ストーンヘンジやサーペント・マウンドやヘゴ・グランジの場合、「ミーム」は遺跡が配置された方角になる。三つの遺跡は、いずれも六月と一二月の夏至・冬至の太陽に敬意を示しているのだ。ストーンヘンジとサーペント・マウンドの配列については、第1部で検討済みだ。読者も覚えていると思うが、夏至と冬至は表裏の関係にある。つまり夏至の日の出の反対方向は、冬至

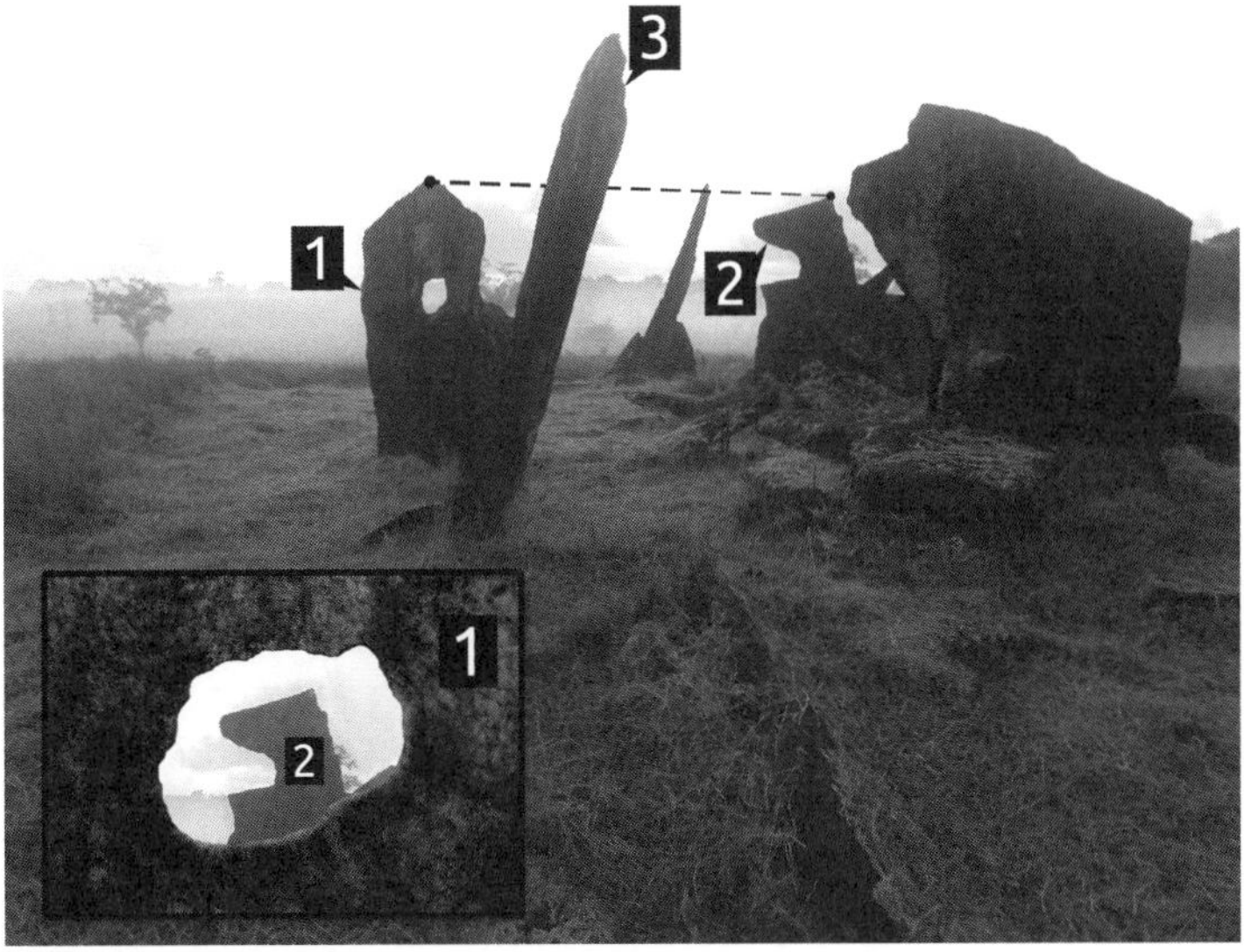

ヘゴ・グランジのストーンサークル。
写真:マリアナ・カブラル。巨石3の影が冬至の一日の太陽の通り道を追跡している。
巨石1と巨石2は冬至の日の出に照準を合わせる配置になっている。
巨石1に穴が開けられており、そこから日の出が見えるようになっている。組み込み写真を参照。

の日没の方向となる。また冬至の日の出の反対方向は、夏至の日没の方向となる。

ヘゴ・グランジの場合、主要な焦点は冬至に当てられている。カブラルとサルダーニャは、一つの巨石の影が「冬至の一日の太陽の通り道」を追いかけているという[12]。さらに、近くにある二つの花崗岩の巨石のうちの一つには、人工的な穴が開けられており、二つの巨石の配置で冬至の太陽が昇る位置を示している[13]。

この遺跡の土台は強固に造られており、巨石の位置が動いたことはありそうもない。水平に横たわる巨石でさえも倒れたのではなく、目的をもって横たえられていることが判明している。

地面に横に置かれている巨石が直立していたことはない。（巨石の下の）ラテライト〔熱帯地方の赤褐色の土壌。養分は乏しい〕の層は、注意深く掘られており、巨石は地面にぴったりと合わされている。立っている巨石の下の周りも発掘調査されたが、花崗岩の小さなブロックとラテライトが露呈した。これらは一本石《モノリス》を奇妙な角度に保つために使われている[14]。

カブラルとサルダーニャの結論によると、すべての角度は「遺跡を思いついた人々によって、注意深く考慮されている」という[15]。

リスボン大学の考古学者マノエル・カラードはポルトガルの巨石群に関する権威だが、この考えに同意している。彼はヘゴ・グランジを訪問して「間違いない」と述べている。「これはアマゾンの巨石群が、ヨーロッパの巨石群とよく似ている要素の一つだ」[16]

カルガリー大学の考古学教授リチャード・キャラハンも、カブラルとサルダーニャの側に立っている。

星や星座や天体的物体は、アマゾンの神話や宇宙論の多くにおいて極めて重要視されている。だからこのような観測所が存在しても、私はまったく驚かない[17]。

エドゥアルド・ネヴェスも「この場所が天体観測所の一種だとするのはよい考えだ」と同意するが、「もっとテストが必要だ」と、もっともな意見を付け加えている[18]。

パイネル・ド・ピラン

ヘゴ・グランジではごく基本的な調査しか行なわれていない。それにより大きなストーンサークルが焦点を合わせる主要な「至点」（この場合は冬至）が明らかになった。だがそれだけだ。巨石の多様な配列の中に、さらに豊かな情報が隠されているかどうかは、まだ分からない。ストーンヘンジやサーペント・マウンドには隠されていたが、ヘゴ・グランジの場合は、本格的な天文考古学調査が行なわれるまで不明だ。南アフリカ共和国のウエスタンケープ大学の物理学准教授ジャリタ・ホルブルックは次のようにコメントしている。

「石が円を描いて立っているだけではストーンヘンジにはならない」[19]

だが私なら次のように付け加える。石が円を描いて立っていて、至点を向くように配列されているなら、出だしは上々だ！

さらにいいたいのは、ヘゴ・グランジが造られた時期は判明していないが、極めて関連が深い、本格的な天文考古学的調査が別のアマゾンの遺跡で**すでに**行なわれていることだ。その遺跡はヘ

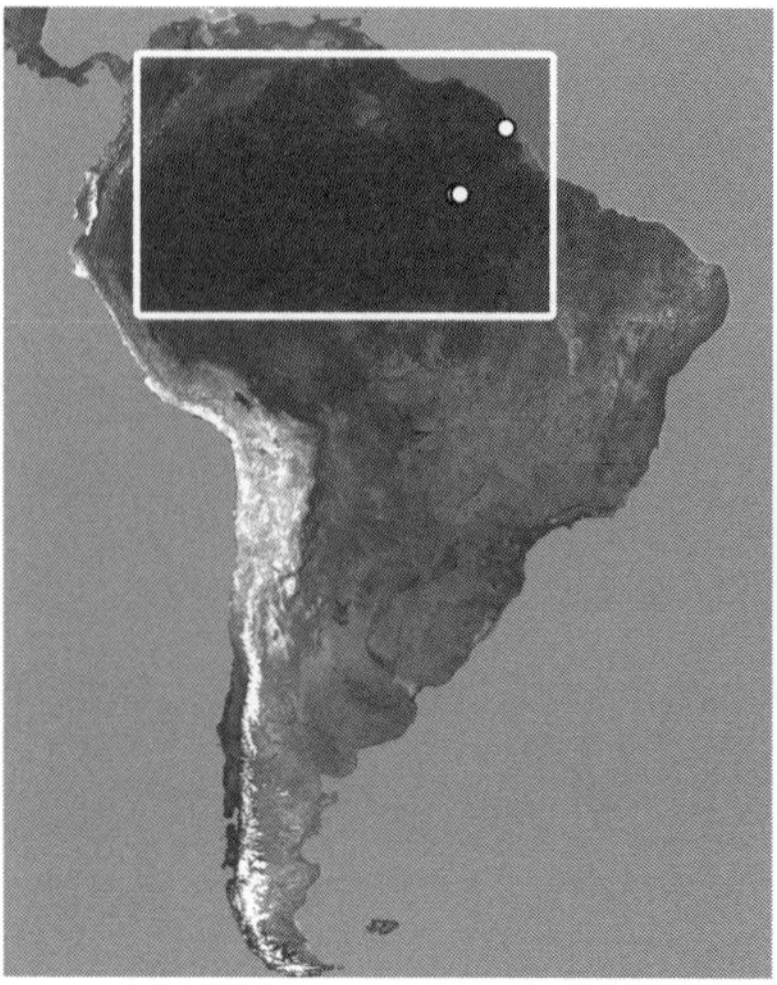

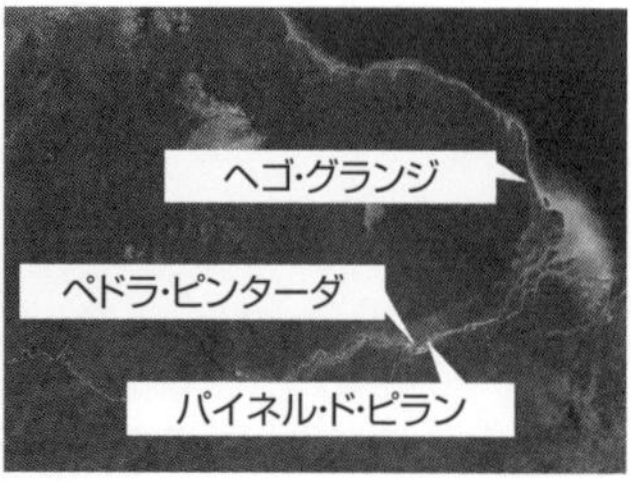

ゴ・グランジの五五〇キロメートルほど南西に存在する。名前はパイネル・ド・ピラン遺跡で、場所はペドラ・ピンターダから四〇〇メートルしか離れていない。ペドラ・ピンターダには岩絵が描かれた岩陰遺跡があり、アンナ・ローズヴェルトが一九九六年に調査をしている。

第12章で検討したが、アンナとそのチームは、岩陰の文化層を数層発掘している。その結果、古い層は一万六〇〇〇年前（熱ルミネセンス年代測定法による）から一万四二〇〇年前（炭素年代測定法による）のものであることが判明している[20]。

この年代に強い異論は出ていないが、アンナ・ローズヴェルトがさらなる調査を続け、ペドラ・ピンターダの岩絵は一般的に、一万三六三〇年前から一万一七五〇五年前とされている。これが現在の考古学界における合意事項だ[21]。

近くのパイネル・ド・ピラン岩陰遺跡はノーザ

ンイリノイ大学のクリストファー・ショーン・デーヴィスによって発掘された。彼により岩絵の年代はペドラ・ピンターダとほぼ同じとされた。二〇一六年の報告によると、一万三〇一四年前から一万二七二五年前か、一万三一三五年前から一万二八一〇年前だ[22]。隣り合う二つの発掘層から四つの試料が炭素一四年代測定法で調べられたのだが、四つとも「ローズヴェルトがペドラ・ピンターダ洞窟から推定したパレオインディアン（古代先住民）の年代と一致していた」とデーヴィス[23]。したがって彼の結論は、パイネル・ド・ピランの岩絵が最初に描かれたのは、「一万三〇〇〇年前に最初に人々が住みはじめた頃だろう。さらに最初の岩絵は、後期になって何回も加筆されたようだが、壁のもっとも見やすい高さに描かれている」という[24]。

デーヴィスの考えでは、岩の壁も床の部分も古代人によって意識的に平らにされて、壁と床が九〇度の角度にされている。全体が「すべてまっすぐに平らにされて」おり「舞台とされ、観察者は岩絵を特別な位置から見るようにされている」という[25]。

その特別な位置に立つと、観察者は「岩絵の中心にある格子模様を見ることになる。格子は個別のマス目を形成しており、ほぼ反復するマーク（いくつか異なるが）が付けられている」と、デーヴィス[26]。

これは暦のように見えるが、実のところ、デーヴィスの数年前にローズヴェルトが、学者として初めて暦である可能性に触れている[27]。デーヴィスは「天文学に関係がない別の理論もありうる」ので、再調査を行なった。デーヴィスが太陽年〔太陽が黄道上の分点（春分・秋分）と至点（夏至・冬至）から出て、再び各点に戻ってくるまでの周期〕を

パイネル・ド・ピランの「カレンダー」。
写真:クリストファー・ショーン・デーヴィス

調べたところ、関連すると思われるパターンがあることに気がついた。

太陽が沈む時、露出している岩絵の右側と、近くの上にある岩のパーチ〔高い場所〕が交わる。

太陽の一年間の動きは岩のパーチと関連している。パーチの中央が太陽と交差するのだ。それが起こるのは**冬至の前後の一八日から二〇日間**（現在の冬至は一二月二一日）だ。描かれた格子模様のそれぞれのマス目は、岩のパーチに沈む太陽の観察結果で一日を示す。冬至から四九日が過ぎてしまうと、太陽が沈む場所は岩のパーチのはるか北側になってしまい、岩陰遺跡全体から外れてしまう。格子の岩絵には四九個のマス目がある。中央のマス目にあるのは縦線だけだ。他のほとんどのマークは交差する線だ。したがって岩のパーチと、格子模様は**パレオインディアンたちが、冬至を確認する方法であった**と思われる。それで新年の訪れが分かったのだろう[28]。

デーヴィスの考えが正しい可能性を高めているのは、彼とそのチームがパイネル・ド・ピランで、さらに別の配列を見つけているからだ。たとえば、彼らの命名した「舞台」の向きは、古代人の関心が一二月の冬至の日没にあったことを示す。またよく目立つ別の模様の集団《クラスター》が、夏至の日の出と一列になっている[29]。

その一方……、

三番目の天文学的配置が見つかった。単独の赤い絵文字が発掘ユニット上の縦状の突起にあった。絵が描かれている露頭の下になる。この突起は故意に変形させられているようだが、確定するにはさらなる調査が必要だ。描かれた円は春分・秋分の日没の方位である二七〇度の方向を向いている。だが岩陰の壁があり、この場所からは西の地平線も空も見ることができない。ところが、突起と円模様のすぐ下には、開口部がある。そこからは露頭の反対側が見渡せ、地平線も見える。描かれた円の下にあるこの見晴らしの利く地点は、九〇度の方向を向いている。これは春分・秋分の日の出の方向であり、現在ならば、三月二〇日と九月二三日だ[30]。

デーヴィスはパイネル・ド・ピランの岩絵とその配列は、少なくとも以下のことを物語るという。一万三〇〇〇年前にアマゾンの中心部に存在した文化は「洗練された天文学的知識をもっていて、岩絵を利用していた。この文化の天文学はより最近の文化によって共有されたか、再イメージされたようだ。彼らは古代の岩絵を遺産として受け取ったか、再発見したのだろう」[31]。

これらすべてが遺産であった可能性に注意を向けたのは正しい。パイネル・ド・ピランで最初に岩絵を描いた人々や、地平線を見ていた天文学者たちが去ってしまっても、後の文化の人々が遺産を受け継ぐか、あるいは古代の考えや想念を再イメージして、復興したのかもしれない。注意深く作成され、賢く設計された「ミーム」ならば、歳月を超えてこのように伝わっていくのだろう。またこれは、サーペント・マウンドで起こったこととも正確に呼応しているようだ。サーペント・マウンドも同じように、後世の文化によって、維持され、修理され、再イメージされてきた。そして、同じように夏至・冬至・春分・秋分のシグナルを発している。

パイネル・ド・ピランは重要だ。なぜなら夏至・冬至・春分・秋分に方位を合わせる聖なる建造物のミームを伝えているからだ。このミームは世界中の巨大な芸術や建造物に見られる。それは少なくとも一万三〇〇〇年前のアマゾンにも存在していたが、もっと古いかもしれない。さら

パイネル・ド・ピランの絵の描かれた露頭部。岩絵は中央左の手前側にある。
写真の右上端に見える岩のパーチは「窓」のような役目を果たし、太陽はこの「窓」と交差する。
時期は冬至の前後の18日から20日間で、午後早くに交差する。
「太陽を捕まえる窓」は追加してある。／写真:クリストファー・ショーン・デーヴィス

に古い時代については、まだ調査されていないジャングル奥地における新たな発見を待つしかない。

パイネル・ド・ピランには、さらに広い意味がある。一万三〇〇〇年前の南米で、このような天界の出来事を描き、注意深く記録し、崇めていたなら、北米でも同じことが行なわれていなかった理由は何もない。したがってサーペント・マウンドの配列が最初に定められたのが、太古の年代だという可能性を否定する理由もない。

考古学はこれに対して、愚弄を込めてバカ笑いして、強く「ノー」と言う。

だが、これまでも見てきたように、

サーペント・マウンドの考古学は矛盾と不確定な謎に包まれている。巨大な構造物について指摘されているのは修繕や再興の年代であり、確たる証拠に基づく、最初に設計され造られた年代ではないようだ。

仮説

論文の中でクリストファー・デーヴィスは、天文考古学的な配列が調査されているアマゾンのもう一つの遺跡ヘゴ・グランジについて、「パイネル・ド・ピランよりも新しいものだろう」と述べている[32]。彼はそれ以上の特別な結びつきには触れていない。だが私が思うには、両方の遺跡で夏至・冬至に焦点が合わされていることが確認されている。それはオハイオ州のサーペント・マウンドや、ストーンヘンジなどの世界中の巨石遺跡とも共通する。したがって、この結びつきを検討することにも価値があると思う。

さらにヘゴ・グランジに「ヘンジ」はないが、すでに見てきたようにこの冬至に合わされたストーンサークルは、アマゾン川流域に存在する厖大《ぼうだい》な数の「ヘンジ」のような構造をもつアースワーク群の中にある。これらのアースワーク群は、まだ厳密な天文考古学的調査の対象となったことがない。その間にも溝を掘られた幾何学的な囲い地の発見は続いている。アマゾン南西部で発見されたアースワーク遺跡の総数は二〇〇九年には「二一〇以上」だったが、二〇一七年には

「四五〇以上」と増加した[33]。

そして二〇一八年にはデニーズ・シャーンとその同僚が新たな研究を発表した。調査範囲はアマゾン川流域の南部全域をほとんど網羅している。

結果として分かったのは、一八〇〇キロメートルにわたってアマゾン南部はアースワーク建造文化をもつことだ[34]。

タパジョス川の上部流域だけを見ても、これまで知られていなかった先コロンブス期の遺跡が八一も発見されている。アースワークの数は一〇四になる[35]。これらの中には多くの複雑な囲い地をもつものがある。その一つは直径が三九〇メートルもあり、その中央部には一一のマウンドが円形に配置されている[36]。

研究者たちは、まだ少なくとも一三〇〇の遺跡がアマゾン南部周辺のジャングルに隠されていると考えている。この数字は「たぶん過少すぎる見積もりだろう」と彼らは付け足している[37]。なぜなら「巨大な多雨林で覆われた地域がまだ調査されていない」からだ[38]。彼らは、川沿いでない土地にある多雨林は「アマゾンのほぼ九五パーセントを占めるが、まだ調査がされていない」ことを指摘し、その理由を次のように述べる。「これらの土地は考古学的に無視されてきたとされる。伝統的な考え方によると、先コロンブス期の人々は資源が豊かな氾濫原に集中して住んでいた。しかし、アマゾン南部地域の堅く乾いた土地に、先コロンブス期の巨大なアースワークが発見され、この地域では、複雑な社会の発展や人間の影響が少なかったというこれまでの推論が、見直されることになった」[39]。

疑う余地がないのは、これからもさらに多くの構造物が発見され、科学の光に照らされるということだ。この広大な地域に対する私たちの理解は、新たな発見によって変貌しつつある。先コロンブス期に複雑な社会が存在したことは、考古学者たちにとって受け入れがたいことではなくなった。何人かの考古学者たちは、これらの社会を大胆にも「文明社会」だというようになってきている。

古代アマゾンに存在していた文明は巨大な公共プロジェクトを遂行できたことが明らかだ。その結果が、精力的で華麗で、大規模な形で表れているのは興味深い。なぜなら、これらの構造物は、世界各地の、異なった時代の聖なる建造物と**まったく同じ**建築的、天文学的、幾何学的ミームを伝えているからだ。

遺伝学と文化の比喩（遺伝子とミーム）は、ここでは有効だ。

まったくの仮説だが、ある思想体系が一つの文化から、別の文化に直接的に教えられ、伝えられたとしよう。それを受け取った社会は、その教えを実行する用意ができていなかったかもしれない。そこで必要となるのは、地元のもっとも優秀な人材を採用できる、なんらかの組織の設立だ。この優れた人々が、新しい時代になるたびに新しい才能を選抜し、メンバーとし、この体系の本質的な事項について訓練を施すことになる。この思想体系は宗教のような性格をもっており、社会のあらゆる階層に深く根を下ろしたに違いない。さらには受け取った社会の習慣や考え方にも影響を及ぼしたことだろう。そして次の段階に進む時期が到来したと判断された時には、宗教的指導者が人々を動員して聖なる幾何学の大プロジェクトを始めたことだろう。時期に関してはそれぞれの社会の事情に従い、すぐに行なわれたこともあるだろうし、数千年も後になったかもしれない。その場合、聖なる幾何学は長いこと、文化遺伝子の中に暗号として存在していたが、表に現れなかったことになる[40]。

再び強調しておこう……これは仮説に過ぎない。だがこの考えに沿うと、一八八七年に書かれた民族誌学的な報告に、思考を強く刺激される。書いたのはアントニオ・R・P・ラブレ大佐だ。彼はマデイラ川、ベニ川、マードレ・デ・ディオス川をさかのぼり、そこから陸路でアクレ川に到達した。彼の旅は、アクレ地方のジオグリフ地帯の中心部を通り抜けており、そこに住んでいたアロアナ族の多くの住民と遭遇している。

当時のアロアナ族はすでに激減していた。数百年にわたる、壊滅的な伝染病と、奴隷貿易、商業目的のゴム樹液採集人たちによる残忍な攻撃のためだ。彼らはアロアナ族を土地から追い出そうとしたのだ。「ゴム樹液採集人たちは、先住民の女を捕まえて妻にすることも珍しくはなかった。侵入してきた白人たちは、たびたび先住民を襲撃して奴隷にしてゴム産業で使用した。この状態が四〇年も続いた後、何万人もいた先住民はほぼ絶滅状態になった」とデニーズ・シャーンは書いている[41]。

すべてのジオグリフの建設は、その数百年前には終了していた。そこでラブレが訪問した当時のアロアナ族が、彼らの先祖がもっていたと思われる偉大な文化について、どの程度の記憶を保持していたかについては想像するしかない。アロアナ族は侵略に苦しみ、絶滅の危険にさらされていたのだ。実のところアロアナ族がジオグリフを建造した人々の、直系の子孫であるかどうかも不明だ（この地域に後の時代に移住してきた人々の子孫という可能性もある）。

それにもかかわらず、ラブレが報告していることは意義深いと思う。彼はジオグリフを見ていない。当時はジャングルに覆われていたからだ。だが一八八七年八月一七日、ラブレはそのジャングルの真っ只中にいた。彼はアロアナ族のマムセヤダと呼ばれる部落で一晩を過ごしたが、アロアナ族の生き方と栽培地《プランテーション》について語っている。「二〇〇人の住民がいた……統治形態と寺院と崇拝の対象があり」、「偶像の名前も知った」が、それらのことから女性たちは除外されていた。ラブレの報告の中でも特に重要であり、ここで関連があるのは以下だ。

> 偶像は人間の姿ではない。幾何学的な姿だ。木で作られており、磨かれている。神々の父はエピマラと呼ばれる。その姿は楕円形で、高さは四〇センチほどある……彼らの中には「祈祷師《きとうし》」がおり、宗教的な祭祀を執り行ない、独身を保っていた。だが、宗派の大神官は族長だった[42]。

これはまったくありそうもない話ではないか？　ただし、忘れ去られた過去との結びつきが、本当に存在するならば話は別だ。この地域の風景には、太古に造られた幾何学的な謎の巨大アースワークが存在している。これらのアースワークはジャングルに呑み込まれたが、はるか後の時代における先住民部族の神々は、磨かれた木でできた「幾何学的な像」だった。部族長は宗教的な指導者だったが、「祈祷師」たちがおり、彼らも同じように祭祀を取り仕切っていた。

これは私が仮説として提案した、幾何学ミームを複製し、伝達してきた組織そのもののように思える。だが、「シャーマン」（祈祷師）が関与していたとなると、さらに興味深くなる。なぜなら、この地の住民はアヤワスカをたびたび飲んでいたからだ。

［1］　Marcos Pivetta, "The Sun Stones," *Revista Pesquisa* (August 1, 2011), http://revistapesquisa.fapesp.br/en/2011/08/01/the-sun-stones/.

［2］　同右。ただし、この記事はゲルディとニムエンダジュが2人ともヘゴ・グランジを訪れたとしているが、それは間違いらしい。マリアナ・カブラル（この遺跡に関する近年の科学的権威）によれば、どちらも訪れていないので、私はそれにしたがって書いている。

［3］　Simon Romero, "A 'Stonehenge,' and a Mystery, in the Amazon," *New York Times*, December 14, 2016, https://www.nytimes.com/2016/12/14/world/americas/brazil-amazon-megaliths-stone henge.html.

[4] 同右。

[5] Pivetta, "The Sun Stones."

[6] 同右。巨石の総数は一二七、高さは三メートル、四メートルを含む範囲とする資材もある。採石場までの距離を三キロメートルと推定している資料は以下のとおり。Romero, "A 'Stonehenge,' and a Mystery, in the Amazon"; http://www.blueplanetheart.it/2017/04/ rego-grande-chi-ha-eretto-la-stonehenge-dellamazzonia-era-molto-piu-avanzato-di-quanto-immaginiamo/; https://stanflouride.com/2016/12/21/amzonian-stonehenge-the-rego-grande-sun-ston es/; https://en.wikipedia.org/wiki/Parque_Arqueol%C3%B3gico_do_Solst%C3%ADcio. この中にはサークルの直径を三〇メートルとする資料もある。

[7] Pivetta, "The Sun Stones."

[8] 同右。

[9] 同右。

[10] Richard Dawkins, *The Selfish Gene,* 2nd ed.（Oxford University Press, 1989）、一九二ページ（リチャード・ドーキンス『利己的な遺伝子』日高敏隆ほか訳、紀伊國屋書店）。「この新しい自己複製子には名前が必要だ。文化の伝達という単位や模倣の単位という概念を伝える名詞が。mimeme は相当するギリシャ語から来ているが、私は gene（遺伝子）に似た一音節の単語にしたい。mimeme を meme と縮めたら、古典主義者の友人たちは許してくれるだろうか。せめてもの慰めに、memory（記憶）やフランス語の même（〝同じ〟の意）と関連していると考えることも可能だ。発音はクリームと韻を踏む」。

[11] Oxford Dictionary の定義：https://en.oxforddictionaries.com/definition/meme.

[12] Pivetta, "The Sun Stones."

[13] 同上。"Amapá: Cradle of the Brazilian 'Stonehenge,'" Ceticismo, March 16, 2010, https://ceticismo.net/2010/03/16/amapa-berco-do-stonehenge-brasileiro/ も参照。

[14] Guianas Geographic, "Solstice Megaliths: Calçoene, Amapá, The Amerindian Stonehenge," http://www.guianas-geographic.com/article-en/solstice-megaliths-calcoene-amapa-the-amerindian-stonehenge/.

[15] Pivetta, "The Sun Stones."

[16] 同右。

[17] “Another ’Stonehenge’ Discovered in Amazon,” NBC News, June 26, 2006, http://www.nbcnews.com/id/13582228/ns/technology_and_science-science/t/another-stonehenge-discovered-amazon/#.WrUQRdPFLUI.

[18] Gibby Zobel, “Will Amazon’s Stonehenge Rewrite History?” June 27, 2006, http://www.meta-religion.com/Archaeology/Southamerica/will_amazon_stonehenge.htm.

[19] Romero, “A ’Stonehenge,’ and a Mystery, in the Amazon.”

[20] A. C. Roosevelt et al., “Palaeoindian Cave Dwellers in the Amazon: The Peopling of the Americas,” *Science 272* (April 19, 1996) 三八〇ページ「ルミネセンス法による約一万六〇〇〇年前から九五〇〇年前という年代は、放射性炭素法による推定暦年代の約一万四二〇〇年前から一万五〇〇年前と部分的に重なる」。

[21] たとえば Christopher Sean Davis, “Solar-Aligned Pictographs at the Paleoindian Site of Painel do Pilão Along the Lower Amazon River at Monte Alegre, Brazil,” *PLoS One* (December 20, 2016) 2ページを参照、「アンナ・ローズヴェルトと彼女のチーム（一九九六年）は、ペドラ・ピンターダ洞窟で発掘を行なった。Serra da Paituna という丘の上にある、アマゾン川にもっとも近い最大の壁画洞窟だ。そこで、後期更新世にパレオインディアンが居住していた期間があった証拠を発見した。同時期のものと思われる多数の塗料のしたたりや顔料の塊、人工遺物、黒い土、食物の残骸などで、放射性炭素法によっていまから一万一二八〇年前から一万一七〇年前（未較正。較正すると一万三六三〇年前から一万一七〇五年前、OxCal 4.2）と判定された」。

[22] Davis, “Solar-Aligned Pictographs at the Paleoindian Site of Painel do Pilão Along the Lower Amazon River at Monte Alegre, Brazil,” 7.

[23] 同右。

[24] 同右、一四ページ。

[25] 同右、七〜八ページ。

[26] 同右、八ページ。

[27] 同右。

[28] 同右。パイネル・ド・ピランの緯度は赤道より二度ほど南だから、デーヴィスが一二月の至日を冬至と述べているのは、厳密にいえば間違いで、南半球では夏至となる。

〔29〕 同右、一〇ページ。

〔30〕 同右、一一ページ。

〔31〕 同右、一六ページ。

〔32〕 同右、一一ページ。

〔33〕 二〇〇九年については、Martti Pärssinen, Denise Schaan, and Alceu Ranzi, "Pre-Columbian Geometric Earthworks in the Upper Purús," *Antiquity 83,* no. 322 (December 1, 2009) 一〇九四ページを参照。二〇一七年はJennifer Watling et al., "Impact of Pre-Columbian 'Geoglyph' Builders on Amazonian Forests," *Proceedings of the National Academy of Sciences 114*, no. 8 (February 21, 2017), 1868を参照。Pirjo Kristiina and Sanna Saunaluoma, "Visualization and Movement as Configurations of Human– Nonhuman Engagements: Precolonial Geometric Earthwork Landscapes of the Upper Purús, Brazil," *American Anthropologist 119,* no. 4 (August 23, 2017)、六一五ページも参照。

〔34〕 Jonaas Gregorio de Souza and Denise Pahl Schaan, "Pre-Columbian Earth-Builders Settled Along the Entire Southern Rim of the Amazon," *Nature Communications,* March 27, 2018, 1.

〔35〕 同右、三ページ。

〔36〕 同右、三～四ページ。

〔37〕 同右、六ページ。

〔38〕 同右、二ページ。

〔39〕 同右。

〔40〕 悠久の歳月を超えて文化記憶を保存し、効果的に知識を伝達してきた偉業が、アマゾンのジオグリフに現れている。そして、そのことは、幾何学形や宇宙像を描くミームの再生産が一〇〇〇年単位のスケールで成功裏に行なわれてきた有力な証拠だ。これらの偉業を二〇一八年に認めたのはジェニファー・ワトリング、フランシス・メイル、デニーズ・シャーンだ。彼らは「ジオグリフの裏にある知識や行動、イデオロギーが伝わり拡がった時間のスケールに感銘を受けた」。ワトリングらの論文"Historical Ecology, Human Niche Construction and Landscape in Pre-Columbian Amazonia: A Case Study of the Geoglyph Builders of Acre, Brazil," *Journal of Anthropology,* April 26, 2018, 134を参照。

[41] Denise P. Schaan, *Sacred Geographies of Ancient Amazonia* (Routledge, 2012), 170.

[42] "Colonel Labre's Explorations in the Region Between the Beni and Madre de Dios Rivers and the Purus," *Proceedings of the Royal Geographical Society and Monthly Record of Geography* 11, no. 8 (August 1889), 498.

第17章 死者の蔓《つる》

アマゾンのジオグリフとはなんなのか？　なぜ古代人たちは、わざわざ苦労してこのような巨大なアースワークを造ったのか？　なぜ幾何学がテーマなのか？　さらに、アマゾンにストーンサークルが存在することは、ジオグリフを理解することにどの程度役立つのだろう？　ストーンサークルは、他の地域ではアースワークに結びつけられることが多いのだ。

これまでは幾何学といくつかの天文学的な配列だけを考慮してきたが、アマゾンと驚くほどよく似たアースワークは北米のミシシッピ川流域にもあり、第5部と第6部で探究する。これらに対する私の仮説は「ミーム」の存在を扱っている。ミームそれ自体が一つの現象で、旧世界と新世界のまったく関係がないように見える文化に同じミームが何度も繰り返して現れている。それも距離的に数千キロメートルも離れているだけでなく、年代も数千年離れている。

アマゾンにいつから「幾何学と天文学的な配列」のミームが根を張りはじめたのかに関しては、さらなる調査が必要だ。この件に関しては考古学だけでは限界がある。すでに発見されている遺跡でも十分な調査が行なわれておらず、地域の多くはまったく調査されていない。助けとなるのはヘゴ・グランジのこれまで以上に詳細で徹底した天文考古学調査だろう。その近辺に存在するストーンサークルの調査も同じだ。すでに強調したが、並行してアマゾンのジオグリフの徹底した天文考古学調査も、行なわなければならない。私たちはジオグリフに対する理解を洗練しなくてはならないし、さらにアースワークが備えているかもしれない天文学的な配列の情報を得なくてはならない。まだそのような調査が行なわれていないので、いま、確実にいえることは、第15章で検討したいくつかのジオグリフが、間違いなく天文学的配列をもつことだ。

たとえば、ファゼンダ・パラナとセベリノ・カラザンスの両者は、正方形のジオグリフで造られていることを見てきた。ファゼンダ・パラナには二つの正方形があり、一つの正方形の辺の長さは二〇〇メートルで、もう一つの正方形の辺の長さはそのちょうど半分で、二つは参道で結ばれている。一方、セベリノ・カラザンスの正方形の一辺の長さは二三〇メートルで、ギザの大ピラミッドと同じ大きさの底面積をもつ。ファゼンダ・パラナの二つの正方形、セベリノ・カラザンスの一つ、それにもちろんギザの大ピラミッドの合計四つの正方形は、方位を定めて配置されている。つまり、それぞれの辺が東西南北を向いている。したがって、これらの遺跡に共通するもっとも基本的な天空の配列は、天の北極と南極（地球の地理的な北極と南極の真上にあたり、夜になると星がその周辺を回っているように見える）であり[1]、春分と秋分の日の出であり日没だ（太陽は真東から昇り、真西に沈む）。

アマゾンの他の巨大なアースワークには、北西と南東の方向を向く特徴があることも見てきた。これは夏至や冬至との配列の可能性をもつし、さらには「月が停止する配列」（第5部で語る）を調べることが大事になる。正式に天文考古学的調査が、行なわれることになれば、この二点は重要度リストのトップに挙げられるだろう。

私の見るところ、アマゾンのジオグリフやストーンサークルの天文考古学的調査が行なわれれば、さらに多くの（そしてはるかに複雑な）天文学的な配列が明らかになる可能性が高い。たぶん、大ピラミッドやストーンヘンジやサーペント・マウンドと同じように、複数の複雑な配列が見つかるだろう。このことをこれ以上推測してもあまり意味がない。アマゾンから必要なデータをまだ得ていないからだ。だが、仮定の話として、すでに必要な調査が行なわれた、世界の他の多くの場所と同じように、「幾何学と天文学的な配列」のミームが、思想システムの一部としてアマゾンに伝達されていたとしよう。そう仮定すれば、パイネル・ド・ピラン遺跡は、アマゾンの遺跡でほぼ唯一、本格的な天文考古学調査が行なわれた場所なので、この遺跡の分点と至点の天文学的配列から考えて、アマゾンにこの思想システムが到着したのは少なくとも一万三〇〇〇年前だということになる。そしてその後になって様々な形で、そのシステムが繰り返し現れたのだろう。たとえばヘゴ・グランジのストーンサークルであり、見事な天空的配置をもつセベリノ・カラザンスやファゼンダ・パラナなどのジオグリフだが、このシステムが繰り返し現れたとすれば、驚くことでもないだろう。

私たちはなんらかの**意図をもって**創られたミームと向かい合っているのだと思う。このミームは深遠で神秘的な目的をもっており、言葉では伝えにくいことを伝える機能をもつ。これが伝達されるのは、反復と複製によってだ。互いに似通っている理由は、それで説明できる。だが文化はひとたび拡散すると、それぞれが独特で気まぐれな進化と発展をするものだ。そこでミームが現れる場合、媒体や物質が異なるだけでなく、ミームが根づいた土地の文化による**解釈**の違いも影響することが考えられる。そして、この解釈は時代と世界各地の場所で大きく変わってくるが、それでも核心的思想は変わることなく維持されている。

西洋科学の苦慮

西洋の科学者たちが、アマゾンのジオグリフを解釈するにあたっての最初の試みは、当然ながら実利主義と単純化だった。偉大な幾何学的アースワークは防衛目的のために築かれたのだと、私たちを説得しようとしたのだ。しかし、ジオグリフの周辺で戦いのあった証拠は見つからなかった。溝は「堀」ではなかった(なぜなら、多くの溝は土手の内側にあり、外側ではなかった)。壁の上に柵の跡もなかった（たとえば柱の穴や、木の残骸）。そのため、この仮説はすぐに支持を失った[2]。戦争行為の証拠がないだけでなく、考古学で使える遺物自体が少なかった。陶器や小さな立像や廃物なども見つからないのだ。そのようなものが残っていれば、ジオグリフの意味や使用方法や目的を解読する手がかりとなる。したがって現在の合意は、これらが「祭礼」「精霊《スピリチュアル》」「宗教」「儀式」を目的として造られたことだ[3]。

テュレーン大学で人類学を教えるウィリアム・バレ教授は、この新しい合意を支持している。だが、当たり前のことしか表明していない。彼によるとアマゾンのジオグリフの霊的・宗教的な役割は「幾何学と巨大化」となんらかの形で関係があるに違いないという[4]。

はい、そのとおり、教授。ごもっともです！　だが問題は、どのように関係しているかだ。そして、目的は何かだ。

これらの疑問に役立つ答えがほしければ、当たり前の推理や巨大な幾何学的パターンを述べるだけでは不十分であり、なすべきことがある。そのなすべきことをごくかぎられた西洋の科学者たちが現在行ない、業績を挙げている。アマゾンにいまも住む先住民の意見を聞いているのだ。

フィンランドの学者であるサンナ・サウナルオマとピルジョ・クリスティーナ・ヴィルタネンが、この斬新な方法を採用している。過去五〇〇〇年にわたる文化破壊によって、部族の記憶庫は、ほぼ空っぽにされた。現在も続く記憶喪失の強要によって、古代アマゾンに関する知識も奪われた。だが、すべてが失われたわけではないこともはっきりしている。

たとえば、二〇一三年にサウナルオマとヴィルタネンは、現在もアースワークのある地域に住んでいる先住民・マンチネリ族の五人を、ジャコ・サ遺跡に招待した。読者も覚えていると思うが（第15章三九二ページを参照）、この巨大なジオグリフでは、正方形の中に円が刻まれている。マンチネリ族が住む所からは二五〇キロメートル離れているが、マンチネリ族の人々は「すぐに古代の儀礼場にいることを感じた」という。さらに「彼らは祖先からこのような場所についての話を聞いているという。だが、なぜアースワークの溝が深いか、なぜこのような物が造られたかについては、説明ができなかった」[5]。

やはり現地に住んでいるアプリニャ族は「親からアースワークの近くは急いで通れ、できれば近づくなと言われていた。なぜなら、これらは重要な場所であり避けるべきで、魔法にかけられた、奇跡の場所だからだ」という[6]。

ということは、少なくとも記憶の痕跡は存在している。重要視されていた時期のアースワークがどれほど重要で、畏敬の念を起こさせたかは、地元の迷信や民話にも残っている。だが、もっと詳細な情報が、アマゾンにしまい込まれていた。ここでもアースワークとの結びつきを見つけたのはサウナルオマとヴィルタネンだ。

シャーマンたちの宇宙

彼らが得た手がかりのいくつかは、一三〇年以上前から手に入るものだった。前の章で述べたジオグリフ地帯のアロアナ族が、「幾何学形」の神々を崇拝していたことに手がかりがあったのだ。アントニオ・R・P・ラブレ大佐が、一八八七年に、彼らのところに宿泊した時の話だ。ラブレの報告によると、アロアナ族には「寺院と崇拝の対象」があり、宗教儀式を執り行なうのは「祈祷師」たちだった。

二〇世紀以降「祈祷師（medicine men）」という言葉はすたれてきている。現在のアマゾンでも土着の霊的な儀式は実施されているが、民族誌学や人類学研究のほとんどは、儀式を執り行なう人物を「シャーマン」と定義している。この名称はアマゾンの言語からきているのでも、アマゾンで使われているものでもない。語源はツングース・モンゴル語の名詞「サマン」にある。おおまかな意味は「知る者」だ[7]。

シャーマンという言葉は現代の人類学者たちに広く使われている。使われているのはアマゾンの宗教的な儀式をつかさどる人々だけでなく、世界中の狩猟採集社会や部族社会において似たことをする人々に対してだ。これはツングース族が謎の方法で他の文化に接触し、影響を与えたからではなく、ヨーロッパの民族学者たちによって最初に研究されたのが、ツングース族のシャーマニズムだったからだ。このツングース族の単語が西洋の言語に入ってきたのは、学者たちによる熱烈な研究報告のせいだ。やがて、世界中でツングース族のシャーマニズムによく似たシステムが発見されると、ヨーロッパの学者たちの専門用語が、他の地域のシステムにも適用されるようになった。

　シャーマンのほとんどは男性だが、女性の場合もある。このシステムの中心にいるシャーマンたちに共通するのは、変性意識状態に入り込み管理する能力をもつことだ。これはどの文化でも、彼らの名前がなんと呼ばれていようと変わらない。常にではないが多くの場合、トランス状態に入るために、幻覚を起こす植物やキノコを摂取する。したがってシャーマニズムとは単なる信仰体系でも、目的をもった研究の成果でもない。彼らにとって、もっとも大事なのは、トランス状態に入る技術の習得だ。そして特殊な経験をすることだ。この経験をシャーマンたちは「ビジョン」と呼び、西洋の精神分析家は「幻覚」と呼ぶ。シャーマンたちはこの特殊な経験を使って出来事を解釈し、行動の指針を得るのだ。

　真のシャーマンはトランス状態におけるビジョンと異世界への魂の旅を通して、知識と地位を獲得しなければならない。このような啓発された境地は……シャーマン的な意識の状態で得られるものであり、目的をもった研究とか、体系的な知識を適用することで得られるのではない[8]。

このような方法によって知識を獲得するのは、「理性的」な西欧の知性には、バカバカしい空想に思える。実のところ、異世界への魂の旅という思想の根底には、現実への独特な見方がある。この見方は現在の西欧科学が考える現実とは、あらゆる面でまったく正反対だ。古代からあるシャーマン的な考え方では、物質世界は見た目よりもはるかに複雑だ。物質世界の裏や、上下や周囲には異世界が存在し、物質世界に浸透していると考える。異世界は時には「地下」、時には「天空」にあるとされる。それは複数の異世界（霊の世界、地下世界、冥界など）かもしれず、そこには超自然的な存在が棲んでいるという。私たちは好むと好まざるとにかかわらず、これらの非物質的な存在と触れ合わざるを得ない。その存在は目に見えず、触れることもできないが、私たちを傷つける力と、助ける力の両方を備えている。

幾何学的な脈拍

シャーマニズムの全体像や、変性意識状態や、人類の物語でいかに重大な位置を占めてきたかは、二〇〇五年に書いた私の著書『異次元の刻印（原題／スーパーナチュラル・人類の古代の教師との遭遇）』のメインテーマだった[9]。この本は、包括的に数多くのデータを掲載しており、この章で述べることを補強する裏づけともなっているので、参照していただきたい。

鍵となるのは、西洋の「合理的」知性にはバカげたことのように思えるが、人間が生きていくには霊的な存在との触れ合いが必要だという考え方だ。アマゾンのほぼ全域において、この触れ合いを起こすことの中心となっているのは特異な幻覚を起こすアヤワスカだ。これは薬草であり、この広大な地域に住む先住民の間では、数千年にわたって使われている。有効成分はチャクルーナ潅木《かんぼく》（学名：Psychotria viridis）の葉から採集されるジメチルトリプタミン（ＤＭＴ）であり、強烈な幻覚剤だ。だが、煎じ薬アヤワスカという名前の由来は、別の原材料である蔓《つる》植物（Banisteriopsis caapi）から来ている。煎じ薬を作る際のアヤワスカの蔓の役割は、モノアミンオキシダーゼ阻害を起こす物質を、飲む人の血流に送り込むことだ。そうするとＤＭＴの特異な効果が持続する。ＤＭＴは通常、腸内でモノアミンオキシダーゼ酵素により中和されるのだが、それが起こらないのだ。ＤＭＴが大量に含まれるアマゾンの植物から、幻覚作用を引き出す方法はほかにもある。特によく行なわれるのは鼻から吸い込むことだが、その効果は持続しない。だが、アヤワスカの煎じ薬を飲むと、変性意識の経験が六時間も続くことがある。長時間にわたってトランス状態の「旅《トリップ》」を維持できるわけだ。

私の見方だと、この二つの植物の効果的な混合を試行錯誤だけで発見したとしたら、大変な科学的偉業だ。何しろアマゾンには、木や蔓など一五万種類の植物が存在するからだ。もしあなたがアマゾンのシャーマンたちに、祖先の人たちが、どのようにしてこの配合を発見したのかと訊けば（私も訊いたが）、試行錯誤はしていないと答えるだろう。それだけでなく、西洋科学が合理的と認めるほかの方法も採用していないという。シャーマンたちは異口同音に、簡単に答える。それによるとアヤワスカの「植物の霊」が、ジャングルの植物の特性のうち、重要なことをすべて教えてくれるという。そのおかげで彼らは強力な薬を作ることができ、病人も治せ、一般的に、よい「医師」になれるのだという[10]。

また、アヤワスカ自体が「医師」だともいわれ、強力な霊《スピリット》をもっており、「知的な存在で、人間と共感関係を築くことが可能で、この霊から知識と力を得ることができる」と考えられている[11]。アマゾンのコニボ族を研究した、人類学者アンゲリカ・ゲプハルト・セイヤーによると、アヤワスカの影響下で「シャーマンは霊の世界で、理解不能な、しばしば無秩序の情報を、光る図案という形で知覚する」という[12]。セイヤーの見方では、この加工されていない生のデータが、植物の霊によってシャーマンに照射されるが、それを解読して「普通の人に分かるようにする」のがシャーマンの役目だという。そのデータを部族全体のための治療法に「転換」するのだ。

これらの光る図案は多くの情報をもつが、その多くは**幾何学模様**だという。私の個人的な経験を語ることにしよう。アヤワスカの集まりには、二〇〇三年から七〇回以上も参加している。この煎じ薬からは貴重な教えを受けているが、『異次元の刻印』の調査を終え、執筆して出版した後もいろいろと学んでいる。アマゾンで初めてアヤワスカを飲んだ時の状況の一部は以下のとおりだ。

私はもう一度、カップを唇に運んだ。シャーマンが注いでくれた三分の二はまだ残っている。そこで一気に飲み干した。まず濃厚な甘苦さを感じ、すぐに腐敗と薬のような後味が口に広がり、胃が殴られたように感じた……先行きに不安を感じたが、シャーマンにお礼を言って、フラフラと自分の場所に戻った……。

時間が経過したが、覚えていない。とっさに巻いてあった寝袋を枕にしたが、強烈な倦怠感《けんたいかん》に襲われた。無意識のうちに全身の筋肉が弛緩していた。眼を閉じると、いきなり幻影の行進《パレード》が始まった。幻影は**幾何学形**なのだが生きている。この光の幻影は、これまでに見たことがないタイプの光を放つ。暗い光が律動する。光を放つ深い紫が渦を巻く。闇夜から赤が浮かびあがる。この世のものとは思えない質感と色。回転する太陽系。移動する螺旋《らせん》銀河。網や奇妙な梯子《はしご》のような構造物の幻影。私からは**重なった四角のスクリーン**が並んでいるように見え、**巨大な土手に巨大な窓**が配列されているようだ。これらは音もなく現れるが、まるで原初の無限空間にいるようだ。模様は極めて奇妙で特殊な性質をもっている。まるで太鼓の連打で……あたかも本当の機能は、何か別のものが登場してくることを告げているかのようだ[13]。

私がアマゾンのアヤワスカの集会でメモしたほかのことは、「幾何学的律動」[14]と「幾何学模様の反復」[15]や「形を変える幾何学模様の背景」[16]であり、「幾何学模様の複雑で織り交ぜられたパターン……もっと近くで見たいとクローズアップしてみた……それは長方形だった。輪郭は黒く、まるで窓だ。それぞれの長方形の中央には円がある」だ[17]。

通路

これらの集会に参加したのは二〇〇四年の一月と二月であり、アマゾンに巨大なジオグリフがあることを知る数年前のことだ。その後の二〇一七年にジオグリフの調査を始め、それらが建造者にとってどんな意味をもっていたかを考えはじめた時、自然とアヤワスカについて考えたことを、読者の方も理解していただけると思う。

二〇一八年までに見つかった五五〇以上のジオグリフの中で、正方形の中に円があるケースがあるかどうかは確認できていない。だが、ジャコ・サ遺跡（サウナルオマとヴィルタネンが連れていったマンチネリ族が、すぐに古代の祭祀場の雰囲気を感じた場所）の正方形の中には円がある。私は幾何学模様を「重なった四角のスクリーン」とか「窓が配列」と表現したが、同じものを異なった文化的背景を持つ人々が見たら、まったく異なったものだと表現するかもしれない。だが、まったく変わらないのは幾何学模様であることだ。

幾何学模様はアースワークの根本的なデザインだが、様々な場所に出てくる。たとえばアヤワスカの影響を受けているコロンビアのアマゾン地帯トゥカノの芸術だ（この地ではアヤワスカの煎

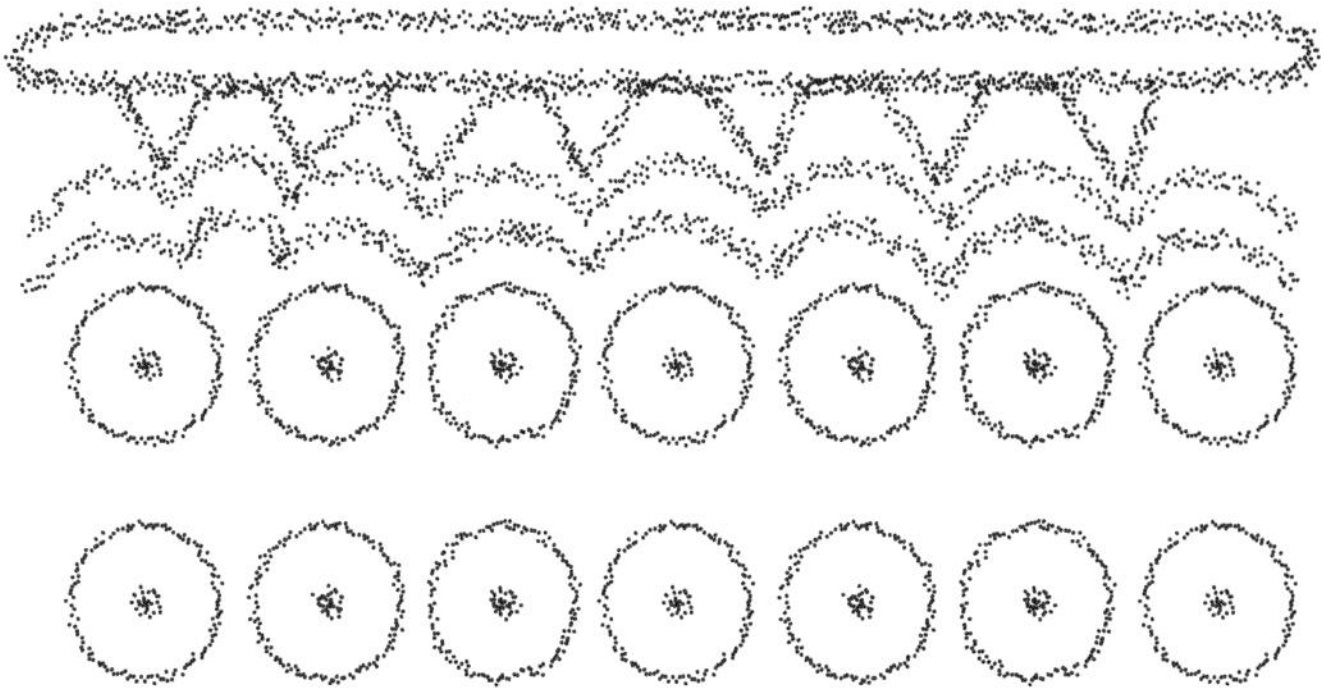

アヤワスカの幻影(ビジョン)で見た模様を描いたトゥカノ砂絵。
(G・ライヘル＝ドルマトフ『シャーマンとジャガー(原題)』1975年、46ページ)

じ薬は「ヤヘ」と呼ばれる)[18]。

トゥカノでは幾何学的パターンや抽象的なデザインを、砂や織物や楽器や家や、ヤヘを飲む集会場に描いている[19]。コロンビアの人類学者ヘラルド・ライヘル＝ドルマトフは、興味深い実験の結果報告をしている。彼はトゥカノの人々に、ヤヘを飲んだ時に見たものを、クレヨンで描いてもらったのだ(絵はもちろん記憶によって描かれている。ヤヘを飲んだ人々が日常の意識に戻った後だ)。

その結果は、家や織物に描かれているものとほぼ同じだった。その中には三角形の両脇に先端が渦巻く縦線があるもの、平行四辺形、長方形の中に平行線がたくさん描かれたデザイン、平行するうねる水平線、多様な楕円形やU型の要素、点や小さな円の列、小さな点が縦模様になるもの、格子パターン、ジグザグ線、入れ子になった長方形、積み重ねられた並行弧(懸垂曲線)などがある[20]。興味深いことに、トゥカノの人々は、まったく同一の形やパターンをアマゾン北西部にある丘の岩の表面にも描いている[21]。

アマゾンでは七〇以上の異なる先住民文化が、アヤワスカを使っている。名前は多彩だ（ヤヘ、ナテマ、カピ、シポ、ショリなど）[22]。彼らのほとんどが、幾何学的幻影を見ていると報告している。したがってサウナルオマとヴィルタネンが、先住民芸術が表現しているアヤワスカの幻影と、アマゾン南部のジャングルを伐採したことで姿を見せはじめている巨大なジオグリフとの結びつきを、私よりも前に思考していたことを知っても驚かなかった。

たとえば、トゥカノよりも古代のアースワークがある場所の近くに暮らす、現代のマンチネリ族について、陶器や体に描かれる「ある種の幾何学的な主題は、ある特定の祖先を示している。何人かの祖先は独自の幾何学デザインをもっているが、これがシャーマンによるアヤワスカの幻影の中に現れ、祖先の知識と力を伝えている」と、二〇一五年の論文で報告している[23]。

そこで彼らは次のような結論を出した。

「幾何学的なアースワークは、それを使うだけでなく、造ること自体も社会集団内や集団相互間のイベントとして、重要だったのかもしれない」[24]

二〇一七年八月、補足論文が『アメリカン・アンスロポロジスト』誌に掲載された。そこでサウナルオマとヴィルタネンは、分析をさらに深めている。彼らの考えによると、ジオグリフは「体系的に造られている空間だ。そこは可視と不可視の存在でいっぱいだ」という[25]。彼らが主張するのは、規模や何を媒体とするかにかかわらず、幻影で見た図像を、特に幾何学模様を実体化する過程のすべては「アマゾン人の身近な世界に棲む存在と関係がある」ことだ。「様々なデザインは、人間ではない存在を、アマゾンの先住民のために人間世界に連れてくることになる。アメリカ先住民の芸術における幾何学的なデザインは、ある次元から別の次元へとつながる通路だと見なされている。それにより、見る人は異なった世界である可視と不可視の世界を行き来できる」[26]

同僚のルイサ・ベラウンデの研究を利用しつつ、サウナルオマとヴィルタネンはアマゾンのペルー領域に住むシピボ＝コニボ族について次のように書いている。

「幾何学の線には、いろいろな手段が内在されており、それらの手段を使って様々な存在が相互に動き、旅し、連絡をとり、知識や物体や力を伝達することができる。それらは通路であり、大規模なものから微細なものまで、あらゆるところに存在する。したがって幾何学的デザインは、ある種の考えや理解や、目に見えない側面を示す方法なのだ。幾何学的デザインにより、それらが目に見えるようになるのだ」[27]

サウナルオマとヴィルタネンはさらに次のようにいう。シピボ＝コニボ族にとって、幾何学的な線は「大宇宙への窓」を開く。そして、「大宇宙の秩序」が「象徴的な小宇宙として、地上の造形として描かれる」[28]。

上のごとく下にも。

入口

先住民の人々の世界観、洞察、哲学を真剣に取り入れて、過去を理解しようとしたサウナルオマとヴィルタネンの研究は、西洋科学にとっては斬新な変化の兆《きざ》しだ。これはジオグリフのもととなっている思想の領域に価値ある洞察をもたらした。それは「原始的」な考えではまったくなく、正反対だ。異次元との間の通路とか、普段は見ない存在を見えるようにするという概念は、アヤワスカの使用に関する伝統的な考え方だが、量子力学の実験室においても場違いではない。

もう一度提言したい。私たちが見ているのは発展したシステムから残された物だ。このシステムは時や文化を超える強力なミームによって自己増殖する。そのミームは幾何学と天文学的配列が大きな部分を占めている。このシステムがどこでいつ生まれたのかは不明だ。古代アマゾンでは、このシステムの普及に幻覚を生む植物を使う傾向が、ほかのどの場所よりも強い。アマゾンでは今日《こんにち》でも、これらの植物を取り扱う秘法が、先住民のシャーマンたちによって温存され、伝承されている。

トゥカノ族には創世神話がある。人間が初めて広大なアマゾン川流域に住み始めた大昔についてだ。その神話によると「超自然的な存在」が、人間と共に旅をしたらしい。彼らが文明的な生活を送るための基礎を贈ってくれたのだ。この超自然的な存在である「太陽の娘」から、人々は火や園芸学、陶器製作などの工芸知識が贈与されている。「最初の移住者たちのサーペント型のカヌーは、超人〝操舵手〟によって舵取られていた」[29]。同時にほかの超自然的な存在は「すべての川をカヌーで旅し……遠くの山岳地帯まで探検した。彼らは、住居や畑、狩猟や釣りに都合のよい場所を教え、多くの場所に長く残る刻印を残した。将来の世代のために、彼らが地上にいた日々の消すことのできない証拠を残したが、彼らの存在とその教えを、永久に忘れさせないためだ」[30]。

サーペント型のカヌーは整然とゆっくり進み、乗せていた移民たちをそこここに降ろしていった、と人類学者ヘラルド・ライヘル＝ドルマトフは説明する。

降ろしていった場所は、連続しているから分かるだけでなく、人々の達成した発展段階からも分かる……。

シャーマンになるための儀式のルールが決められた。それには多くの規定や規則や禁止条項が伴っている。今後は、それが人々の生活を指導し、統治する。

だがさらに大事なのは……人類が自然の一部として勝ち残り、生き残り、真の遺産を新世代に受け渡すことだ。人々は責任をもち、社会組織を管理する方法を見つけなければならない。それは、人間のニーズと、自然のもつ資源とのバランスをとるためだ[31]。

この時代に「霊的な存在は土地を用意した。死を免れない人間たちが住めるようにするためだ[32]」。だが、その仕事が終わると……、

超自然的存在は、彼らの異世界の住居に帰ってしまった。去る前に……彼らは人類に連絡方法を残していった。必要な時に彼らと連絡を取るためだ。死を免れない人間たちを、霊的な世界との交わりの可能性を失ったまま、放っておくことはできない。人類の幸福にとって、超自然的な領域と簡単で効果的な連絡方法をもつことは必要不可欠だ。いつでも必要な時に、一人でも集団でも接触できなければならない[33]。

この色彩と示唆に富む神話の詳細を、凝縮するのはあまりにも荒っぽい。だがこの長い神話の最後に、霊的な世界と接触するのに「効果的な方法」が述べられている……アヤワスカだ。

異次元への扉を開く植物は幻覚を起こさせる薬だ。この幻覚では霊的存在が人々の前に姿を現して……語り、教え、忠告し、保護してくれる[34]。

トゥカノ族の物語には、複数の異なった要素が織り込まれているが、私には三つの要素が目に

付く。

第一に、語られていることは神話の言葉とイメージで飾られている。もちろん「ただの神話」かもしれない。だが、アマゾンへの移住プロジェクトが、神話的に語られている感じもする。この移住者のグループは、より洗練された人々に伴われていた。「超自然的」とか「超人」と見なされた人々だ。

過度に重視する気はないが、触れておかなければ怠慢だと指摘される事柄がある。トゥカノ族も、その近縁であるバラサナ族も、アマゾンの多くの部族の中でも独特な「男たちのカルト」をもつことだ。この「男たちのカルト」の内容は、太平洋の反対側にあるメラネシアの「男たちのカルト」の仕組みとほぼ同一だ。付録1を読んでいただけば分かるが、ほぼ同じ秘密に包まれた「男たちのカルト」の儀式が、この二つの地域にある。聖なる笛やラッパは男だけしかもてず、女たちは見ることすら許されない[35]。女たちが男たちを支配していた時代があったという信念も一緒だ。また計略か腕力で男が女たちから権力を取り上げたという考えも共通する。

第二に、トゥカノ族の創世神話が完全にはっきりと示しているのは、「超自然的な存在」が仕事を終えた後に去ってしまったことだ。アマゾンに移民たちが住めるように準備した後、サーペント型のカヌーで去っている。

第三に、私たちが理解することになるのは、彼らが去って人類と霊的な世界との関係が絶たれたことだ。だが、アヤワスカという入口から、人類はいまでも霊の世界へ旅をすることができ、教えを受けることができる。つまり、入口は開いたままなのだ。

天の川への跳躍

トゥカノ族の人々なら誰でもアヤワスカを飲む。だが、この飲み物の深い謎を解くのはシャーマン（パイェ）の仕事だ。シャーマンの責任は入口を通り、共同体を代表して、必要な時に、強力で超自然的な存在と交渉することだ。何か極めて重要なことを解決しなければならない時、パイェの一団は一緒になって働く。ハンモックに横たわり、ある状態に達するまで大量のアヤワスカを飲み干す。その、ある状態とは、

天の川に上昇していると感じることだ……天の川への上昇は成就するのが難しい。初心者がすぐにこの域に達することはめったにない……多くの試行を通じて学び、到達できるようになる。最初、初心者が到達できるのは地平線だ。その次には太陽でいえば朝の九時の高さまで上昇できるかもしれない。次は一〇時となり、それを繰り返し、最後には一回の上昇で、頂点に達することができるようになる[36]。

つまり、シャーマンの幻覚の旅は、まずアヤワスカの入口を通り抜け跳躍することになる。十

分な練習を積めば天の川まで一気に飛翔できる。だがこれは最終的な目的地ではなく、通過点に過ぎない。「天の川を越える」と異世界への門が横たわっている。ライヘル＝ドルマトフは次のように説明する。

この薬を飲んだ者は「死ぬ」といわれている。彼の霊はあの世の子宮に入り、生まれ変わるという。だがトランス状態が終わると、元の自分に戻れる。これは時間が加速されたもので、死と再生の先取りと考えられる[37]。

隠れた手

トゥカノ族の異世界は、いくつかの領域、あるいは区域に分けられている。その一つはシャーマンたちが特に興味をもつ「バイ＝マハセ」であり、超自然的な存在である「動物の主」の領域だ。それは奇妙に幾何学的な「丘」であり、正方形で、四辺は東西南北を向いている[38]。アヤワスカの幻影に幾何学模様が自然発生的に現れるのは、偶然だろうか？　アマゾンに住む人々だけでなく、工業化社会に住む人々も幾何学模様を見る[39]。それは私の個人的体験からもいえるし、多くの科学研究からも判明している。ジャングルで飲もうと、ニューヨークやロンドンやフランクフルトや東京で飲もうと、遅かれ早かれ幾何学模様を見ることになるのは単純な事

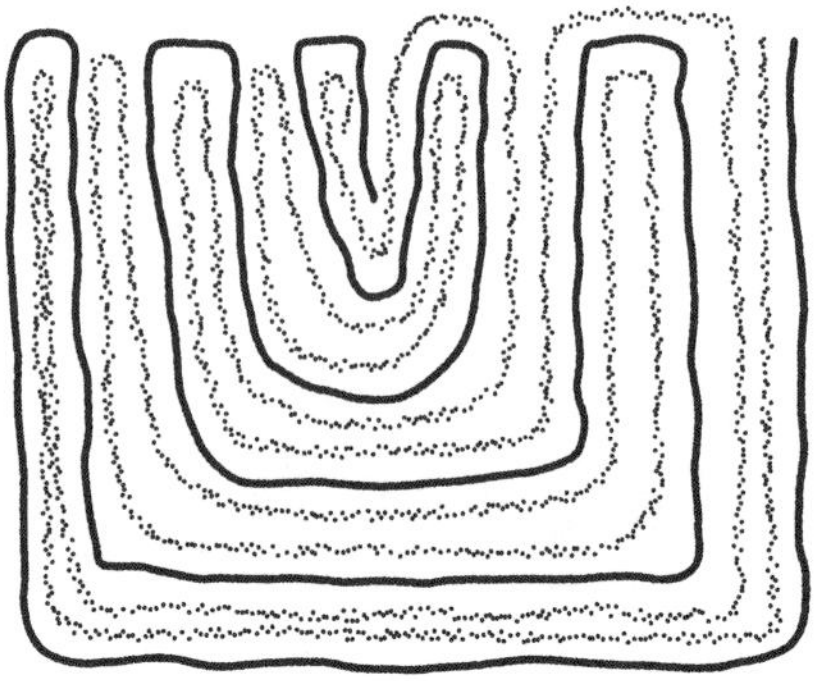

「異世界」への入口。トゥカノ族が描く幻覚芸術。
(ライヘル＝ドルマトフ『シャーマンとジャガー(原題)』。
174ページ、1975年)

実だ[40]。

　ここにはもっと深い謎が示唆されているのではないだろうか。その謎とは、古代人がこれらのミームを創った時、意図的に、時代を超えて鳴り響くようにしたのではないかということだ。私たちのハイテク文明は過去五〇年にわたり幻覚剤を悪魔のように扱ってきた。だが、過去のほかの社会が必ずしも同じことをしていたわけではない。実のところ、この変化を起こす強力な媒介物は、古代文明により、現実とは何かについての奥の深い、広範囲にわたる探究のために使われていたようだ。一方、私たちのハイテク文明は、いまでも故意に知らぬふりをしている[41]。

　すでに見てきたが、アマゾンでアヤワスカを利用する人々は、この飲み物に様々な名前を与えている。だが、「アヤワスカ」という言葉は、アマゾン川流域の西端を見渡すアンデス高地のケチュア語に由来する。この言語は、スペイン人に破壊される前の数百年間の短い間だが、ペルーの優れたインカ文明でも話されていた。この言語におけるアヤワスカの意味は、「死者の蔓」、あるいは「魂の蔓」だ。

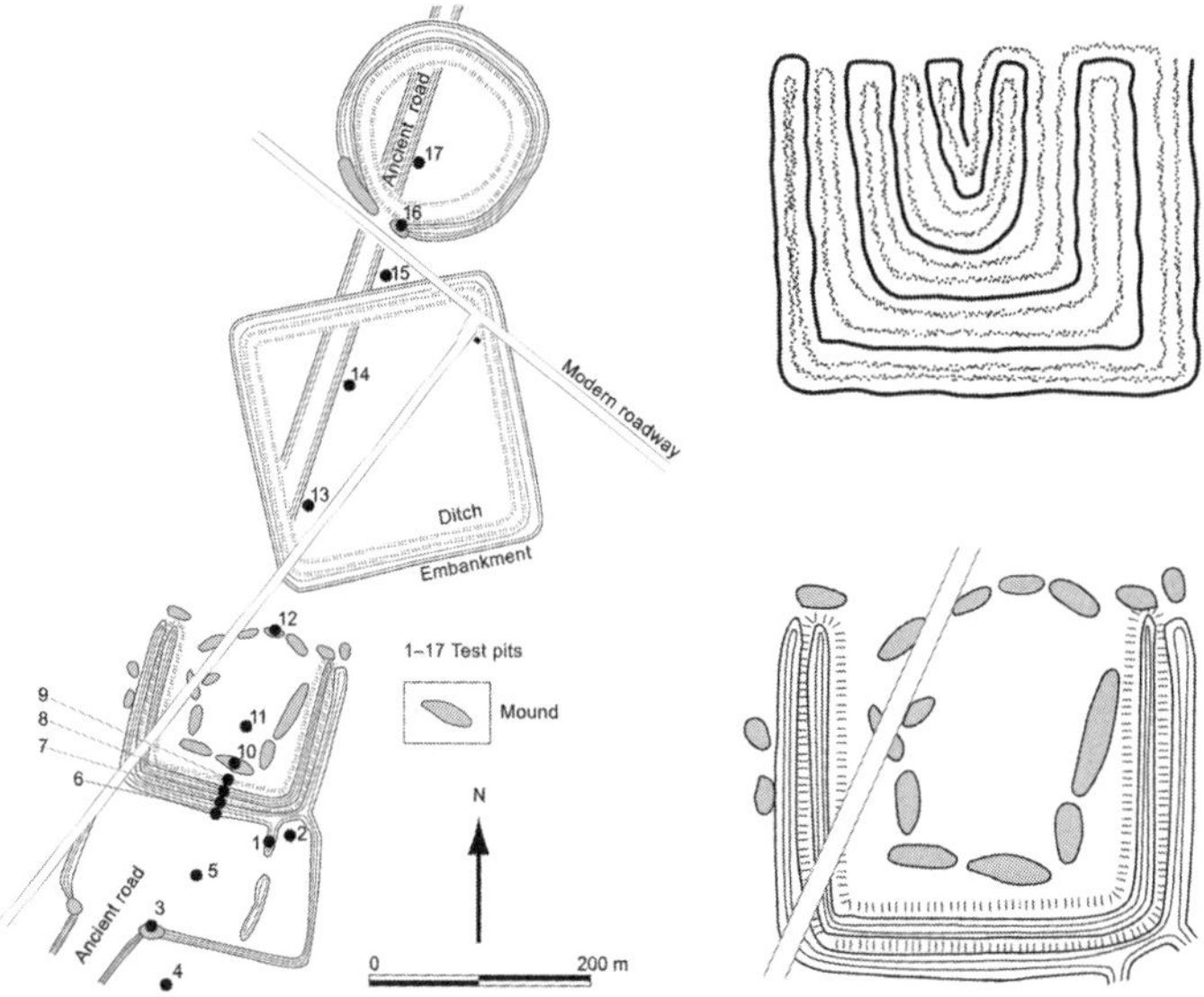

左:ファゼンダ・コロラダの図面。アマゾン川流域上部のジオグリフ遺跡(第15章参照)。
上右:「異世界」の入口。トゥカノ族が描く幻覚芸術。この入口は「天の川の向こう」にあるといわれる。
下右:ファゼンダ・コロラダの詳細(図は回転させてある)。

まだ確認されていない源泉から伝えられたのは、「幾何学と天文学的配列」のミームだけではない。それらと密接に結びつく別の思想が、旧世界と新世界の両方に、瞬く間に拡がっている。したがって、人々は氷河期に分断されていたが、それをなんらかの方法で乗り越えていたことになる。

　これらの思想のすべては、死の謎に焦点を当てている。人類学者たちは以前から、ケチュア語のアヤワスカという名前が極めて適切であることに気づいていた。なぜなら、「先住民の理解によると、アヤワスカは死と密接な関係がある」からだ[42]。

第5部と第6部では北米に戻るが、ミシシッピ川流域にはアマゾンの巨大なアースワークに薄気味悪いほど似ているドッペルゲンガー（自己像幻視）が出没する。これから見ていくが、私たちが扱うのは、非常に古くて深く考え抜かれた知識と儀式のシステムが、かすかに生き残った跡のようだ。これは幻覚を起こす植物を使って直接探査した結果なのかもしれない。それは来世における魂の使命についての深い考察だ。その考察が「幾何学と天文学的配列」のミームと縫い合わされ、一つの「設計図」となり、この「設計図」が急いで複製され、地球の隅々まで大急ぎで拡散されたようだ。

[1] Oxford dictionaries: https://en.oxforddictionaries.com/definition/celestial_pole.

[2] John Francis Carson et al., “Environmental Impact of Geometric Earthwork Construction in the Pre-Columbian Amazon,” *Proceedings of the National Academy of Sciences* 111, no. 29 (July 22, 2014), 1048. Martti Pärssinen, Denise Schaan, and Alceu Ranzi, “Pre-Columbian Geometric Earthworks in the Upper Purús,” Antiquity 83, no. 322 (December 1, 2009), 1089も参照。Simon Romero, “Once Hidden by Forest, Carvings in Land Attest to Amazon’s Lost World,” New York Times, January 14, 2012, http://www.nytimes.com/2012/01/15/world/americas/land-carvings-attest-to-amazons-lost-world.htmlも参照。

[3] Denise Schaan et al., “New Radiometric Dates for Precolumbian (2000–700 BP) Earthworks in Western Amazonia, Brazil,” *Journal of Field Archaeology 37* (2012), 132–133. Jennifer Watling et al., “Impact of Pre-Columbian ‘Geoglyph’ Builders on Amazonian Forests,” *Proceedings of the National Academy of Sciences*

114, no. 8 (February 21, 2017), 1868 も参照。

[4] Romero, "Once Hidden by Forest, Carvings in Land Attest to Amazon's Lost World" に引用。

[5] Pirjo Kristiina Virtanen and Sanna Saunaluoma, "Visualization and Movement as Configurations of Human–Nonhuman Engagements: Precolonial Geometric Earthwork Landscapes of the Upper Purus, Brazil," *American Anthropologist 119*, no. 4 (August 23, 2017), 622–623.

[6] 同右、六二四ページ。

[7] Michael Ripinsky-Naxon, *The Nature of Shamanism: Substance and Function of a Religious Metaphor* (State University of New York Press, 1993), 69. Weston La Barre, The Ghost Dance: The Origins of Religion (George Allen and Unwin, 1970) 一七八ページも参照。

[8] 同右、七四ページ。

[9] この章の段落のいくつかは、Graham Hancock, *Supernatural: Meetings with the Ancient Teachers of Mankind* (Century, 2005)（グラハム・ハンコック『異次元の刻印：人類史の裂け目あるいは宗教の起源』川瀬勝訳、バジリコ）からの抜粋。米国版はニューヨークの Disinformation Company から二〇〇六年に刊行された。

[10] Luis Eduardo Luna, "The Concept of Plants as Teachers," *Journal of Ethnopharmacology 11* (1984), 135.

[11] Luis Eduardo Luna, "Vegetalismo: Shamanism Among the Mestizo Population of the Peruvian Amazon," *Acta Universitatis Stockholmensis*, Stockholm Studies in Comparative Religion (Almqvist and Wiksell Publishers, 1986), 62. Glen H. Shepard Jr., "Psychoactive Plants and Ethnopsychiatric Medicines of the Matsigenka," *Journal of Psychoactive Drugs 30*, no. 4 (October–December 1998), 323ff も参照：「Matsigenka は幻覚作用のある植物を、超人的な魂をもった意識ある存在と考えている。そうした存在は、植物の〝所有者〟〝主人〟〝母〟と表現される」。

[12] Luna, "Vegetalismo," 62 に引用。

[13] Graham Hancock, *Supernatural*, 44–45. 強調を追加した。ページ番号はハードカバー版の数字で、ペーパーバック版では異なる。

[14] 同右、四六ページ。

〔15〕同右、五〇ページ。

〔16〕同右、五七ページ。

〔17〕同右、四五ページ。

〔18〕〝アヤワスカ〟と〝ヤヘ〟は、似た植物から作られる、ほぼ同じ煎じ薬だが、アプローチは大いに異なる。たとえばヤヘは通常、叩いて樹皮を剥がし、木質の芯だけを煮る。この煮汁はアヤワスカの煮汁よりタンニンが少なく、吐き気も比較的弱くなる。アヤワスカは通常、樹皮を付けたまま作る。普通は表皮を薄くこそげ取っただけの蔓を叩いて煮るので、煮汁にタンニンが多く残り、飲んだ時の吐き気も強い。ヤヘのDMTは*Psychotria viridis*（チャクルーナ）由来ではなく、*Diplopterys cabrerana* という別の蔓植物に由来する。この植物はN, N-DMTと5-MeO-DMTの両方を含んでいる。より詳しい情報はJ. M. Weisberger, *Rainforest Medicine: Preserving Indigenous Science and Biodiversity in the Upper Amazon* (North Atlantic Books, 2013) で読める。ヤヘとアヤワスカの作り方や儀式の細かな違いについては、このアクセスしやすい記事を参照。"The Difference Between Ayahuasca and Yagé," Rainforest Medicine Gatherings: Preserving Indigenous Science and Biodiversity in the Upper Amazon, accessed July 30, 2018, https://rainforestmedicine.net/the-difference-between-ayahuasca-and-yage/.

〔19〕G. Reichel-Dolmatoff, *The Shaman and the Jaguar: A Study of Narcotic Drugs Amongst the Tukano Indians of Colombia* (Temple University Press, 1975), photographic plates between pp. 174 and 175, and 178 and 179.

〔20〕同右、一六七〜一七三ページ。

〔21〕この場合、トゥカノ族は様々なパターンにそれぞれ意味を付与している。Robert Layton in David S. Whitley, (ed.), *Handbook of Rock Art Research* (Altamira Press, 2001) 三一四ページを参照。

〔22〕Shanon, *The Antipodes of the Mind: Charting the Phenomenology of the Ayahuasca Experience* (Oxford University Press, 2002), 13; Jeremy Narby and Francis Huxley, *Shamans Through Time* (Thames and Hudson, 2001), 196, 267 を参照。A. Dawson, "Ayahuasca: The Shamanic Brew That Produces Out-of-Body Experiences," The Conversation (January 22, 2016), accessed July 23, 2018, https://theconversation.com/ayahuasca-the-shamanic-brew-that-produces-out-of-body-experiences-52836 も参照。「アヤワスカはアンデス

北部のケチュア語で〝魂の蔓〟〝死者の蔓〟を意味し、ボリビア、ブラジル、コロンビア、エクアドル、ペルーのアマゾン川上流全域で、アルアク族、チョコ族、ヒバロ族、パノ族、トゥカノ族によって伝統的に摂取されてきた」。

[23] Sanna Saunaluoma and Pirjo Kristiina Virtanen, "Variable Models for the Organization of Earthworking Communities in Upper Purus, Southwestern Amazonia: Archaeological and Ethnographic Perspectives," *Tipiti* 13 (2015), https://digitalcommons.trinity.edu/tipiti/vol13/iss1/2/.

[24] 同右。

[25] Virtanen and Saunaluoma, "Visualization and Movement as Configurations of Human–Nonhuman Engagements," 617.

[26] 同右。

[27] 同右。

[28] 同右、六二二ページ。

[29] G. Reichel-Dolmatoff, *Beyond the Milky Way: Hallucinatory Imagery of the Tukano Indians* (UCLA Latin America Center Publications, 1978), 1.

[30] 同右、二ページ。

[31] 同右、一ページ。

[32] 同右、二ページ。

[33] 同右。

[34] 同右、三ページ。

[35] 同右。トゥカノ族の聖なるラッパについての Reichel-Dolmatoff のコメントは五ページを参照。メラネシアとアマゾンの詳細な比較は、本書の付録1を参照。

[36] Reichel-Dolmatoff, *The Shaman and the Jaguar*, 98.

[37] Reichel-Dolmatoff, *Beyond the Milky Way*, 13.

[38] Reichel-Dolmatoff, *The Shaman and the Jaguar*, 85.

[39] 認知心理学者 Benny Shanon の研究、特に "Ayahuasca Visualization: A Structural Typology," *Journal of*

Consciousness Studies 9, no. 2 (February 2002)、二四ページを参照。Shanon はアヤワスカのビジョンが出現する際の構造や形のタイプを類型に分類し、一八の類型的構造を、セッション中に現れる順番に報告している。そのうち七番目は〝幾何学模様〟だ。

〔40〕 Shanon, *The Antipodes of the Mind*, 三八六ページを参照。「すでにはっきりさせたとおり、本書は心理学書であって、哲学書ではない。冒頭で説明したように、私が初めてこの煎じ薬を飲んだ際、強い印象を受けたのは、その時の体験と人類学の文献で描写されている体験との類似点だった。私の幻覚に現れたイメージのいくつかは、先住民の体験や、アヤワスカに出会った初期のヨーロッパ人探検家が報告しているイメージと似ており、そっくりなこともあった。その後、詳しく実証的に研究したところ、この第一印象が裏づけられ、私は次のように結論づけた――アヤワスカの幻覚の内容やテーマや関連する観念は、体験者間で驚くほどの共通点がある」。

〔41〕 これは私の二〇〇五年の著書『異次元の刻印』の中心的テーマである。

〔42〕 Shanon, *The Antipodes of the Mind*, 132.

付録1　メラゾニア、別名アマネシア

アマゾニアの社会とメラネシアの社会は、「地球のほぼ反対側に位置し、四万年以上の人類史によって隔てられている」。にもかかわらず、両者の間には「際立った類似点」や「驚くべき相似」が存在し、一世紀以上前から学者たちを戸惑わせてきた[1]。

そうした不思議の一つは、アマゾンの先住民とメラネシアの先住民の頭骨の形と、「パレオアメリカン（古代アメリカ先住民）仮説」[2]という異端の説に関係している。この説は、「頭蓋形態学（「頭骨の形」のしゃれた言い方）に基づいて」次のように主張する。

出自の異なる二つの集団が、それぞれ別の時代にアメリカ大陸に移住した。最初の集団は後期更新世にアジアからやってきて、古代アメリカ先住民と現在のオーストラロ＝メラネシア人になった。古代アメリカ先住民と現在のオーストラロ＝メラネシア人の頭蓋形態に共通する特徴は、祖先が共通であることを示唆する。古代アメリカ先住民は、やがて、そのほとんどが現在のアメリインディアン（アメリカ先住民）の祖先に取って代わられたと考えられる。アメリインディアンは頭骨が現在の東アジア人に似ており、後で移住してきたモンゴロイド集団の子孫と考えられる。古代アメリカ先住民の存在は、主として南北アメリカにおける古代の考古学的標本や、比較的最近の少数の遺存集団から推測されている。後者には絶滅したペリクエ族やフエゴ＝パタゴニア族が含まれる。

パレオアメリカン仮説では、これらの集団は遺伝的に、他のアメリカ先住民よりもオーストラロ＝メラネシア（系）と近いはずだと予測する[3]。

コペンハーゲン大学地理遺伝学センターのマーナサ・ラーガヴァンとエスケ・ウィラースレフは、（第3部で取り上げた）研究の一環として、この仮説を遺伝子レベルで検証した。すると、形態的にオーストラロ＝メラネシア型に分類されていた古代や比較的最近のアメリカ先住民の頭骨が、実は遺伝子レベルでは「他のアメリカ先住民の諸集団」と同じクラスターに属することが判明した。オーストラロ＝メラネシア人との類縁性は見られなかった[4]。

既存の遺伝学的証拠にも、同じ結論を指し示すものが大量にある。

たとえば別の研究では、「古代アメリカ先住民の頭蓋と思われる特徴」を示すとされた最古の頭骨が、遺伝子解析の結果、「後代のアメリカ先住民の形態をもつ集団と同じミトコンドリアDNAハプログループ」であると判明した[5]。

さらに、形態計測とｍｔＤＮＡ（ミトコンドリアＤＮＡ）のデータについて、古代アメリカ先住民と比較的最近のアメリカ先住民の遺骨を比較した研究でも、「分析したデータからは、古代アメリカ大陸に住んでいた人類が二つの異なるグループに属していたと考えることはできない」との結論が出た[6]。

つまり、こういうことだ。〝古代アメリカ先住民〟の頭骨は、比較的最近のアメリカ先住民の頭骨とは形態が異なり、オーストラロ＝メラネシア人の頭骨とよく似ているように**見える**。だが遺伝学的には、古代アメリカ先住民と比較的最近のアメリカ先住民は区別がつかない。血縁関係の証拠としては、遺伝子型（遺伝子の構成）は常に表現型（目に見える形質）に勝る。だから、ここ何年かは、「パレオアメリカン仮説」は誤りであると見なされてきた。

しかしポントゥス・スコグルンドとデイヴィッド・ライク（共にハーバード大学医学大学院遺伝学部）は、第9章で取り上げた研究の後に、この問題全体を再検討する姿勢を見せている。彼らは仮説上の「集団Y」が、「アマゾンやブラジル中央高原のアメリカ先住民のDNAに寄与した可能性が高い」とし、さらに「現在の東アジア人やシベリア人よりも、現在のオーストララシア人により密接なつながりをもつ血統だ」というのだ[7]。そして、次のように付け加えている。

いくつかの初期アメリカ先住民の骨格形態がどのように解釈されたかを考えれば、これは驚くべき発見だ。一部の著者は、そうした骨格はオーストララシア・グループと類縁であると示唆してきた。この頭蓋顔面骨の形態を有するとされる、一万年より新しい骨格は、ブラジルで発見されたものが一番多い。ブラジルといえばスルイ族、カリティアナ族、シャヴァンテ族の居住地だが、彼らの遺伝子データがもっとも強い類縁性を示すのはオーストララシア人だ[8]。

ブラジル・アマゾンで発見された古代人の頭骨と、オーストラロ＝メラネシア人の頭骨は、測定するとよく似ている。これは定量化できる事実であり、これまで実質的な論争の的になったことはない[9]。しかし同じく定量化可能な事実である遺伝子データは、別のことを示している。頭骨が似ているのは二つの集団が親戚である証拠ではなく、偶然か、あるいはなんらかの奇妙な平行進化〔別々の種が似たような進化を遂げること〕の結果であろう、ということだ。ところがオーストラロ＝メラネシアのシグナルは現実にブラジルから、近縁性について説得力のあるメッセージを発信しており、私の目には、先の遺伝子データを真っ向から否定しているように見える。スコグルンドとライクも明らかにそう見ているようだ。

こうなると、少なくとも、古い頭骨の計測データを再検討すべきだと思う。特に、二〇〇五年一二月の『米国科学アカデミー紀要』に掲載された、ウォルター・A・ネヴェスとマーク・

ヒューブによる研究だ。彼らは、「これまでで最多の古代アメリカ人頭骨（ブラジルのラゴア・サンタ地域からの八一個）」を調査し、「三種類の多変量解析を用いて、世界中の人類の形態学的バリエーションのデータ」と比較した[10]。

ネヴェスとヒューブは論文中で、次のように指摘する。

先史時代後期、比較的最近、および現在のアメリカ先住民の頭骨の形態は、先史時代後期および現代の北アジア人との類似を示す傾向が見られる……もっとも古い時代の南米人の場合は、現在のオーストラリア人、メラネシア人、サハラ以南のアフリカ人に、より類似する傾向がある[11]。

古代ブラジル人の頭骨八一個を細かく測定し、世界中のデータと比較した結果、ネヴェスとヒューブは「南米の古代先住民グループと現存のオーストラロ＝メラネシア・グループの間には、形態学的に密接な類縁性があることを、すべての多変量解析が裏づけている」と確信した[12]。

さらに彼らは、「初期の南米先住民と後代の南米先住民の間の形態学的な違い」を説明するために、二種類の仮説を提示している。

一つは局地的な小進化のプロセス。古代アメリカ人の形態が現地で、今日《こんにち》のアメリカ先住民の間で一般的な形態に変化したという考え方だ。もう一つは、形態的に異なる二種類の人類が前後してアメリカ大陸に居住したという考え方で、古代アメリカ人の形態が先にアメリカ大陸に現れたというものだ。

われわれは、後者の可能性が高いと考えている。その理由は三つある。第一に、同じ進化のイベントが……アメリカ大陸と東アジアで並行して、ほぼ同時期に起きた……可能性は非常に低い。第二に、少なくとも南米では、われわれの知るかぎり、二つの形態学的パターン間の移行は突然だった。そして第三に、頭骨の形態は極端な環境条件のみに適応し反応することが、最近になって示された。つまり、従来考えられていたほどの可塑性（外部からの影響で変化する性質）はないということだ[13]。

要するに、ネヴェスとヒューブが論文中でまとめているとおり、彼らの研究結果は、「二つの別々の生物学的集団が、更新世〜完新世の移行期に、新世界に移住した可能性がある」という仮説を支持するものだった[14]。

もちろんこれは、頭骨を測定したデータからの結論だが、スコグルンドとライクが遺伝子解析によって到達した結論とも一致する。彼らが二〇一五年に『ネイチャー』誌で発表した論文のタイトルが示すとおり、「アメリカ大陸に創始集団（最初に移住した集団）は二つあったことを示す遺伝学的証拠」が存在するのだ[15]。

一方、すでに見たとおり、ラーガヴァンとウィラースレフの意見は違う。彼らの『サイエンス』の論文は、単一の創始集団を支持している[16]。

このように専門家同士がほぼ同じデータの微妙な違いに基づいて、まったく異なる結論に達しているのが現状だ。したがって、どちらか一方に同調するのは明らかに賢明でない。ただ、頭骨の形にせよ遺伝子にせよ、これまでのところ手がかりは――ごく控えめにいっても――忘れ去られたなんらかのつながりを指し示しているように、私には思える。

そして手がかりは、これだけではない。

二つのバベルの塔

数人の研究者が指摘しているとおり、オーストラロ＝メラネシアとアメリカ大陸は両方とも、「言語の多様性」が並外れている。世界のどの地域よりも言語の種類が多いのだ。人類学者のジャーマン・ジーベルによれば、これは一つには次のことを意味している。

独立した言語の数から考えると、アメリカ大陸の言語がこれほど多様になるには、少なくとも三万五〇〇〇年かかっている。もちろん、この数字をそのまま受け入れることはできない。しかしアメリカ大陸（および約四万年前から人類がいた考古学的記録があるパプアニューギニアなど）の言語多様性と、アフリカの言語多様性には大きな差がある[17]。

南米の遺伝学的・人類学的事象について、しばしばブログに書いている作家のオースティン・ウィタルも、オーストラロ＝メラネシアとアメリカ大陸の言語多様性が非常に高いことについて、次のように述べている。

なぜアメリカ先住民は、これほど多くの言語を話すのか？　彼らが新世界にたどり着いたのは、最近のこととされている……それなのに、世界の言語の四〇パーセント以上は新世界で進化した。これは〝人類のゆりかご〟であるアフリカより多い。アフリカ人には時間があった……ボトルネック（人口激減期）を経験しなかったという点で有利でもあった。だから、他のいかなる人類のグループより多数の言語が進化しているべきだ。ところが実際は違う[18]。

ウィタルは次に、ニューギニアは「言語多様性が世界一高い」と指摘する[19]。実際、世界の言語に関する権威である『エスノローグ』（出版物およびサイト）も、現在、パプアニューギニアには八四一の生きた言語があり、世界の一一・八五パーセントに相当する」としている[20]。

ウィタルは、これは理にかなっていると考える。

この島はジャングルに覆われ、いくつもの山脈が連なっている。各集団はこの山脈で隔てられ、互いに交流せず孤立している。ニューギニアは、アフリカを離れて徒歩で壮大な旅に出たヒトが、最初にたどり着いた場所の一つと考えられている。

しかしアメリカ大陸は違う……パプア人には、言語を発達させる時間が五万年以上あった。だが、アメリカ・インディアンは一万五〇〇〇年以下だ。これをどうやって説明するのか[21]。

アフリカ&ユーラシア	87	(25%)
オーストラシア	110	(32%)
南北アメリカ	144	(42%)

大陸ごとの語族の数

出典:The Autotyp database
(Bickel and Nichols 2002ff: Nichols et al. 2013)

アメリカ大陸の言語多様性は、確かに特異だ。ウィタルはその点に関して完全に正しい。また、ニューギニアやオーストララシアの言語多様性とも似通っていて、非常に興味深い。上の表[22]は、ウィタルのブログに掲載されているもので、その特異性を明確にしている。

ウィタルは結論として、自分の考えを次のように述べる。

「人類全体の起源の古さの指標として、言語多様性に目を向けるべきだ。人類のアメリカ大陸への移住が通説より早かった可能性を示す指標としてもだ」[23]

実に的を射た指摘だ。だが私にとって、より直接的に重要な点は別にある。前ページと上の表から分かるとおり、言語多様性が**特に顕著**な二つの集団は、オーストララシアと南北アメリカだ。さらに、すでに見たとおり、オーストララシアの中でも、メラネシアにあるニューギニアの言語多様性が飛び抜けて高い。実際、世界のどこよりも高いのだ。同様に、アメリカ大陸の中でも、南米は北米の二倍以上も言語多様性に富んでいる[24]。その中でもとりわけ多様性が高いのはアマゾニアの低地で、南米の全四四八言語のうち、なんと三五〇が話されている[25]。

	語族の数	言語の数	一語族あたりの平均言語数
北米	13	220	16.9
中米	6	273	45.4
南米	37	448	12.1

というわけで、ここでもメラネシアのニューギニアとアマゾニアの類似性が見て取れる。どちらも、それぞれの大陸内でもっとも言語が多様で、世界的に見ても言語多様性の一位と二位を占めている[26]。

奇妙な慣習

メラネシアとアマゾニアは、広大な太平洋で隔てられている。だから一九世紀後半〜二〇世紀前半の民族誌学者たちは、特徴的な風習や行動パターンが、ほぼそっくりそのまま双方で見られると知って困惑した。

たとえば、いわゆる「男たちの家」を中心に社会を組織する、次のような習慣だ。

男たちはイニシエーション（集団・共同体への加入儀礼）や生殖の儀式を秘密裏に行なった。女たちは締め出し、この掟を破る者がいれば輪姦や死をもって罰した。どちらの地域でも男たちは、よく似た神話を語った。祭儀や男女の分離の起源を説明する神話だ。あまりにもそっくりなので、ロバート・ローウィ、ハインリヒ・シュルツ、ハットン・ウェブスターら当時の人類学者は、拡散したに違いないと確信した。ローウィは、男たちのカルト（排他的集団）は「一つの中心地で発生した民族誌的特徴で、その中心地から他の地域に伝わった」と断言した。

類似は男たちのカルトだけにとどまらない。生態調整の仕組みも似ている。たとえば次のような点だ。平等主義の社会組織、地縁集団や血族集団の構成や人員補充が柔軟であること、その地域特有の戦争のやり方、似通った宗教体系・神話体系・宇宙観、そして、身体や生殖・出産、自己について信じていることが似ている[27]。

このような類似点を前にして学者たちが首をひねる状況は、二一世紀になっても続いている。

たとえばカリフォルニア大学出版局から二〇〇一年に刊行された、『アマゾニアとメラネシアにおけるジェンダー（原題）』という詳細な研究書がある[28]。ヴェナー＝グレン基金の企画による国際シンポジウムの後に出版されたものだ。このシンポジウムが開催されたきっかけは、「アマゾニアの文化とメラネシアの文化は驚くほど似ていると、しばしば考古学者が口にすることだった。この二つは歴史的にも言語学的にも地理的にも無関係なのだが」[29]。

これは非常に重要で綿密な研究なのだが、ここで事細かに紹介して読者を疲れさせたくない。二、三の例を挙げるだけで、概要はお分かりいただけると思う。

ブラジルのアマゾンに住むムンドゥルク族と、パプアニューギニア北部のセピック川沿いに住むアバティク族は、どちらも伝統的に、外部の人間に対して「理由なく無差別な暴力」を振るった。それは「村の男たちのカルト内で、そうしなければいけないことになっている」からだった。どちらの場合も、襲撃は特別な種類の狩りと見なされ、カルトの構成員は襲撃中に戦利品として首を取ることで、村人たちから尊敬を得られた。どちらの場合も、男たちは首を村に持ち帰る前に一定期間隔離され、禁欲の儀式をすませなくてはならなかった。そして、どちらの場合も首には生殖能力を新たにし、高める効果があると信じられていた[30]。

パプアニューギニア東部のサンビア族でも、アマゾンのアラウェテ族、ヒバロ族、メヒナク族でも、リーダーは戦争の際、攻撃性のしるしとして、勃起したペニスを誇示する伝統があった[31]。パプアニューギニアのアランバク族、サウォス族、セピック・ワペ族でも、アマゾンのカシナワ族でも、家庭内に諍《いさか》いがあると、狩りや襲撃に「悪運」を招くと信じられていた[32]。

メラネシアでもアマゾニアでも血液は、成長する力や生命力を媒介する主要な因子と見られていた。どちらの地域でも血液――特に経血――が、受胎や妊娠に女性側が寄与する要素と考えられている。どちらの地域でも、精液は血液と密接に関係している、あるいは相互に作用すると考えられている。具体的には、胎児は「女の血と男の精液が合わさってできる」と多くの人が信じている[33]。

メラネシアでもアマゾニアでも、「男性カルトの中心的シンボル」は、うなり板〔紐の付いた板を振り回して音を出す民族楽器〕や笛やラッパだ。そしてどちらの地域にも、「こうしたカルトに使われる強力なアイテムを、女が発見、発明、あるいは所有していた」時代があったとの神話がある。どちらの地域の神話も、かつてはそうしたアイテムを女性が管理し、それによって男を支配していたと語る。どちらの地域の神話でも、男たちが結託して、力ずくや策略で女たちからカルトで使うアイテムを取り上げたとする。その結果、社会の秩序が変わり、男が支配するようになったという。さらに、どちらの地域でも、「男たちは、ある戦略的な秘密を共有している。カルトに関連するラッパや笛など楽器の音は、精霊の声ではなく、男たちが出している音だ、という事実だ」[34]。

人類学者パスカル・ボヌメールは、ニューギニアのアンガン族のイニシエーションの儀式と、コロンビア・アマゾンのバウペス県の複数の部族の儀式との、際だった類似点を指摘する。その類似点は、「神話時代には女たちが持っていたが、いまは女たちの目から隠されている楽器の演奏に関係している。またそれらは、生殖と象徴的に結びつけられている物質を摂取することを暗示しているという。その解釈もよく似ていて、少年たちが生まれ変わって大人の男の世界に入ると考えられる。そして神話が、この儀式を理解する鍵になる」[35]。

アマゾニアでもメラネシアでも、女がカルトの楽器を見ることは深刻な事態を招く。輪姦されたり殺されたりすることもある[36]。また、社会全体も乱れる。たとえばパプアニューギニアのギミ族やアマゾンのバラサナ族の間では、もし男たちの神聖な竹笛を女が見たら、混乱と社会分裂が起こると信じられている[37]。ところがアマゾニアでもメラネシアでも、男たちは「庭園や広場など、通常は女性も入れる公共の場所」を平気で「練り歩き、［そうした楽器を］演奏する」。「だから男たちは儀式の間、極めて慎重に女たちを隔離しておかねばならない」。これは現実的には、どちらの地域でも、女たちを屋内に閉じ込めておくことを意味する[38]。

『アマゾニアとメラネシアにおけるジェンダー』を編集したトーマス・A・グレゴアとドナルド・トゥージンの結論の要点は、次のようなものだ。「アマゾニアとメラネシアで男たちの制度がよく似ていることは、文化的に大きな謎なのに、これまでしかるべき関心が払われてこなかった」[39]。彼らの意見では、どちらの地域でも「男たちの家という建物群」[40]が成立していること自体が十分注目に値する。しかし「さらに驚くべきは、このカルトの細部も非常によく似ていることだ」[41]という。

大きな謎であるという点で、グレゴアとトゥージンの指摘は正しい。だが、その謎に対する彼らの答えにはがっかりさせられた。医者たちは毎年、どこからともなく新しい精神病をひねり出し、それでなくても分厚い『精神疾患の診断・統計マニュアル』に項目を追加している。グレゴアとトゥージンは、メラネシアとアマゾニアの男たちのカルトの場合も、そこに見られる奇妙な行動の全体像を理解するには、精神分析を使うのが一番だというのだ[42]。

このように互いに異なる文化における感情面や、男性の行為が驚くほど一定であることを説明するために、心理学、特にパーソナリティー・ダイナミクスについての考察が必要だ。

この本は二〇〇一年に書かれたものだが、ロバート・マーフィーが一九五九年にムンドゥルク族の男たちのカルトに関する論文で採用したのと同じアプローチを勧めている。

このカルトの心理学的ルーツは、エディプス・コンプレックス（男子が母親に性愛感情を抱き、父親に嫉妬する）に関連する普遍的な感情的葛藤にあると、マーフィーは指摘した。女性を恐れ、同時に敵視することと、それに関連する女性優位社会の神話は、家族空想《ファミリー・ロマンス》の暗い側面を反映している。エディプス・コンプレックスは世界中で見られる現象だ。そこでマーフィーは、「ではなぜ、われわれ全員が、うなり板を振り回さないのか?」と考えた。彼の答えはこうだ。男たちのカルトは、ある特徴を持つ社会環境の中で繁栄するようだ。その特徴とは、男の集団・女の集団の結束が、競合する役割分担（政治的な序列や親戚関係などから生じる）によって弱められていないことだ。アマゾニアやメラネシアの小規模な原始農耕社会は、これに当てはまる[43]。

ここで私たちがどんな考えを売り込まれているか、お気づきだろうか？　男たちのカルトは根深い心理的コンプレックスに由来するといったそばから、そうしたコンプレックスがメラネシアとアマゾニアで同じ特徴をもって現れるのは、これらの社会の経済発達状況が**原因**だといって、その説明を受け入れろというのだ。

心理学的な説明も社会学的な説明も非常に還元主義的（基本的要素に還元して説明すること）だ。前者は両地域の男性の行動が非常に似通っていることを、精神的な問題に還元しようとしている。後者はそのような問題の文化的表出を、小規模な原始農耕社会の社会経済状況に還元しようとしている。まるで、笛やラッパやうなり板やイニシエーションや儀式上の禁止事項も、それを守らない者に対する強姦や殺人も、そのような社会では当然のごとく、ほとんど自動的に起きるのだ、とでもいうように。

ほかの可能性もある。一番分かりやすくて、すぐ思いつくのは「伝播」だ。人類史を通じて、思想や宗教、カルト、儀式は常に遠くまで伝わった。ならば、先史時代は違ったと考えるべき理由があるだろうか？　メラネシアとアマゾニアの奇妙な類似性は、思想が「単独の中心地から」拡散して伝播したと考えれば、一番うまく説明できる。一流の人類学者たちは、ある時点でそう確信していたし、グレゴアとトゥージンもそのことを認めている。しかし彼らは、その後「人類学における伝播主義の学派は衰退した」[44]と付け加えただけで、この考えをまったくといっていいほど考慮せず、常に心理学的および社会学的な説明を重視し続けている。

もちろん、彼らが正しいのかもしれない。グレゴアとトゥージンが、比較可能な文化データの収集と整理において素晴らしい仕事をしたのは間違いない。私自身も、もしそのデータを単独で評価していたら、そして、そこに奇妙で特異な類似点が繰り返し現れるだけなら……**それだけが問題なら**、彼らの提唱する社会学的心理劇に感銘を受けたかもしれない。

けれども、それだけではないのだ。

第一に、オーストラロ＝メラネシア人の遺伝子シグナルがアマゾンの諸部族に存在するという、あのまったく予想外の事実がある。このことは二〇一五年に発見されたので、グレゴアとトゥージンが二〇〇一年に知るすべはなかった。しかし、このシグナルが存在するからには、もはや伝播の可能性を除外することはできない。

第二に、頭蓋骨の形態からも、つながりがあると考えられる。

第三に、オーストラロ＝メラネシアとアマゾニアは世界でもっとも多様な言語が生き残っている地域だ。このことは、そうした諸言語のルーツが非常に古いことを示唆している。

そして第四に、二つの地域は遠く離れているにもかかわらず、文化や制度や信仰に、複雑かつ多層的な相似点がいくつも見られる。

これらの要因がすべて同時に存在しているのが偶然とは、とても信じられない。

偶然以外の何かが起きたと考えるのが、もっとも「簡潔な説明」だと私は思う。ほかのなんらかのプロセスが舞台裏で進行していたのだ。何者かの手が介入したに違いないが、その正体はまだ解明されていない。

[1] Thomas A. Gregor and Donald Tuzin (eds.), *Gender in Amazonia and Melanesia : An Exploration of the Comparative Method* (University of California Press, 2001), 1.

[2] パレオアメリカン仮説の主要な論文は以下のとおり（発表順）：C. L. Brace et al., "Old World Sources of the First New World Human Inhabitants: A Comparative Craniofacial View," *Proceedings of the National Academy of Sciences* 98, no. 17 (2001), 10017–10022; W. A. Neves and M. Hubbe, "Cranial Morphology of Early Americans from Lagoa Santa, Brazil: Implications for the Settlement of the New World," *Proceedings of the National Academy of Sciences* 102, no. 51 (2005), 18309–18314; R. González - José et al., "The Peopling of America: Craniofacial Shape Variation on a Continental Scale and Its Interpretation from an Interdisciplinary View," American *Journal of Physical Anthropology: The Official Publication of the American Association of Physical Anthropologists 137*, no. 2 (2008), 175–187; M. Hubbe, W. A. Neves, and K. Harvati, "Testing Evolutionary and Dispersion Scenarios for the Settlement of the New World," *PLoS One* 5, no. 6 (2010), e11105; D. L. Jenkins et al., "Clovis-Age Western Stemmed Projectile Points and Human

Coprolites at the Paisley Caves," *Science* 337, no. 6091 (2012), 223–228; K. E. Graf, C. V. Ketron, and M. R. Waters (eds.), *Paleoamerican Odyssey* (Texas A&M University Press, 2014), 397–412; J. C. Chatters et al., "Late Pleistocene Human Skeleton and mtDNA Link Paleoamericans and Modern Native Americans," *Science* 344, no. 6185 (2014), 750–754.

[3] Maanasa Raghavan et al., "Genomic Evidence for the Pleistocene and Recent Population History of Native Americans," *Science* 349.6250 (2015), aab3884.

[4] 同右。

[5] S. Ivan Perez et al., "Discrepancy Between Canial and DNA Data of Early Americans：Implications for American Peopling," *PLoS One* (May 29, 2009), 1, http://journals.plos.org/plosone/article?id=10.1371/journal.pone.0005746.

[6] Germán Manríquez et al., "Morphometric and mtDNA Analyses of Archaic Skeletal Remains from Southwestern South America," *Chungara：Revista de Antropología Chilena* 43, no. 2 (2011), 283.

[7] Pontus Skoglund et al., "Genetic Evidence for Two Founding Populations of the Americas," *Nature* 525, no. 3 (September 2015), 107.

[8] 同右。

[9] たとえばNeves and Hubbe, "Cranial Morphology of Early Americans from Lagoa Santa, Brazil"を参照。大筋で論争はないが、反対意見は存在する。最近の一例として、Raghavan et al., "Genomic Evidence for the Pleistocene and Recent Population History of Native Americans," aab3884–7を参照。

[10] Neves and Hubbe, "Cranial Morphology of Early Americans from Lagoa Santa, Brazil," 一八三〇九ページを参照。

[11] 同右。

[12] 同右。

[13] 同右、一万八三一三～一万八三一四ページ。

[14] 同右、一万八三〇九ページ。

[15] Skoglund et al., "Genetic Evidence for Two Founding Populations of the Americas."

[16] Raghavan et al., "Genomic Evidence for the Pleistocene and Recent Population History of Native Americans."

[17] Lev Michaelとのオンライン・ディスカッション。Michaelはカリフォルニア大学バークレー校言語学部の助教授。アマゾンの諸言語が専門で、このジーベルのコメントを自分の論文"Evaluating the Linguistic Evidence for an Out of America Hypothesis,"で引用している。その論文はここで読める：https://anthroling.wordpress.com/2008/06/11/evaluating-the-linguistic-evidence-for-an-out-of-amerca-hypothesis/.

[18] Austin Whittall, "Language Diversity and the Peopling of America," October 18, 2015, http://patagoniamonsters.blogspot.co.uk/2015/10/language-diversity-and-peopling-of.html.

[19] 同右。

[20] "Papua New Guinea：" https://www.ethnologue.com/statistics/country を参照。

[21] Whittall, "Language Diversity and the Peopling of America."

[22] 出典はJoanna Nichols, "Mobility and Ancient Society in Asia and the Americas," pp. 117–126, chapter titled "How America Was Colonised: Linguistic Evidence," https://link.springer.com/chapter/10.1007/978-3-319-15138-0_9.

[23] Whittall, "Language Diversity and the Peopling of America."

[24] 表は"Indigenous Languages of South America," http://aboutworldlanguages.com/indige nous-languages-of-south-america より。

[25] A. I. Aikhenvald and A. Y. Aikhenvald, *Languages of the Amazon*（Oxford University Press, 2012)、1ページを参照。「アマゾンの低地には三五〇もの言語がある。それらは一五ほどの語族と、かなりの数の孤立言語に分類される」。

[26] 同右。「アマゾンの言語多様性は、あらゆる面で驚異的だ。比肩しうるのはニューギニア地域のみである」。

[27] Gregor and Tuzin, Gender in Amazonia and Melanesia, 1.

[28] 同右。

[29] "Amazonia and Melanesia：Gender and Anthropological Comparison," 詳細はこちら、http://www.wennergren.org/history/amazonia-and-melanesia-gender-and-anthropological-comparison.

[30] Gregor and Tuzin, *Gender in Amazonia and Melanesia*, 52–53.

〔31〕同右、三〇二ページ。
〔32〕同右、三〇四ページ。
〔33〕同右、一四七～一四九ページ。
〔34〕同右、三一〇ページ。
〔35〕同右、三八ページ。
〔36〕同右、一、三〇九、三二〇～三二一ページ。
〔37〕同右、三一五ページ。
〔38〕同右、三一八ページ。
〔39〕同右、三一〇ページ。
〔40〕同右、一三～一四ページ「典型的には、男たちの組織は集会場、つまり〝男たちの家〟をともなう。男たちはそこで秘密のイニシエーションを執り行なったり、宴会をしたりする。どちらのカルトもよく似た精霊に呼びかけ、よく似た秘密の道具や楽器を隠し、掟を破って入った女性を輪姦や死をもって罰する。空間的分離、イニシエーション、女性侵入者の処罰というパターンを考え合わせると、これらは「コンプレックス」つまり特質へのこだわりを構成している。これはメラネシア全域と、南米低地の少なくとも四つの主要かつ距離的に隔てられた文化で広く見られる。
〔41〕同右、一四ページ。
〔42〕同右、三三〇ページ。
〔43〕同右、三三一～三三二ページ。

付録2　氷河期の古地図

一五〇七年の「ヴァルトゼーミュラーの世界地図」（左ページ）には、一六世紀の東南アジアやオーストラリアが一見、非常に不正確に描かれている。

しかし、そこに描かれているのが氷河期の真っ只中、約二万一三〇〇年前の姿なら話は別だ。東南アジアもオーストラリアも、実際の形にかなり近い。サフルやスンダ（いまの東南アジアやオーストラリアにあたる）は当時、ほぼ連続した陸塊を形成していた。

ヴァルトゼーミュラーや、それに似た一六世紀の地図は、古い原典地図から描き写したものだが、コロンブス以降の航海で判明した情報も組み込まれている。

うち捨てられ、失われた古い原典に基づく地図に、氷河期の地形が描かれている。それが示唆するのは、遠い先史時代に世界中を探検し、地図を作る能力をもった失われた文明が存在したことだ。

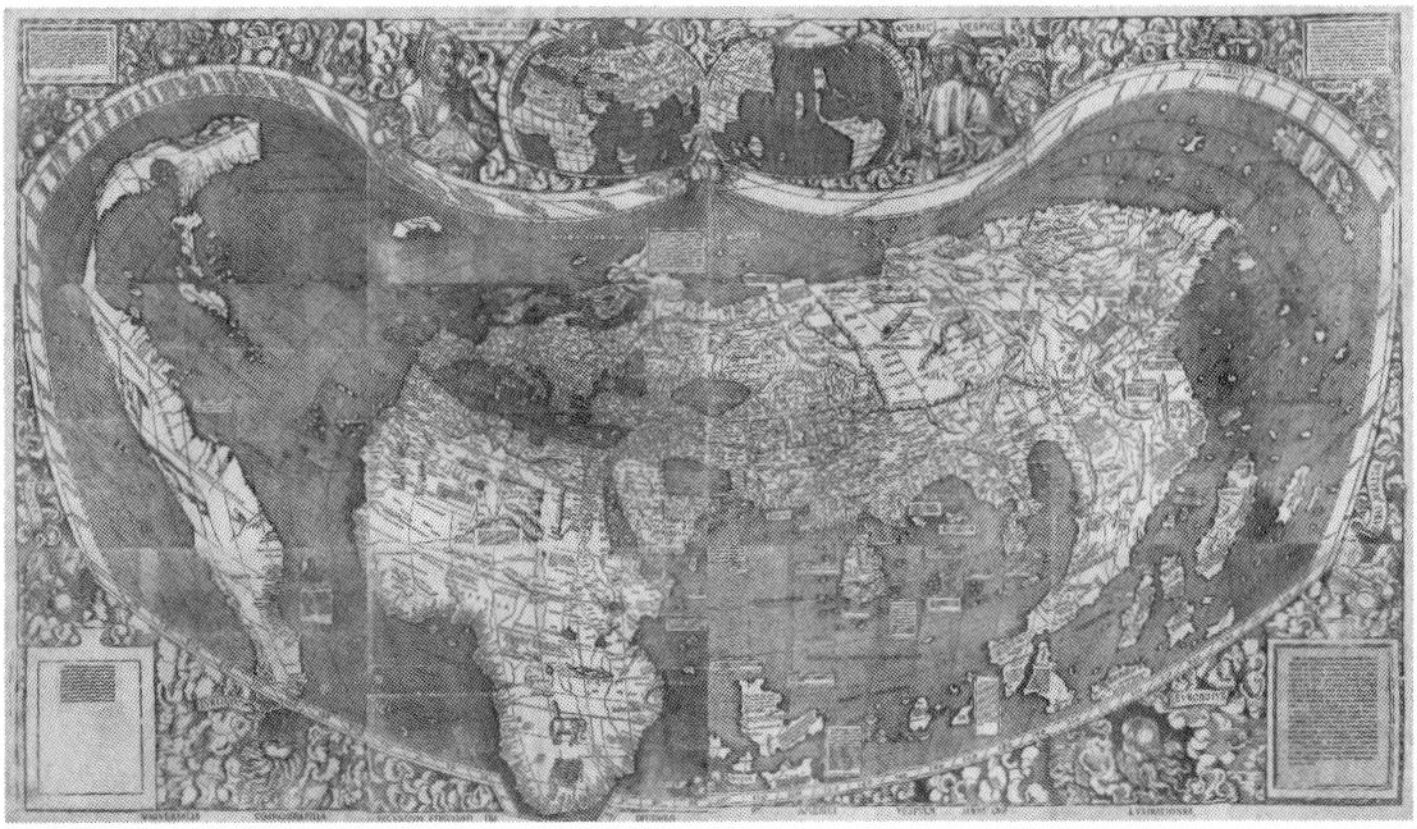

「ヴァルトゼーミュラーの世界地図」(1507)

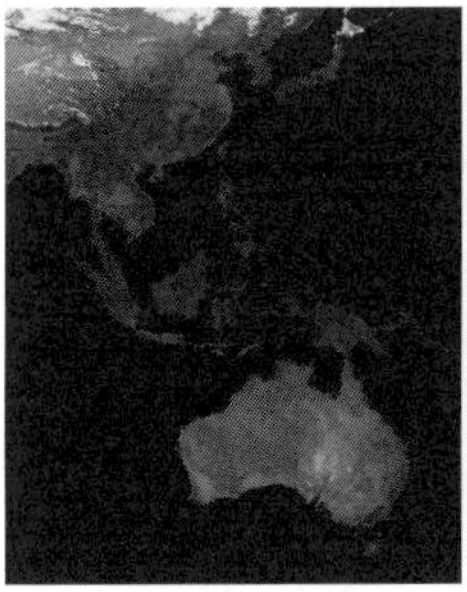

東南アジア・現在

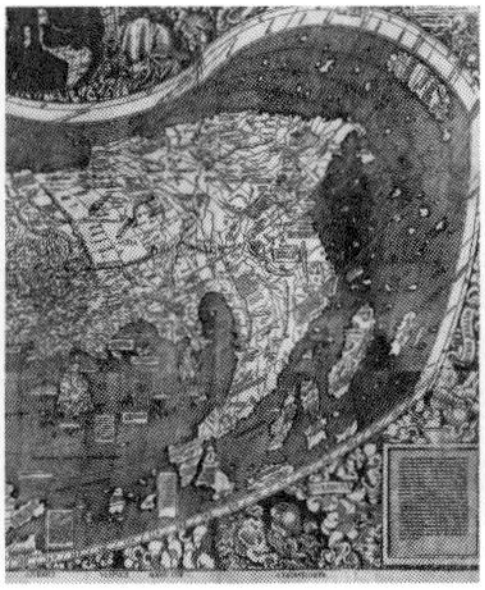

東南アジア・
ヴァルトゼーミュラー
(1507)

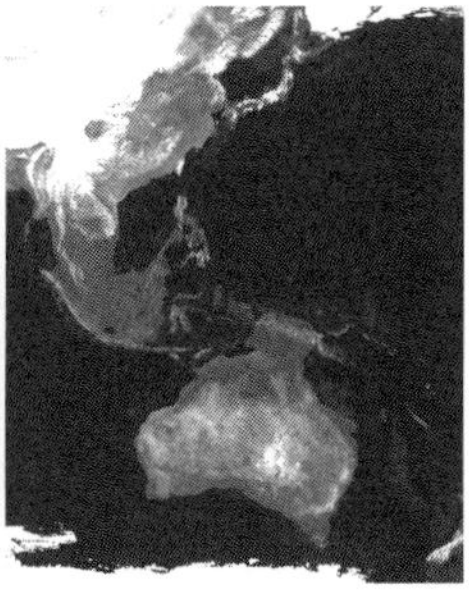

東南アジア・
2万1300年前

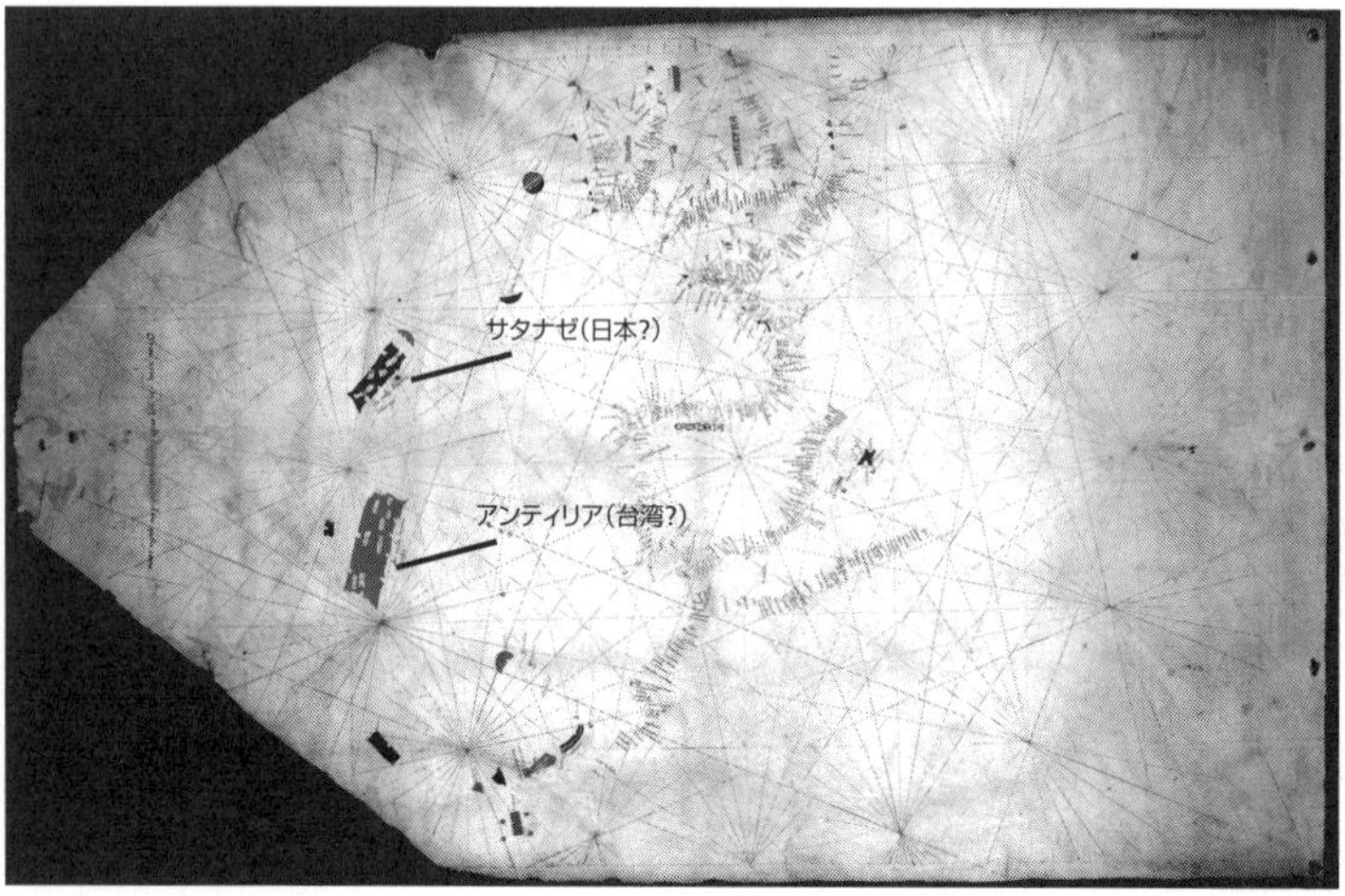

1424年の「ピッツィガーノの海図」には、日本と台湾（それぞれサタナゼ、アンティリアという名称になっている）が誤って大西洋に描かれている。海図の中央左の二つの黒い陸塊のうち、上がサタナゼ。

大洪水前に製作された地図？

南フロリダ大学のロバート・フソン教授は、最初は意外と思える、ある仮説を提唱している。一四二四年の「ピッツィガーノの海図」に描かれているサタナゼという島が、位置こそ誤って大西洋にされているものの、現存するヨーロッパの地図に日本が登場する最古の例ではないかというのだ。

フソン教授は一九九五年の著書『大洋海の伝説の島々（原題）』[1]で、この説を裏づける大量の証拠を提示している。私は二〇〇二年に出版した『神々の世界』のために事前調査をしている時、この本の存在を知った。

私はフソン教授の説に納得している。た

だし、彼が言及していないが、同じぐらい重要な点があると思っている。『神々の世界』で多少検討したが、ここに描かれたサタナゼ／日本列島は、一四二四年の姿**ではない**。一四二四年とは、ピッツィガーノの海図が複数の古い原典地図から描き写された時期だ。ここに描かれている日本は、海面がいまより低かった氷河期の日本だ。細かくいえば、今から一万三五〇〇年前から一万二四〇〇年前の、ヤンガードリアス大変動が始まった時期にあたる[2]。

この時期の日本列島は本州、九州、四国がつながって、一つの大きな島を形成していた。現代の地質学研究に基づいて作製された海面上昇マップ（**左上**）に描かれたとおりだ[3]。ピッツィ

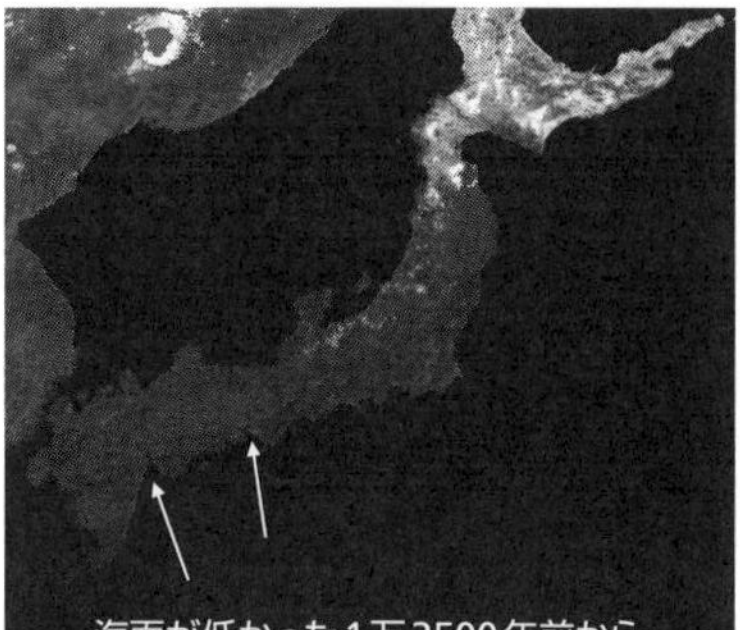

海面が低かった1万3500年前から
1万2400年前にあたる氷河期の日本。

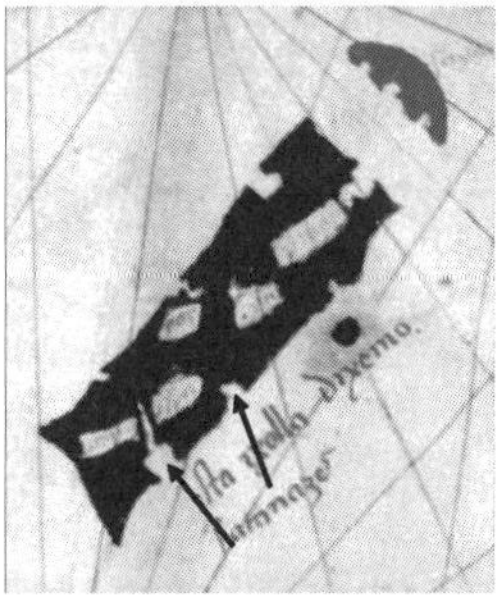

1424年のピッツィガーノの
海図に描かれた日本

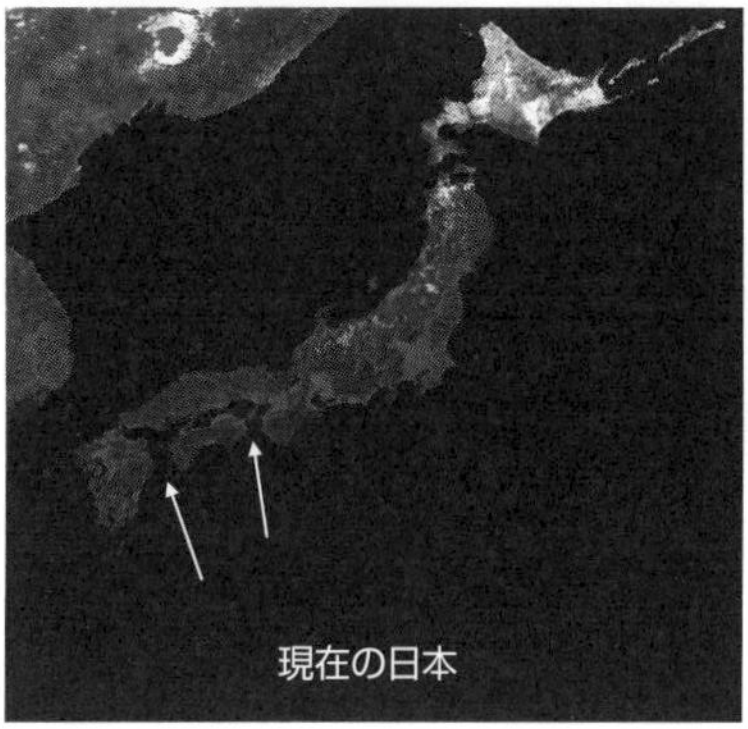

現在の日本

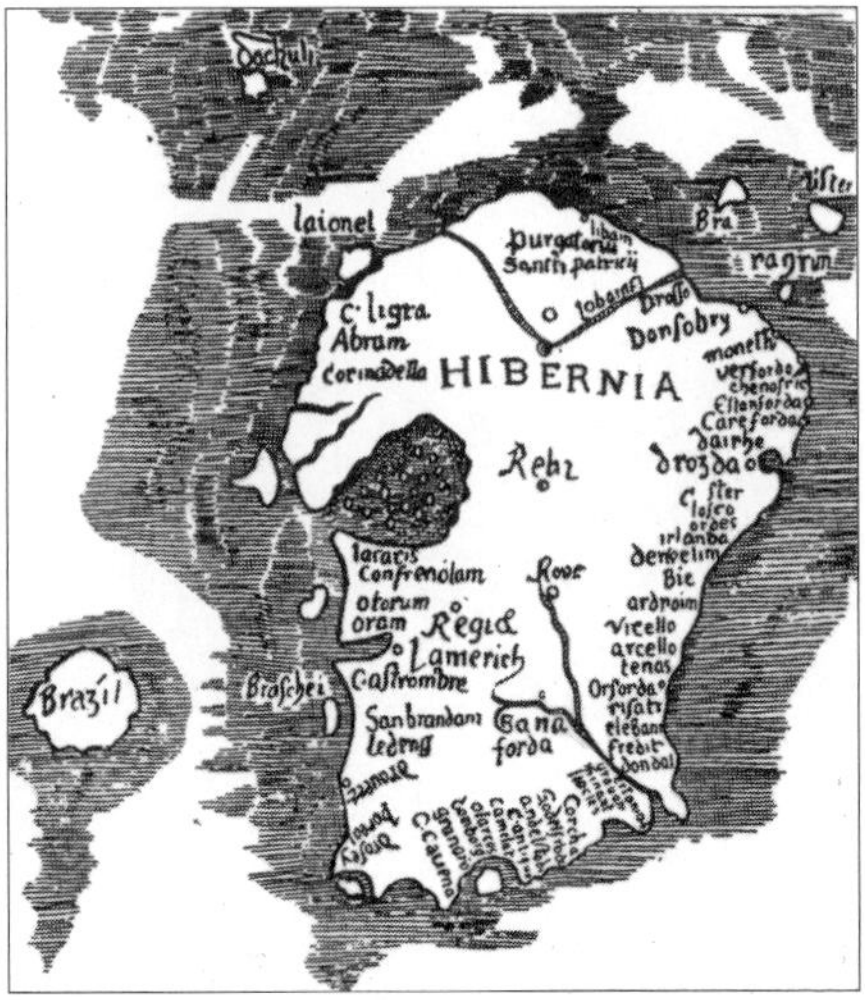

「プトレマイオス・アルジェンティナエの地図」

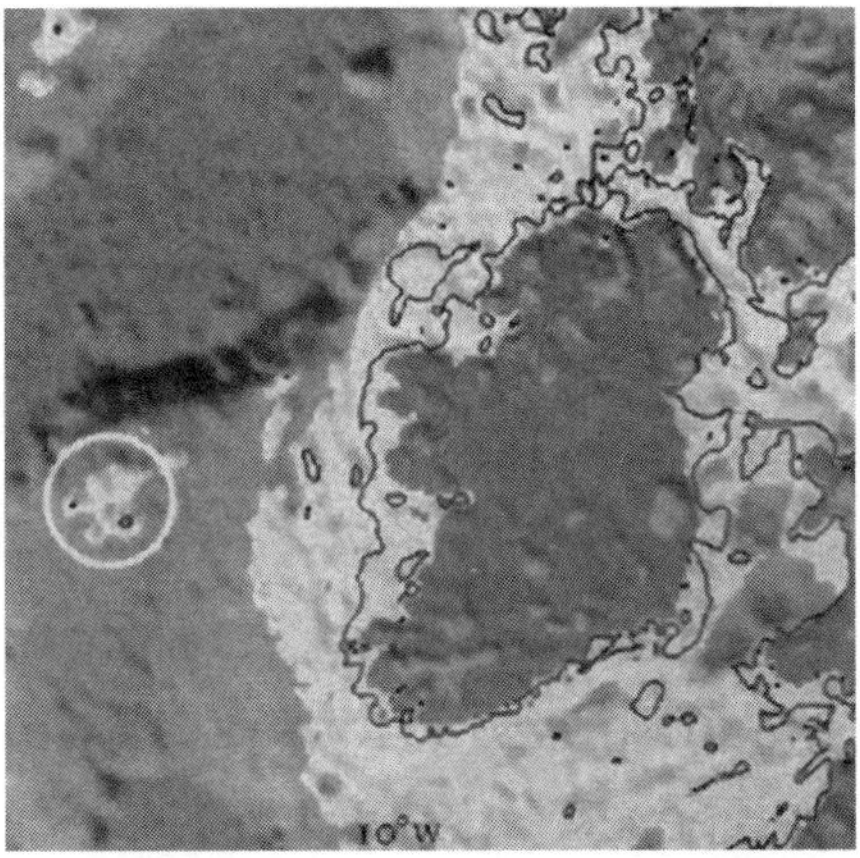

アイルランド近海の等深線地図

ガーノの海図に描かれた日本（**前ページ中央**）も、本州、九州、四国がつながって一つの島になっている。一万三五〇〇年前から一万二四〇〇年前には、後に四国になる地域の南西と北東にそれぞれ入り江があったはずだが、それも正確に描かれている。

似たようなことが、遠く離れたアイルランドとその周辺の海についても見られる。こちらは一五一三年の「プトレマイオス・アルジェンティナエの地図」（**右上**）だ。**右下**はアイルランドと周辺の海の等深線地図（水深図）で、解像度は二分。深さは等深線だけでなく色の濃淡でも表され、海面が現在より五五メートル低い。等深線から明らかなとおり、いまから約一万三〇〇〇年前の氷河期には海面が低かったため、ここに一〇〇平方キロメートルほどの大きな島があった。一五一三年のプトレマイオス・アルジェンティナエの地図に、「ブラジル」という名の伝説の島が描かれているが、まさにその位置だ[4]。

このことも、ピッツィガーノの海図と同じことを意味している。つまり、なんらかの未知の文明が氷河期に地球を探査して作った地図の断片が、コピーのコピーとして生き残った。そして、中世後期の地図製作者たちはそれを参照しながら地図を作った、ということだ。

それが伝わった経路はアレキサンドリア図書館から、コンスタンティノープルを経て十字軍時代のヨーロッパまで、はっきりと一本の線になる。この線は『神々の指紋』でたどったので、詳しく知りたい方は、そちらをお読みいただきたい[5]。

世界の底の穴

私たちの文明の船乗りや航海者が南極大陸を発見したのは一八一九年だった。だから一九世紀初頭の地図、たとえば一八一八年のピンカートンの地図（**次ページ**）には、南極は描かれていない。**その下**は、比較用に掲載した現代の南極大陸の地図だ。

ところが面白いことに、一六世紀のいくつかの地図には、まだ未発見だったはずの南極大陸が

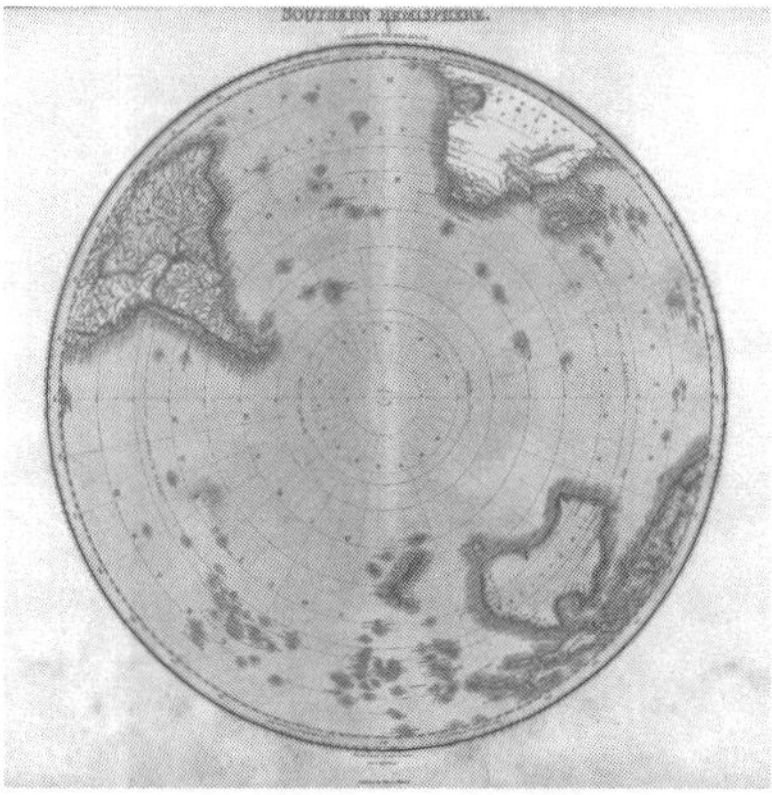

「ピンカートンの地図」

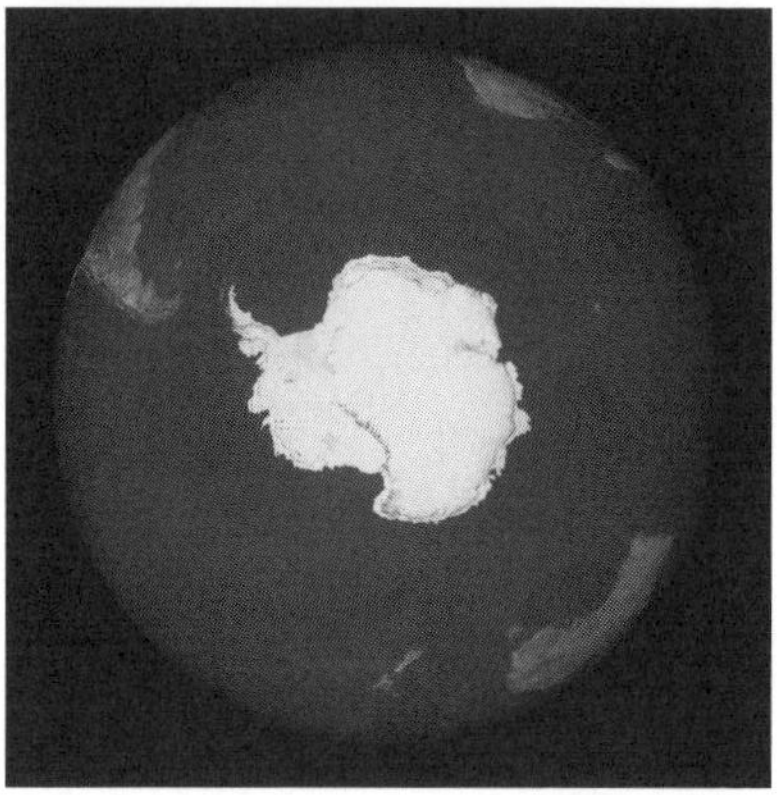

現在の南極大陸

登場する。たとえば「オロンテウス・フィナエウスの世界地図」（**左ページ上**）や、**その下**の「メルカトルの世界地図」だ。これらは、より古い地図のコピーだが、コピー元の地図は現在、失われている[6]。

巨石の島

一五一三年のピリ・レイスの地図には、アフリカの西海岸や南北アメリカ大陸の東海岸が描か

「オロンテウス・フィナエウスの世界地図」

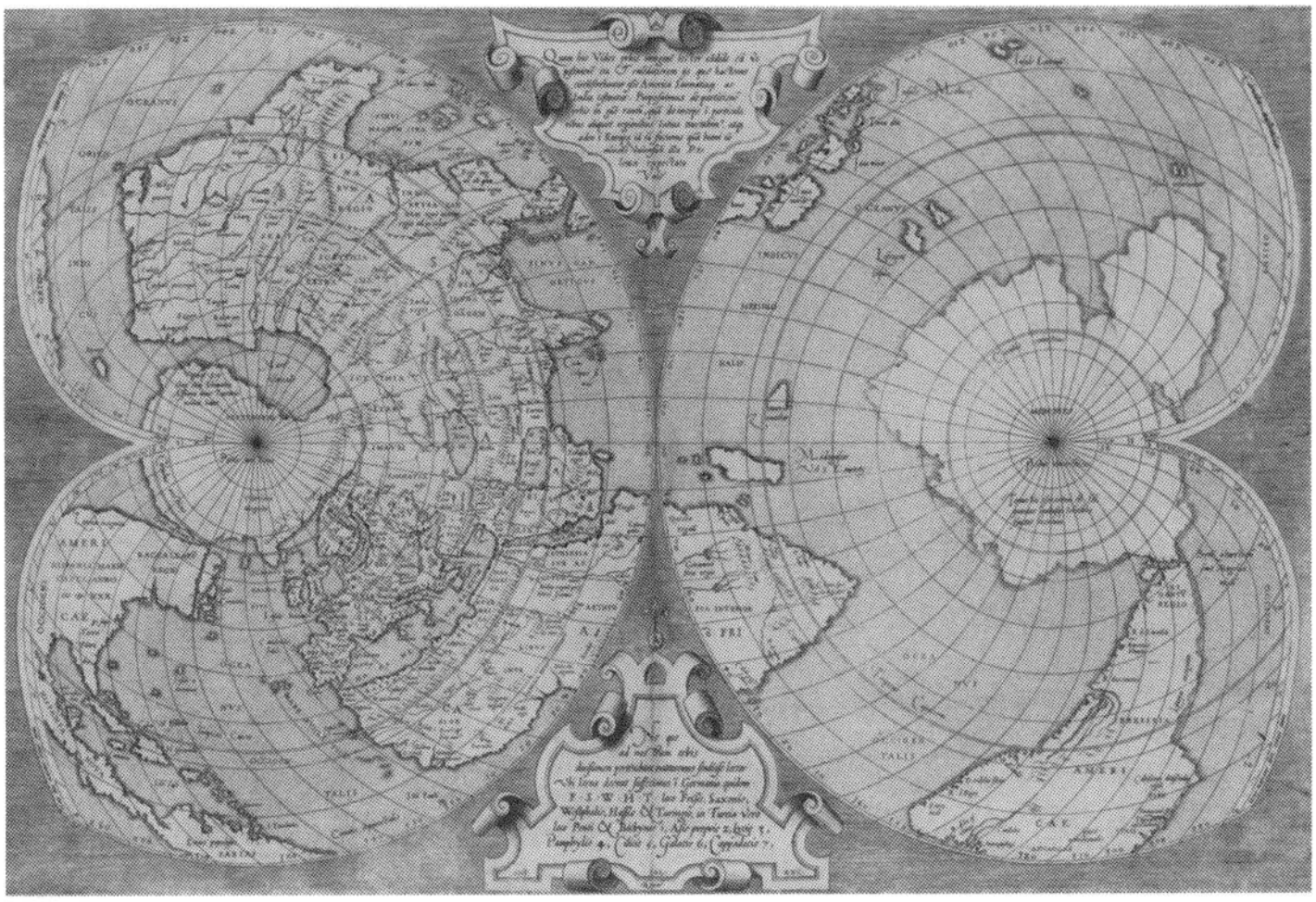

「メルカトルの世界地図」

れている。また、南米南端の延長として描かれた部分は氷河期の南極大陸であるとされ、物議を醸している。この主張については『神々の指紋』で報告した[7]。

同じ地図（**左ページ①**、**②**）では、現在の米国南東岸の東側に大きな島が描かれている。さらに、この島の背骨に沿って、はっきりと巨石群の〝道〟が通っている。海面が低かった氷河期には、ちょうどこの場所に大きな島があり、約一万二四〇〇年前まで存在していた。この島の名残は現在、アンドロス島とビミニ諸島として残っている。私はビミニ沿岸（**左ページ③**、**④**、**⑤**）にスクーバで潜ったことがあるが、海底にピリ・レイスの地図で陸地に描かれていたのと同じ巨石群の道があった。

これが意味することも、やはり同じだ。この、いわゆるビミニ・ロードが人工物か自然地形かという問題は別の物議を醸しているのだが、それはさておき、この地域もまた、氷河期末の大洪水で海面が上昇して巨石群が水没する前に、調査されて地図に描かれたに違いない、ということだ。

〔1〕　Robert H. Fuson, *Legendary Islands of the Ocean Sea 11* (Pineapple Press, Florida, 1995), 特に一八五～一二〇ページ。フソンは、ピッツィガーノの海図で「サタナゼ」の南に位置するアンティリアという島は台湾だ、とも主張している。私はこの問題について、*Underworld:The Mysterious Origins of Civilization* (2002),

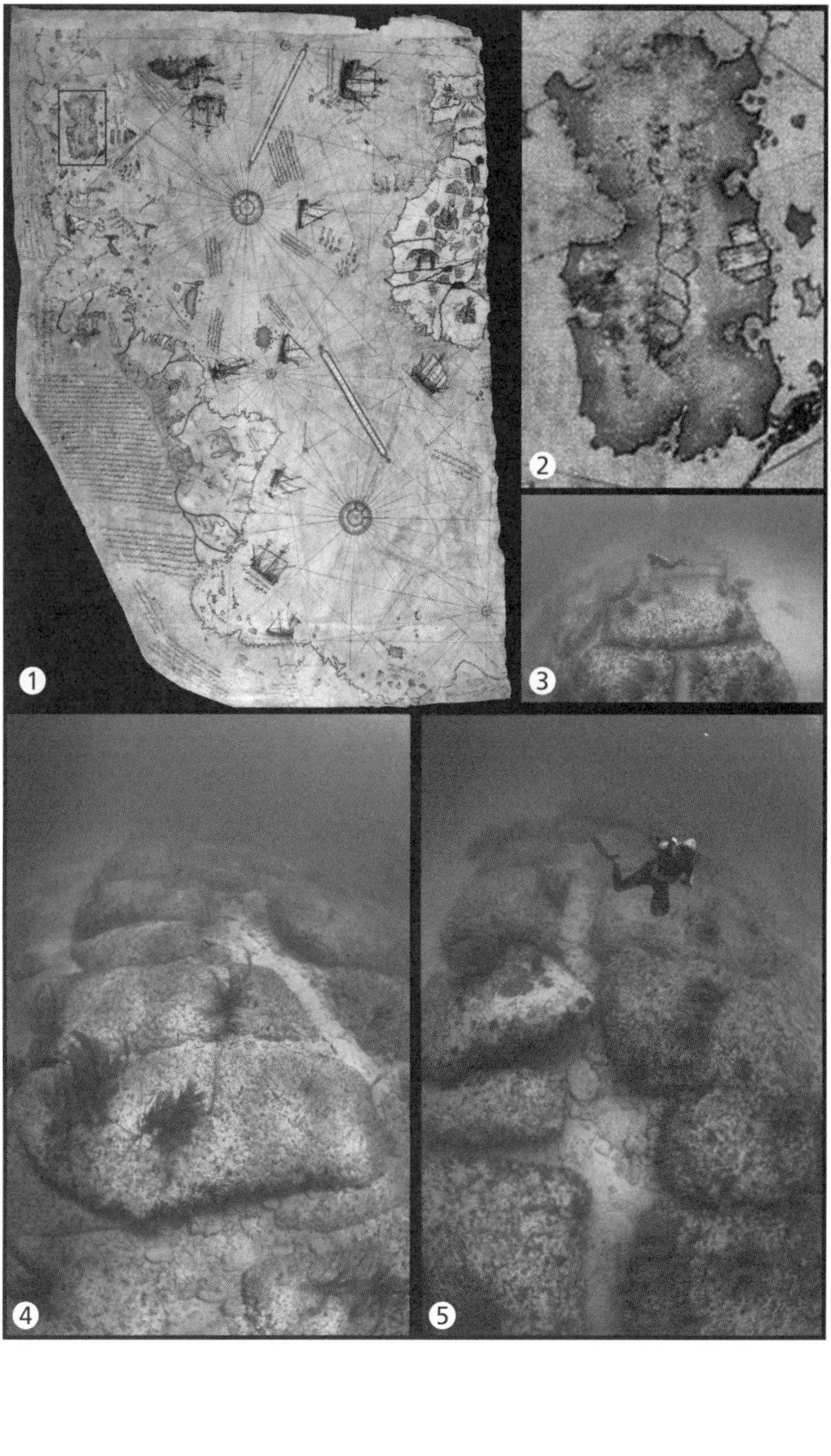
1
2
3
4
5

六二六～六三九ページで詳しく考察した（グラハム・ハンコック『神々の世界』大地舜訳、小学館）。

［2］ Graham Hancock, *Underworld*, 631.

［3］ 同右、二二～二三ページ。『神々の世界』で提示した古代の海水面は、すべてダラム大学（当時）の Glenn Milne 博士の計算による。博士はこのテーマの世界的権威。

［4］ 同右、五〇〇～五〇二ページ。

［5］ Graham Hancock, *Fingerprints of the Gods*, (Crown, 1995), 4-9.（グラハム・ハンコック『神々の指紋』大地舜訳、小学館文庫）

［6］ 同右、三～二五ページ。

［7］ 同右、三～一三ページ。

人類前史　下　目次

索引
INDEX

［す］

［せ］

［そ］

［た］

著

グラハム・ハンコック（GRAHAM HANCOCK）

英国出身。元『エコノミスト』特派員。国際的なノンフィクション・ベストセラーの著者。主な著書は『神々の指紋』、『創世の守護神』、『神々の世界』（いずれも小学館文庫）、『天の鏡』（翔泳社）、『異次元の刻印』（バジリコ）、『神々の魔術』（ＫＡＤＯＫＡＷＡ）など。冒険小説には『リアとレオーニ・時空を超えた姉妹』（講談社）、『WAR GOD』がある。彼の本は世界中で７００万部以上売れており、30ヶ国語に翻訳されている。公開講演、ラジオ・テレビ出演も多く、その中には有名なテレビ・シリーズ『Quest for the Lost Civilization and Flooded Kingdoms of the Ice Age』も含まれる。インターネットでも確固たる存在感があり、彼の考えは数千万人の視聴者に到達している。型にとらわれない思想家として認められているハンコックは、人類の過去や私たちの現在の苦境について、共感を呼ぶ疑問を投げかけている。

翻訳

大地 舜（だいち・しゅん）

翻訳家・作家。青山学院大学卒。主な訳書に『神々の指紋』（小学館文庫）、『神々の魔術』（ＫＡＤＯＫＡＷＡ）、『魔法の糸』（実務教育出版）、『夢をかなえる一番よい方法』（ＰＨＰ研究所）、『誰が世界を支配しているのか？』（双葉社）など多数。主な著書は『沈黙の神殿』（ＰＨＰ研究所）。Website：www.shundaichi.com
特定非営利活動法人 Sing Out Asia 理事。
YouTube で「WOOW」を主宰。

榊原美奈子（さかきばら・みなこ）

静岡県生まれ。上智大学英文科卒。『彗星への旅』（ＰＨＰ研究所）、『タリズマン』（竹書房）、『神々の世界』（小学館）、『ホワイトハウスの赤裸々な人たち』（講談社）等の調査担当・翻訳アシスタントを経て、『誰が世界を支配しているのか？』（双葉社）を共訳。映像翻訳も手がける。

人《じん》類《るい》前《ぜん》史《し》

失《うし》われた文明《ぶんめい》の鍵《かぎ》はアメリカ大陸《たいりく》にあった 上

二〇二〇年一一月二二日　第一刷発行
二〇二一年　七月一三日　第二刷発行

著　グラハム・ハンコック

翻訳　大地舜《だいちしゅん》
　　　榊原美奈子《さかきばらみなこ》

発行者　島野浩二

発行所　株式会社双葉社
〒一六二-八五四〇
東京都新宿区東五軒町三-二八
電話 〇三-五二六一-四八一八（営業）
　　 〇三-五二六一-四八三四（編集）
http://www.futabasha.co.jp/
（双葉社の書籍・コミック・ムックが買えます）

印刷所　中央精版印刷株式会社

製本所　株式会社若林製本工場

装丁　木庭貴信＋角倉織音（オクターヴ）

ISBN 978-4-575-31580-6 C0098 Printed in Japan